アンソニー・ボーデイン　著

クックズ・ツアー

野中邦子　訳

土曜社

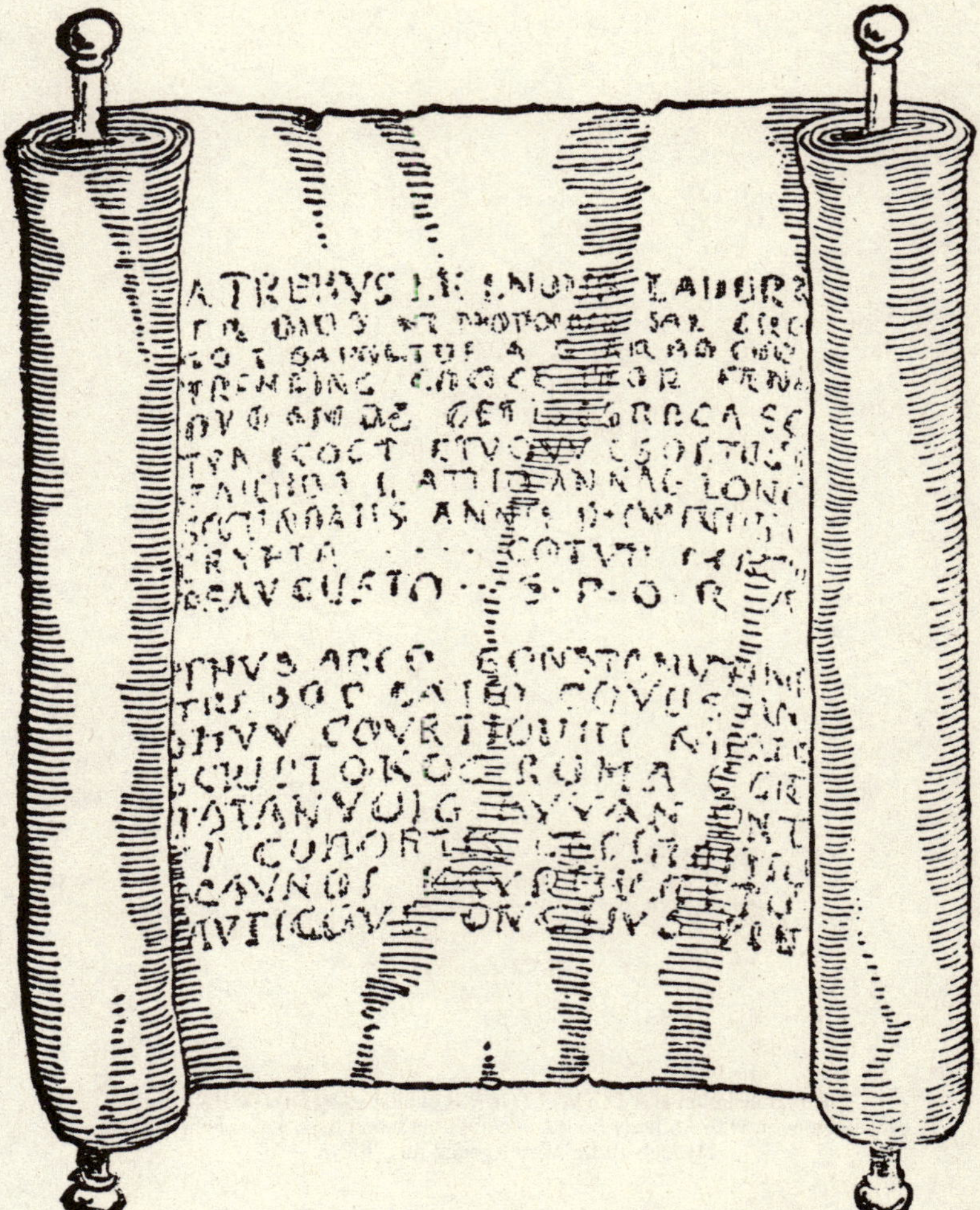

愛するナンシーへ　*Dear Nancy*

　きみとこんなに遠く離れたことはこれまで一度もないね——ここはパイリンのホテルだ（というか、ホテルはこの一軒しかない）。あの悪名高いごろつき集団クメールルージュの巣窟だったカンボジア北西部にあって、クソ溜めみたいなひどいところさ。想像してみてくれ。がたがたするシングルベッドが一つ、おんぼろのテレビの画面にはタイのキックボクシングの映像がぼんやりとしか映らず、床はタイル貼りで、そのタイルが壁の途中まで続き、床の真ん中には排水口がある——てっとり早く、さっと水洗いできるようにという配慮だろうか。天井からは電球が一個ぶらさがり、歪んだドレッサーの備え付けの櫛には見知らぬ先客の髪の毛が絡んでいる。簡易清掃《イージー・クリーン》を旨としたような部屋なのに、壁には得体の知れない不気味なしみがこびりついている。一方の壁の床から三分の二くらいの高さには、血のついた指紋らしきもの——それに、なんというべきか——鮮血の飛沫？　こんな場所、壁の高いところに、どうしてついたのかは想像するしかない。反対側の壁にも気色の悪いしみがある——ものはもっと曖昧だが——それは床に向かって滴っているようだ。バスルームを見たあとでは、このしみをつけた人物の行動も責められないような気がしてくる。

「ほほえみの国カンボジア」というが、この町にはほほえみなど皆無だ。あるのは敵意に満ちた刺々しい視線ばかり。服といえば、ぼろぼろになった軍用の作業服くらいのもの。ロビーには「カラオケ」ブースがあり、その隣にはＡＫ‐47自動小銃の絵文字に赤線が引かれた標識が掲げてある（「ロ

ビーに自動小銃持込禁止」の意味だ）。「カラオケ」の実態は、フロントに子連れでたむろしている野《バイ》牛《ソン》並みの大女を相手にしたセックスのお愉しみというところだろう。いちばん見られる女でも、伊良部秀輝そっくりだ（やつはトレードでトロントへ行ったんだっけ？　それともモントリオール？）。クメールルージュのテリトリーに入ったとたん、めっきり無口になったクメール人の通訳がいうには、最後のクーデターのとき、このホテルに泊まったらひどい発疹が出たそうだ。それで、通訳は立ったまま寝るつもりだ、と。やれやれ……

　ともあれ、帰国の時期に合わせて病院の予約をしておいてくれるかい？　徹底的に検査しないと安心できないよ。ガイドブックやテレビの警告を無視して最悪の状況で水の中を歩いたし——それに、水も飲んだ。いうまでもないが、食べたものは——食品の保存状態も含めて……よくいっても、いかがわしいことこのうえない。肝臓ジストマの治療法はあるんだっけ？　予防注射はたぶんしなかった。きみに会いたいよ。猫は元気かい。自分のベッドが恋しい。七時と十一時の『シンプソンズ』がなつかしい。冷えたビールが飲めたらな。それにピザ。〈バーニー・グリーングラス〉のチョップト・レバー入りベーグル。シャワー兼用ではないトイレ。プノンペンかバッタンバンに戻ったら電話する。

愛をこめて

トニー

4

はしがき Introduction

メコンデルタの奥深い藪の中で、私はヴェトコン《チャーリー》とともにあぐらをかいて坐り、ペットボトルに入ったヴェトナムの密造酒を飲んでいる。あたりは暗く、発電機につながれた電球の光だけがその場を照らしている。目の前では、ジャングルの固い地面に肥料袋と米袋を縫いあわせた防水シートが敷かれて、その上にディナーが並んだところだ。農民一家のつましい食事。粘土で包んで蒸し焼きにしたアヒル、バナナの花とアヒルのスープ、サラダ、詰め物をしたニガウリ。宴席の主人――敬愛をこめて「ハイおじさん」と呼ばれる――は私の左側に坐り、右手で私の膝をしっかりつかんでいる。ときどき、その手で膝をぎゅっと握るのは、私がちゃんとそこにいて、十分楽しんでいるかどうかを確認するためのようだ。

私は十分楽しんでいる。この世で最高のひとときだ。私の正面には、片目が白く濁った一本も歯のない九十五歳の老人がいる。黒いパジャマにサンダル履きのこの老人は米から作った自家製の密造ウィスキーのグラスを掲げ、私にもう一杯いけと促す。この老人は戦争の英雄にちがいない。日本人と、そしてフランス人と戦ってきた。「アメリカ戦争」でも戦った。私たちは敬意をこめた挨拶を交わし、たがいに酒のグラスをあおった。

問題は、この食卓に同席するほとんど全員が戦争の英雄であるらしいことだ。このデルタ地帯は、いわば培養地だった――わが国がヴェトナム戦争と呼ぶ時代において、ヴェトコン・ゲリラ活動の温床だったのである。そして、この全員が私と一対一で酒を酌み交わしたがっている。私の向かいで、

しなやかな十六歳の若者のようにきっちり正座して揺るがないじいさま《グランパ》は、私に向かってもう六回もグラスを掲げてみせ、濁っていないほうの目でひたと私を見つめると、ぐいと酒を飲み干す。そのとたん、また別の男が私の袖を引く。

「お客人……ほれ、あそこ……あの人も立派な勇士なんです。それで、あんたと一献傾けたいといってます」

急ごしらえのピクニック・シートのずっと先を見ると、太い首と二の腕をもった四十歳ぐらいの凄みのある男がいる。堂々とこちらをまっすぐに見つめて、内気さなんか毛ほどもない。口元には笑みも浮かべている——だが、じいさまの顔に浮かんだ友好的な暖かい笑みではない。その笑顔はこういっていた。俺はあんたの同胞を何人も殺した男だぜ。さて、あんたがどれだけ飲めるか見てやろう。「望むところだぜ、兄さん」。相手をばかにしたようすを見せないよう、慎重に答える。「こっちへ来て、一杯やろうじゃないか」。そして、できるだけ凶悪そうなダーティハリー風しかめっ面を作りながら、グラスの酒を喉に放りこむが、そのとたんにホルムアルデヒドの味がむっと来る。

カントー人民委員会から派遣された三人の共産党員の役人が箸でサラダをつまみながら、興味津々でこのアメリカ人の愚行を眺めている。わざわざ飛行機と自動車と小型平底舟《サンパン》を乗り継いで、稲作農家の家族とともにアヒルの蒸し焼きを食べるためにやってきたこの男は、いま十二杯目の酒をあおっている。役人たちは、空き地のまわりで順番を待っている大勢の英雄たちを心配そうに眺める。防水シートの周囲にはまだ二十五人ほどの男たちが正座して、箸でアヒルをむしりながら、私のほうをじっと見ている。給仕する女たちは闇の中からひっそりと姿をあらわし、次々と料理や酒を運びながら、ときたまぴしっと鋭い意見を述べる。

この人にアヒルを切り分けさせちゃだめよ！　たぶん、そういっているのだ。だって、アメリカ人

よ！　バカで不器用に決まってる！　アメリカではなんでも切ってから出されるのよ！　この人にできっこないわ！　まちがって手か指を切るのがおちよ。そんなことになったら、みっともないったらありゃしない！　小さな果物ナイフを添えた焼きたてのアヒルがもう一羽、紙皿に載って運ばれてきた。頭、足、嘴、内臓など、すべてそのままだ。私は火傷しそうな指でアヒルをつかみ、見苦しくない程度の手際でもって、数秒のあいだにクラシックなフレンチ・スタイルで腿肉と胸肉と手羽を切り分けた。頭蓋骨を割って、友人のフィリップに脳みそをすくってやり（彼はフランス人で、フランス人はそういう部位が大好きなのだ）、胸肉の最初の一枚を宴席の主人役であるハイおじさんにさしだした。

居合わせた人びとは大喜びし、拍手喝采した。背後では子供たちが駆けまわり、暗闇の中で遊んでいる。さっきまで子供はほんの数人しかいなかった。だが、アメリカ人の客とその友達のフランス人が来ているというニュースが広まるにつれ、子供の数はどんどん増えていった——そして、ディナーの客も増えてゆく。近隣の農家の人たちがひっきりなしにやってくるのだ。二人か三人づれの客は小さな舟で川をくだり、ハイおじさんの小さな船着場から上陸してくる。一列縦隊になって、踏み固められた堤を歩いてくる人たちもいる。この沈泥でできた土手道は、ジャングルのハイウェイと堤防の両方の役目を果たしており、百年以上も前から、数百平方キロにわたって広がる入りくんだ灌漑システムの一部をなしているのだ。ときどき、小さな子供が背後からそっと近づいてきて、私の手をなでたり、皮膚をつまんだりする。どうやら、肌の色と腕に生えた毛に興味があるらしい。子供は信じがたいという困惑の表情を浮かべている。きっと、年上の子供たちに野蛮なアメリカの大男をつねってこいと命令されたのだろう。かつて村を爆撃し、機銃掃射を浴びせてきたやつらが、いま平和な時代に愛国の英雄たちと膝を交えてアヒルを食べ、安酒を飲むためにやってきた。このちょっと前、私は

チャリティの場に現れたサリー・ストラザース〔慈善活動に熱心な女優〕も顔負けの満面の笑みを浮かべて二十人ほどの子供と写真に収まった。そのあと、子供たちはどこまでも私のあとについてきて、香港のカンフー・アクションをまねたパンチやキックをくりだし、あげくのはてに長い紐で私を縛りあげる始末だ——キャーキャーと大変な大騒ぎ。

アヒルは歯ごたえがあり、藁火で炙ったせいで燻製の風味がする。喉を通ってゆくメコン・ウィスキーはまるで下水クリーナーのようだ。こんなアルコールをこれだけ飲んだら、この先どうなることか。真夜中にゆらゆら揺れるちっぽけな舟に乗りこみ、ジャングルの暗闇の中で川をくだり、竹とマングローブでできた危なっかしい桟橋に上陸し〔体をまっすぐに保って〕、石器時代のままのような停滞した村へ向かい、他の客と乗合自動車に相乗りし、ジャングルを縫ってうねうねと走る小道のバウンドを耐え、がたがたする木の橋を渡って高速一号線に乗り、そしてカントーに戻る。この道すがら、人民委員会の三人の委員に一度も反吐を吐きかけずにすむだろうか。

わが一族の名誉を貶めたくない。礼儀正しい温和なもてなし役の前で、よろめいたり、倒れたりしたくない。この宴席から担架で運びだされるなどまっぴらだ。サンパンの船べりから頭を突きだし、黒い水の中に胆汁を吐きもどすなんてごめんだ。私にだって意地がある。われわれは戦争には負けたかもしれない。むやみに爆撃し、地雷を埋め、要人を暗殺し、枯葉剤を撒いたあとで、すべて勘違いだったとでもいうように、こそこそ立ち去ったかもしれない。たとえ、そうだとしても——畜生め！——まだ酒に関しては負けちゃいない。そうだろう？

よちよち歩きの子供を膝によじのぼらせながら、またグラスに酒を注がせている正面のじいさまを見ると、そんな大口は叩けなくなる。勝手にしろ。とにかく、いまはいい気分だ。私はじいさまに笑いかけ、グラスを掲げる。このじいさまは気に入った。ここにいる男たちも好きだ。アジアへ来てか

ら、これほど立派な人たちには会ったことがない。食べ物も人間も、こんな楽しみも、初めて経験することばかり。この連中は、いわばヴェトナム版パーティ・アニマルだ——溌剌として気前がよく、思慮深くて親切。ときにはすごく笑わせてくれるし、心から客をもてなすと同時に、強烈なプライドをもっている。帰りたくない。朝までこうしていたい。

防水シートの端に坐っていたやや若い勇士がふいに立ちあがり、他の客たちがおしゃべりをやめたところで、歌が始まった。ギターの爪弾きに合わせて、男はうたう。両手を合掌のかたちにし、われわれの頭上に視線をやって、まるでジャングルにいる誰かに向かってうたっているかのようだ。心を打つ美しい甘い声で恍惚の祈りを捧げる男は、この世のものならぬ姿に見えた。しんと静まりかえったなかに歌声が響く。私は右側にいる通訳に小声で訊ねた。

「なんの歌だい?」

「愛国の歌です」と通訳はいった。「この村の人びと、農民とその家族がアメリカ戦争の時代に兵士をかくまって助けたこと。彼らが経験した苦労やどんなに勇敢だったかという歌詞です」

「そうか」と、私はうなずいた。

はっきりいって、これはわが同胞を殺した——それも、さほど遠からぬ昔——戦いの歌だとわかっていたが、それでも私は耳を傾けずにいられない。これは私を喜ばせるためなのだ。この数時間、いままで一度も経験したことがない寛大さと敬意をもって、私はもてなされている。ハイおじさんはまた私の膝をつかんだ手にぎゅっと力をこめた。目の前のじいさまは笑顔になり、私に向かって空のグラスを掲げると、若者を呼んでそこに酒を注がせ、私にも同じようにしろと身振りで命じる。対岸の森の上に重くたれこめていた雲の合間から、まん丸の月が出た。客はまだ続々と到着しつつある。その気配は遠くからでもわかる。踏み固めた泥の上をサンダル履きや裸足がたてるひそかな足音が聞こ

えてくると、やがて闇の中から人の姿があらわれ、防水シートのまわりに坐りこむ。

私の望みは究極の食事《パーフェクト・ミール》だった。

もう一つの望みは——率直にいえば——ウォルター・E・カーツ大佐、ロード・ジム、アラビアのロレンス、二重スパイのキム・フィルビー、『名誉領事』の領事、『おとなしいアメリカ人』のトーマス・ファウラー、『黄金』の原作者B・トレイヴン、クリストファー・ウォーケン……私が見つけたかった——いや、私がなりたかった——のは、グレアム・グリーン、ジョゼフ・コンラッド、フランシス・コッポラ、マイケル・チミノの作品に出てくる堕ちた英雄、悪漢たちだった。よれよれのシアサッカーのスーツで世界中を放浪し、トラブルに巻きこまれたかった。

私は冒険を求めていた。ヌン川をさかのぼってカンボジアの闇の奥へ踏みこむ。ラクダに乗って果てしない砂漠をあてもなくさまよう。丸焼きの羊を手でちぎってかぶりつく。ロシア・マフィアのナイトクラブでブーツの雪を払い落とす。プノンペンで自動小銃をぶっ放す。フランスの牡蠣漁村で過去を取り戻す。メキシコの田舎町でわびしいネオンサインの居酒屋《プルケリア》に足を踏み入れる。真夜中に立入禁止の柵を越え、怒る民兵にマールボロの箱をいくつかやってなだめる。恐怖と興奮と驚きを味わいたかった。がつんとくるものが欲しかった——子供のころから憧れていた、背筋がぞくぞくするスリルと刺激。少年時代にタンタンの本で夢中になったあの冒険の数々。私は世界を見たかった——その世界は映画で見たのと同じものであってほしかった。

ばかげている？　ロマンチックすぎる？　無知？　無茶？

そのとおり！

かまうもんか。私はレストラン業界の暴露話とテストステロン過剰の内幕を描いた本でかなりうま

くやった。この本はなぜか売れ行きがよかった。人生で初めて家賃を前払いすることができた。うれしいことに、これでやっと健康保険にも入れた。そのうえ銀行口座には残高があり、出版社も私の味方になってくれた。数か月間、本のパブリシティのために英語圏をまわって、毎度代わり映えがしない三分間のインタビューをくりかえしているうちに、私はキッチンでの日々の業務に欠くべからざる存在ではなくなっていた。部下のコックたちはだいぶ前から私のことを「ろくでもない有名人《ピンチェ・ファモーソ》」と呼ぶようになっており、私は「月曜日の魚料理」や「オランデーズ・ソースの危険」について視聴者に警告する番組に出演したあと、テレビ用の厚いメークのまま店に戻ると、彼らにさんざんからかわれた。キッチンに居場所がなければ、ほかに何か見つけなければいけない。もう一冊本を書こう——前著の評判がまだ消えないうちがいい。たしかに料理は好きだし、プロのシェフという仕事は愛している。だが、四十五歳や四十六歳になって、あるいはこの先いつかまた、ウェスト・ヴィレッジのカフェで手抜きのブランチを料理しながら、膝を完全にやられ、脳みそはマッシュポテト状——そんな末路は願いさげだ。

「こんなアイデアはどうかな?」私は編集者にいった。「世界中を旅して、好きなことをやる。高級ホテルにも泊まれば、おんぼろの宿にも泊まる。風変わりでエキゾチックな旨い料理を食べ、映画で見たようなかっこいい体験を試みながら、究極の食事を探す。どうだい?」

ビジネスとしてもいけそうじゃないか? 私は資料をあさって最高だと思える食材と場所を探してみた。東南アジアの川をさかのぼって蛇と鳥の巣にトライし、フランスのラ・テストを再訪して魚のスープ《スープ・ド・ポワソン》を味わい、ヌーベル・オート・キュイジーヌの最高峰を訪ね歩く——この私はナパ・ヴァレーの〈フレンチ・ランドリー〉の料理をまだ食べたことがないんだ! それから、スペインのバスク地方に住むあのアルサックとかいう男——コックたちのあいだでは彼の噂で持ちきりだ。私は足を

棒にして探しまわり、ついに世界最高――あくまで私にとって――の食事を発見し、それについて書くというわけだ。

もちろん、世界最高の食事や究極のメニューが、洗練された料理や金のかかった料理になることはめったにない。それは承知の上だ。食卓に魔術を呼び起こすのがテクニックや高級食材ばかりではないという事実はよく知っている。人間の生活において、強く印象づけられた食事とは、その場の状況と記憶が大きな役割を果たすものなのだ。たとえば、こんな情景を思い出してほしい。椰子の木の下で、ありきたりのバーベキューを食べている。足の指のあいだには砂の感触があり、遠くからサンバのソフトな音楽が流れてくる。数メートル先では波が砂浜に打ちよせ、やさしいそよ風がうなじの汗を冷やしてくれる。レッドストライプ・ビールの空き壜が何本も並んだテーブルの向かいには、愛する人のうっとりした顔があり、三十分後にはホテルの糊のきいた真っ白なシーツの上で抱きあうだろうと期待する。そんなとき、チキンの腿焼きがなんと美味に思えてくることか。

この神秘的な力については、シェフ仲間ともよく話しあう。なかでも人気があるのは、「最後の晩餐に何を食べたいか」という質問だろう。「明日の朝には電気椅子にかけられる運命だとする。連中があんたを革紐で椅子に縛りつけ、電圧を上げ、あんたの尻をフライにして、目ん玉をマックナゲットみたいにジュージューいわせながら飛び出させる。その前に、これが最後の食事となったら、なにを注文する?」シェフ――この場合、みな一流シェフである――を相手にこの質問をすると、答えはたいていシンプルなものになる。

「ショートリブの蒸し煮」と、ある友人はいった。

「上等なフォアグラをひとかけ」といった者もいる。

「トマトのリングイーネだな。母がいつも作ってくれたようなやつ」ともう一人はいった。

「ミートローフの残りでつくったサンドイッチ」そういった友人はうれしそうに身を震わせた。「誰にもいうなよな」

この質問に、「デュカスのテイスティング・メニュー」という答えは皆無だった。ジャケットにタイ、糊のきいたドレスシャツで、背中を硬直させて食べる三ツ星レストランの食事が最高だという者もいなかった。そのような熟練とテクニックと高級食材と芸術的な天分の特殊なコンビネーションは、私が求めるものではない——とはいえ、私は高級レストランにもチャンスを与えるつもりではあった。すばらしい食事を心から楽しむには、別の要素もたしかにある。上等なクリスタル、ムードのある照明、スクイーズ・ボトルで芸術的に絞りだしたソース、センスのいい器、行き届いたサービス、高級ワイン——誘惑と歓楽をもたらす、これらの不思議な、そして侮りがたい力についてはよく知っているつもりだ。私自身はこういうもので武装することはあまりないとはいえ、その力はわかっている。食事とサービス、ほの暗いピンク色の電球、ダイニングルームを滑るように横切るソムリエの磨きあげた靴の音などの古典的な相互作用がいかなるものか。ショービジネスとしての料理ビジネスこそ、私とわが同僚たちが生涯をかけてやってきたことなのだ。それと同時に、私はキッチンで働く物理的な力についても知悉している。重力、腐敗、凝固、発酵、乳化、酸化、凝縮、カラメル化。これらについては今回は除外したかった。その方面への注意をそらしたかったのだ。わが神経システムは、繁盛するレストランの隅々にまで、たえずぴりぴりと反応する。職業病とでもいおうか、すぐそばの持ち場《ステーション》のバスボーイの働き具合を監視し、ウェイターが溜まり場でさぼっていないかどうか、サービスバーが停滞していないかどうかを気にし、キッチンに耳をすまして、私の注文した魚が十分に熱した鍋に置かれてジュッという音をたてるかどうかをたしかめる。

私が知りたいのは魔法《マジック》の秘密だ。料理はいつ魔法になる？　すべてに共通するのはなんだ？　たし

かに、料理が一人の人間にとって忘れがたいすばらしい記憶となる瞬間には、神秘に満ちた魔法のような側面がある。一流の腕をもつシェフたちは、自分を錬金術師だと考えたがる。そのうちの何人か、とくにフランス料理のシェフは、鉛を純金に変えるという古来からの輝かしい伝統を受け継いでいる。ただの肩肉やすね肉、内臓の一部などが鉛だとすれば、できあがったプロヴァンス風牛肉の煮込みやオーソ・ブッコ――熟練した手によって、複雑な風味と食感を与えられたもの――は、まさに純金ではないだろうか？　この魔法は食べる側だけのものではない。シェフにとっても魔法なのだ。固い筋だらけの骨つき肉の塊を、なんてことはないテーブル・ワインの赤紫の溶液の中に浸し、オーブンに入れたあと、ようすを眺め、匂いをかぎ、味見をしながら二、三時間も放置しておくと、そのソースは煮つまって豊かな風味をかもしだし、ねっとりと濃厚にしてまろやかな味わいが生まれ、まさにこれぞ魔女の秘法かと思わせるものへと変貌する。

このようなプロセスがあればこそ、フランス料理（そしてイタリア料理）がクラシックな料理の最高峰と称えられるのだ。これがあればこそ、人はフランス料理を尊重する――たとえフランス料理なんか大嫌いという人でさえも、だ。フレンチ・ポップスが好きだという人は――当のフランスにさえも――めったにいないだろうが、少なくともフランス人は、動物の足、鼻、内臓、皮のかけら、野菜の刻み屑、魚の頭と骨をどう処理すべきかを知っている。なぜなら、彼らは子供のときから、こんな教えを叩きこまれるからだ。「使えるものはなんでも使え！」（しかも、うまく使え！）

なぜだ？　フランス人はどこが違うんだ？

その答えは簡単だ。世界をちょっと見まわせばいい――ヴェトナム、ポルトガル、メキシコ、モロッコ。要するに、必要に迫られて、のことだ。十八世紀や十九世紀のフランスでは、そして現在も地球上のほとんどの地域では、食べられるものであればどんな小さなかけらさえ無駄にできないのだ。

でなければ生きていけない。

牛の頭、豚の足、カタツムリ、古くなったパン、ありとあらゆる食材の切れっぱしや屑まで食べられるように、なんとか工夫しなければならない。さもないと、特別な機会によい食材を使うことができず、腹がへり、それどころか飢え死にするかもしれない。ソース、マリネー、シチュー、豚肉の加工、すり身団子《クネル》の発明、ソーセージ、保存用のハム、塩漬けの魚、コンフィ――これらは必要から生じた工夫であり、数え切れない実験の成果なのだ。コック・オー・ヴァン？　育ちすぎた鶏の硬い肉を赤ワインに浸し、十分煮込んで、噛み切れるまで軟らかくしたもの。ポトフ？　牛の舌と尾と骨を安い根菜といっしょに煮たもの。パテ？　魚や肉のかけらや屑に脂肪を混ぜて細かく挽き、調味料を加え、見た目をきれいに飾りつけて気を引き、なんとか人の口に入れようと試みたもの。コンフィ・ド・カナール？　冷蔵庫もフリーザーもないんだから、放っておいたらこの鴨の腿肉は腐っちまうぞ！　抜け目のない策謀家たるフランス人は何年もかけてあらゆる試行錯誤を重ねてきた。その結果、草をはみ、地をのたくり、水中を泳ぎ、這いまわり、跳ねまわる動物のすべて、土から生えてくるすべての植物、さらには蔓になったまま腐った葡萄や堆肥の中に埋まったキノコまで、なんとか食べられるものへと変えてきた。ときには、それが美味とみなされ――魔法にまでなった。

冷蔵庫が発明されたずっとあとまで、アメリカ人がプラスチック容器に入った軟弱なチキンの胸肉ばかりを愛好して、足や臓物の存在さえ無視し、「適切」な牛肉料理といえばサーロインかフィレミニョンかプライムリブ、それ以外は全部ハンバーガーという視野狭窄に陥っていた時代にも、フランス人はなんの変化もなかったかのように同じことを続けてきた。彼らは足や鼻が大好きになっていたのだ。どんなささいな食材も――正しい扱いさえすれば――すばらしい味になると知っており、この地球上の多くの社会でそうだったように、かつて貧者の食卓で好まれた素朴な食材に価値をおくよう

になった。もとは食べられないものを食べられるようにする工夫だったのが、いまや商品となり、フランス料理自体が、そしてその態度、哲学、ライフスタイルまでが売り物となった。そのプロセスを支えたのが魔法だった——この魔法こそ、どんなコックにとっても、さまざまな武器の中でとりわけ強力なものである。たとえ五百グラム千ドルのホワイトトリュフやキロ単位でフォアグラが買えるシェフであっても、だ。

いまや限定された食材を味わうことは経済上の必要性からではなく、快楽のためとなっている。それは特定の時代や場所を経験し、味わうためのものだ。すべてがうまくあんばいされていれば、よくできたテート・ド・ヴォー〔子牛の頭肉〕はたんに珍しいという以上に、風味と食感のシンプルなコンビネーションを味わう経験となる。その味は、感覚の記憶という強烈なパワーとともに、はるか大昔の時代と場所を思いださせてくれる。

食べ物に強烈な喜びを感じた最後の体験はいつだったか思いだしてみよう。子供のころ、一週間も体の具合が悪く、食欲不振が続いたあと、やっと食欲が出てきた。そんなある日、学校からの帰り道、雨に降られ、びしょ濡れになって家に帰ると、ママがお手製の野菜スープを大きな鉢に一杯、ほかほかと湯気をたてているのを出してくれた。キャンベルのトマトクリームスープにクラッカーを浮かしたものやチーズサンドイッチだっていい。いわんとしていることはわかるはずだ。

女の唇に残るシャンパンの味を初めて知ったとき……まだ十代のとき、ユーレイルパスでのヨーロッパ旅行中にパリで食べたステーク・フリット、アムステルダムで財布をはたいて手に入れたハシシの塊、何日ぶりかでまともな食事にありついたときの少々硬いラムステック（ランプ・ステーキ）……頭がくらくらするほど香りの高い野生のストロベリー……おばあちゃんお手製のラザーニャ……暑い夏の夜にこっそり失敬してきた、きーんと冷えたビールの最初の一口を喉に流しこんだあのとき、

指先には潰れた蛍の匂いがついていた……昔のガールフレンドの冷蔵庫にはいつもポーク・フライド・ライスの残りがあったっけ……ニュージャージーの海辺で家族の休暇を過ごしたときの一番古い思い出には溶かしバターで焼いたオオノガイがある……〈フォート・リー・ダイナー〉のライス・プディング……子供のころ、まだ中国料理にエキゾチックな魅力があり、フォーチュン・クッキーを珍しがっていたころのまずい広東料理……衛生的とはいいがたい屋台のホットドッグ……乳首の先から舌ですくいとるキャヴィアの粒……

ノスタルジアはさておき、すぐれた食材を軽んじてはいけない。とれたての新鮮な魚を初めて味わった経験は誰にとっても忘れがたい。最高級のベルーガ・キャヴィア、トリュフとの出会い、さやから出したばかりの若い豆、完璧な霜ふり肉のステーキ、生のアミガサタケなど、これまで食べたことがないもの、あるいは聞いたこともなかったもの。たとえば、大トロの刺身や生ウニ。そんな記憶をもっと増やしたい。新しい記憶が欲しい。時間はたちまち過ぎ去る。私は四十四歳で、これまでほとんどどこへも行ったことがない。ラインコックとしては盛りが過ぎ、しかも気難しくなっている。自分の持ち場が混みあって、注文が全部ソテー・ステーションに集中しているようなとき、これは陰謀ではないかと疑心暗鬼になる。ウェイター連中がしめしあわせているにちがいない！　ソテーの料理ばかり集中させて、おやじさんがおたおたするところを見てやろうぜ！　低い棚からものを取ろうとしてかがむと膝がカクカクなるぞ。ほら見ろ、息もたえだえで悪態をついている――へたってるぞ！　メキシコ人の新入りコックが黙々とオーダーの山をこなしている傍らで、私はこんなひどい状況に自分を追いこんだ運命にありとあらゆる罵声を投げつける。つくづく嫌になる。プレッシャー、飢えた大衆の底なしの食欲を満たす毎日、食堂に居座る目に見えない巨大な胃袋にひたすら食べ物を放りこむだけ。それが延々と続き、いつ果てるとも知れない。進行係《イクスペディター》の仕事さえ苦痛になっている。ああ、

こんなことは認めたくない。それもできないとなったら、もはや使い物にならず、スクラップ工場送りも同然だからだ（さもなければ、コンサルタント業か）。〈レアール〉が混みあった夜、ふいにそのときが来る。大声で「八番テーブル、行くぞ！」と叫んだとたん、ベンガル人のランナー、ムハンマドが私の腕をそっと突き、如才なく、むしろ憐れむように「ちがうよ、シェフ。七番だよ」とささやく。泣きそうになる。じっさい、あのときは涙目になった。俺はもう役立たずだ。

くそっ。世界中で食べ歩きをする、そうだったな？　ヴェトナム、カンボジア、ポルトガル、メキシコ、モロッコ——その他、思いついた場所を片っ端から訪ね、出されたものはなんでも食ってやる。いや、一つだけ例外がある。妻のナンシーはそれでなくても私が世界を飛びまわっているあいだ一人で留守番をさせられると知って機嫌が悪かった。そして、私にこう申しわたした。「かわいい小猿を生かしたまま脳みそをすくって食べるつもり？　そんなことしたら離婚よ。わかった？　犬と猫もやめてね。まだそれくらいの良心はあるでしょう？」

了解。小猿を残酷な拷問にかけてまで（猿の脳みそに潜む狂牛病の危険はいうまでもなく）あえて試してみるほどの新味はないだろう。だいたい、そんな料理があるかどうかも疑わしいものだ。

しかし、日本再訪は欠かせない。今度こそ、噂に聞く猛毒の魚、フグを食べてみなければいけない。フランスでは、子供時代に初めて味わったのと同じように、海中の養殖棚からとったばかりの牡蠣を食べるつもりだ——あの感動がどんな魔法だったのか確かめたい。記憶やその場の条件が味覚にどう関係するか、つきとめたい。メキシコの田舎、プエブラ州の小さな町へも行くつもりだ。部下のコックたちの出身地へ行って、彼らのママたちに料理をふるまわれたい。そうすれば、彼らがなぜあんなに腕のいいコックなのか、出身地になにか不思議な力があるのか、その謎が解けるだろう。

〈レアール〉のボスのジョゼにこの計画を打ち明け、私が世界をめぐっているあいだ、代理のシェ

フ・ド・キュイジーヌが必要だと話したとき、彼が落胆のあまり泣き出して「なんてことを！　だめ！　絶対にダメ！　きみがいなくなったら、この店はどうなるんだ？」とすがりつかれることを内心ひそかに期待した。ところが、彼の口から最初に出た言葉はこうだった。「ああ！　それでは、ポルトガルへも行くよね。母に電話して、さっそく豚を太らせるようにいわなければ」。そんなわけで、私はスケジュールを空白にし、これまでなじんだ愛するすべての人とすべての場所に別れを告げる準備を始めた。

打ち明け話

ここで、ものすごくいいにくい——屈辱でさえある——話をしておかなければならない。できれば、隠しておきたかった。しかし、いずればれてしまうことなので、先手を打って真実を明らかにしておく。旅をしているあいだ、私のそばにはほとんどつねにデジタルカメラをもった二人の人間がいた。彼らはヘッドフォンもつけていた。私の口から出るあらゆる会話、罵詈雑言、げっぷにいたるまで、すべてを録音ないしモニターしていた。トイレに入ったときは、腰につけたトランスミッターのスイッチをオフにしなければいけない。そう、私は悪魔に魂を売り渡したのだ。

「どこでもついていきますよ」と、テレビ番組制作会社から来た愛想のよい男はいった。

「本のためにもいいんじゃないかな」と編集者はいった。

「予定は二十二回分です」といったのは——誰あろう——フードネットワークである。

たしかにそのほうが仕事は楽になる。たとえばロシアでマフィアの経営するナイトクラブへ行きたいというと、ニューヨーク・タイムズ・テレビジョンのプロデューサーが手配してくれた。『ニューヨーク・タイムズ』という言葉は、とくにヴェトナムなどの共産国や、カンボジアのような事実上の

独裁国を旅するときには、固く閉ざされた扉を開けるのに役立つ。

だが、テレビ番組の撮影現場がどんなものかご存知だろうか？　完全にシナリオなし、ドキュメンタリータッチで、好きなところへ行って好きなものを食べ、なんでも望みのままに行動するのをただカメラが追いかけるだけ？　じつのところ、これは頭にショットガンをつきつけられたも同然であり、ロン・ジェレミー――一九七〇年代末の人気ポルノ男優――に犯される女のようなものなのだ。中途半端は許されない。最初は少しずつ、やがてすべてを剥奪される。足首までなら見せても平気――まあ、ふくらはぎくらいなら――と思っているうちに、いつのまにかピッツバーグ・スティーラーズの猛者連中を前にして、安カーペットの上で一糸まとわぬ姿になっている。

　こんなジョークがある。「あんたが娼婦だってことはいわずもがな。残るは値段の交渉だけ」――これこそ、まさに私のおかれた状況そのもの。私は自分を売った。契約書の署名欄に自分の名前を書いたが最後、上品ぶった態度やためらい――それに高潔さ（それがどんなものだったかも思いだせない）――は消えうせた。つまり、こういうことだ。カメラマンに「ちょい待ち」といわれたら、レストランへ入るのも、川へ飛びこむのも、煙草に火をつけるのも、オーケーが出るまで待つことになる。レストランに入って、オーナーと握手をし、この店で食べる魚の頭をすごく楽しみにしていると話す――これをもう一度やりなおせといわれたら、わずか五分前にやったことをもう一度くりかえさなければいけない。

　この二、三年、私はエメリル・ラガッセやボビー・フレイといったフードネットワークのスター・シェフをさんざんこきおろして笑ってきた。いや、ほんとにあのテレビは嫌いだったんだ。ところが、いまや自分もその暗黒世界に足を踏み入れてしまった。アザラシみたいなスタジオ視聴者に向かって決まり文句をわめいているエメリルを見ると、そこはかとない同情さえ感じる。なぜなら、どうして

そうなったか、いまではよくわかるからだ。人は魂をゆっくりと時間をかけて売り渡す。まず、最初はただの旅行番組（「本のためにもね！」）。次に、ふと気がつくと、スパイス・チャンネルで元ボクサーに強姦《やら》されるふりまでしている自分がいる。

世界旅行のあいだ私についてまわったカメラ・クルーを嫌っているわけじゃない。テレビ業界の人間らしく、みんなすごくクールだった。この番組の前には、病院の救急外来や外傷ユニットでドキュメンタリー番組を撮ってきた連中だから、混みあったキッチンで刃物を手にしたコックたちとどう接すればいいかもよく知っていた。彼らは私と同じものを食べた。清潔とはいいがたいホテルにも泊まった。彼らが見守り、カメラを回す前で、酔っ払った私はあたりかまわず、いい気になって自動小銃をぶっ放したこともあった。私が寒さに震えたときは、彼らも寒さに震えた。マラリア予防薬の副作用、食中毒、害虫、ベジタリアンに悩まされたのも私と同じだった。村人にテキーラの飲みくらべを挑まれたときも、彼らは立派に応戦した。私はときたま下水溝に這っていって嘔吐したが、彼らも同じことをした。飛び散る血を浴びながら、豚が殴り殺され、喉を裂かれ、むりやり餌を詰めこまれるのを見た――そして、そのすべてをカメラに収めた。有名シェフ、ゴードン・ラムゼイのキッチンでまる一日撮影したときは、他人にも自分たちにも切り傷一つ作らせなかった。しかも、ユーモアたっぷりにやってのけた。私が、孤独だの、体調が悪いだの、怖いだのと愚痴をこぼし、カンボジアの片田舎に足止めされたとき、同じホテルの近くの部屋にはつねにテレビのクルーがいたのである。この違いは大きい。

だが、全体的に見て、この本の執筆はわが人生で最大の冒険だった。プロの料理人の世界は厳しい。朝飯前《ブランチ》である。世界中を旅し、本を書き、食べ、テレビ番組を作るのは、それにくらべればまだやさしい。

第一章　生き物が食べ物に変わるとき　*Where Food Comes From*

「豚はどんどん肥えているよ。こうして話しているあいだにも」と何か月も前にジョゼはいった。世界食べ歩きの計画をボスに話したとたん、大西洋の向こうでは一つの命運が定まった。ジョゼは約束どおり、ポルトガルの母親に電話をかけ、さっそく豚を肥えさせてくれと頼んだ。

豚の話はこれまで何度も聞かされていた――私が伝統的なフランス料理では豚の足や鼻面や屑肉や内臓まで残らず使うと自慢げに吹聴するたび、ジョゼはポルトガルの豚の話をもちだすのだ。シェフはこの種の食材を重んじる。重んじるあまり、客たちになじみのないものや、眉をひそめるような食べ物をつい勧めてしまう。エゴを満たすためか、それともフランスの田舎のブラッスリーで食べられる本物のソウルフード（スクイーズ・ボトルでソースを絞りだしたり、飾りたてたりしたまがいものではなく）を心から愛するゆえか、いずれにせよ、シェフはその手の料理を好む。客が牛の骨髄をすすり、豚足にかぶりつき、オックステールや牛の頬肉をせせっているのを見ると、誇らしく幸せな気持になる。人生の目標を見つけたように思う。その日の仕事がじつにあっぱれな出来栄えであり、ダ

イニングルームに美と希望と悟りをもたらし、おのれ自身とわが職業に無言の栄光を与えたような気になる。

「まず、豚を肥えさせる……およそ六か月だ。十分太るまでね。それから、冬に——寒くなければだめだから、どうしたって冬なんだ——豚を殺す。まず心臓とテンダーロインを料理して、解体職人たちに食べさせる。そのあとで、みんなが食べる番だ。すべて食べつくす。ハムやソーセージに加工し、シチュー、キャセロール、スープを作る。どの部分もいっさい」——とジョゼは強調する——「無駄にしない」

「大きなパーティみたいなもんだよ」。〈レアール〉のポルトガル人グループの中では古株で、よく働く有能なウェイターのアルマンドが口をはさむ。

「知ってるのかい?」どうも信用できないな。アルマンドのことは好きだ——それに腕のいいウェイターでもある——が、彼がいうことはときとして眉唾で聞いたほうがいい。たとえば、中西部出身の中年のご婦人が〈レアール〉へ来たついでに、私の本を出してサインを求めたとする。アルマンドはそっと近づき、耳元で内緒話のように囁くのだ。「あのシェフがゲイってことはご存知ですよね。私とは長い付き合いですが……すばらしい人です。ほんと、すばらしい」。そんなことがアルマンドのお楽しみなのだ。

「もちろん!」とアルマンドはいう。「俺の町ではみんなやっていた。一年に一度って感じかな。伝統ってやつ? 中世までさかのぼるってさ。ずいぶん昔っからだね」

「で、何もかも食べるのかい?」

「全部ね。血、内臓、耳、何もかも。めちゃうまよ」。アルマンドはどこか遠くを見つめてうっとりと笑みを浮かべる。「いや、待った! 全部は食わないぞ。膀胱は別だ。あれは空気を吹きこんで膨

らませて、子供たちのサッカーボールにするんだった」

「サッカーボールにするって話はマジかい？」バーのマネジャーで、同じくポルトガル出身の信用できる友人ダヴィドに訊いてみた。彼は同胞を裏切りたくないという風情で肩をすくめた。

「おもに北のほうだな。でも、見たことはある」

「見たことがあるって？」

ダヴィドはうなずき、心配そうに私を見た。そこで何が待っているかわかっているのかといいたげな顔つきだ。「血みどろの世界だよ。それに、豚はとんでもない悲鳴をあげる。そいつが……そう……殺されるときにね。ものすごい声だよ」

「隣村まで聞こえるね」とアルマンドがにやっと笑いながらいう。

「へえ。それじゃ、その膀胱を土産にもってきてやるよ」と私はいい、その瞬間、ぜったいに見てやろうと決心した。ポルトガルへ行って、中世の豚殺しの祭典に加わろうじゃないか。ジョゼの話を聞くかぎり、そいつはなかなか面白《クール》そうだ。村人たちが大勢集まって、酒を飲み、豚を殺し、その肉を食べる。ジョゼがあんなに熱をこめて褒め称えるイベントを逃してなるものか。何がなんでも見てやるぞ。

わが身を――そして大方のシェフを――ふりかえって、私は考える。プロの料理人としてやってきた過去の年月、私は『ゴッドファーザー2』のマイケル・コルレオーネのように電話で、あるいは軽くうなずくか、ひと睨みするだけで、死を命じてきた。肉が必要なときは電話一本ですむ。またはスーシェフか、精肉加工や下ごしらえの係に目で合図して電話をかけさせる。電話線の向こうでは、ロッコ、アル・ニアリー、ルッカ・ブラッツィといった精肉業者が自分で手を下すか、それともどこかに電話して処理を命じる。遅かれ早かれ、どこか――中西部かニューヨーク州北部、ペンシルヴェニ

アの田舎の農場、あるいは遠いスコットランド――で一つの命が失われる。簡単にいえば、私は電話をとるたび、注文書の欄にチェックマークを入れるたびに、生き物の命を奪ってきたのだ。だが、キッチンに運びこまれるものは、まだ温かみの残る体で目を見開き、責めるような顔つきで「なぜ私が？　トニー、なぜこの私が死ななきゃいけないんだ？」と問いかける血まみれの犠牲者ではない。私はそれを見ずにすんだ。私が犯した罪の唯一の証拠は、きちんと消毒された箱入りの、あるいはビニール包みの肉の塊でしかない。ポルトガル北部の農場に行くまで、殺され、臓物を抜かれ、部位に分けられる犠牲者の顔を――ごく間近から――見ないですんでいた。解体包丁の刃が入るところを自分の目で見るのは、シェフたる私の責任ではないだろうか。そう思った。少なくとも、これまでの人生ずっと、肉や動物性脂肪や屑肉のファンとして声をあげ、ベジタリアンのことをさんざんこきおろしてきた私だ。支持するものの実態を知ろうじゃないか。食材がどんなところからもたらされるのか、いまこそ――身をもって――学ぼう。

外国を旅するとき、とくに私のように情報不足で準備もないまま出かけた場合、その土地の人にガイドしてもらえるのはじつにありがたい。最上の部分にすぐアクセスでき、無駄足を省き、地元の人に混じって驚くほど親密な経験ができる。そのうえ、ジョゼ・メレジェスときたら食い道楽とかグルメとかいう言葉ではとても足りない。ジョゼは大家族のもとに生まれたが、彼の家族全員がこの放蕩息子と同じくらい、食べ物が大好きなのだ。ジョゼはニューヨークへ行き、コックとなり、やがてシェフとなって、その後、レストラン業界で目のさめるような成功をかちえた。デュカスのレストランでディナーをとるときも、スター・シェフのダニエル・ブリューとレシピを交換するのでも、ジェームズ・ビアード・ハウスで料理するのでも、マンハッタンの一番ホットなレストランを試しに行くと

きでも、ジョゼは楽しげに、そして情熱的にとりくむ。そんな彼だが、家族の食卓についてブーショ・ヘシェアード〔豚の胃袋に詰め物をした料理〕を食べているときほど幸せそうに没頭した姿は見たことがない。〈レアール〉の厨房という眺めのいい場所から見ていると、ジョゼはわがキッチンをかきまわし（たいていは、破壊の航跡をあとに残しつつ）、手早くポルトガル風のキャセロールをあつらえる――ブーダン・ノワール、チョリソ、豚足、豚のハラミと頬肉、白インゲンを素焼きの壺に入れパイ皮で蓋をして焼いたものだ。わが〈レアール〉で出す塩鱈のブランダード《ブランダード・ド・モリュ》にはニューアークのアイアンバウンド地区でとれた鱈しか使わないといいはるジョゼにはお手上げで、むしろ愉快にさえ思える。この地区にはポルトガル人が大勢住みついているので、たぶん連中なら塩漬け鱈のことを知っているはずだからというのが、その理由だ。ジョゼのこだわりはこれだけではない。最高級の生の鱈（鮮魚商が希望どおりのものを届けてくるまでわめきちらすジョゼみたいな人間は見たこともない）、オリーブオイル漬けのツナの缶詰、ホワイト・アンチョビ、高価な海塩《シーソルト》、とても細かく刻んだケール、ドライ・チョリソ、スパイス専門店カラスティアンズで仕入れてきた超高価な生のクミンシード――そのおかげで、ジョゼが店にやってくるたびに食材の原価率はぐんと跳ねあがる。さらに、フランスのブラッスリーでなければ食べられないような特別な食材を買えとせっつくが、それをどうやって調理したらいいのか、私にはさっぱりわからない。彼は夜中に突然思いついて高級食材店のダルタニャンに電話をかけ、放し飼いで育てられた豚を一頭まるごと買ったりする。この男と働きはじめた最初の数か月、そんな態度にいちいちいらだったものだ。マルメロのゼリーや臭い山羊のチーズで何が作れるっていうんだ？　スーパーボック・ビールっていったいなんだ？　ジョゼはときたま、この「徘徊症」に陥る。そうすると結果は？　大型冷蔵庫に高級食材の塩漬け鱈の舌〔鱈の下顎の部分〕がバケツ一杯入っている。パークアベニューのレストランで鱈の舌を食べたがる人間が何人いると思う？

そんなジョゼが飽きもせずに豚の解体のことをしゃべる——まるで、ワールドシリーズとスーパーボウルとワールドカップ、それにビートルズの再結成をいっしょにしたような興奮ぶりだ。そんな情熱はばかにできない。彼がボスだからというだけでなく、どこからとなく届けられる得体の知れないポルトガルの食材がいったん調理されると、これがまた旨いからだ。私が栄えある美食の伝統の一部として認め、理解するフランス料理の食材——ホワイトアスパラガス、生トリュフ、カバイヨン・メロン、新鮮なムール貝、透き通った鰻の稚魚、スコットランドの野兎、べたべたと柔らかで匂いのきついフランス産チーズ、飛行機（値段からすると、きっとビジネスクラスだ）で運ばれた取れたてぴちぴちの舌平目《ドーバーソール》——もキッチンに続々と運ばれる。ジョゼが食いものについて詳しいことは間違いない。豚を殺して食うイベントを絶対に見逃すべきではないと彼がいうなら、私はその言葉を信じる。ジョゼとしばらくしゃべったあとでは、きまって何か食いたくてたまらなくなるのだから。

　そんなわけで、ポルトガルの霧に包まれた寒い朝、目覚めた私の心には興奮と好奇心と不安が入り混じっていた。部屋の窓から外を見ると、葉の落ちた葡萄の木が整然と並んでおり、はるかかなたの炉から立ちのぼる白い煙が、峡谷の上に広がるグレーの空に一筋の線を描いていた。私がいるのは一種のB&B《ベッド・アンド・ブレックファースト》、十七世紀の民宿《キンタ》（普通の家庭に客を泊まらせる）で、メレジェス家の農場まではおよそ八百メートルである。この宿は、曲がりくねった田舎道から引っこんだところにあって、道の途中にはあずま屋が建っており、周囲に広がる畑とオレンジ果樹園と山々を含めて、四百年前からほとんど変化がないように思える。三人の若い女性が数人の泊まり客を世話していた。付属のチャペルがあり、広い田舎風の暗いキッチンには、つねに火を絶やさない炉が切られ、長いテーブルが据えてある。煤で真っ黒になった大きな煙突を通って煙は外に出される。ポルトガルに来てすぐ気づいたのは、どこへ行っても薪の燃える匂いがすることだった。どんなに大きな家でも、暖房として使わ

れる唯一の熱源は薪なのだ。前夜遅く、私が着いたときも寝室の暖炉では薪がパチパチとはじけて居心地のいい空間を作りだしていた。とはいえ、その部屋は服を脱いで、四隅に柱のある高い寝台によじのぼるだけの広さしかなかった。ジョゼの一族はここの農場に加え、近くのアマランテに家があり、オポルトにも別の家をもっていた。

ここへ到着するまで、すでにポルトガルでは旨い料理を山ほど食べていた。メルルーサ（育ちすぎたキスという感じ）の頭、旧式の薪オーブン（扉を石膏で封印する——その昔は牛糞を使っていた）で調理した子山羊のロースト、信じられないほど旨い蛸のリゾット、それにいうまでもなくバカラオ（塩漬けにした干鱈）のオンパレードだ。ドウロ峡谷の山の頂にあるロッジで一晩過ごしたときは、目がさめると土砂降りの雨だったので、大急ぎで（道がなくならないうちに）麓の民宿《キンタ》まで下り、そこでローストポークに豚の脂で炒めたポテト、アゼイト・チーズという食事をとった。オポルトでは野外マーケットへ行き、ニューヨークのどんなコックも顔色なしの汚い言葉を吐きながら魚をさばく猛烈な女たちを見た。ジョゼに通訳してもらいながら、鮮魚商の女たちと客のやりとりをしばらく見たが、見た目はワシントン大統領夫人のような六十五歳くらいの女たちの言葉にこの私が赤面するとはまさに驚きだった。

いよいよ豚を殺すという日、私たちは車でメレジェス家の農場へ出かけた。石とモルタルでできた農家は二階が居住用で、一階はキッチンと食堂、それに隣接して食料貯蔵庫があった。泥の私道をはさんで、畜舎と燻製所と大きな納屋がある。ジョゼの父親と親戚たちは葡萄畑をもっていて、その葡萄でワインを作り、鶏と七面鳥と鵞鳥、それに豚を育てていた。数ヘクタールの葡萄畑とさまざまな用途の土地がゆるやかな斜面となって広がり、その向こうには木々の生い茂った山が連なっている。木の枝と葉のあいだに見えるのは、教会の尖塔と煙を吐く煙突がいくつか。

到着したのは早朝だったが、すでに大勢の人が集まっていた。ジョゼの兄弟はフランシスコと、そしてもう一人も同じ、フランシスコという名前だった（そういえば、映画『グッドフェローズ』の結婚式のシーンでは、ピーティー、ポール、マリーという名前ばかりだった）。母親と父親、他の親戚、作男たち、女子供――そのほとんどが、これからまる二日ぶっ続けとなる宴会の準備にかかっている。納屋のそばには、豚の畜殺と解体を副業にしているベテランの三人組が立っていた。あちこちの農家でお呼びがかかるたびに、本業を休んで、定評のある畜殺／解体の腕をふるうのだろう。見た目はとても感じのいい男たちだ。頬の赤い老人はシャツの上にベストという姿で、ふちのある黒い帽子をかぶり、髭をきちんと刈りこんでいる。やや若い二人はセーターに防水ブーツという格好だった。気立てがよさそうで、近寄りがたいところはまったくない。朝だというのに、私と握手をする間も、片手に家族用の葡萄から作った若いヴィノ・ヴェルデのグラスをもっていた。

ジョゼのいとこのフランシスコは、農家の外の土の上にボトル・ロケットと空中爆弾を一列に並べ、片っ端から発射させていった。峡谷一帯に響きわたる爆発音は近隣の人たちに豚の解体――と、それに続く宴会――を知らせる合図なのだ。

「ベジタリアンへの警告かい？」と私はジョゼに訊ねた。

「ポルトガルにはベジタリアンなど一人もいないよ」と彼は答えた。

三人組のチーフにちがいないとにらんだ髭の男が納屋に向かって一歩踏みだした。彼が手にしているナイフは木製の柄がついていて、刃の真ん中に入った溝が嫌な感じだ。みんながぞろぞろとあとに続いたが、どの顔にも悲しみや喜びの表情はなかった。ジョゼの顔だけは別で、彼は私のほうを見ながら、にやっと笑った。たぶん、これから起こることに私がどんな反応を示すか興味津々といったところだろう。

納屋の奥には下半分だけのドアがあり、その向こうに藁を敷いた狭い囲いがあった。覗きこむと、そこには怪物のように巨大な、獰猛な顔つきの豚が尻を振って歩きながら鼻を鳴らしていた。豚は狭い囲いの中に入っていった三人の男に近づいたが、誰も餌をもっていないことがわかると、どうやらじきに悪いことが起こりそうだと察知したらしく、じたばた暴れ、大声で鳴きはじめた。

私はそれを見ただけで、早くもうしろめたい気分になっていた。元凶はこの私だと考えずにいられなかった。この豚は半年のあいだ餌をたっぷり与えられて太らされ、そして三人の男たちが雇われた――すべて私のためだ。ジョゼがこの話をもちだしたとき、私が「いや……やめておくよ。今度はポルトガルへ立ち寄るひまがないと思う」といっていたら、この豚の運命は変わっていたかもしれない。あるいは、どっちにしても殺される定めなのだろうか？　弱気になることはないさ。生まれた瞬間から、この豚の運命は決まっていたんだ。豚の乳は搾れない！　豚をペットにする人もいない！　なんたって、ここはポルトガルだ！　この豚は生まれたときからベーコンになる定めだった。

それでも、これは私のせいだ。私の責任でこうなった。二十八年間ずっと死んだ動物を料理しつづけ、ベジタリアンをばかにしてきた私が、いざこの情景を前にして、驚くほど動揺していた。ぐっと我慢しなければならなかった。なんとか切り抜けるぞ。これまでだって、罪の意識を感じたことは何度もある。そこにもう一つ加わっただけだ。

豚を押さえつけるには、四人の屈強な――この手のことに慣れている――男たちの手が必要だった。やがて、豚は横倒しにされ、どっしりした木製の荷車の上に乗せられた。これは楽な作業ではなかった。二人の男が体重をかけて豚を押さえつけ、もう一人が後ろ足を縛り、ナイフをもった主役の男は豚の頭を抱え、かがみこむと、ナイフを胸にぐさっと突き刺した。ナイフは心臓の真上に柄まで深々と刺さった。豚は狂ったように暴れだした。その悲鳴は、私の歯の詰め物に沁みこみ、峡谷中に響き

わたった。信じられないほど大量の鮮血がシャワーのようにあたり一面に飛び散った。キーキーと甲高い声でわめきたてて暴れる豚は、荷車からずるずると滑り落ちながら、自分を苦しめる男たちの一人の股座《またぐら》めがけて何度も強烈な蹴りを入れた。血しぶきを撒き散らしながら頑強に抵抗する豚のキックをくりだす足と、そりかえる腹と、もたげた血まみれの頭をなんとか押さえこもうと、四人の男たちは必死になった。

四人はやっと哀れな豚をつかまえて荷車に戻した。髭の男はナイフをトイレのプランジャーのように前後に動かした。豚の動きは鈍くなったが、うめくような荒い息とごぼごぼという音はまだやまず……それが、いつまでも続き……豚の胸は音をたてて大きく上下に波うち……さらに、いつまでも続き……終わりがないかと思うくらいだった。

強烈な印象を受けた人間の例にもれず、私はどうでもいい細部がいつまでも忘れられなかった——なんの感情も見せない子供たちの平然とした顔である。生命の満ち欠け——ときには血まみれになることもある死の情景——に子供たちは慣れきっているのだ。子供たちの小さな顔には興味をひかれたようすさえもない。通りすぎるバスやアイスクリーム・トラックだったら、もっと反応するのではないだろうか。解体職人のチーフの額にぽつんとついた小さな血のしみがいまも忘れられない。気のよさそうなバラ色の頬をした男の額に、そのしみは一日中残っていた——老人のやさしげな顔立ちの中で、それだけが不気味な違和感をかもしだしていた。テレビを見ているところへミニーおばさんがクッキーの皿をもってきてくれたとき、その首に人間の奥歯を真珠のように連ねたネックレスがかかっていたら、どう思う？　豚の胸が大きく上下し、大きな音をたててバケツに血が滴るというプロセス全体の雰囲気もけっして忘れないだろう。女性のコックが駆け寄って、流れる血の下にバケツを置いて集め、流出の勢いがやむと急いでキッチンへもってゆく。死や殺しも日々の雑用の一つでしかない。

大勢の女性たちがきびきびと行き来し、キッチンから別の容器を運んでくる。料理の用意が始まっているのだ。ジョゼの顔に浮かんだ誇らしげな表情も私は忘れない。その顔はこういっているようだった。これだ。これこそがすべての始まりなんだ。これで、きみにもわかったろう。こうして生き物が食べものに変わるんだ。

もちろん、彼は正しかった。サラブレッドの交配、牝牛の乳搾り、牡牛の去勢、逆子の子牛などを見ても、私は同じように落ち着かない気分になるだろう。ひ弱な都会っ子である。現実を見ないですむにこしたことはないという軟弱者が、ディスカバリー・チャンネルでしか見ないような（それも、チャンネルを変える前にちらっと見るだけの）情景を初めて目の前にしたわけだから。

死んだ豚を乗せた荷車は納屋の角をまわって、戸外の広いスペースに運ばれた。ここでは長い藁の束を燃やした火で豚の表皮を炙り、全身をおおっている体毛を取りのぞく。時間のかかる作業であり、これがすむと厚い表皮に黒い縞やしみができる。そのあと、コルクで表皮をごしごしとこすり、洗い、さらにこすり、それから――またしても、一瞬とはいえ、記念写真にふさわしいショッキングなシーンが来る。

私は煙草を吸いながら、クールに見せようと努めていた。目の前の情景に、まったく動じないふり。豚は頭を奥にして、後ろ足と尻をこちらに向けていた。テレビ・クルーの一人で、カメラマンのグローバル・アランは私の隣に立ち、男たちが豚の上半身を洗うところを中腰になって撮影していた。前触れもなく、ふいに一人の男がぐるっとまわってきて、痛ましくもむきだしになった豚の下半身、その肛門に手を入れ、肘までぐいっと突っこんだ。そして、湯気の立っている糞を手のひらに一杯つかんで引きだすと、荒っぽく地面に投げつけた。大きなペチャッという音は、それから何度かくりかえされた。

プロのカメラマンとして、救急病棟のドキュメンタリーを何度も撮っているベテランのグローバル・アランはたじろがずに撮影を続けた。編集室でカットするのにどれくらいの量の素材が必要なのか知らないが、フードネットワークの番組に「豚の肛門に腕を突っこむ」シーンが流されるとはまず思えない。

それでもアランは撮影を続け、男たちが肛門の周辺を切り裂いて、腸を三十センチほど引きずりだし、小さな結び目にするところをカメラに収めた。アランはひそひそ声でこういっただけだった。

「よし、いいぞ……こいつは目玉だ」。私がそっちを見ると、彼はカメラの側面を叩いてさらにいった。

「これは最高だ、ベイビー、ビデオ部門の金賞《ゴールド》だな……エミー賞を狙えるぞ！」

「これはケーブルテレビだよ」と私は指摘した。

「それじゃ、エース賞だ」とアランはいった。「挨拶の練習をしとかなくちゃな。アカデミーのみなさんに感謝します……」

荷車に乗せられた豚は納屋に運ばれた。足を大文字に開き、天井の太い梁から吊るすのに、また男たちがひと汗かき、かけ声をかけて奮闘しなければならなかった。豚の腹はいまや股から喉元までぱっくりと開いており、背中は背骨に沿って切り分けられ、血抜きにまわされた。まだ温かい内臓が腹腔からそっと取りだされ、大きなベニヤ板のボード上に部位ごとに並べられた。ありがたいことに、ここから先は私も手伝うことができた。進みでて、温もりの残る腹腔に手を突っこんで中から心臓、肺、胃、腸、肝臓、腎臓を引っぱりだすと、ぬるぬる滑るそれらをボードに置いた。

『ナイト・オブ・ザ・リビング・デッド／ゾンビの誕生』のオリジナル版モノクロの映画を観たことがあるだろうか？　ゾンビたちが死者の体から引きずりだした内臓を、ずるずると音を立て唸り声をあげながらむさぼり食う不気味な饗宴の場面を？　あのシーンを思いだしながら、豚の内臓をかきわ

けて、心臓と肝臓をよりだし、サーロインはすぐに使うために取りおき、大小の腸は水洗いにまわし、胃と腎臓と肺もそれぞれの場所に置く——もちろん膀胱もだ。アルマンドがいったとおり、膀胱は息を吹きこんで膨らまし、端を縛って、少し固くするために燻製所にぶらさげておく。
腸の始末には手間がかかる。エプロンをかけた女たちは、それから数時間かけて外側も内側もきれいに洗わなければならない。そうしておくと、あとでソーセージ作りに使える。内臓を取り除き、すっかりきれいになった残りの肉は、バクテリアの繁殖を防ぐために赤ワインで洗い流す。こうして、わが犠牲者は寒い納屋の中で、血を受けるバケツを下に置いたまま一晩放置されることになった。

いざ、食事の時間だ。

納屋の小さなテーブルにテーブルクロスがかけられ、ほんの一メートルほどのところにはさっき死んだばかりの豚がいる。男たちも女たちも、重労働を終えた職人とその助手のために軽食を運んでくる。三人組のチーフは古びたアコーディオンをとりだして弾きながらポルトガル語の歌をうたいはじめた。ヴィノ・ヴェルデが注がれた。オムレツ《フリタータ》に似た卵料理、チョリソ、オニオンなどがテーブルに並んだ。ボウル一杯の豆料理——空豆に似ているが、色はヒヨコ豆のようだ——は、口に入れる前に皮をつるっと剥いて食べる。これに添えて、小さなレバーのグリル、オリーブ、山羊の乳で作ったチーズ。解体職人と親戚たちがテーブルを取り巻いて食事をしているあいだに、納屋の外では小雨が落ちてきた。アコーディオンをもった年かさの男は、額にまだ血の滴をつけたまま、音楽にのせてスピーチを始めた。ポルトガル版バーンヤード・ラップとでもいおうか、これはさっき殺した豚へのオマージュだった。殺された豚の特徴や状況によって歌詞はそのつど変えられ、家畜から食べ物へと変貌するプロセスを称えるのである。そして、居合わせた人びとにも独自の歌詞を披露しろと促す。

正確な歌詞——ジョゼが通訳してくれた——は覚えていないが、たしか最初の歌はこんな感じだっ

たと思う。

あの豚は手ごわかった。
死にたくないといって
蹴りを入れ、猛烈に暴れ、
私の目に血しぶきをかけた。

老人は納屋をぐるっと見まわすと、さらに演奏を続け、聴衆に向かって語りかけた。

どうしても助けが必要だ。
もう二度とはできない。
気心の知れた仲間の一人が
進みでてくれなければ。

そこで助手の一人が実際に進みでて、こんな文句で加わった。

この豚は厄介なやつだった。
根性のある豚だった。
ルイスがぐいと突き刺さなければ
やつは俺の玉を潰していただろう。

こうした応酬がしばらく続き、さらに料理と酒がふるまわれた。軽く食べるだけにしておこうと思ったが、ポルトガルではそれがむずかしい。

二、三時間後、今度は農家の大きなテーブル二つのまわりに集まって、ケール・スープ《カルド・ヴェルデ》のたっぷりした昼食をとることになった。若いころにケープコッドで食べたケール・スープはジャガイモとケールと豆とソーセージの塊が点在した素朴なスープだったが、これは大違いだった。「アゾレス諸島風なんだ」とジョゼはいった。なめらかな口当たりで、風味はチョリソ、ケール、ジャガイモ、それにスープストックだ。ジャガイモはほとんどとろけるように煮込んであり、ケールも非常に細かく刻んである。だから、ほとんど塊は感じられず、味も繊細だった。

石の壁で囲まれた農家のテーブルには、家族と友人、作男と近所の人たちでおよそ三十人ほどもいただろう。テレパシーで伝わったかのように、数分ごとに新しい客がやってきた。懇意にしている神父、町長、子供たち、その他大勢の人たちが食べ物をもってあらわれるのだ。ペストリー、アグアルデンテ（ブランデーに似た蒸留酒）、粉っぽくて重くて茶色い、とてもおいしいポルトガルのパン。焼いた心臓とレバーのスライス、ポテトグラタン、バカラオ、テンダーロインの——さっき殺した豚の——切り身のグリル、そしてソテーしたグレロス（カブの葉に似た青野菜）も食べた。この全部にワインがつき、それも次から次へと際限なくグラスに注がれるのだ。そのあとのデザートには、砂糖と卵の黄身と精製したラードで作ったとびきり美味なフランとふわふわしたオレンジケーキ。数時間におよぶ食事のあと、私はラスヴェガスのエルヴィス——肥満体で、ドラッグをやり、完全にぶっとんだ——のように、よろめく足でテーブルから離れた。

テーブルでは、村人たちがまだ食事をすませないうちから、次の食事の予定を立てはじめていた。

ご存知ない人のためにいっておけば、ポルトガル人は食べることが大好きなのだ。それも半端でなく。「ポルトガル人がなぜ朝食を食べないか、そのわけがわかっただろう?」とジョゼは冗談をいう。「ほっそりした」という言葉は、人の形容にしても、達成すべき目標としても、ポルトガルには存在しないも同然なのだ。この国ではお代わりを遠慮する人などいない。

二、三時間後、今度はジョゼの父母の家で、私はディナーの席についていた。メレジェス一族は大家族であり、また別の親戚が来ていた。最初は農場で採れたアーモンドを軽く炙ったもの。パール・オニオンのピクルス、ベビー・サーディンのフライ、オリーブのマリネとピクルス、それからロジョエス・パパス・デ・サラブーロ——これはパンとスープストック、生のクミン、豚肉のかけらと血で作るすばらしいスープだ。豚の血は農家で朝早くから火にかけてあり、凝固するまでぐつぐつ煮詰め、ブーダン・ノワールに似たざらざらしたプディングのような舌触りになっている。それをスープに少量加えると、とても風味がよくなるのだ。ジョゼがいつもコック・オー・ヴァンに新鮮な豚の血を混ぜろというわけがやっとわかった。ポーク・コンフィのジャガイモ添えも出た。アルヘイラス(軽く燻製にしたポーク・ソーセージ)のあとは、豚の胃袋の詰め物《ブーショ・ヘシェアード》だ。心ゆくまで楽しんだとはいえ、食事がすんでベッドへ戻るときには担架の助けが欲しいと思った。

翌日のランチは農家に戻って、また宴会だった。だが、その前に片付けるべき仕事があった。豚を解体し、脚はハム用にとりのける。ハムにするには、腿肉に海塩《シーソルト》と胡椒とニンニクをすりこみ、食料貯蔵庫の木箱に詰め、さらにその上から塩を重ねてすっかり埋める。中央で切り開いた胸肉は、その塩の上に置いて、軽く塩漬けにする。このハムは一か月ほどしたら木箱から出し、吊るして燻製にし、乾燥させる。肉は大きいものはチョリソ用、小さいものは別のもの用として切りわけ、残りは燻製所に吊るしておく。私たちが豚を解体しているあいだ、ジョゼの母親があちこち歩きまわって、その日

のランチ用に切り身を選んでいった。

ランチはコジード――ポルトガル版ポトフだった。キャベツ、ニンジン、カブ、脂漬け《ターニップ》にした豚の頭肉、鼻、豚足などを煮込んだものだ。ジョゼはどの部位もたっぷりよそってくれた。たしかに、認めなければならない――これほど豚の脂が旨いものとは知らなかった。ここでも、炭水化物は一種類に限るなどというアメリカ風メニューのルールは通用しない。付け合せには米とジャガイモの両方だ。デザートは「天国のベーコン」と呼ばれるお菓子で、またしても卵の黄身を使い、それに砂糖と砕いたアーモンドを添えたもの。食べすぎで腹が破裂しそうだった。作男の子供たちに、膀胱でできたボールでサッカーをしようと誘われたときも、まるで勝負にならなかった。動くのもやっとだったからだ。

ディナーは胃袋《トリップ》と豆のキャセロールだった。ふだんなら、トリップはあまり好きではない。濡れた牧羊犬のような匂いがするからだ。しかし、ジョゼのお母さんが作ったこれは、たっぷりの生のクミンでスパイスを効かせ、とてもおいしかった。きれいにたいらげると、ジョゼは皿の上で田舎風の重いパンを崩して少量のオリーブオイルを垂らし、残ったソースにからめて混ぜあわせ、ねっとりしたペースト状にして食べるというポルトガル風のやり方を実演してみせてくれた。

ポルトガルでは、わがボスのジョゼに多くを教わった。じつに旨い料理も味わった。何かを食べる前に、これから自分が食べるものをはっきり見ることを学んだ。できるならばこの経験から、今後は「食材」にもっと敬意を払うようにしたい。私はこれまで以上に、ポークと豚の脂と加工した豚肉への愛情を確信するようになった。そして、無駄をなくそうと決意した。豚の恩を肝に銘じなければいけない。一皿のポークチョップができるのは、生きて呼吸をしていたものが殺され、食材となったからなのだ。トリップが本当においしいものだとわかった――動物のどんな部位でも、しりごみするこ

とはないのだ。とはいえ、この先いつか、豚の膀胱でできたボールをリバーサイド・パークで蹴るつもりはないが。ジョゼのポルトガルでは、よいと思ったものをいつまでも保ちつづけることの大切さを学んだ。たとえば、必要に応じて塩漬けの鱈が考えだされたのは百年も前のことだが、彼らはいまもその味を楽しんでいる。なぜなら、おいしいからだ。ジョゼにこんなジョークをいったとする。「ジョゼ！　ポーク、バカラオ、ポーク、バカラオ、卵の黄身、ポーク――それから、またバカラオだな」。すると、ジョゼは不思議そうな顔でほほえみを浮かべ、こういうだろう。「そうだよ。それがどうした？　どこが悪い？」

ポルトガルは始まりの場所だった。平均的なアメリカの食卓に欠けているものを気づかせてくれた。大勢の人びとが一堂に集って食事をともにする。家族のあり方。食べ物と共棲することの気楽な残酷さ。あくまで変化を拒否する態度――変化のせいで、代々伝わる旨い料理が失われるなどとんでもない。ポルトガルから遠く離れたさまざまな国で、私は同じような態度を何度も目にすることになるのだった。

そして、私は生き物が死ぬところを見た。それが私を変えた。楽しくはなかった。それどころか、とてつもなく嫌な気分だった。罪の意識をもち、少しばかり恥も感じた。あの豚のパニック、苦痛、恐怖を思うと、悪いことをしたという気持になる。だが、味は最高だった。捨てた部分は、全部で二百グラムもなかったと思う。

この次からはもっと楽になるだろう。

第二章　思い出のビーチへ　*Back to the Beach*

わが弟のクリス、兄弟のくせに私とは天と地ほども違っている。私のこれまでの一生はほとんどその日暮らしも同然で、給料小切手を右から左へ通過させ、楽しみはぜったい逃さず、世間など知ったことかと大急ぎで大人になり、いまや老いたヒッピーというていたらくなのにくらべて、クリスはつねに責任感のあるよい息子だった。マリファナは吸わない。もちろんドラッグもやらない。髪はそのときどきで、長すぎもしないし、短すぎもしない。アイビーリーグの大学を卒業した――成績はたぶん（弟のことだから）優等だったはずだ。昔もいまも、しっかり貯金をして、スポーツカーや尻軽女に無駄遣いしたり、ましてや（私のように）見た目がかっこいいスパイ用の小道具などに大金をはたいたりはしない。酔っているときに眺めるカタログでは、そういう機械がいかにも便利そうに思えるのだ。クリスはウェストチェスターに持ち家があり、美人の妻とかわいくて利口な行儀のいい二人の子供がいる。車を選ぶなら、頑丈で安全なボルボがお似合いだ。仕事は――私の知るかぎりでは――銀行に勤めて為替を専門に扱っている。何をしているかというと、世界中を飛びまわって、南アメリ

カヤヨーロッパやアジアの投資家にいつドルを売って円を買うべきか、ドイツマルクをバーツやドンやドラクマと交換すべきかのアドバイスをする。クリスに何か欠点があるとしても、私にはまだ見つけられない。これまでずっと何かないかと探しまわってきたのに。

クリスにしてみれば、私はべつだん愛すべき兄ではなかったはずだ。子供のころはさんざんいじめ、もっと幼いころには嫉妬まじりの腹立ちから、赤ん坊だった弟をばんばん殴りつけ（二人にとって好運にも、私が選んだ武器は風船だった）、いつも私が首謀者だったいたずらを弟のせいにし、叱られたり尋問されたりするようすに聞き耳を立てて喜んでいた。ディナーの席でのクリスは、兄のくりひろげる心理ドラマをしょっちゅう見せつけられた。私ときたら、いつも食事の時間に遅れ、ドラッグでぼーっとし、むっつりと不機嫌で、だれかれかまわず喧嘩をふっかけ、髪は肩まで伸ばし、態度が悪く、アビー・ホフマンやエルドリッジ・クリーヴァーをまねして権威に逆らった――そんな私にいわせれば、両親はファシストの手先であり、帝国主義の圧制の道具だった。父母の愛情は、私をサイケデリックなドラッグやフリーラヴ、それに若いヒッピーの女の子のプッシーから引き離すための邪魔物でしかない。親の家に暮らす十二歳の少年でなければ、そういうものにどっぷり浸かれるはず――そう思っていたのだ。悩み多き――周囲もさぞかし悩まされたことだろう――思春期の私が巻き起こした喧嘩、どなりあい、大騒ぎを弟は目にしてきた。それが反面教師になったのかもしれない。だが、プラス点をあげれば、弟が幼稚園へ行くまでに私は字の読み方を教えてやった。それに、とうとう我慢できなくなった弟が私の頭を鉄製の文鎮で殴りつけたことは誰にもいいつけなかった。

トニーといっしょに育つことには、少なくとも、なんらかのよい思い出があったのだろう。そのいくつかは子供のころにフランスで過ごした夏休みの思い出かもしれない。あのとき、私たちはおたがいに英語で会話ができるほとんど唯一の相手だったのだ。いつも二人いっしょで、ラ・テストの小さ

な町を探検し、おばさんの家の裏庭で緑色のプラスチックの兵隊を並べて戦争ごっこをした。タンタン、ラッキー・ルーク、アステリスクのコミックブックを交換し、爆竹で遊び、どうしようもなく退屈すると、かわいそうな母を二人がかりで襲撃した。意外というべきか、私たちは成長するにつれて仲良くなった。記憶の小道をいっしょに辿らないかと誘うと、クリスは二つ返事で賛成した。

「いいね」とクリスはいった。彼の人生でこれほど無鉄砲な決断はかつてなかったにちがいない。

おたがいの伴侶を置いて、二人きりで子供時代のフランスを追体験する計画だった。ラ・テストの家も再訪する。同じ店へ行って、同じものを残らず食べてみる。ラ・テストだけでなく、近くのアルカションへも行く。夜明け前に舟を出し、海中の養殖棚からとった牡蠣を味わって、私の人生を変えるきっかけになった初めての味覚の目覚めを再現してみたい（クリスも、いまでは牡蠣が大好きになっている）。もう一度ピラ砂丘に登り、砂糖のまぶされたペストリーを（親の許しなしで）貪り食い、好きなだけボルドーワインを飲み、爆竹を山ほど買って、子供のころにビーチでよく遊んだドイツ軍のトーチカに投げこむ。いま、誰がその楽しみを邪魔するだろう？　誰が私たちを止められるだろう？

ニンニク風味ソーセージ《ソシソン・ア・ライユ》と魚のスープ《スープ・ド・ポワソン》を味わい、大きなボウル一杯の熱々のショコラにバターたっぷりのバゲットを浸して食べる――そして、クローネンブルグ、ラ・ベル、ステラといったビールを好きなだけ飲む。私は四十四歳で、クリスは四十二歳。もう一人前の大人だ。定評ある為替トレーダーとベストセラーの著者である。ニューヨークにいる母はもう何十年も前から私たちの行状を改めさせるのは無理だと諦めていた。どちらかというと子供に甘かった父は八〇年代にこの世を去っていた。いまや私たちはなんでも好きなことができる。子供っぽいまねをしたって、誰にも文句をつけられない。これこそ完璧な計画、完璧な場所だと私は思った。かつて子供時代を過ごした南西フランスの海

沿いの町で完璧な食事を探そう！

クリスはスイスから、私はポルトガルから来て、サン・ジャン・ド・リュズでおちあった。そこからレンタカーでアルカションへ向かい、途中で停まったのは、粉砂糖をかけた熱いワッフル（フランスではゴーフルという）を食べたときだけだった。子供のころ、ビーチで遊んだあとに食べたごちそうである。フランス南西部には平坦な土地が広がっている——行けども行けども松林ばかり。これは、百年以上も前に、ぼうふらの湧きでる湿地を埋めたて、海岸沿いに細長くつらなる砂丘が内陸に侵食するのを防ぐために植えられたものだ。見るべきものもさほどない。だが、私たちは野立て広告に懐かしい名前を認め、フランスのディーゼルエンジンの匂いをかぎながら、二十八年ぶりに訪れる場所へじょじょに近づいているというだけで十分楽しかった。

小さな牡蠣漁村ラ・テストに隣接する夏のリゾート地アルカションに着いたときは、すでに暗くなっていた。時は一月、オフシーズンのまっただなかである。寒く、強い風が吹きつけ、骨まで凍えそうな冷たい雨がしとしとと降りつづいていた。過去を掘り起こすというセンチメンタルな思いつきに興奮して我を忘れたあまり、気温や降雨量という現実はすっかり頭から消えていたのだ——窓に板を打ちつけたゴーストタウンで寒さに震えるはめになるとは！　私たちがチェックインしたお化け屋敷のような陰気なホテルは水際にあり、隙間風の入る下見板と木綿更紗が特徴だった。がらんとした室内には正気とは思えないような奇妙なガラクタが詰まっていて、アールデコのステンドグラス、まがい物のティファニー・ランプ、オーストリア・ハンガリー帝国風の小さな陶器の人形、黴臭いカーペット、ロココ調の家具などで飾りたてられていたが、私たち以外の泊まり客は一人もいなかった。『サイコ』のノーマン・ベイツが経営する、キャッツキルの廃れた古いハイウェイ沿いにある「ロマンチックな隠れ家」を連想してもらえばいい。「さびれた」という形容だけでは足りない。部屋の窓

から外を見ると、コンクリート製のパティオと朽ち葉でびっしり埋め尽くされたプールの向こうに灰色のビスケー湾が単調に広がっており、数隻の漁船が海面を滑るように走っていた。ビーチには数羽のカモメ以外に生き物の気配はなく、海の向こうの闇の中でフェラ岬の灯がまたたいている。

最初の夜、私はよく眠れず、夢にはジャンヌおばさんが出てきた。屋外便所に爆竹を投げこんだことで、がみがみ叱られている夢だ。「悪い子《デファンデュ》ね！　牢屋《プリゾン》行きよ！」とおばさんはわめいていた。詰め物をした椅子と剥がれたピンクの壁紙のじめじめした黴臭い匂いのせいでそんな夢を見たのだろう。

翌朝のクリスは元気いっぱいで、わくわくしているようだった。私のほうは、そうはいかなかった。ホテルの朝食をパスし、最後に客が泊まったのはいったいいつだったのだろうと考えた――はたして、その客は無事だったのだろうか。弟と私は急いで鉄道駅に向かい、電車に乗ってすぐ近くのラ・テストまで行くことにした。夏ではなかったし、私たちは防寒のために顎までマフラーでくるんだ二人の愚かな中年男にすぎなかったが、期待に胸を膨らませて電車から降り立ったその一瞬は子供に戻ったような気がした。二人とも無言になり、ただ笑みを浮かべるだけで、そのときの心情はとても言葉にできなかった。プラットホームに立った数秒間、時間が一九六六年に戻ったような錯覚に陥った。子供の頃、港祭りの催しの柱登り競争で私は賞品のチョコレートバーをせしめたことがあった。駅前の広場には、そのときの電信柱がまだ立っていた。港のあたり――たるんだ係留ロープと旧式の平底漁船《ピナス》、牡蠣舟、赤いタイル貼りの土台に軽量コンクリートと漆喰でできた二階建の家――はまるで変わっていない。

私たちは肩を並べて人気のない通りを歩いていった。冷たい灰色の空のもと、静かに降る霧雨には気づかないふりをした。「この道だ」と、クリスが声をひそめていった。「消防署と警察署がある」

「またここにいるなんて嘘みたいだ」と私はいった。「信じられない」

ジュール・ファーブル通りを見つけた。最後に見たときのままだ。そこをワンブロック、そしてもうワンブロック過ぎると、私たちの家だ。いや、かつて私たちが暮らした家というべきか。玄関までの私道は変わっていた。冬だから、生垣に囲まれた玄関前の庭にバラの花は咲いていない。右手には木製の物置――父が子供のときにベレー帽と半ズボンという格好でカメラに収まった場所であり、私と弟が（大嫌いな、その同じ格好をさせられて）写真を撮った場所――がまだあった。だが、私たちが、せいぜいかっこをつけようと、あるいはせめてばかばかしく見えないようにポーズをとって寄りかかったスウィングドアはなくなっていた。牡蠣漁師のムシュー・サンジュールが住んでいた隣の家はなくなって、新しい家が建っていた。ギュスターヴおじさんが死ぬ前に改修しはじめた家（いっしょにレンガを片付けたことを覚えている）はほとんど変わっていなかった。新しい白い木のフェンスときれいに刈りこんだ生垣の向こうに、私たちが夏を過ごした家があった。しばし黙りこんだまま、私たちは門の奥を覗きこんだ。

「あそこがぼくの部屋だった」。二階の窓を指差してクリスがいった。

「廊下の反対側が俺の部屋だ」。私は声をひそめていった。

「ああ、そっちのほうがいい部屋だった」

「年上だからな」

「ジャンヌおばさんとギュスターヴおじさんは一階のあそこだ」

「なぜ、ひそひそ声なんだ」と私はつぶやいた。

「ノックしてみなよ」

「おまえが行け。おまえのほうがフランス語はうまい。俺は裏庭が見たい」

弟はおずおずと玄関に近づき、ベルを鳴らした。やがて、現在の持ち主が出てきた。その小柄な老

人は、冬のさなかにばか面をした背の高い二人のアメリカ人とカメラをもったテレビ・クルーがあらわれても、まったく動じたようすはなかった。しばらく話したあと、老人は家を見せることに同意し、横手の入口から入るようにとうながした。古い門をくぐって、子供のころに遊んだ裏手のパティオと庭にまわった。私たち兄弟はここでトカゲを捕まえ、カタツムリを皆殺しにし、小さな玩具の兵隊でノルマンディー上陸作戦を再現したものだ。低い壁の向こうのテーブルで、ジャンヌおばさんのトマト・サラダ、ポテト・オムレツ、ムール貝の蒸し煮、舌平目のソテー、サヤインゲンのバター炒め、大きなカップ入りのホットチョコレート、それに粉末ココアのバナーニアを味わった。手押しのポンプはなくなり、古い井戸は塞がれてからもうだいぶたつという。庭の便所へ行くときに水を満たしてもっていったふちの欠けた水差しはもちろんなくなっていたが、屋外便所そのものはまだ残っており、裏に積みあげた堆肥もそのままだった。その隣には、フランス南西部で唯一のアメリカン・スタイルの浴室があった。母がどうしてもといって建てさせたものだ。さらに、その隣には、魚をさばくための流しがついた小屋があった。十二歳の私がクローネンブルグと煙草を隠しておいた場所だ。裏の路地に続く石のアーチと重い木製のドアはまだあった。そして、家の前にまわると、おじさんが一九三〇年代のシトロエン・セダンをブロックの上に載せておいたガレージとワインセラーがある――これも当時のままだった。庭はいまでは一面に草が生い茂っている。

「あそこには、いまでも小さなプラスチックの兵隊が埋まっているんじゃないかな」と私はいった。

「まちがいないね」とクリス。「少なくとも中隊を作るくらいの数はあるはずだ」

家の中は見なかった。あまりにも……気味が悪い。私はよく、こんな悪夢を見る。ニュージャージーの実家に帰ると、自分のベッドに誰か知らない人間が寝ている。そんな悪夢を現実で体験したくなかった。

「どきどきしたが、その反面……気がめいったな」。のろのろと家を出ながら、私はクリスに打ち明けた。

「うん、ぼくもだ」とクリスはいった。「角のパン屋《ブランジュリ》で葡萄パン《パン・レザン》を買おうぜ。あの店はきっとまだあるはずだ」

かつての住まいで、もう一つやることがあった。何十年も前の夏と同じ場所、同じポーズで、写真を撮らなければいけない。ありがたいことに、今度はベレー帽はなし。それに、二人ともいまでは――誰が見ても明らかに――半ズボンをはかなくてもいいだけの大人だ。

町の若者たちが雄牛を追いかけまわし、追いかけまわされたル・スタド・ミュニシパル（スタジアム）と、おっかない隠者が住んでいたラ・フォレ（森）は、いまでは住宅団地になっているようだった。ル・ウィークエンドとかラ・フォリーといった夏向きの名前がついた別荘地は鎧戸をおろし、がらんとして、いかにも侘しい雰囲気だった。

ジュール・ファーブル通りを半ばまで歩き、角を曲がると、まだパン屋が営業中だった。おなじみの「ボンジュール・マダム」という挨拶をしながら店に入ったとたん、甘い香り――ブリオッシュやバゲットを焼く匂い――のする温かい空気に包まれた。子供のころによく食べた、べとべとする干し葡萄入りのデニッシュ《パン・レザン》を一袋、バゲット一本、クロワッサンとブリオッシュを一個ずつ買った。同じ味かどうかを確かめたくて、全部買わずにいられなかったのだ。

「おんなじだ」。クリスは顔を輝かせていった。

私はそれほど感動できなかった。何かが引っかかった。たしかに、このとき食べたパンは味も外見も昔と変わらなかった。店の匂いさえ、二十八年前と同じだった。だが、何かが失われていた。

昔は、角を曲がったところに〈カフェ・セントラル〉という小さなカフェがあった。母が料理をする気分にならないとき、あるいはどこで何を食べるか意見が合わないときは、いつもここで食事するのが決まりだった。ごくありきたりの地元のカフェで、壁の漆喰は剥がれ、サッカーのポスターが貼ってあり、狭い店内では近所の漁師たちが安ワインを飲んでいた。私はこの店で食べた料理の記憶を大事にしていた――あるいは、大事にしすぎていたかもしれない。褐色に濁った魚のスープ《スープ・ド・ポワソン》、見た目は悪いが味はいい野菜サラダ《クリュディテ・ヴァリエ》、べしゃっとしているが旨いポテトフライ《フリット》添えのバヴェット・ア・レシャロット（エシャロット風味の脇腹肉《フランケ》のステーキ）。

その店はいまでは〈ル・ビストロ〉と名前が変わり、おしゃれな店になると断固決意したようだった。テーブルにはキャンドルが置かれ、テーブルクロスもあり、パステルカラーの壁には小さな牡蠣舟を描いた額入りの絵が掛けられ、テーブルも椅子もがたつかない。だが、魚のスープは昔のままだった。魚のかけらと砕いた骨、香りのよいサフラン、ニンニク、アニス味の濃い褐色のスープ。記憶のとおり、スープにはクルトンとグリュイエール・チーズの粉末と小さな鉢に入ったルイユ（ニンニクと胡椒をきかせたマヨネーズ）がついてくる。味はよかった。三十年におよぶわがスープ人生における最初の味であり、これがきっかけで料理人の人生を真剣に考えはじめたといってもいい。新米シェフのころ、私はこの味を再現しようとさんざん試行錯誤したものだ。レシピを探しまわり、さまざまな食材を試し、調理法に工夫をこらして、どんぴしゃりの味を作ろうとした。あのスープはたしかに旨かったかもしれないが、はっきりいって、いまでは私の作るスープのほうが上だ。私はロブスターを使う。貝もローストする。飾りつけには身のたっぷりついた蟹のはさみを使い、いまでは、より手間のかかった贅沢なスープを作っている。味は変わっていないかもしれない。だが、昔のガールフレンドと会って「いったいこの女のどこがよかったんだ？」と思うようなもの。万物は流転す。

昔の感動を求めて、私は牡蠣——これほど旨いものはないと当時は思った——を注文した。さらに、地中海で獲れる小さな骨の多い魚で、とびきり味のいいヒメジ、サーディンのフライ、フライパンでローストした鴨の胸肉《マグレ・ド・カナール》のピーマンソース添え、おまけにバヴェットまでたいらげた。

だが、感動は来なかった。幸せでなかったという意味ではない。ふたたびフランスの食卓につき、料理の皿の向こうには弟の顔があり、彼が屈託なく楽しんでいるようすを眺めながら、平凡な幸せをかみしめるというのはじつにすばらしい。私が過去にやってきた幾多の冒険にくらべれば、なんと賞賛に値することか。穏やかで、センチメンタル。誰も傷つけない。私のこれまでの経験につきものだった浪費と失望とやりすぎは、この場面に入りこむ隙がない。なぜ私の人生にはこういう時間がなかったのだろう? 自分に何か欠陥があるような気がしはじめた。どこかが壊れている。重要な臓器——たぶん心臓——が収縮し、死につつある。使い物にならない脳細胞や肺はいうまでもなく、私の体と心はしだいに動きを止めてしまう。建物が端から順番に閉ざされて、やがてロビーとファサードだけになったアトランティック・シティのさびれた大規模ホテルのように。

食事のあと、港のそばをぶらぶら歩いた。「あそこの桟橋を見ろよ」と、私はクリスにいって、水の中でゆっくり朽ちはてようとしている哀れな木造の構築物を指差した。「十五歳の夏休み、あそこに坐っていたときのことは忘れない。サムとジェフリーとナンシー——友達はみんな、あの夏プロヴィンスタウンで過ごしていた。それなのに、俺はこんなところに足止めを食った。畜生! あのときは、本当に惨めだった。一人ぼっちで悩みを抱えていた。このクソいまいましい町で過ごしたあの夏休みほど自慰にふけったことはない……」

「それはだいぶあとのことだよ。ここで過ごした最後の年だった。子供のときは楽しかったじゃないか」

「さあ、どうだかな。あの半ズボンにはいまでも腹が立つ。あのベレー帽。くそ！　子供の気持も考えずに、なんてことをするんだ」

クリスは心配そうな顔になった。「落ち着けよ。もうすんだことじゃないか。もう半ズボンははかなくていいんだ。昔のことは忘れようよ」

「公衆電話があったら教えてくれ。ママに電話するからな。この恨みを晴らさなくては。あの半ズボン……それに、いまのうちにプッチのことも片をつけておかないと。プッチは本当に殺さなけりゃならなかったのか？　ぜったいにおかしいと思うんだ！　第一、子犬につける名前か？　プッチーニ？ペットにそんな名前をつけるなんて、法律で禁止すべきだ……それに、ココア・パフ！　覚えてるか？　友達はみんな、ココア・パフでも、トリックスでも、ラッキー・チャームズでも、好きなだけシリアルを食べていたじゃないか！　それなのに俺たちはどうだ？『甘いものは虫歯になるからだめ』だなんて」

昔日の恨みに神経がイカれそうになる兄の姿を見て、クリスはなんとか正気をとりもどさせようとした。「そうぴりぴりするなよ。どこかで一杯やろうぜ！　トニー、しっかりしろよ。ラッキー・チャームズなんて、いまではいくらでも食えるだろう！　アルカションにスーパーマーケット《シュペールマルシェ》があった。いますぐあそこで一箱買えばいいじゃないか」

「わかった。もう大丈夫だ」。現在に引き戻されて、私はいった。「なんでだろうな。父さんのことを思いだしちまった」

「ぼくもだ」とクリスもいった。

私たちはピラ砂丘に向かった。ヨーロッパ最大の砂丘で、昔の私たちには大好きな遊び場だった。かつて弟と二人で急峻な砂の丘を若さいっぱいの足で駆けのぼったものだが、いまやブーツをはいた

足は崩れる砂にずるずると滑り、冷たい風に向かって二、三メートル進むたびに、ぜいぜい息を切らすありさまだ。巨大な砂山を形成するピラ砂丘は摩天楼のように高くそびえ、数キロにわたって続いている。片側はビスケー湾に面して切り立った崖となり、反対側はゆるやかな斜面で松林につながっている。かつてはピルボックスのようなトーチカが点在し、そのてっぺんには機関銃座があった。だが、ようやく頂上まで登ってみると、それらはずっと前になくなって、いまでは一面の砂浜が広がるだけだった。クリスと私は、砂丘の表面から風に乗って運ばれる細かな砂の飛沫を浴びながら、口の中にざらざらした砂の粒を感じ、何かを探すように、ブルーグレーの海と果てしなく続くように見える松林と低木の茂みをじっと眺めた。

父も子供のころ、ここへ来た。昨夜、ホテルの部屋で、クリスは古い手彩色の立体写真のスライドを見せてくれた。たぶん、一九三〇年代におじさんが撮影したものだろう。そこには、こんがりと日焼けした八歳か九歳のピエール・ボーデイン少年が砂丘のてっぺんに胸をはって立っている姿が見える。その顔は、ピラ砂丘への遠足で最も楽しい瞬間を前にして、期待でいっぱいだ。砂の斜面にジャンプし、一気に駆けおりるうちにどんどん加速がつき、やがて足がもつれてどうしようもなくなり、頭からつんのめって砂塵を巻きあげながら転がり落ち、くらくらと目が回るなかで恍惚となり、やっと砂丘の底にたどりつく。心配顔の両親は砂丘の下で、息子が無事着地するのを待っている――私の両親もそうだった。そして、数メートル離れた場所にあるスタンドで、熱々のワッフルをおやつに与える。私の脳裏に浮かんだのは、とにかくそんな情景だった。

「よし、クリス、砂丘の下まで競走だ」。そういうと、私は切り立った崖から身を躍らせた。なんとか自分が十歳の子供だと想像し、砂山からジャンプして急斜面に着地すると、全力で駆けおり、おしまいにはバランスを崩して転倒し、そのまま転がり落ちた。すぐ後ろからクリスが続いた。

砂山の下にワッフル・スタンドはなかった。ゴーフルのおやつはおあずけだ。スカンジナヴィア風のがっしりしたハイキングブーツをはいたバックパッカーが二人、いい年をしたアメリカ人の男が酔狂にも砂山を転がりおちて、彼らの足元にへたばっているのを不思議そうな顔で見ていた。みやげ物のスタンドも閉じていた。プシットも、オランジーナもバナーニアも、生のレモンジュース《シトロンプレッセ》もない。冷たい沈黙の中に、松林のカサカサ鳴る音だけが聞こえる。

究極の食事ではないにしても、牡蠣とはいったいなんだろう？ 下ごしらえも調理もいらない。火にかけるなど牡蠣に対する侮辱である。牡蠣には天然のソースがある。口の中に消える数秒前まで生きているのだから、人は新鮮かどうかをすぐに判別できる――できなければいけない。牡蠣は神が創りたもうたままの姿で食卓にのぼる。生のままで、飾りもなく。少量のレモン汁やミニョネットソース（レッドワインビネガー、粗挽き胡椒、細かく刻んだエシャロット）でさえ、この奇跡のような生き物を尊重するなら邪道だといわざるをえない。原始の香りを残した高貴な食材であり、時の流れや人間の手でさえ、これを変えることはできなかった。これを食べるのは生存のためであると同時に快楽のためであり、ナックル歩行をしていた私たちの祖先の時代から、それは変わっていない。しかも、私にとって、牡蠣は強烈な記憶と結びついた神秘的なまでの愛着がある――私の人生を大きく変えることになった最初の食べ物だったのだ。その後の一生で私がやってきたことは、すべてこの牡蠣のせいだった。シェフになるという決意、スリルを追いかける気性、快楽を求めるあまり重ねてきた悲惨な失敗の数々。なにもかも牡蠣のせいだ。もちろん、後悔なんかこれっぽっちもしていない。

午前五時半、クリスと私はこの村の二人の牡蠣漁師、ドミニクとジェロームの牡蠣舟に乗りこんだ。その舟は、私が子供時代に知っていた古風な平底船《ピナス》ではなかった。ドミニクいわく、あれはもう時代

遅れなのだそうだ。残っているピナスはレジャーボートとして使われ、あるいは日帰り旅行やピクニックに出かけるツーリストを運んでいるという。私たちの乗った船は細長く、底が平らで、牡蠣の袋を積むのに楽なように船べりはなく、ウィンチと船尾の操舵室がついていた。

出発したとき、あたりはまだ真っ暗だった。クリスと私は操舵室の壁にしがみつき、ドミニクの水先案内で、ジェロームが舵を取っていた。パタパタとエンジンの音を立てながら船は慎重に進んで湾の中ほどまで出た。朝日がやっと昇りかけ、空の色は紫がかった黒へと変わり、金色の光の筋がさしそめていた。

隣家に住むムシュー・サンジュールの牡蠣舟に乗って私たち家族が小さな牡蠣畑を訪れた一九六五年にくらべると、何もかも大きく変化していた。当時は、潮が引いて舟が海底に着くまで辛抱強く待たなければならなかった。海底には手作りの雑な囲いが建っており、その中がムシュー・サンジュールの所有になる牡蠣の養殖場だった。牡蠣は海底のあちこちに散らばり、それをかき集めて拾いあげ、その場で選別した。

ドミニクによれば、数年前にここの牡蠣が大量死し、全滅したという。だが、「日本産」の牡蠣種を移植したところ、ここの水質に合った。牡蠣が全滅したのは初めてではない。もともと、牡蠣は特有の海域で生育するものだった。だが、それらが大量死したとき、そこに「ポルトガル産」の牡蠣を植えつけることが奨励され、なんとか繁殖に成功した。一九七〇年には原因不明のまま、また大量死が起こった。現在、品質は前よりよくなっている。それどころか、ここでとれる牡蠣の味がとてもよいため、いまやイギリスを初めとする各国に幼生の牡蠣が輸出されているほどだ。だが、かつての隣人のような独立した牡蠣漁師はしだいに数が減っており、いくつかの大規模な会社が広い養殖場で操業するようになっている。EUの厄介な規制——そのせいで、ヨーロッパ中の職人や個人事業主が軒

並み失業の憂き目を見た――によって、一人ないし二人で運営している小規模な漁師が生き延びるのはさらに厳しい。

牡蠣の養殖場そのものも前とは違っている。いまでは、潮が完全に引くまで待たなくてもよい。牡蠣はメッシュの袋の網目の大きさによってサイズと年齢別に分けられ、水面すれすれの棚の上で育てられている。メッシュの袋は、牡蠣に必要な水と栄養分を自由に通過させる一方で、捕食者を近づけないようにする。海底でじかに育つのではなく、袋で守られているため、牡蠣の破損や損傷も少ない。とはいえ、二五パーセントから三〇パーセントという驚くほど多くの牡蠣が基準に合致しないという理由で廃棄処分にされる。

ドミニクが長さ数十メートルの牡蠣棚の脇に船を止めると、二人の漁師はすぐ腰まである長靴をはいて、凍るように冷たい海に跳びこんだ。シャツ一枚にゴム手袋（たちまち冷たい水が滲みこむ）で仕事をする二人は、寒さなどまるで感じていないようだった。ぎざぎざの二枚貝が入った水の滴る重い袋を運びこむあいだ、二人は煙草を吸いながら陽気におしゃべりし、急いで仕事をすませて水から出ようという態度も見せなかった。運びこんだ牡蠣はまだ若かった。これを海辺の小屋まで運んでいって、そこで選別しなおし、袋に入れて、翌日また海の中に戻すのだ。

クリスと私は厚い防水コートの下にセーターを二枚重ね、スカーフを巻き、長袖の下着を着こんで縮こまっているというのに、二人の漁師は食べ物のことをうれしそうにぺちゃくちゃしゃべっている。ヤツメウナギのボルドレーズソース添え（いまは季節ではない）、骨付きリブステーキのボルドレーズソース添え（こちらはいつでも食べられる――だが、狂牛病のせいで、ソースに必要な牛の骨髄が手に入れにくくなり、オランダ産のものを買わなければならない）。フォアグラのことも話題にのぼり、さらにどこの牡蠣が好きかという話になった。ジェロームはサンフランシスコに親戚がいて、そ

こで西海岸産の牡蠣を試してみたが、それほどたいしたものには思えなかったという。およそ一時間かけて二人はいくつもの袋を船に放りこみ、しっかり積み上げたあと、近くにある牡蠣種の養殖場を見せてくれた。この仕組みはぜんぜん変わっていなかった。貝殻がまだ十分に育っていない幼生の牡蠣はとても弱い。大昔の漁師たちは、幼生の牡蠣がテラコッタでできた屋根用のタイルの内側の曲面(水漆喰を塗って、サンドペーパーをかけるともっとよい)に腹側をぴったりくっつけるとうまく育つことを発見した。このタイルはうまく重ねられ、扱いやすかったし、牡蠣が十分育ったあとで削ぎとるのも楽だった。

ちなみに牡蠣は、キャリアを大事にする俳優なら震えあがって逃げだすほどの過激な両刀使い《バイセクシャル》である。ほとんど毎年のように性別を変える。牡蠣に向かって「ファック・ユアセルフ」といっても、侮辱したことにはならない。彼らは実際にそうしているのだ。牡の牡蠣はある年齢になると、精液を周囲の海中一面に撒き散らす——精液は四方八方に広がり、その年にたまたま牝だった貝にぶつかると、片っ端から受精させてゆく。一九七〇年代に繁盛した会員制高級乱交クラブ〈プラトーズ・リトリート〉のプールを思い描けばいい。首に金のチェーンを巻いて、背中に毛のはえた肥満体の男がプールの端っこにいるだろう? あんたを妊娠させたのはあいつかもしれない。それとも、飛びこみ台の上にいるグッチョーネ社長——『ペントハウス』誌の——にそっくりの男だろうか? 誰にもわからない。

約十キロの若い牡蠣を積みこんだあと、船は港に戻った。ドミニクとジェロームは手巻き煙草を吸いながら、まだ食べ物の話を続けていた。小屋に戻ると、二人は自慢の牡蠣洗浄マシンと自動選別機を見せてくれた。前者は、泥や汚れをごしごし擦って落とすもので、後者はコンベヤベルトの上で信じがたいほどの騒音を立てながら前後に振動する大型のふるいが網目の大きさにしたがって何層もセ

ットされており、そこを通過することによって牡蠣をサイズ別に選別してゆくものだった。保存および洗浄用の水槽もあった。湾の海水を濾過したきれいな水――栄養はそのままだが、泥やゴミは取り除かれる――を張ったこの水槽にしばらく牡蠣を入れておくと、貝の内側の不純物を洗いおとせるのだ。その日の仕事がすんで、私たちは小屋に腰を落ち着け、彼らの商品を味わうことになった。皿に山盛りの新鮮なアルカション・オイスターとボルドー産の辛口白ワインを一本。時刻は朝の八時だ。

私は前著でムシュー・サンジュールのピナスで初めて味わった牡蠣を人生の一大事だったと書いた。あの一瞬は忘れられない。隣人のごつごつした手に握られた大きく、不気味な、醜い貝。まだ海水を滴らせている貝を開けてくれた彼の手際のよさ。つやつやと輝き、脈打っているブルーグレーの身、貝殻の内側は真珠貝のように虹色に光って、まるで宝石箱のようだ――それが約束するのは、冒険、自由、セックス、未知の喜びだった。

ドミニクとジェロームの最高級品の一つを喉に流しこんだとたん、その記憶が走馬灯のように次から次へほとばしるにちがいないと期待していた。そんな望みが過大だというのは承知の上である。私はなんでもやりすぎる人間だ。ガールフレンドに花束と宝石と香水とキャンディを贈るだけでは足りずに、ウルスラ・アンドレスが『ドクター・ノオ』で着ていた水着をプレゼントし、そのうえで人生最高のセックスがしたいと露骨に伝えたりしたら、これほど愚かな行為はない。それで期待どおりのデートができるとは、とても思えない。牡蠣に対して、それほどの期待を本当に抱いていたのかどうか心もとない。感動にしびれ、床にぶっ倒れ、目をきらきらさせる？　いや、そうじゃない。ただ、最高の味を期待していただけだ。私はこれこそ最高の味になるはずだと思っていた。二十八年前に海底から採ったばかりの牡蠣が私にとって最高の味だったように、今度もそうだったか？　期待したとおり、その味は私を食の理想郷へとつれていってくれたか？　なんとしても見つけたいと願った究極

の食事だったか？

ノー。そうはならなかった。牡蠣に不満があるわけではない。記憶していたとおりの味で、塩けがあり、冷たすぎもしなかった（一般にアメリカでは、牡蠣を何時間も氷の中に埋めておいて、凍りそうな冷たさで出すことが多いが、これはまちがいである。冷やしたほうが殻は剥きやすくなるが、そうすると風味が損なわれる）。とても上等な牡蠣だった。最高級といってもいい。昔と同じように、弟がそばにいた。当時の状況をできるだけ忠実に再現した。だが、このときも、私は純粋な歓びに浸れなかった。まだ何かが足りない。こんなことのために、ここへ来たわけではない。そもそもこの企画自体がインチキであり、勘違いだった――「究極の食」をきわめるなんて。アルカションの海辺、ラ・テストの人気のない通り、草が茂りすぎた五番地の家の庭、ジュール・ファーブル通り、一月の寒風吹きすさぶ砂丘で見つけたかったのは、そんなものではない。

私にとって、父は謎めいた男だった。それを聞いたら、父は喜んだだろう。なぜなら、父は自分を屈折したところのないシンプルな人間だと思っていたらしいからだ。心が暖かく、センチメンタルで、文学や芸術や、とりわけ音楽への情熱をもっていたとはいえ、その感情表現はあまりにも心の奥深くに秘められていたので、本当の性格――人知れず挫折したロマンチスト――は外からはほとんど見えなかったのではないかと、私はいつも思っていた。シャイで、友人も少なく、意見の対立や大集団が苦手だった。タイとジャケットが大嫌いで、気取りがなく、偽善や見せかけだけのものを笑いとばし、不条理や皮肉には鋭い感覚をもっていたくせに、シンプルなものには子供のように喜んだ。少年が出てくるフランス映画が大好きだった――とくに記憶に残るのは『大人は判ってくれない』と『新学期操行ゼロ』である。この二本の映画に出てくる不良すれすれのいたずらっ子は、たぶん子供のころの父に似ているのだろう。夫を亡くしたフランス人の母親に育てられ、当時の住居は、いま私が住んで

いる場所のすぐ近くだったが、私はそのころの父の暮らしについてほとんど何も知らない。子供のころの父は友達とリバーサイド・パーク――私の部屋の窓からよく見える――で遊んだにちがいないが、そんな情景は想像もできない。クレアモントのアパートから教科書を抱えて出てくるところも思い描けない。上着にネクタイを締めてマクバーニー校へ通っている姿も考えられない。私は父が子供のころに使っていた古い教科書の一冊をもっている。フランス語の『エミールと探偵たち』で、余白には父の描いたまぬけ面のナチと急降下爆撃機スツーカのいたずらがきがある。父は私にその本の英語版を読んでくれた。そのほかにも『たのしい川べ』や『ドリトル先生』や『クマのプーさん』。トードやイーヨーやコブタのセリフをどんな声色で読んでくれたか、いまでもはっきり思いだせる。

若いころの一時期は軍隊にいて、兵站担当の軍曹として戦後のドイツに駐留した――その時代のことも私はまったく知らない。ただ一生のあいだドイツ訛を「笑いとばす」癖が残ったことと、ドイツ訛の裏には戦争中の恐ろしい秘密が隠されているという疑念をもちつづけたことくらいしかわからない。ドイツ人への見方は完全に映画プロデューサー兼俳優兼監督のメル・ブルックスと同じだったが、私には父の笑いのかげにある苦々しさとシニシズムが感じられてならなかった。醜悪でありながら魅力たっぷりな何かを、父はあそこ――ドイツ――で見たにちがいない。後年、父はグレアム・グリーンの『もうひとりの自分』や『第三の男』、レン・デイトンの『ベルリンの葬送』のような陰鬱で重層的なスパイ・スリラーを好むようになり、また『博士の異常な愛情』を映画史上最も笑える映画だといっていた。

どんなときにいちばん幸せそうだったかを思いだすと、父の人となりがわかるような気がする。休みの日にソファに横になって、ジャン・ラルテギーのフランス語の本やジョン・D・マクドナルドの小説――たいていは非日常的な犯罪を素材にしたロマンチックで少々もの悲しい冒険小説――に読み

ふけっているとき。キューブリック監督の新作映画を観るとき。巨大なJBLスタジオ・モニターで新しいレコードを聴くとき。旧式のマランツ・ラジオのダイヤルを調整しているとき。勤務先のコロムビア・レコードから二、三週間の夏休みをとり、先にフランスへ行っていた妻子と合流してフェラ岬のビーチでくつろいでいるとき。タオル地のシャツにボクサータイプの水泳パンツをはき、足の爪先で砂をまさぐりながら、ソシソン・ア・ライユをはさんだぱりっとしたフランスパンを食べ、テーブル・ワインを飲んでいるときの父は、このうえなく安らいで見えた。私やクリスを肩車して荒れた海に突き進み、今度の波は大きいぞと私たちを脅かした。

あのころ、ビーチに広げたブランケットの上で読むタンタンや、砂でじゃりじゃりするサンドイッチやヴィッテルに飽きてくると、私はクリスを誘ってフェラ岬の砂丘を探検しに出かけたものだった。人がまばらな砂浜にごろごろしている流木を集めて砦を作り、ドイツ軍が残していった大きなコンクリート製のトーチカにもぐりこんで、中心の機関銃座の下から四方八方に掘られた地下トンネルを探索した。かつて本物の戦場だった場所で戦争ごっこをし、いまだに砂の中に——朽ち果てて——埋まっているという噂があったドイツ兵の死体を探した。換気用のパイプや崩れて砂に埋もれかけている昇降口に、爆竹を投げこんだりもした。子供たちにとってはまさにパラダイスだった。だだっ広い荒涼たる砂丘の水際からかなり奥まった場所、砲撃にうってつけの場所にぬっとそびえたつ不吉な灰色のかたまり。その上に立つと、眼下には荒々しく打ち寄せる波と果てしない砂浜が広がっている。

私の頭に、すごいアイデアが浮かんだ。スクーターを借りて、クリスと二人、アルカションからラ・テストをへてグジャン・メストラ、そしてフェラ岬まで、湾を一周する長距離ツーリングを敢行しようというのだ。昔、家族で何度も——最初は旧式のローバー・セダン、次にレンタカーのシムカやルノーで——ドライブしたコースだ。スクーターのほうが、肌でじかに感じられると思ったのだ。

空気の匂いをかぎ、通りすぎる町のようすがじかに見られ、ダッシュボードやウィンドウといった障害物もない。夢想に囚われていた私は、凍えるような寒さや雨のことまで思い至らなかった。防寒用の服や装備で厳重に身をかためた私たちは、ボーディン家の定番ピクニックランチ――ソシソン、匂いのきついチーズ、ラ・テストのパン屋で買ったバゲット、ヴィッテル、ボルドーの赤を一本――をたずさえると、ビーチに向かって出発した。ホテルのパーキングを出たとたんに、クリスのスクーターは道路標識のポールにぶつかり、転んだ拍子に肩と腰を打って、大きな擦り傷をこしらえた。だが、彼はすぐにスクーターをたてなおし、果敢にもツーリングを続けた――私たち兄弟が果敢な行動に最後に挑んだのは、いったいいつだったろう。

寒かった――あまりの寒さに感覚がなくなるほどだった。私のスクーターはかなりスピードが出た（私は性能のいいやつをとった――年上だから）が、クリスのほうは時速四十キロくらいしか出ないので、それに合わせてのろのろ進むしかなかった。しかも、ヘルメットは小さすぎた。過去を辿るという計画に熱中しすぎたあまり、ざっと見ただけでちゃんと点検しなかったのだ。やがて頭がずきずき痛みだし、ドリルの刃が右目の奥に突き刺さったような感じになった。スピードは遅いのに、雨は鞭のようにぴしゃぴしゃと顔を叩き、頭のてっぺんから爪先まで、まさに濡れねずみになった。

それでも私たちはツーリングを続け、板を打ちつけた別荘、閉めたレストラン、それに子供のころに車の窓から見かけたなじみの商店などを通りすぎた。これこそ、大胆きわまるヒロイックな冒険ではないだろうか。過去を思いだし、絆を取り戻そうとする勇敢な試みだ――冬のさなかの一月というのは無謀だったにせよ。このツーリングにはおよそ二時間、あるいはもう少しかかった。ヘルメットを脱いで、ずきずき痛む頭を休ませるために、たびたび休憩をとらなければならなかったからだ。ようやく砂地の脇道に到着し、松林のあいだの小道をゆっくり進んでスクーターを停めると、砂丘との

区切りのフェンスを越えてビーチまでの八百メートルほどを歩いた。聞こえてくるのは、吹きすさぶ風の音、重いハイキングブーツが砂を踏みしめる音、彼方のビーチに打ち寄せる波の音だけだった。

「あれだ、見覚えがあるぞ」とクリスは、遠くに見えてきた落書きだらけのトーチカを指さしていった。ビーチと松林の中間あたりで、うねる砂の向こうにてっぺんだけ見えている。

「ピクニックの場所か？」

「そのとおり！」

重い足を引きずって砂の斜面を登り、なだらかな砂丘の頂上に着くと、またすぐ、ずるずると崩れる砂の坂を下り、やっとコンクリートのトーチカの上によじ登った。てっぺんに立つと、まさにそこは子供のころに遊んだ場所だった。私はブランケットを広げ、ささやかなピクニックランチの支度をした。指は海からの冷たい風にかじかんでいた。私たちは黙々と食べた。ソシソンは昔と同じ味だった。チーズも旨かった。冷えた体にワインはありがたかった。

私は爆竹の包みをとりだした。しばらくすると、四十歳を過ぎた大の男が二人、三十年かそれ以上も前と同じように、戦争ごっこに熱中していた。錆びた通気孔に爆竹を投げこみ、捨てられた漂白剤のボトルに火薬を詰めこんで破裂させる。くぐもった爆発音は風の音にまぎれ、砂に吸いこまれて、たちまち消えていった。トーチカのまわりでしばらく追いかけっこをし、爆竹を投げるのにも飽きると——もっと正確にいえば、爆竹を使い果たしたあと——私たちはトーチカの中に入って、何年も前の夏に『コンバット』や『ラット・パトロール』ごっこをして遊んだ狭い階段や昇降口を見てまわった。

ビーチをぶらぶら歩くと、あちこちに流木や漂流物の残骸が転がっていた。子供のころは、これらが何よりも魅力的な素材であり、おもしろい遊びのもとだったが、いま見るとただ侘しく、もの悲し

いだけだ。弟と私は波打ち際に立って、荒々しく砕ける波を見ていた。長いあいだ、どちらも口を開かなかった。

「父さんは喜んだだろうな」と私はいった。

「え、なんだって?」弟も自分の思いにふけっていたらしい。

「この計画そのものだ。二人でここに戻ってきたこと。この場所を再訪したこと――俺たち二人だけで。きっと喜んだよ。このことを知ったら、きっとうれしがるだろう」

「そうだな」。弟はいった。もう小さくなんかない。いまでは私より背が高い。大人の男だ。

「畜生!……父さんが懐かしい」

「ぼくもだ」とクリスがいった。


私は世界一周食べ歩きの冒険旅行に強い先入観をもっていた。なにもかも、一瞬のうちにかつての魔法をとりもどすだろうと考えていた。私の頭に残る甘い記憶ゆえに、食べ物がいっそう美味になるはずだと期待していた。それによって私の幸福はいやますだろう。それによって、私は変わるだろう。あるいは、かつての自分をとりもどせるだろう、と。だが、十歳の自分に戻ることなどできない――それどころか、十歳のときの感覚をとりもどすこともできない。一時間でさえ、一分でさえも。この旅は、いまのところ、ビタースイートというのがせいぜいだ。

やっとわかった。私がフランスに、このビーチに、かつて夏を過ごした町に戻ってきたのは、牡蠣が食べたいからではなかった。魚のスープやソシソンやパン・レザンのためではない。他人が住んでいる家を見たり、砂丘を登ったり、究極の食事を求めたりするためでもない。私は父を探しにきたのだ。だが、ここにも父はいなかった。

テレビなんかクソ食らえ——その一

「この地方へ行くんなら、フォアグラの作り方を取材しようじゃないか」。テレビジョンランドの制作畑のお偉方がそういった。「これは料理番組なんだってことを忘れないでくれよ。記憶を辿る旅もいい——だが、食べ物はどうなる？　さあ！　フォアグラは好物だろう？　そういってたじゃないか！」

「いいね」と私はいった。やろうじゃないか。教育的な面もある。興味がもてるね。たしかにフォアグラは好きだ——大好きだといってもいい。栄養過多で太らせた鵞鳥かアヒルの新鮮なレバーを白ワインといっしょに軽く調理したテリーヌ風、あるいはキャラメライズしたリンゴかマルメロといっしょにフライパンでさっとあぶったもの、それとも布巾に包まれた塊から分厚いひと切れを切りわけてバルサミコ酢を数滴垂らし、トーストしたブリオッシュの上にのせて食べる。地球上でもとびきり美味なものの一つだ。

私たち一行は、フォアグラの名産地であるガスコーニュのすぐ近くにいた。それなら……やっつけよう！　面白くてためになるテレビ番組を作ろうじゃないか。ついでに、ただのフォアグラが山ほど食べられる。これを見逃す手はない。

その前夜、私はカメラの前で、作ってから三日もたっている、見た目も味もひどい山盛りのテート・ド・ヴォーをやっとのことで嚥下《えんか》した。これは最悪だった。ふつうテート・ド・ヴォーとは（少なくとも私の作るものは）、牛の顔の肉を骨からはずし、中に胸腺を詰めて巻きあげたものをしっかり縛り、きれいにカットした根菜やスライスしたタンといっしょに少量のブイヨンでボイルしたものだ。最初はとっつきにくいが、慣れるとその味わいがわかってくる。というより、その食感に慣れる

のがむずかしい。透明な脂肪、青みがかった皮、頬肉と胸腺の塊の感触が、風味を味わうまえに口の中に広がる。弾力のあるつやつやしたゴムのような肉塊は、ジューシーで、とてもやわらかく、風味が強い——そうあらねばならない。ラヴィゴット・ソースかグリビッシュ・ソースを添えたテート・ド・ヴォーは、まさにクラシックなフランス田舎料理の至宝、食べ物に対する人間の不安と偏見を克服した格好の実例である。シェフとしての私の得意料理の一つでもある。私の店〈レアール〉でもスペシャルとして出すことがあるが、それをオーダーする数人の客（おもにフランス人）は絶賛する。「ああ！　テート・ド・ヴォー！」と彼らは溜息をつく。「これを食べるのは何年ぶりだろう！」われながら、かなりうまくできていると思う。食べた客たちもつねに満足そうだ。自分で作ったものを何度も食べたが、たしかに旨い。

このテート・ド・ヴォーは違った。第一に、これまで守ってきたルールをうっかり破ったのがまずかった。ロマンチックな夢想にとらわれて現実から目を背けていた私は、三日前に店の前を通ったときにも「今日のスペシャル」の黒板に白いチョークの活字体で「テート・ド・ヴォー」と書いてあったのを、わかっていながら無視した。そこから類推するに、まちがいなく——とくに、シーズンオフのアルカションということを考えれば——このテート・ド・ヴォーは売れ残った三日前のものにちがいない。商売繁盛とはほど遠いこの時期に、（フランスでさえ）万人受けするとはいえないこの料理をオーダーする客が何人いるだろうか？　となれば、毎日新しく作るはずがない。町全体で、一週間に何頭分の牛の頭がはけるだろう？　一か月では？　さらに悪いことに、「人気のない料理をオーダーするな」という、もう一つのルールも破った。シーフードが名物のレストラン——しかも、繁盛していない店——で肉や内臓のスペシャル料理を注文するのは危険が多い。

料理に関するかぎり、弟は最近ではかなり大胆になっている。それでも、弟が注文したのは舌平目

だった。手本にすべきだったが、私はあえて無視した。食事のあいだ、弟の顔つきは、まるで私が死人の指にしゃぶりつき、小便で喉に流しこんでいるとでもいうかのようだった。あらゆる基準に照らして、この料理は最低だった。生煮えで硬く、頬肉はかけらも見当たらず、いやな冷蔵庫臭がし、それに何より悪いのはひどい味のグリビッシュ・ソース――ゆで卵の黄身で作る一種のマヨネーズ／タルタルソース――がべったりと塗りつけられていたことだ。カメラの前なので、できるだけがんばって嚥み下し、明るい顔を保とうとしたが、最後には「ファック！」というしかなく、残った料理をテーブルの下でこっそりナプキンに包んで持ち帰る算段をした（シェフの気を悪くしたくなかったので）。

翌朝八時、ズキズキする頭を抱え、とても機嫌がいいどころではない状態の私が立っていたのは寒い納屋の中だった。フォアグラ生産者でもある農家の主人、にこやかなムシュー・カブナスが、先端にじょうごの付いた長いパイプの先を退屈そうなアヒルの口に突っこみ、フード・ミルのような機械を回して、てのひらに一杯ほどのトウモロコシの粉をアヒルの食道に流しこむのを眺めた。これが朝食前のひと仕事である。

パイプはアヒルの胃袋まで届いているように見えた。ムシュー・カブナスはアヒルをなで、両足のあいだを軽く小突き、頭を後ろにそらさせて、むりやり餌を腹に詰めこもうとする。胃の中に未消化の牛の顔肉がごろごろしているときにそんな情景を見せられるのは、気分のよいものではない。胃がむかむかしてきた。ムシュー・カブナスの隣に立っていたカメラマンのグローバル・アランも気分が悪そうだった。顔色がふいに真っ青に変わったかと思うと、彼はドアに向かって走り、その日は昼過ぎまで姿をくらましていた。

私も気分はよくなかったが、フォアグラ用のアヒルと鵞鳥を育て、餌をやって太らせるプロセスの

説明と実演の部分はなんとか乗りきった。それは思ったほど残酷ではなかった。アヒルの足が板に釘付けされているなどという話も聞いたことはあるが、そんなことはなかった。四六時中チューブがのどに突っこまれ、たえず餌が送りこまれて、ゴホゴホとむせるというマンガみたいな光景もそこにはなかった。実際のところ、餌をやるのは一日に二度だけだった。しかも、アヒルの体重に比例して与える餌の分量も、たとえばデニーズのグランドスラム・ブレックファーストなどにくらべれば少ないほうだ。ムシュー・カブナスにしても残酷とか非情という印象はまるでなく、アヒルたちには心から愛情を注いでいるようだった。しかも、アヒルたちは餌の時間になると進んで彼のそばに集まってくるほどだ。彼が手を伸ばすだけで、アヒルたちはおとなしく寄ってくる。そのようすはまるで母親に洟を拭いてもらおうとする子供のようだった。

　彼はとくに太ったアヒルを抱きあげ、膨らんだ腹に触らせてくれた。ほかほかと温かい肝臓のでっぱりが感じられた。まだ「収穫」には早いということだったが、そのかわり何枚かの写真を見せてくれた。高速道路の安全運転を訴える映画のようであり、同時に食欲をそそるものでもある。ふだんなら、血や内臓が嫌いではない私だが、さすがに朝一番で見たいとは思わない。しかも、カメラマンが吐いたり咳きこんだりする音が遠くから聞こえてくるとあってはなおさらだ。納屋に隣接した、カブナス一家の製品が売られているショップへ場所を移しても、気分はぜんぜんよくならなかった。

　私に味見をさせようと、マダム・カブナスは何種類ものフォアグラを用意してくれた。缶詰のフォアグラ、ムース・ド・フォアグラ、リエット・ド・カナール、コンフィなどに添えてバゲットのスライスが数切れとソーテルヌ・ワインが一本。カブナス農場の製品はトップクラスだった——コンテストやテイスティングで何度も賞をもらっている——が、私はどちらかといえば、缶詰やムースや「真空パック」よりも、生のフォアグラのほうが好きだ。そうはいっても収穫時期は過ぎており、生のフ

ォアグラはとっくに売り切れだった。たいていのグルメだったら大喜びしたことだろう。だが、いくらソーテルヌとともに味わうフォアグラが好きだといっても、朝の九時には遠慮したい。フォアグラはゆったりと味わうものであり、むかつくテート・ド・ヴォーをむりやり詰めこんだ翌日の朝早く、凍えるような寒さの中、カメラの前でがつがつ食べるものではない。

テーブルには大量の食べ物が用意されていた。今度も、親切なホストの気を悪くしたくないばかりに、私は目の前に置かれたものを残さず食べた。満足そうにほほえみ、うなずきながら、おぼつかないフランス語で愛想よく（平然としている弟の助けをかりて）会話した。アルカションのホテル――ノーマン・ベイツのパッション・ピットもどき――へ戻るまでのドライブは、私の記憶にあるかぎり、最長の道のりだった。前の車に乗ったグローバル・アランは妙な角度で窓から頭を突きだし、古風な趣のある田舎町の十字軍時代の教会や古びた美しい農家などを通りすぎながら、間をおいて胃液を吐きもどした。アシスタント・プロデューサーのアルベルトが前の車の運転をしていたが、やがて彼も気分が悪くなった。私たちの車は弟が運転したが、私の好みからすればターンの曲がり方が急すぎた――胃がぴくぴく痙攣しはじめ、クラカタウ火山の噴火の前触れみたいなグルグルという音が聞こえてきた。必死で吐き気をこらえ、ホテルのバスルームへ駆けこむまで我慢した。なんとか間に合った。

あばら骨がぎしぎしいうほどの苦しみが五時間続いたあと、私はほとんど錯乱状態で、殺風景なホテルの部屋のベッドに横たわっていた。そばにはバケツがわりのゴミ箱を置き、ピンクのポリエステルの毛布にくるまって、どっと汗をかくかと思うと寒さに震えあがることのくりかえし。テレビのリモコンは手の届かない床の上に転がっていた。そのうち、いつか気分がよくなるかもしれないという希望――ごくかすかな――が頭に浮かびはじめたとき、突然、見ないままつけていたテレビの番組が終わり、次の番組のハイライトがちらちらする画面に映しだされた。よりによって、こんな最悪のと

きにフランスの真の恐怖が姿をあらわすとは！　これはジョークにちがいない。まさか！　お願いだから、これは冗談だといってくれ！　やめろ！　だが、それは起こった。フランスの大衆にとっての偉大なヒーロー、フランス人が最高の栄誉を授けた喜劇俳優ジェリー・ルイスの生涯をたどった九十分の特別番組――出演作のシーンを含む――である。この偉大な人物の全作品が、これからすぐに《トゥ・ドゥ・スイト》テレビ画面に映しだされるのだ。すでに毒され、蜂の巣のように穴だらけになった私の脳に、大げさなしかめ面とわざとらしいにやにや笑いと哀れっぽい声のギャグが襲いかかる。

　もうたくさんだ。弱りきった体に鞭打ってなんとかリモコンに手を伸ばしかけたが、そのとたん頭から血の気が引き、喉元に胆汁がこみあげてきたので、また横にならざるをえず、新たに起こった空《から》えずきにやっと耐える始末だった。テレビのスイッチを切ることも、チャンネルを変えることもできない。すでに『底抜け００の男』のシーンが始まって、私の柔弱な脳に浸透し、これまでとは別種の苦痛と不快感を呼び起こしていた。私は電話の受話器をとって、メンバーのうちまだ体調を崩していないマシューに電話をかけ、部屋に来てチャンネルを変えてくれと頼んだ。

「『道化師が泣く日』はやるかな？」と彼はいった。「あの映画は過小評価されているクラシックだと聞いてるよ。アメリカではついに公開されなかったんだ。ジェリーがナチの強制収容所に入れられた道化師を演じる。そういえば、あのイタリア人が同じようなアイデアでオスカーを取ったじゃないか！　なんだっけ？　『ライフ・イズ・ビューティフル』？　ジェリーは時代を先取りしていたんだな」

「助けてくれよ」と私は喘ぎながら頼んだ。「死にそうなんだ。とても耐えられない。急ぎの仕事はないんだろう？　死にかけている男を見捨てるのか？　俺が死んだら、カンボジア・ロケではボビー・フレイが代役をすることになるぞ。ボビー・フレイのサロン姿なんか見たいか？」

マシューはしばし考えていた。「よし、すぐ行く」

すぐに彼はやってきた——カメラを回しながら。ベッドのすぐそばに立ち、私の血の気のない顔のホワイトバランスを調整すると、はりきって撮影を始めた。目の前で部屋が歪み、回転しはじめた。カメラは、湿ったシーツに包まれて呻き声をあげる私に向かってパンして近づくかと思うと遠ざかり、テレビ画面は『底抜けシンデレラ野郎』のジェリーを映しだしていた。やめてくれという息もたえだえの懇願を無視して、彼は私のクロースアップを撮った。手の届かないリモコンでチャンネルを変えてもらおうと思ったことが、さらなる苦悶を招く結果になった。いくら唸っても、頼んでも、脅かしても、リモコンと私の距離は近づかなかった。マシューがやっとリモコンを拾いあげて投げてくれたとき、画面はすでにジェリーの傑作『ナッティ・プロフェッサー』のワンシーンになっていた。私の耳にマシューの声が聞こえてきた。「こいつは金賞ものだ！　コメディ部門の金賞だ！」

テレビなんかに関わるものじゃない。金輪際。

第三章　火傷を負った男　*The Burn*

ニューヨークへ戻ってクリスマス・ディナー、目が覚めたらプレゼントを交換し、そのあとはふたたび時限爆弾の上に坐るのにも似た苦行へと舞い戻る。ニューヨークからフランクフルト、フランクフルトからシンガポール、シンガポールからホーチミンへと、またしても全席禁煙の飛行機による地獄巡りの旅。この世で一番体臭のきつい男の隣に坐らされ、まったく変化のない単調なエンジン音を聞いていると、どうか気流の乱れに突っこんでほしいと望みたくもなる――まるで仮死状態のようなこの憂鬱な状態、耐えがたい退屈さを中断するものなら何でもいい。エコノミークラスでの長距離飛行ほど、高価なくせに屈辱的なものがこの世にあるだろうか。このありさまを見よ！　座席に縛りつけられ、充血した目はまっすぐ前を見るしかなく、脚を窮屈に折り曲げ、首を不自然な角度にねじったまま、狭い通路をのろのろと進むワゴンを――心の底から――待ち望むしかない。例によって香りのない黒っぽいコーヒー、温めなおした食べ物が載った小さなプラスチックのトレイ――連邦刑務所だったら暴動の原因になるだろう。ああ、しかも、またサンドラ・ブロックの映画、それにブルー

ス・ウィリスの映画だ。ぼやけたスクリーンに映るヘレン・ハントがあと一度でもあの流し目でこっちを見たら、緊急避難用の扉を開けてやる。薄い大気の中に飛びだすほうがずっとましだ。なんでもいいから、気晴らしが必要だ。この猛烈なニコチン欠乏症から気をそらしてくれ。通路を挟んだ反対側の座席でいびきをかいている生きた堆肥の山に注意を向け、強烈に睨みつければいつかこの男が爆発すると想像してみる。

私はいまでは世界中の空港の喫煙エリアを知っている。フランクフルトでは、禁煙の拷問を味わった乗客たちがゲートから出てほんの五メートルばかりのところで、ひとまず一服しているのを見た。シンガポールでは、喫煙できるラウンジは二つ——たった二つ——しかない。巨大なショッピング・アーケードにしつらえられた、悪臭が充満するガラス張りの水槽のような場所か、あるいは屋外の喫煙所だ。ここにはアジアへ冒険を求めてやってきた奇妙な連中がたむろしている。猛烈な暑さと湿気の中で、彼らはベンチに坐り、タイガー・ビールをちびちびやりながら、目をくらませる朝の日差しの中で幸せそうに煙草の煙とジェットエンジンの排気ガスを一緒くたに吸いこむ。しゃべる言葉はオーストラリア、ニュージーランド、イギリス、フランス、ドイツなど、アクセントはさまざまだ——だが、全員が酒で顔を赤くし、疲労困憊している。どの手荷物を見ても、もう長いあいだ家に帰っていないことがうかがえる。

タン・ソン・ニャット空港。ホーチミン市。たいていの人はここをいまだにサイゴンと呼ぶ。ここでは、飛行機を降りた瞬間から煙草が吸える。税関の係官さえくわえ煙草だ。それだけで、私はヴェトナムが好きになる。ヴェトナム戦争（ここヴェトナムではアメリカ戦争と呼ばれる）の最後の激戦は、まさしくこの空港の滑走路やラウンジでくりひろげられた。アメリカ軍が建設したかまぼこ形の朽ちかけた兵舎が、いまも滑走路の片隅に残っている。誰もが映画で見たことがあるはずだ。本も読

んでいるだろう。バゲッジクレームを過ぎ、ガラスのドアを通って外に出たときに私の胃を直撃した熱風のことを改めていう必要があるだろうか？　外で待ちかまえていた大勢の人垣を？　サイゴン。生きてこの目で見られるとは夢にも思わなかった町。

目覚めたのは午前三時。胸がドキドキし、部屋は寒く、湿気ている。ここはニュー・ワールド・ホテルの十階。またも暴力的な恐ろしい夢にうなされ、毛布は汗びっしょりだ。抗マラリア薬のせいにちがいない。ここに到着して以来ずっと見つづけている真に迫った極彩色の悪夢の原因はそれしか考えられない。血とガソリンの臭いがまだ鼻孔に残っている——夢の中では、音がはっきりと聞こえ、手に触れるほど生々しく、体は実際に振動を感じて、ぐったりと消耗している。いま見たばかりの夢では、私はコントロールのきかない車で夢の中のハイウェイを突っ走り、やがてアスファルトの路面からはみだして、急坂を下ってゆく。ドアフレーム、シート、ひしゃげたバンパーがはずれて転がり落ちてゆくのを感じる。計器パネルのガラスが割れる音が聞こえる。フロントウィンドウのセーフティガラスは超新星の爆発のようなパターンを描いて粉々に割れる。

目が覚めたとき、腕は衝撃から身を守ろうとするかのようにつっぱっている。ぼんやりしたまま、存在しないガラスのかけらを取り除こうと指で髪をくしけずる。

もしかしたら、蛇酒のせいかもしれない。

その夜、私はマダム・ダイの小さな法律事務所兼カフェへ行き、春巻と餅とミントの葉で包んだ牛肉をヌックマム（ニョクマム）——魚を発酵させて作った醤油——につけて食べた。そのあと、マダムは非の打ちどころのない優雅なフランス語で「食後酒《デイジエスティフ》」はいかがといった。もちろん、私はイエスと答えた。黒いドレスに身を包んだ、小柄ながら堂々たる威厳のあるマダムはとびきり魅力的だ——

かつては男殺しといわれたにちがいない。マダムがキッチンに姿を消していたあいだ、私は所在ないまま、壁に飾られたマダムの旧友の写真を眺めた。ピエール・トルドー、ローマ教皇、ソ連共産党中央委員会の書記長、フランソワ・ミッテラン、大勢の戦争特派員、かつての愛人たち。一九四〇年代のまだ若かった彼女自身のポートレートはセクシーなアオザイ姿で、まさに東洋の悪女《ドラゴン・レディ》そのものだ。戻ってきたマダムは、何匹もの蛇が入ったガラスのジャーを手にしていた。透明なライスワインの底のほうには、蛇と絡みあって、羽毛とくちばしのある鳥が一羽沈んでいた。

その味がいまも口に残っている。

いつ目覚め、いつ眠っているのか？　サイゴンのすべてが夢のようだ。川を背にして、ドンコイ通り――かつてのカティナ通り――をぶらぶら歩き、マジェスティック・ホテルを過ぎて、角を曲がるとコンチネンタル・ホテル、カラヴェル・ホテル、派手なレックス・ホテルが並んでいる。押し合いへしあいするスクーターとシクロとオートバイの波をかきわけて細い横道に入ると、店先にはうっすらと埃をかぶったピルボックス、壊れた時計、外国のコイン、中古の靴、シガレット・ホルダー、へこんだ認識票などが並んだ中に、汚れたジッポのライター（本物と偽物）がひときわ目につく。その金属面にはそれぞれの元の持ち主が信条としていた印象的な文句が刻まれている。

ヴェトナム
チュライ　69―70
たえずヤクでトリップし、あるいは悪酔い《ストーン》して
一年を乗り切った。いざ、帰郷だ。

コンパスのそばにあったジッポには、海外の戦場を転々とした若い兵隊の足跡が刻まれていて哀れを誘い、それを読んだ私はひどく残酷な気分になる。

フエ
ダナン
クイニョン
ビエンホア
サイゴン

反対側には、こんな言葉がある。

俺が死んだら、うつぶせに埋めてくれ。
世界が俺のケツにキスできるように。

この都市の名は一人のコックにちなんでいる。知らなかった? ホーチミンは伝統的な訓練を受けた立派な料理人だった。ヴェトナム共産党の設立に奔走する前、彼はパリのカールトン・ホテルに勤めており、上司のシェフは誰あろう、あの偉大なオーギュスト・エスコフィエだった。ホーチミンはシェフのお気に入りだったともいわれている。彼はこのホテルでソーシエとして働き、のちに大西洋横断汽船のコックになり、そのあとボストンのパーカー・ハウス・ホテルでパティシエを務めた。彼は――共産主義思想は別として――好むと好まざるとにかかわらず、われわれ料理人の仲間だった。

忙しいホテルやレストランの厨房で何時間も足を棒にして立ち働き、旧式な序列を下っぱから這いのぼった男——すなわち、プロだった。しかも、彼は仕事の合間に数え切れないほどの仮名で旅をし、マニフェストの文章を書き、中国やロシアとひそかに情報を通じあい、フランスの目をくらまし、日本と戦い（ちなみに、このときはアメリカが彼を助けた）、フランスを打ち負かし、国家の独立を支援し、その国家を失い、ついにはアメリカをさんざん苦しめることになるゲリラ戦を率いた。共産主義の末路はお粗末だったかもしれない。だが、ホーおじさんが天晴れな人物であることはまちがいない。

そして、彼の夢の結果がこれだ。ニュー・ワールド・ホテルの十階、市内の中心にそびえたつ、冷房の効きすぎた陰鬱な墓。スイミングプールからはるか下を見おろすと、そこには騒音と排気ガスの充満した通りがある。プールサイドに坐って、カクテルからふと目をあげると、格子《トレリス》に飾られた花の向こう（開発業者は鉢植えの植物で景色を隠そうと懸命の努力をした）には、この「労働者の楽園」のみすぼらしいアパート群が見える。そこでは、年老いた女たちが靴もはかず、一日一ドル以下の生活を送っている。

照りつける暑さの路上から、ニュー・ワールド・ホテルの広々とした贅沢なロビーに入り、祝祭日用のお菓子の家のディスプレイ（「お祭りのテーブル！」）を過ぎ、カクテルラウンジ——ヴェトナム人のカバーバンド〈アウトレージャス・スリー〉がバリー・マニロウの曲を楽譜どおりきっちりと演奏している——を過ぎ、無音のエレベーターに乗ってエグゼクティブ・フロア、あるいはヘルスクラブ、打ちっぱなしのゴルフ練習場、テニスコートまで行くことができる。外界から遮断された十階のテラスに腰をおろし、死んだ兵隊のジッポライターを手でもてあそびながら、３３３（バーバーバーと発音する）ビールを飲み、または無料サービスのポートワインの小壜とともにスティルトン・チー

ズを味わうこともできる。

悪夢ばかり見るのは、メコンデルタとカンボジアへの旅に備えて服用した抗マラリア薬のせいだろうか？　蛇酒のせいだろうか？　それとも、いまヴェトナムにいること自体が夢なのだろうか？　悪夢も、悪夢から目覚めたあとも全部夢？　何年も前に、ここで起こったことのすべて——意味のない浪費、死、愚行、私たちの心にいまだ深く根付いているシニシズムの名残といったものすべて——を「われわれの長きにわたる国家的な悪夢」といったのはトリッキー・ディック〔ニクソン〕だったか？　サイゴンの通りを歩くとき、現実と空想、悪夢と願望を切り離すのはむずかしい。長年のあいだに映画やビデオのさまざまなイメージが私たちの大脳皮質にしっかりと焼きつけられてしまったからだ。『地獄の黙示録』の天井で回る扇風機、パタパタと音をたてながらゆっくりと近づいてくる軍用ヘリ……ナパーム弾にやられて腕の肉が剥がれたまま走る少女……体を火に包まれて前のめりに倒れる僧侶……至近距離から頭を打ち抜く銃弾……濃密な緑のジャングルは、神秘論者、常軌を逸した男たち、テクノクラート、戦略家の群れを何世代にもわたって狂気へと追いやってきた。フランス軍とアメリカ軍は十年以上もの歳月をかけてこの国を支配しようとしたが、水牛を駆って美しい水田を耕していた黒いパジャマ姿の小柄な農民たちに敗北を喫した。それでも、この国はつねに美しく、そして……未知にあふれていた。

また悪夢から目覚める。今度のはもっと悪かった。処刑を目撃しているところだ。銃の硝煙とコルダイト爆薬の臭いがまだ消えないほどリアルだ。嫌悪と罪悪感でいっぱいになった私は眠るのが怖くなり、しばらく起きて本を読む。グレアム・グリーンの『おとなしいアメリカ人』——これを読むのはもう五回目くらいだ。フランス統治時代の初期のヴェトナムを舞台にした小説である。グリーンは

この小説のほとんどをコンチネンタル・ホテルで書いたといわれている。美しく、胸の痛くなるような悲しい物語だ。だが、しだいに混乱を深めてゆく私の心理状態には、この本も助けにならない。この部屋を出なければいけない。エアコンのスイッチはオンになっているが、部屋の中のあらゆるものが湿っている。窓ガラスは結露して水滴だらけ。カーペットはじっとりして黴くさい。シーツはぐっしょり濡れている。服も湿っている。紙幣さえも水気を吸いこむ。ナイトテーブルの上には、国際通貨としてはほとんど無価値のドン紙幣が湿気を含んでべっとり固まっている。私はホテルからおよそ十二ブロックの距離にあるベンタイン市場へと向かう。

市場を歩いていくと、両側にはうずくまった兎、ギャーギャーと鳴き声をあげる鶏、ぶるぶる震えるハツカネズミの姿が見える。肉を売る屋台では、肉屋が肉切り台の上に裸足でしゃがみ、欠けた鉢を抱えて静かに食事をしている。重たく眠気を誘う匂い。ドリアン、ジャックフルーツ、海産物、ヌックマム――この魚醤は東南アジア各地で見られる――など。野菜、肉、魚、生きている家禽、売薬、宝石、雑貨などの売り場を過ぎて、屋内市場の中心部まで行くと、そこにはだだっ広いスペースがあり、食べ物の屋台が並んでいる。見るからに食欲をそそり、よい匂いをただよわせた、信じがたいほど新鮮な食材が七色の虹のようなサイケデリックな色合いで競いあっている。それを見たとたん、気分がよくなる。どれも色鮮やかで、歯ごたえがありそうで、エキゾチックで、これまで見たこともないものばかり――じつに魅力的だ。矢も盾もたまらず、片っ端から食べたくなる。思いがけない喜びに、気分は天まで舞いあがり、空腹と好奇心がむくむくと湧きあがってくる。躁鬱病患者が躁状態になったときのような興奮ぶりで、私は幸せをかみしめる。

ヴェトナム人で混みあう清潔な白いカウンターに坐って、フォーを注文する。フォーはスパイスの効いたスープ麺で、さまざまな味付けやトッピングが選べる。どのフォーを注文すべきかわからない

が、どれを見ても旨そうだ。そこで、隣の席の女性が食べていたものを指さして注文する。この地球上で、適切に調理されたフォーほど旨いものがあるだろうか。私は知らない。これに匹敵するのは、とても高価ないくつかの料理だけだろう。手渡された鉢には、熱い澄んだスープに魚の切り身とピンク色のカニの身、そして麺が入っている。麺の上には、もやしと生の香草《コリアンダー》が散らしてある。次いで、調味料の入った小皿が来る。櫛形に切ったライムと粗挽きの黒胡椒——カウンターの客がすることを見ていると、ペースト状の調味料にライムの絞り汁と胡椒を加えて箸でかき混ぜるようだ——と小皿に入ったヌックマム、チリ・フィッシュ・オイルと刻んだ赤パプリカの皿もある。店の主人は袋入りのおしぼりを私に手渡す。今度も他の客のすることをまねて、私は袋を両手で——空気が一方の端から抜けるまで——絞り、パンと音をたてる。みんながよくやったというように拍手をする。この袋の破れるパン、パン、パンという音がサイゴンのバックビートだ。この音はどこでも聞こえる。袋の中には冷たい清潔なタオルが入っていて、それで手や顔を拭く。フォーは最高——スパイシーで、熱く、複雑で繊細な味なのに、信じがたいほどシンプル。素材は驚くほど新鮮で、食感にも色彩にもくっきりしたコントラストがある——五感に訴える力そのものが圧倒的だ。私が箸をつける前から、店の主人は満面の笑みを浮かべている。誰が食べても満足するにきまっているという確信。鉢の底が見えるまでスープを飲みほし、小さなビニール袋に入ったライチ・ジュースで喉を潤したあと、わずかばかりの湿ったドン紙幣で支払う。

目に入るものすべてを食べつくしたいというやみくもな衝動に突き動かされて、私は空腹を抱えたピンボールのように屋台から屋台へと跳ねまわった。出口近くにしゃがみこんだ女性は炭火にかけた中華鍋で何かを炒めていた。鍋の中でじゅうじゅう音をたてているのは小さな鳥だった。頭と羽と足がついたままの小鳥は金色に焼き目のついた腹から内臓をはみださせて黄色く膨れあがっている。旨

そうだ。匂いもいい。一つ買って、足をつまんで口に近づけた。女性はほほえみを浮かべ、早く食べろと手まねで促した。頭からかじりつき、足、くちばし、脳、小さな骨にいたるまで、ばりばりと噛み砕いて腹に収める。最高だ。今度も食材は新鮮そのもの。ここでは、どこを見ても、何を見ても、新鮮――驚くばかりに新鮮なのだ。しかも、目の届くかぎり、冷蔵庫は一つもない。

別の女性が手招きして、一切れのジャックフルーツをさしだした。それをもらって金を出したが、彼女は受け取ろうとせず、ただニコニコして私が食べるところを眺めている。この味も気に入った。とても好きだ。別の屋台で春巻を注文し、料理人がざく切りにした茹でた剥き海老とミントとバジルと蓮根ともやしをライスペーパーで包むところを見た。それから、海老のケバブ――サトウキビのスティックに海老のすり身をなすりつけて焼いたもの。ここは食べ物の不思議の国《ワンダーランド》だ。複雑な形に包まれたバイン――豚肉入りの餅米でできたちまきの一種で、バナナの皮で三角形に包んである――が屋台の軒先にぶらさがっている情景は、イタリアの市場で見かけるサラミやチーズを思いださせる。これも食べてみた。すばらしい。食べ物はいたるところにある。市場の中にも、外の路上にも。食べ物を売ったり調理したりしていない人は、全員が何かを食べているようだ。立ったままだったり、しゃがみこんだり、壁にもたれ、床に坐り、路上だろうがどこだろうが気にしないで、何かおいしそうなものをがつがつと食べている。

マーケットを出て、たくさんある小さなコーヒーショップの一つに向かう。オートバイとシクロ、さらに食べ物を売り歩く人びと――片方にはフォーの入った鍋、もう片方には丼と薬味を載せた天秤棒をかついだ男と女――のあいだを縫って苦労して進む。目に入るものすべてを口に入れたい。薪の上で湯気をたてるスープや麺の鍋を見るたび、ニューヨークの市場にあるどんなものよりも旨そうだと思ってしまう。

地面から三十センチくらいの高さしかないプラスチックのスツールに腰掛けて、コーヒーを注文する。ぐんぐん上がる気温、強烈な湿気、四方八方に引き寄せられる誘惑的な匂いに息がはずむ。空のコーヒーカップの上に錫でできたひしゃげた漉し器を載せたものが、ぐらつく小さなテーブルに運ばれてくる。漉し器を通って、コーヒーがゆっくりと一滴、また一滴と下のコーヒーカップに落ちてくる。これまで飲んだ中で最高のコーヒーだ。濃厚で、芳醇で、苦味が強く、ミルクチョコレートのグラスの底に残る滓のように甘ったるい。私はたちまち病みつきになる。店の老いた女主人――歯はすっかり抜けている――が別のものを勧める。このコーヒーは氷の入った背の高いグラスにコンデンスミルクの缶が添えられている。漉し器を通したコーヒーは、氷の上にじかに落ちてくる。底に入れたコンデンスミルクとゆっくり混じりあってゆくプロセスには、眠けを誘う不思議な魔力がある。飲むよりも、それを見ている時間のほうが楽しいかもしれない。黒いコーヒーがゆっくりと漉されて四角い氷の上に落ち、そっと渦を巻きながらミルクと混じりあって、白と黒のだんだら模様になるのを見ていると、脳の中までぐるぐる回りだすような気がする。私は恋に落ちた。私はこの国と、ここにあるすべてのものに身も心も捧げる僧侶になろう。永遠にこの地に留まりたい。

この国には美しい女はいるのだろうか? 女たちはオートバイに乗るときも、ぴったりしたシルクのアオザイを着て、太腿まで開いたスリットの下に黒いシルクのパンツをはいている。肘の上まであるドライブ用の長手袋をはめ、顔は手術用のマスクと色の濃い大きなサングラスで隠し、円錐形の麦わら帽子をかぶっている。素肌はまったく見えない。そんな女たちに私は完全にまいっている。スツールに腰掛けてアイスコーヒーを片手に彼女たちを眺めていると、グレアム・グリーンの『おとなしいアメリカ人』の主人公を苦しめたせつない胸の疼きが実感できる。男は若いヴェトナム女性を愛したが、二人のあいだには越えがたい溝があり、女は男の気持に応えることができず、そのつもりもな

い。それは、アメリカがこの地で経験したことの象徴ともいえる。リンドン・B・ジョンソン大統領は、この国が切望している紅河デルタのダムと水力発電所の建設を――国家統一という夢と引き換えに――援助すると申しでたが、ヴェトナムのホーおじさんの仲間たちは頑として拒否した。哀れなLBJは、理解しがたいという顔つきで頭を振ったものだ。戦争初期のころ、善意でやってきたグリンベレー、ロード・ジムになろうとした男たち、戦闘的な神父、理想主義のCIA局員、国際開発局のスペシャリスト、衛生兵、傭兵たちは、自分たちの熱意に報いるだけの十分な愛情をこの国の人びとが返してくれないことに驚き、傷つき、とまどった。やがてアメリカ人は自分たちの愛情に応えてくれないこの国に海兵隊を送りこみ、愛する人を怒らせる結果になった。

店先に坐りこんでアイスコーヒーをすすっていると、さまざまな匂いがただよってくる。オートバイの排気ガス、焼きたてのバゲット（ここのバゲットはとても旨い）、線香の匂い、そしてときたま吹きつけるサイゴン川からの風。やがて、この町での初めての夜とマダム・ダイのことが脳裏に浮かんでくる。

「フランス人《レ・フランセ》」――マダム・ダイは過去に接してきた歴代の支配者を並べあげた。「日本人《レ・ジャポネ》、フランス人《レ・フランセ》――またもや！《アンコール》――それから《ピュイ》、アメリカ人《レ・ザメリケン》、ディエム大統領《ル・プレジダン・ディエム》、アメリカ人《レ・ザメリケン》、ティエウ〔グエン・ヴァン・ティエウ大統領〕、共産主義者《レ・コミュニスト》」。彼女はほほえんで肩をすくめ、通訳のリンに疑わしそうな一瞥をくれた。マダムも十分承知しているように、リンはこの場の会話を逐一、厄介な人民委員会に報告するという義務を負っていた。

「ティエウ大統領《ル・プレジダン・ティエウ》は私を投獄したかったんですよ」とマダムはつづけた。「でも……できなかった。私はとても……人気者《ポピュレール》だったから。大統領の参謀たちは、投獄なんかしたら、かえって私をヒーローにまつりあげるようなものだと忠告したのよ」。南ヴェトナム政権（現在では「傀儡政府」と呼ばれ

ている）下のヴェトナムで初の女性弁護士だった彼女は、北ヴェトナム軍が侵攻してきたときに法律事務所を閉めざるをえなかった。紆余曲折をへて、ふたたび開業できるようになった――が、それはカフェとしてだった。このカフェは法律事務所も兼ねており、古びた店内でいまも営業している。壁には法律関係の書籍やさまざまな記念品が並び、古き良き時代の写真などが飾ってある。彼女は政府の顧問委員会のメンバーであり、たぶんその関係から、今回の私のカフェ訪問も許されたのだろうという。いまだにマダムは西洋からやってくる政府高官や名士たちのもてなし役を務めているのだ。「共産主義をおもちゃにするのって大好きよ」と、マダムはくすくす笑いながら、リンをからかうようにいう。「あの『和解一致全国評議会』ってやつ」とあざけるような調子でつづける。「何を和解させるのかしら？　私は誰とも仲たがいした覚えはないわよ！」

このカフェでは客――そのほとんどは西洋人――に二種類のメニューから選ばせる。フランス料理か、ヴェトナム料理か。私はわざわざヴェトナムまでエスカルゴ・ブルギニョンを食べにきたわけではないから、ヴェトナム料理を選んだ。マダムは奥のキッチンへすっと姿を消した。そこでは、何人かの忠実な召使たちが料理の下ごしらえに余念がない。海老の揚げせんべい（バイン・フォン・トム）、鶏肉と海老入りの蓮根サラダ（ゴイ・セン）、揚げ春巻（チャー・ゴイ・ゾー）、牛挽肉のミントの葉包み（ボー・ラー・ロット）、豚肉、卵、グリーンピースの入ったサイゴン風焼き飯（コム・ドン・チャウ）、アスパラガスのスープ（マン・クア）、ミントとパイナップルとキュウリのサラダ、炭火で焼いた豚肉。デザートには、植民地時代を思いださせる甘ったるい、だが味のよいクレム・カラメルが出た。フランスで教育を受けたマダム・ダイはやがて、カスレやシュークルートやコンフィ・ド・カナールがどんなにおいしかったかという思い出話を始めた。久しぶりにそれらの単語を口にするだけでも心が弾むようすがうかがえた。マダムはときどき口を閉ざしては人差し指を唇に当て、

それからテーブルをトントンと叩いた。「レ・マイクロフォン」と、十分聞こえるほどのひそひそ声でいい、通訳のリンにわざとそれを聞かせて、もじもじさせるのだった。リンはフランス語ができず、私たちがフランス語で会話するのを迷惑がっていた。「私がCIAですって?」マダムは皮肉っぽく訊ねた。「まさか、と彼らにいうのよ。私はKGBよ!」それらの略号を耳にしたリンは警戒をあらわにして体を硬直させた。ヴェトナム人が何より嫌っているのはロシア人なのだ。戦後、大勢の「アドバイザー」や専門家がまるで征服者のように偉ぶって——ヴェトナムでの戦争に勝利したかのように——この国を歩きまわったのだろう。彼らはやかましかった。彼らは——風評によれば——汚らわしい密告者だった。「共産主義をおもちゃにするのが大好き」と、マダムはもう一度くりかえした。そして、ヴェトナムでよくいいかわされるジョーク、七〇年代の「政治的教化」の時代にはやった笑い話を始めた。

「あなたの宗教はなに?」とマダムが訊ねた。

「えーと……無宗教ですね」と私は答えた。こういわないと、ジョークの落ちにつながらないのだ。

「まあ!」マダムは震えあがったふりでいった。「それじゃ、あなたはヴェトコンなのね!」

リンさえもこれには笑った。おなじみのジョークなのだろう。やがて、私たちはカフェの前でマダム・ダイに別れをつげた。黒いドレスにストッキング姿の小柄なマダムは小さな箒で、目についたわずかなゴミを掃き清めていた。

ようやく市場をあとにするころ、通りはすでに暗くなっていたが、数ブロックを歩くあいだ、街灯は一つも目に入らない。ただ、掃除道具入れほどの大きさしかないコム——魚と肉と米飯が一ドル以下で食べられる大衆食堂——の入口が並び、薄暗い店内には席についた客たちのシルエットがロウソ

クの灯でぼんやりと浮かびあがっている。自転車、オートバイ、スクーターの大群がますます数を増して途切れのない流れとなる。その川はふとした拍子に流れを変え、混みあった自動車のあいだに割りこんでゆく。エンジンを止めて停車するかと思うと、本流から分かれて歩道の上に乗りあげ、空き地を横切り、ガソリンスタンドをすり抜ける。車の前にほんの少しでも隙間があれば強引に割りこもうとする。よろめきながら走る馬力のない一台のオートバイに、ママとパパと赤ん坊とおばあちゃんの全員がしがみついている。三人乗りのバイクはリアフェンダーに買い物の荷物を山のように積み上げている。羽根をばたばたさせる何羽もの鶏を花束のように足で束ねたものを運ぶ女性のバイクを操縦するのはまだ幼い息子で、そのハンドルの上には赤ん坊が鎮座している。家具、スペアタイヤ、梱包用の木箱、材木、コンクリートブロック、積み重ねた靴の箱なども、オートバイで運ばれる。ぼろ服を着た男たちは道端に立ったり、しゃがみこんだりして、ソーダの空き壜に入れたガソリンを売っており、ついでに小さな補修キットと自転車の空気ポンプでパンク修理も引き受ける。

翌朝、私はすぐにまた市場へ出かけ、健康的な朝食――ホビロン――をとる。これは孵化寸前のアヒルの半熟茹で卵で、殻の中には半ば固まりかけたくちばしと黒っぽいねばねばしたものがところどころ熟しかけた黄身と透き通った白身に混ざりあっている。食べてはみた――が、それほど旨いとは思わなかった。朝食のテーブルに載せるなら、ビヤリ巻きパンのほうがずっといい。ほんの数日前には、こんなものを口に入れるとは夢にも思わなかった。しかし、このとき初めて声をかけられたセリフは、ヴェトナム滞在中に何度も聞かされることになった。卵の殻の中をスプーンでしゃくって最後のどろっとした塊と羽毛を食べていたとき、隣に坐った男はこっちを覗きこんで私の食べているものを見ると、にやっと笑ってこういった。「精がつくよ！」下品なほのめかしはいっさいなかったが、その言葉から察するに、このホビロンは男を勃起させ、子孫を山ほど残すのに効果があると思われて

いるらしい。孵化寸前のアヒルの卵にあまり感心しなかった私は、一杯のお粥《チャオ》で胃をなだめることにした。これは、ショウガ、もやし、香草、海老、イカ、チャイブ、豚の血の塊などを混ぜた濃厚なお粥で、上に揚げパンを散らす。これで腹ごしらえをした私は、朝の333《バーバーバー》ビールを飲んでから通りを渡ったが、すぐに足を止めざるをえなくなる。

それまでにもすでに、手足をなくした人や、枯葉剤の犠牲者、飢えた人、貧しい人などは目にしてきた。午前三時だというのに路上でたむろしていた六歳くらいの浮浪児たちは「ハッピー・ニューイヤー！ ヘロー！ バイバイ！」と叫び、自分の口を指差して「ちんちん《ブーンブーン》？」という。私はすでに、シクロの中や地面の上や川の堤で寝ている飢えかけた浮浪者や、足や腕のない人、大きな傷を負いうちひしがれた人びとにひどく敏感になっていた。だが、市場の外で私のほうに手をさしだして近づいてきたおかっぱ頭の上半身裸の男には心がまえができていなかった。

過去にひどい火傷を負ったこの男は、いまや頭のてっぺんにわずかばかり残る黒い髪をのぞいて全身が焼けただれ、ほとんど人間の形をなしていなかった。ウエストから上の皮膚は（下がどんな具合なのかは想像するしかない）一分の隙間もなく醜く引きつっている。唇も眉毛も鼻もない。耳は潰れてパテのようになっている。熔鉱炉の中で熔かされ、完全に姿がなくなる前に引きあげたようなものだ。ハロウィーンのカボチャのように欠けた歯が動いたが、かつて口だったところからは、なんの音も出てこない。

はらわたをえぐられたようなショック。この二、三日間、そして数時間前までのうきうきした気分が一瞬にして消える。私は棒立ちになってまばたきをくりかえし、「ナパーム」という単語を心に重く感じながら、息を殺しているだけだ。もう笑ってなどいられない。自分が恥ずかしい。この都市、この国へ、私は何を求めて来たというのだ？ 風味や食感や美食……あまりにも……無神経だ。この

男の家族はたぶん一瞬にして熔けて消えたのだろう。この男自身は、マダム・タッソーの蝋人形のように無惨な姿に変貌させられた。皮膚は熔けた蝋のように崩れていく。私はここで何をしているのだ？　くだらない本を書く？　食べ物について？　空気よりも軽い、安直で中身のない、なんの役にも立たないクソみたいなテレビ番組を作る？　振り子は大きく反対側に揺れ、突如として、私は自己嫌悪でいっぱいになった。自分がいやになり、ここへ来た目的も厭わしくなった。冷や汗を流し、麻痺したまま、まばたきをくりかえす私のことを、通りにいる全員が眺めているにちがいない。いたたまれなさと罪悪感を発散しながら、私はどんな不注意な人でさえ、この男の体の傷とこの私、そしてわが祖国アメリカをはっきり結びつけるだろうと確信する。私は通りの反対側にいる西洋人ツーリストたちをそっとうかがった。バナナ・リパブリックのショーツにランズエンドのポロシャツ、ウィージャンやビルケンシュトックの快適な靴をはいて歩いている。わけもなく突然、その連中を皆殺しにしたいという欲求が湧きあがった。彼らが腐肉あさりのように邪悪な存在に見えてくる。ポケットの中に入れたジッポの銘文は、もうおもしろくもなんともない——親友の脳が縮んでいくと知らされたときのように、笑うに笑えない。これからは何を食べても灰を噛むように味気ないだろう。本なんかどうでもいい。テレビなんかクソ食らえだ。

男に金をやることさえできなかった。私は呆然と立ちすくみ、手を震わせたまま、わけのわからない恐怖に圧倒されていた。ニュー・ワールド・ホテルの冷房の効いた部屋へ逃げるようにして戻り、起きたときのままの乱れたベッドに倒れこむと、涙に潤んだ目で天井を見つめ、いま見たものを理解し、整理しようとする。だが、とても無理だ——私にはなすすべがない。それからの二十四時間、私はどこへも出かけず、何も食べない。テレビ・クルーは、私がノイローゼになったと思っている。

サイゴンは……いまだにサイゴンだ。

私はヴェトナムで何をしている?

第四章　男の領分／女の領分

Where the Boys Are / Where the Girls Are

サン・セバスチャンの旧市街、人気《ひとけ》のない通りはしんと静まりかえり、濡れた丸石にブーツが当たってたてるコツコツという音だけが築四百年の建物の壁に反響していた。深夜である。ルイス・イリサールと私は暗闇の中、食材を運んでいた。

サン・セバスチャンには彼の名前を冠したルイス・イリサール調理師学校がある。この学校の代表を務めるルイスは、美食で有名なサン・セバスチャンの料理文化を支える裏世界の支部長《カポ》であり、また相談役《コンシェーレ》ともいうべき存在だった。こんな深夜ではなく、通りがこれほど閑散としていなければ、通りがかりの人びとが彼に手をふったことだろう。店の主人に名前を呼びかけられ、駆け寄ってきた元生徒としっかり抱きあい、握手をし、心のこもった挨拶が交わされただろう。サン・セバスチャンで少しでも食べ物に関係する仕事をしている者は誰でもルイスを知っている。夜の夜中に私たちが向かっているのは、この町ならではの団体〈ガステルビデ〉だった。これはサン・セバスチャンにたくさんある料理愛好家のサークルの一つで、レストランを兼ねた男性オンリーのクラブだ。食べることが

大好きなら、一度サン・セバスチャンに来てみるといい。みずからの伝統と地元の食材に対する揺るぎない自信、スペイン一の料理だという宗教に近い信念、まさに石器時代までさかのぼる言語と文化。そして、住人の数で頭割りにしたミシュランの星付きレストランの数は世界中のどこよりも多い。

地元の声によると、サン・セバスチャンはじつはスペインではない。バスクなのだ。境界線は明確ではないが、南西フランスと北スペインの一部からなり、独立運動でとくに有名な地方である。ここでは、通りの標識もバスク語（tやxの文字が多く、母音は少ない）で書かれ、他の文化におもねる者は断固として排斥される。ETA（バスク祖国と自由）を名乗る昔かたぎの男たちの巣窟でもある。彼らにくらべたら、IRAなどミッキーマウスクラブのメンバーのようなものだ。連中にへたに手を出したら、まず無事ではすまない。バスクの住民の大多数は自動車の爆破や暗殺には批判的だが、そんな彼らもひと皮むけば独立と自己決定への切望を胸に秘めている。軽く引っかいただけでも、強烈な反撃が返ってくるのはまちがいない。

爆破や誘拐は私の心配事ではなかった。ずっと前から、愛国主義の激しい闘争がくりひろげられる一方で、ここにはプライドの高い大勢のコックと最高の食材が両立していることを知っていたからだ。サン・セバスチャンはそんな精神性の格好の実例だった。旨い食べ物と最高のレストラン、たっぷりの酒――そして「勝手にやらせてくれ！」という態度。世界を食べ歩く飢えたシェフにとって、究極の食事を探す旅の手始めとしては悪くない。

ルイスと私は食材をもって〈ガステルビデ〉に入っていった。木のテーブルとベンチがいくつも並んだ長方形のダイニング・エリアを抜け、プロの厨房設備がそろった広いキッチンへ入ってゆくと、そこにはエプロン姿の男たちがひしめきあっていた。それぞれが調理台にむかって料理に専念しており、レンジトップはぐつぐつ煮立った鍋やじゅうじゅういうフライパンで一杯だ。手のあいている者

はダイニング・エリアや奥のクロークルームで赤ワインや強いリンゴ酒《シドラ》を飲んでいた。私にとっては、いささか苦手な状況である。第一に、私はそこにいる男たちより少なくとも十五歳は年下だった。この団体はもう何年も新メンバーの入会を認めていないのだ。第二に、料理をしている男たちは全員（ルイス以外は）――プロの料理人ではないという意味で――アマチュアだった。純粋な楽しみのために、食べ物への敬意をこめて、愛情とともに料理をする男たちだ。第三に、私の経験によれば、「男だけ」の集まりは往々にしてセックスショップ《ピーポラマ》やホモ用の公衆トイレ《バディ・ブース》の個室の落書きめいた雰囲気に陥りやすく、もっとひどいときは「大スクリーンで見るサッカー」になり果てる！　私にとって、「男だけ」――もちろんシェフに限っての話だ――で過ごす夜は、たいていの場合、バーでの喧嘩、銃撃、立ち小便、あたりかまわずの嘔吐という結果になる。文明化された女性たちの監視の目がないところで一つの部屋に大勢の男を押しこめておくと、必ずといっていいほど、会話はスポーツの統計、自動車、女、そして誰のペニスが一番デカいかという話に落ちてしまう。キッチンで過ごした二十八年間に、これらの話題は耳にタコができるほど聞かされた。

　ルイスの娘で、調理師学校の校長でもあるビルヒーニャは、前もってそんな心配を打ち消し、きっと楽しく過ごせるとうけあってくれた。「行ってらっしゃい。面白いわよ……それで、明日の夜は」と、彼女がつけ加えたのは、ますます不安をかきたてるようなことだった。「女たちとつきあってね」

　そんなわけで、私はエプロンをかけ、ルイスの助手として伝統的なバスク料理の下ごしらえをしているのだった――片手には大きなグラスになみなみと注がれたシドラ、もう一方の手には塩漬けの干鱈《バカラオ》の入ったバケツをもって。「タオルの上においてバカラオの水気を切ってくれ、こんなふうに」とルイスはお手本をやってみせた。鱈の分厚い切り身の両側を軽く拭くと、彼は混みあったレンジトップの空いた場所へと移動した。

「次にこうして――」

ここでは誰がボスかは議論の余地がない。私は喜んで助手に甘んじた。ルイスは重いフライパンを手に取ると、少量のオリーブオイルを流し、火の上にかざした。オイルが十分に温まったら、両面に軽く粉を振った鱈の切り身をさっと焼く。

私たちが作っていたのは、バスクでは最も古くから伝わるバカラオ・アラ・ピルピルという料理である。私は焼き色をつけた鱈を別の皿にとって、その上に熱いオリーブオイルをたっぷりとかけた。それから、調理台に場所を移して、分厚い素焼きの容器を準備する。私はルイスのお手本どおり、ゆっくりと時計回りにかきまわし、魚のゼラチン質がオリーブオイルに溶けだして、白濁した濃厚な乳化液に変わっていくのを見守った。最後に、ルイスがスプーンでピペラド――トマト、ピーマン、タマネギなどをミックスした万能の調味料――を加えると、ピンクと赤の色味をちりばめた濃いソースになり、スパイシーな香りが立ちのぼった。

「ここで温めておいてくれ」とルイスはいい、ぐつぐつ煮えているスープストックの二つの鍋の上に素焼きの容器をバランスを保って載せた。

次はココーチャ。塩漬けにしたメルルーサや鱈の頬肉（下顎、のど身）をミルクに浸し、塩胡椒をし、小麦粉をつけて溶き卵に通し、狐色にカラッとするまで油で揚げる。ルイスは生ハム《セラーノ》を焼きながら、私を次の料理にせきたてた――焼き串に手長海老を巻きつけ、すぐ隣の網で両面を軽く炙る。シドラのグラスが空になるとたちまち誰かがたっぷりと注ぎ足し、おまけに地酒のチャコリ（ヴィノ・ヴェルデに似た熟成の若いワイン）のグラスまで手渡された。これから旨い料理を味わうというときの期待に満ちたざわめき、誇張された幸福感、膨らむ自己イメージがたちまち全員に伝染していくのがわかった。ルイスの元生徒だった立派な体格の陽気な農夫が加わり、この会で酒を飲むときのシス

テムを説明してくれた。好きなだけ飲んでいい――勘定は自己申告制で、その夜の終わりにボトルを数え、自分で計算し、バーテンダー不在のバーに吊り下げられた蓋付きの鍋に金を入れて帰るのだ。

料理がほぼできあがると、ルイスは私をテーブルに案内し、グラスを並べてベリー類とアニスから作った特産の強いブランデー、パチャランを勧めた。ボトルをグラスから六十センチも離した高いところから傾けて、曲芸のように注ぐのだ。彼は自分のグラスにも同じようにすると、ウィンクし、「オサスーナ！」というバスク式の乾杯の声をかけたかと思うと、一息でグラスを空にした。ここで行われることがやっとわかってきた。ほどなく私たちはパチャランのグラスを重ねながら、嬉々として料理に手をつけはじめた。頬肉は極上だった。人肌の温度で供されたピルピルは驚くほど口当たりがよく、繊細な風味があり、ピペラドとオイルの乳化ソースは塩気の効いた鱈によく合い、予想以上にデリケートな味わいだった。手長海老がまた旨く、それに加えて、ライスペーパーを使った一種のヴォローヴァン（パイ皮包み）の中に詰めた野生キノコのサルピコン（さいの目に切った野菜の和え物）――別のテーブルで調理されたもの――はすばらしかった。

他のグループの料理もいっせいにできあがったらしく、テーブルはがっしりした胸板の厚い男たちで一杯になった。彼らはしみのついたエプロン姿のまま、食器を鳴らし、にぎやかに会話しながら、自分たちの作った料理をむさぼり食い、その合間にアクセントをつけるような「オサスーナ！」の声が響きわたった。

わがテーブルも宴たけなわで、ほかのテーブルの男たちがかわるがわる近づいてきては、私とルイスと彼の元生徒に挨拶をしていった。食卓での話題は、バスクとは正確にどの範囲をいうか（ルイスの友人によれば、ボルドーからマドリードまで――旨いものがある場所はすべて）から、バスク以外のスペイン人に共通する度しがたいキノコ嫌悪まで。ルイスはさっそく、アメリカを発見したのはコ

ロンブスではなくバスク人だといいだした。私がポルトガル人の友達からもまさに同じ主張を聞かされたというと、ルイスは手を振り、その根拠を詳しく説明した。「バスク人は漁師だ。われわれはずっと漁師だった。だが、その一方で、つねに小国でもあった。鱈を発見したとき、われわれはそれを秘密にした。アメリカ沖で大量の鱈を見つけたとき、人にいう必要があったか？　誰に？　ポルトガル人にか？　そんなことをしたら、連中は全部かっさらってしまう。そうなったら、こっちには何もまわってこない」。この広い食堂では、なにもかもが気持よく進んでいた。大勢の男たちが幸せそうに食らい、スペイン語とバスク語のちゃんぽんで会話し、グラスのぶつかる音が聞こえ、さらに乾杯の声が続く。

やがて、雲行きが怪しくなった。

ものすごくお年を召した長老——あまりの老齢に「エル・ニーニョ（赤ん坊）」と呼ばれている——が古いアップライト・ピアノの前に坐り、今宵のショーの始まりを知らせるメロディを弾きはじめたのだ。背中に冷や汗が流れるのを感じた。私が最も恐れる悪夢の筋書は、ある日、キャバレー芸人の一団——それに加えて煙草はメンソール——だけしか娯楽のない離れ小島に幽閉され、アンドリュー・ロイド・ウェバーの歌や『南太平洋』のメドレーを際限なく聴かされることだ。汚れたエプロン姿の男が立ち上がり、歌をうたいはじめた。テノールの声はなかなかのものだ。私は心の中で思った。よし、オペラならまだ我慢できる。子供の頃に家でさんざん聴かされたものだ。もう大人なんだから、なんとか耐えなければ。

そんな気持に不意打ちを食わせたのは、突然始まったコーラスである。前ぶれもなく、その場にいた全員がテーブルを拳で叩きながら、かわるがわるバック・コーラスをつけ、立ち上がるかと思うとまた着席する。こんなに奇妙な光景は見たこともない。ちょっと怖くなった。男たちは——テノール

もいれば、バリトンもいた——次々と立ち上がってうたい、熱をこめてアリアを朗唱するかと思えば、情感たっぷりにソロを披露する。そのうち、とんでもなく不気味な——そして滑稽な——デュエットが始まった。木こりのような大男二人が登場して、一人が男性のパート、もう一人が気持の悪い、だが見事なファルセットで、身振りや表情も豊かに女性のパートをうたいだした。顔を歪めた悩ましげな表情、人の涙を誘う悲しみの身振り、苦しげに上下する豊かな胸——まさに迫真の演技である。苦しみと悩みを乗り越え、思い切った決心を告げる心からの叫びは聴く者の胸を打つ。ここにいる男たちは料理ができる。男らしく大酒を飲むこともできる。そのうえ、歌をうたってもプロ顔負けとは。きっと、ずいぶん稽古を積んだにちがいない——はんぱではなく。

そのうち、着ているコック服を脱いで、サウナで小さなタオル一枚という男の付き合いが始まるのではないかと不安になったころ、その場の雰囲気は烈々たる愛国心の盛り上がりへと転じた。オペラの幕は降ろされた。今度はバスク独立をうたった威勢のよいテーマソングやマーチングソング、勝利と敗北の両方を描いた戦いの歌、死んだ愛国者を称える歌、いつか武器をとって敵をやっつけるという誓いの歌などが始まった。いまや全員が立ち上がり、二列になって拳を振りあげ、そろって体を揺すり、足を踏み鳴らし、高らかに叫んでいる。パチャランのグラスをさらに数杯重ねると、私もそのバリケードの中に参入した。夜がふけるにつれて、歌声はさらに大きく、パーティはにぎやかになっていった（そして、わがテーブルは高いところから注がれる酒でびしょびしょになった）。空になった酒壜の数は、小隊から中隊へ、やがて師団へと増えていった。

「ニューヨークではこうはいかない」とルイスはいった。

それから先は記憶がない。

目が覚めたときはホテルの部屋だった。サン・セバスチャンの美しく弧を描いた湾をとりまく、イギリスの海岸風シーサイド地区に建つヴィクトリア朝様式の建築群の一つ、ロンドレス・イ・デ・イングラテーラ・ホテルである。ここで、有名な城や砦、十字軍時代の教会、気の利いたユニークなファサード、凝った錬鉄細工、旧式の回転木馬、美術館などについて語るべきだろうか？　いや、それらはロンリー・プラネットやフォルダーの観光ガイドブックにまかせておこう。この町は美しいというだけで十分だ――その美しさも、たとえばフィレンツェのような、うっとうしい美しさではない。フィレンツェでは部屋を出るたびに、へまをして何かを壊しやしないかとびくびくしなければならない。ここは美しいが、モダンな都市でもあり、洗練され、都会的で、歴史の古い建物のあいだに近代的な機能がすべてととのっている。フランス人がバカンスのために大挙して訪れるため、ファッショナブルな店やブラッスリー・タイプのランチがとれる店、菓子屋、ナイトクラブ、バー、インターネット・カフェ、キャッシュ・ディスペンサーなどがそろっていて、ヨーロッパのどの大都市にもひけをとらない。そのうえ、自家製のシドラを飲ませる店やタパスを並べたバル、特産品を売る小さな店、見て歩くだけでも楽しい戸外マーケットがある。サン・セバスチャンはそれでもスペインの一部だから、住民のあいだにはようやく独裁から脱したという喜びもみなぎっている。厳しい生活に耐え、愉快なことが大好きだという人びとに会いたかったら、スペインへ行くべきだ。フランコの独裁時代、バスク語の使用は禁じられていた――バスク語を書いたり、しゃべったりすると投獄される恐れがあったのだ――が、いまではいたるところで目にし、学校でも教え、路上でも聞こえてくる。独立運動が盛んになり、ETAの支持者はあちこちの壁に落書きをする。通りや公園や遊び場に落書きがあふれていて、どことなくベルファストに似た雰囲気もある――ただし、通りに二ツ星のレストランが軒を連ねているところは大違いだが。

ひどい二日酔いで、よろめきながらホテルを出ると、なんとか気分を治せるものを探して旧市街に舞い戻った。湾では、次々と押し寄せる着実な大波をつかまえて、数人のサーファーが波乗りを楽しんでいる。

チョコレートとチュロス。舌が焼けるような、真っ黒でねっとりしたクリーミーなチョコレートのカップ——というより、ほとんど丼といったほうがいい——に、こんがり揚げたドーナツのようなチュロス。小麦粉と卵を混ぜた生地を星形の口のついたクリーム用のプラスチック袋に入れ、それを熱した油の中に絞りだして、狐色になるまで揚げる。それからバットに広げて、粉砂糖をふりかけ、チョコレートに浸す。これがチュロスだ。砂糖、チョコレート、揚げたての生地、それに脂肪のコンビネーションは、アル中ぎりぎりの人間にとって最高の朝食だ。カップを半分ほど飲んだころには、私の頭痛はすっかり消え、世界観さえも一変していた。なにしろ、早急に回復しなければいけない。今夜は大変なことになりそうだ。「女たちと出かける」予定だと話したときのビルヒーニャの顔つきからも察しがつく。このとき蘇った記憶は、背筋が寒くなるようなものだった。一九七三年のヴァッサー大学（歴史の古い名門女子大だったが、一九六九年から男女共学になった）。女によって女のために運営される、未熟な狭い世界の中で、私はごく少数の男の一人だった。私が親しくなったのは——例によって——不良といわれる仲間だった。ゆるやかな結びつきのそのグループは、獰猛で、頭が切れ、銃が好きで、コカインをやり、錠剤を口に放りこみ、躁鬱の気があり、そのメンバーのほとんどは十七歳の私よりも少し年上で、経験も積んでいた。毎朝、大学食堂にたむろし、そのあとは八人から九人の女子学生たちとつれだって近所のバーへくりだしたものだ。そこで学んだのは、不埒な行動に関して、女たちは——とくにグループとなると——男にまったくひけをとらないということだった。彼女たちは私よりも酒が強かった。話すことといえば私でさえ赤面するような内容だ。彼女たちは前の夜につきあった男のセックスのやり方に

ついて十点満点でランク付けするかと思うと、まるでギャングが大きな建築工事を勝手に分けるように、これから入学してくる新入生を――『ヴァッサーへようこそ』という新入生紹介のパンフレットを眺めながら、それぞれの顔写真に丸印をつけて――分配していた。

私は怖かった。ものすごく。

料理学校に着くと、女たちの一団が私を待ちかまえていた。ルイスの二人の娘――ビルヒーニャとビシー（彼女もシェフ）――とその友達三人である。みんな茶目っ気たっぷりの表情を浮かべている。そのうえ私は、騒動を起こすという点で無限の可能性を秘めた妻のナンシーという危険因子をここに加えてしまった。これから直面する出来事にくらべれば、昨夜の男ばかりの会などディズニーランドへの旅みたいなものだと――本能的に――察した。スペインには「少しずつ、何度も」という意味の表現がある。これが用いられるのは、ポテオ――「バーのはしご」――に出かけるときである。つまり、ポテオとは、バルを次々とめぐってピンチョス（この地方でのタパスの呼び名）をつまみながら、ほどほどの量の赤ワイン《チャコリ》を飲むことである。店に立ち寄っては、そこの店でいちばん旨いもの――旨いものだけ――を食べ、また次の店に向かうのだ。

旧市街の路地をテレビ・クルーが先になり後になりしてつきまとう間、私はナンシーをそっと監視することに怠りなかった。ナンシーはそもそも私がテレビに出ることが気に入らず、つきまとうカメラにうんざりし、「Bロール」――予備の捨てカット――撮影のために私をしょっちゅう呼びだすプロデューサーに不満を抱くようになっていた。私がそこらを歩きまわって深遠なことを考えているふりをしているあいだ、ナンシーはホテルの部屋でいらいらと待たされ、することもなく一人で放っておかれたのだ。プロデューサーがカメラの邪魔だからともう一度乱暴に押しのけたりしようものなら、ナンシーは彼の首に一撃をお見舞いするに決まっている。彼女の必殺パンチはこの目に焼きついてい

る。あれはカリブの船乗りが集まるバーでのこと、やたらとべたべたしてくる女がいた。ナンシーは私の背後に立っていたが、すっと離れると、二つ先のスツールにいた自分よりでかい女の頸動脈にびしっと空手チョップを打ちこんだ。女は豆の袋みたいにどさっと床に倒れこんだ。あんなのは二度と見たくない。私はプロデューサーのマシューをなるべく目立たない暗い場所に引っぱっていった。彼にはとても勝ち目がない。ナンシーは片手でやつをひねってしまうだろう。しかも、彼女には仲間までいる。いまや、ビルヒーニャとビシーとその友達はみんな、私よりも断然ナンシーの味方なのだ。彼女たちの笑い声が聞こえた。女たちはすぐに共感を抱きあう。このまま暴力沙汰になったりしたら、私はマシューを運命の手にゆだね、知らん顔で立ち去ることにしよう。それに、私だってジェリー・ルイスの一件はまだ忘れたわけじゃない。

女の子《ガールズ》——と彼女たちは称する——は全員、頭がよく、魅力にあふれ、猛烈に独立心が旺盛で、年は三十代半ばから後半、独身生活を心から楽しんでいて、セックスに対してはじつにおおらかだった。雑談のあいまに、カメラマンの一人が女性たちの一人にダンスが好きかと訊いたところ、彼女は肩をすくめて「ファックは好きよ」と答えた——これは誘いでもなんでもなく、ただの事実を述べたまでのことだった。暴力沙汰になりそうな不安を抱えながらも、私は気が休まり、くつろいでいられた。この女たちの言動にはなじみがある……そう、コックに似ているんだ。

その晩の私たちがやったように、サン・セバスチャンのバルをはしごしてタパスを食べ歩くにはちょっとした慣れが必要だ。誘惑はいたるところにある。あわてて食べ物を詰めこんだり、すぐに満腹になったり、アルコールのもやの中で本当に旨いものを逃したりという危険は避けがたい。最初の店からしてそうだった。〈ガンバラ〉は半円形の小さなバルで、テーブル席はなく、客が二十人も入れば満員になってしまう店だった。清潔な白い大理石の上にきれいに並べられているのは、しゃくにさ

わるほど魅力的な食べ物の山。オリーブオイルに浸って純白に輝くアンチョビ、焼いたベビーオクトパスのサラダ、赤や黄色のパプリカのロースト、鱈のフリッター、オリーブの油漬け、手長海老、赤みがかったピンク色に脂肪の筋の入った生ハム《セラーノ》、最高級の黒豚の生ハム《パタ・ネグラ》、バイヨンヌハム、ピーマンの肉詰め、イカ、タルト、ミートパイ《エンパナーダ》、串焼き、サラダ——それに、何より壮観だったのは、美しく盛りあげられたさまざまな種類の野生キノコだった。明るいクリーム色に輝くアンズタケとカノシタ、薄茶色のヤマドリタケ、アミガサタケ、クロラッパタケ。料理人は注文に応じて、そのたびにスチール製のフライパンでキノコを炒めるので、その香りが店中にただよっていた。目に入るものを片っ端から食べたかったが、ビシーにおしとどめられた。彼女が料理人と相談しているあいだに、バーテンダーが小さなグラスに赤ワインを注いでくれた。しばらくすると、私の目の前にソテーしたばかりでじゅうじゅうと音を立てているキノコの皿が出された。金色と茶色と黒と黄色のパリッと焼かれた野生キノコの真ん中に卵の黄身が載せられ、じわっと形を崩しつつある。赤ワインで乾杯したあと、フォークで卵の黄身とキノコをかき混ぜ、口一杯にほおばった。その感覚を表現するには、ただ「いつ死んでもいい」というしかない——思いがけず、突然、銃で撃たれたとき、意識が消えていこうとする寸前のまさにその瞬間、これまでの人生がどれくらい満足のいくものだったかを思い返し、少なくとも食べるものに関していえばもう十分、これ以上を望まないと確信できる。それなら、いつ死んでもいいはずだ。このうっとりするような味覚の桃源郷にアクセントをつけるのは、ワインのおかわりと、じらすように少量しかないベビーオクトパスの小皿、それに見かけさえもセクシーなアンチョビである。ズッキーニのスティック・フライのようなものを勧められたとき最初はとまどった。だが、口に入れて、それが柔らかなホワイトアスパラガスであることがわかって、ほとんど気が遠くなりそうだった。

「さあ、行きましょう」と女の子の一人がいい、ずらりと並んだハムを未練がましく眺めている私をむりやりひったてた。「次の店は魚のすり身団子で有名なのよ」。私たち六人は横一列に並んで石畳の道を歩いていった。女の子たちは笑いながらジョークを飛ばしている――妻とはもうすっかり親友だ。妻はスペイン語がしゃべれず、いわんやバスク語などまるで知らないのに。私はジェシー・ジェームズとコル・ヤンガー率いるギャング団の一員になったような気がした。次の店にいると、通りかかったルイスの元生徒が私を見つけ、店に入ってきたが、無法者の女たちに囲まれているのを見ると、とてもかなわないと思ったのか、そそくさと逃げだした。

「この店は温かい料理が売りなの――とくにお奨めは魚のすり身団子よ。ほらね。カウンターには何もないでしょう？　ここでは全部注文を受けてから、キッチンで作るの」とビシーが説明した。料理が来るのを待つあいだ、またワインを飲んだ。そのあとで、鱈のすり身とタマネギとピーマンでできたふんわりした団子をすくって、パンになすりつけるのに熱中した。続いて、もっと旨い豚の顔肉、熟練したコックが腕をふるった濃厚なデミグラスソースで蒸し煮した牛の頬肉。こうでなくっちゃ、と私は内心つぶやいた。これこそ理想だ。集中力が長く持続しない私にとって、こんなにうってつけの方法はない。ニューヨークのシェフ仲間とこれをやっているところは簡単に想像できる。バルからバルへと渡りあるき、飲んでは食べ、食べては飲み、かたっぱしから店を襲撃していく。ニューヨークにもタパスの食べられるバルが集中してあったらいいのに。店から店を移動するのにタクシーを使わなければならないようでは、ポテオ――一口ずつ何種類も――の概念は意味をなさない。ピンチョスを食べるのに、テーブルについてウェイターを待ち、ナプキンを使って長い時間をかけたりするのは邪道だ。

次の店、また次の店へと移動しながら赤ワインを飲みつづけるうち、女の子たちはますます奔放に、

そしてやかましくなった。通訳してもらったわけではないが、小さなバルから別のバルへとさまよい歩く私たちを見て、「やれやれ、厄介な連中がきたぞ」という囁きが交わされていたにちがいない。その他に、私が覚えているのは、トマトとタマネギとパセリ入りのオリーブオイル漬けのアンチョビ、塩漬けのアンチョビ、直火で炙ったアンチョビ、フライパンで焼いたサーディン、小っぽけな旨い魚の盛り合わせなどだ。さらにワイン、そして何度もくりかえす乾杯。かつて市の闘牛場として使われた古い広場――いまはがらんとした空間をアパート群が見下ろしている――を千鳥足で横切る。古い教会の前を通り、石畳の階段を上り、別の階段を下り、次から次へと出てくる食べ物の渦に巻きこまれて茫然自失といった状態だ。

高級でモダンな〈サン・テリノ〉（とびきり古めかしい建物の中にある）では、ピンチョスのヌーベル・キュイジーヌ版と遭遇した。店に入るやいなや赤ワインが注がれた。記憶によれば、料理は分厚いフォアグラの塊をキノコといっしょにフライパンで軽くソテーしたもの――それに、珍味中の珍味といえば、ブーダン・ノワールを詰めた丸ごとのイカである。私は誰にも分けてやるものかと、小さな皿を抱えこむようにして食べた。

ワインのおかわり。さらに追加。

女たちはあいかわらず元気溌剌としていた。私はといえば、崩壊寸前のビルで目が覚めたようなもので、部屋が微妙に傾きはじめていた。私はキッチンで習い覚えたメキシコ訛のスペイン語でしゃべっていたが、これはいつも私が酔ったかどうかを判別する指針なのだ――ところが、女の子のほうはまだ序の口という顔つきだった。

さらに数軒の店をはしごしたあと、やっと本格的な夜になった。そのころには、なぜか酒はテキーラになっていた。私はカウンターに並んだ料理を眺め、棚の上には磨きあげられたショットグラスが

整列し、ナンシーはクルーがもっている予備のカメラを鈍器にうってつけだという目つきでじっと睨んでいた。そろそろ潮時だ。突然、意識を失って床にぶっ倒れたりしたら、もてなし役の人たちはいったいなんと思うだろう。

シェフであることは、ときにはいいものだ。しかも、世間に名の知られたシェフ――料理の腕とはまったく関係ないことで名を上げたのだとしても――だったら、ときにはもっといい思いができる。これは特典だ。いざ食事をしようというとき、その土地に長年住んでいる有名シェフがそばにいてくれたら、これ以上望むことはない。その土地で最高のレストランに案内してもらえる。一流レストランで誰よりも旨い料理を食べられるのは、ほかならぬ同業のシェフである。そのうえ、運がよければ、そのシェフと同席して、厨房の中に据えたテーブルにつき、ミシュランの三ツ星レストランのテイスティング・メニューを味わうことができる。それもスペイン最高の店で。

というわけで、私は〈アルサック〉の厨房に坐り、クリュッグのマグナム・ボトルから注がれたシャンパンをすすっていた。サン・セバスチャン郊外にある家族経営のヌーベル・バスク料理の店である。私はここで会った全員から、この町で最高のレストランだと聞かされていた――ということは、スペイン最高のレストランであり、それは世界最高というに等しい。「誰が一番か」という問題に重きをおくつもりはない。だが、ここで味わったものは、まさに非の打ちどころがなく、目のさめるような、ユニークきわまるバスク料理だった。ああ、もちろん、もう一つの店もある。海水で作ったムースやファベルジェのジュエリーもどきのデザートを出す店だが、私はそこには行っていないので、知りもしないことをいうのはやめておく。とはいえ、その店の基本方針については今後も喜んで笑いとばすつもりだが。

オーナー・シェフのファン・マリ・アルサックは、かつてフランス料理界でヌーベル・キュイジーヌが花開いためくるめく時代に活躍した伝説的な「十人組《グループ・オブ・テン》」の一人だった。トロワグロ、ボキューズ、ヴェルジェ、ゲラールといったフランス人シェフにインスピレーションを受けたアルサックほか、数人のスペイン人シェフはバスクの伝統的な食材と料理法を向上させ、進歩させようと決心した。味を洗練させ、重かった料理を軽くし、余分なものや無駄や過剰さを排除したのである。それまで、彼の店は素朴な家庭料理を出していたが、やがてヨーロッパ中のグルメが先を争って食べにくる最先端の三ツ星レストランへと生まれかわった。腕に覚えのあるシェフが食べ歩きのために世界をめぐるとき、この店はぜったいに素通りできない場所となった。しかも、彼はいっさい妥協せずになしとげた。自分のルーツに逆らわず、バスクの伝統に背くこともなくやってのけたのだ。

ルイスとファン・マリは二頭の老ライオンのように挨拶を交わした。シェフはまるで自宅を訪れた客をもてなすように、しみ一つない白いタイルの厨房を見せてくれた。そして、私たちといっしょにテーブルにつき、料理の采配はシェフ・ド・キュイジーヌ——娘のエレーナ——にまかせた。エレーナ——とファン・マリ——には申し訳ないことだが、正確を期すために、これだけはいっておかなければいけない。ニューヨークに戻った私は、ニューヨークの星付きレストランの錚々たるシェフが顔をそろえた席で〈アルサック〉の料理を絶賛したものだ。ところが、シェフたちが知りたがったのはたった一つ——「エレーナはいたのかい？……そいつは羨ましい」。男のシェフにとって、白いシェフコートに身を包んだ、とびきり腕のよい若くて美人の——両のてのひらと手首に火傷のあとや油の跳ねた傷のついた——女性シェフほどセクシーなものはないのだ。そんなわけで、エレーナ。これを読む機会があったら、何千キロも彼方で『ニューヨーク・タイムズ』の星付きレストランの有名シェフたちが、きみの名前を聞いただけで初めて恋をした少年のような顔つきになったことをぜひ知って

ほしい。

エレーナは料理を運ぶたびに、スペイン訛を詫びながら（そんな必要はないのに）、ほとんど完璧な英語で説明した。まず一皿目は、赤パプリカを添えたイカ墨ソースで食べるカボチャのラビオリだった。次は、小さな三角形のトーストにバスク・ソーセージのピュレと蜂蜜を添えたものと、小さなカップには羊の乳で作ったヨーグルトの中にフォアグラ――ほとんど官能的なまでの味だ。私の気に入りの一流シェフはみなそうだが、〈アルサック〉でも異質なものや突拍子もない組み合わせは見られない。盛りつけも料理そのものを活かし、食材から気をそらすような小細工はない。バスクらしさがつねに前面に押しだされ、中心となっている。何を食べても、いま自分がどこにいるかを思いだす。茄子キャヴィア（茄子とタマネギなどで作るペースト）とオリーブオイルとパセリを添えたザリガニ。それから、これまで見たことも聞いたこともないもの――見た目は複雑そうだが、味は意外にシンプルな料理が出てきた。アヒルの生卵の白身と黄身を崩さないようそっと殻から出し、少量のトリュフオイルとグレス・ドワ（フォアグラ風味のある鵞鳥の脂肪）とともにラップに包んで、やさしく軽くポーチしてからラップを外し、皿に盛ったあと、上にマッシュルーム・デュクセルとみじん切りにしたドライ・ソーセージを散らす。新鮮で、しかも美味であることはたしかだが、こういうものを食べさせられると、自分の小ささを改めて感じ、どうして私はこれを思いつかなかったんだろうとがっかりする。これを食べるのは、幸せであると同時に、心の奥では少々の苦さも感じた。自分の腕の未熟さと欠点をつくづく思い知らされるからだ。いったい、どこからこんなアイデアが？　相対性理論を思いついたアインシュタインのように、どこからか――もしかしたら、夢の中で――アイデアが降ってきたのだろうか？　最初は何だった？　卵か？　グレス・ドワか？　たとえようもない旨さ。苦しくなるほど。

ルイス・イリサールとフアン・マリ・アルサックの二人が料理の世界でなしとげたことについて議論するのを聞いていると、冬の宮殿を襲撃したときのことを回想している二人のボリシェビキを連想する。二人が自分の仕事にかくも有能であること、文化と土地と民族的な伝統にしっかり根付いていること、これほど豊かな食材とすぐれたスタッフに恵まれていること――そして、それらを心から評価する顧客がいること――に対して、嫉妬さえ覚える。若い頃にこれだけのものを与えられていたら、私の進む道も変わっていただろうか？　もっと上等なシェフになっていた？　もっと腕のよいコックに？

スペインについて書いた別のアメリカ人もこういっている。「そう思えば楽しいじゃないか」

第五章　ウォトカの正しい飲み方　*How to Drink Vodka*

モスクワからサンクトペテルブルクへ向かう深夜の列車の狭いデッキで煙草を吸いながら、防寒用の服をしっかり着込んだ私は、一等車の末尾にある温かいお茶のサモワールと凝った銀細工のカップホルダーに入ったガラスのカップがかたかたと揺れているのをじっと眺めていた。デッキの床と窓ガラスの隅には小さな雪の吹き溜まりができていた。

それは、この百年で最も雪が多いといわれたロシアの極寒の二月だった。雪に覆われた農場と閉鎖された工場が点在するこの田園地帯では大勢の人が寒さで死につつあった。燃料用の灯油は不足し、物資補給の処理を誤った地方自治体の長の何人かを告発し逮捕するというプーチン大統領の談話も出ていた。アメリカ人の大学院生がマリファナ所持で勾留されたというニュースもあったが、その罪状は突然――禍々しい――スパイ容疑へと変更された。法的な証拠と同僚の証言をもとに強姦殺人容疑で逮捕されたロシア人の大尉は頑強に無実を主張し、強硬派だった共産党員の残党から強力なバックアップを得ていた。

三つの鍵がついた個室寝台の窓から外を見ると、どこまでも続く白樺の林と雪に覆われた農地の中にときたま、凍りついた湖がほんの一秒姿をあらわしたかと思うと、すぐに後ろへと飛びさっていった。これまでのところ、ロシアは私がそうあってほしいと望んだとおりだった。

私が望んだロシアは、思春期に空想していた夢のロシアだった。暗く、雪に覆われ、寒く、陰鬱でロマンチックな土地。そこには美と悲しみとメランコリーと不条理が満ち満ちている。モスクワでは、先端が白い尖塔《ミナレット》とタマネギ形のドーム、クレムリンの堅牢な赤レンガでできた銃眼付きの高い壁、GUMデパートの堂々たる、だがものさびしげなファサード、ところどころ汚れた雪が残る赤の広場の石畳――これらはすべて、私が思い描いていたそのままだった。ルビアンカ――KGB（秘密警察）本部――の監獄は、スターリンに理由もなく逮捕された無数の犠牲者が尋問され、拷問を受け、最後に至近距離から頭を撃ちぬかれて処刑された場所だが、広場を見下ろすジェルジンスキーの銅像が撤去されたせいか、いまでは奇妙なほどおとなしく見える。地下鉄にスロットマシンが置かれ、カジノはいたるところにあり、盛り場には娼婦がうろつき、ゴーリキー通りの街頭広告には西欧のブランドネーム――フィリップ・モリスの一流職人からあなたへ！――が並んでいるが、それでも、ここは私がかつて憧れとともに思いめぐらしたロシアのイメージそのままだった。秘密の待ち合わせ場所で、通りすがりにさっと情報を交換するスパイたち。そこには死と裏切りがある。キム・フィルビー、ドナルド・マクリーン、ガイ・バージェスといった男たちにとって、ここはぬくぬくとした煉獄だった。私が子供のころ、ここは世界中のあらゆる悪辣なたくらみの中心地、グラウンドゼロだった（幼稚園の先生や右翼的なアメリカ人はみなそう考えていた）。子供のころの避難訓練では机の下に潜りこまされたものだが、それが何のためかといえば、ぼんやりした狂気しか思い浮かばない。キューバ危機、近所の家の裏庭にあった核シェルター、ヴェトナム、JFK、CIA、LBJ、ニクソン――これら

はすべて、私の少年時代には聖人とも化け物とも見なされ、正体は曖昧模糊としていた。子供のころは、いつ「大国《ビッグワン》」が攻めてきてもおかしくないと思って育ち、この国——あるいは、その脅威に対してわが国がどう対処するかという恐怖——によって、私は過激になり、周囲にとけこめず、異端にならざるをえなかった。そんな影響はいまだに消えていない。

さらに、私にとってレストラン業界で初の、そして最も重要な導き手《メンター》にしてパートナーだったディミトリがいた。料理という技への情熱を身をもって私に示してくれた最初のプロフェッショナルであり、休みの日にも料理をするという男だ。ロマンチックで好奇心旺盛、文学好きで涙もろく、人付き合いがよく、移り気なディミトリはロシア人の脈打つ鼓動と傷つきやすいダークな魂を私に初めて垣間見せてくれた。吹雪をついてリズミカルに走る汽車の中で、私はその魂をもっとよく見たいと願った。ボルシチ、ザクースカ、キャヴィア、黒パン、ウォトカをくれ。大きな毛皮の帽子をかぶり、ブーツで雪を踏みしだこう。

薄いグローブをはめた拳が髪をクルーカットにした太りすぎの大男の鼻を殴りつけたとたん、湿っぽいびしゃっという不快な音とともに鼻は潰れた。リングにいた二人の男のうち大きいほうがキャンバスの床に沈んだ。顔は血まみれで、顎から胸まで血が滴っている。筋肉をぴくぴくと震わせた相手の若者——たるんだチューブソックスと色あせたボクサーパンツ——はすかさず、倒れた男の肝臓めがけて膝打ちを二度食わせたばかりか、両手の拳でこめかみを容赦なく叩きはじめた。

会場の空気は抑制のきいたお祭り気分といった感じで、いわば企業のカクテル・パーティみたいなものだった。超ミニのスカートや背中が大きくあいたドレスでめかしこんだ女たちがテーブル席から殴りあいを眺めていたが、念入りなメークの下の表情はぴくりとも動かない。女たちの隣にいる男友

達はどれも似たようなタイプで、ロシアでは「フラットヘッド」と呼ばれている。エレガントなダークスーツで筋肉隆々の体を包んだ大柄な男たち。額は狭く、髪を角刈りにし、目つきは水面下で獲物を狙う獰猛な肉食獣を思わせた。彼らはシャンパンをすすりながら仲間同士でしゃべり、女たちはたいてい無視されていた。店の名前？〈クラブ・マリブー〉とでもしておこう（友人たちはまだ彼の地で暮らしているのだから）。この黒とクロームで統一したモダンなナイトクラブとディスコとレストランからなる複合施設は古ぼけた建物の中にあり、いわば一九八五年ごろのマフィア風のおしゃれな店（たとえば〈チャイナ・クラブ〉）を連想させる。間接照明で、天井からミラーボールが下がり、音楽は大きく、服装は上等。私はリングサイドの革製のスツールに腰かけ、隣には肩までの長髪にアイドル俳優フレディ・プリンツもどきのブルーのデニム・キャップを載せた年配の男がいた。この男は英語をひとことも解さず、私のほうはロシア語がまるでだめ。どうやら、彼は有名なシンガー・ソングライターらしく、私といっしょにＶＩＰ席に坐っている。血が飛びちってくるリング下だ。私がなぜこんなＶＩＰ席にいるかというと、わがロシア人の友が皮肉をこめて「新しいロシア人《ニューロシアン》」と呼ぶものを見るためだ。古いロシア人のあとを継ぐはずの、狂気じみていて、悪辣で、たいへん危険な連中である。新生ロシアでは、どんなことも起こりうる。そして、確実なことはなに一つない。

この特等席を手に入れるには多少の根回しが必要だった。大量の外交手腕と用意周到な交渉が要求された。夜遅く、外見は強面だが喜んで手を貸そうとする仲介者のもとを訪ね、この件について間に立つ男たちと何度も話しあいを重ねたあげく、やっとグレゴリーが写真アルバムをもって深夜の会見場所にあらわれた。ウォトカを何杯かあけ、ザクースカをつまんだあと、彼は誇らしげに写真コレクションを見せてまわった。自動小銃を手にした筋骨たくましい大勢の男たちが彼と並んで写っている。ある写真では、彼らは上半身裸になっており、大聖堂やミナレットやキリル文字などのタトゥーを一

面に彫った腹や背中を見せている。私の連れの一行がこれからの行動をすべてビデオ撮影すると聞いて、グレゴリーは大喜びし、これをきっかけに、ハリウッドの大手映画会社がモスクワやサンクトペテルブルクでロケしたがるにちがいないといいだした。そして、「セキュリティ」はまかせろといい、どんな「トラブルも、立入禁止も」ないようにするとうけあった。前にもやったことがあると自慢し、最近の二つの映画製作会社の名前をあげた。私は写真をじっくりと眺め、この連中の怒りを買うようなまねはけっしてすまいと心に誓った。

〈クラブ・マリブー〉はサンクトペテルブルクのネフスキー地区から少し引っこんだところにあり、店の前にジャガー、ＢＭＷ、ポルシェ、メルセデスなどの高級車がずらりと不法駐車しているのですぐにわかる。金属探知機と身体検査——乱暴に体を探られ、揺すぶられるのに加え、ロシア語でぶっきらぼうな質問をされる——を通りすぎると、こんどはせかせかとした電話でのやりとりがあり、そのあとでやっと分厚いカーペットを敷いた階段を上がり、やかましいテクノミュージックで振動している店の中へと案内される。今夜のイベント——ロープ休憩なし、相手が倒れるまで続く、非情にして野蛮きわまるバトルロワイヤル——が行なわれるのはメインのダンスホールだが、そこへ入る手前のロビーでグレゴリーがまるで旧知の友のように挨拶する。人に見せびらかすように私をひしと抱きしめ、左右の頬にキスしてから、恭しくリザーブシートへと案内してくれた。この親密さと友情をわざと見せつける挨拶こそ、私がこの場に迎えいれられるためにきわめて重要なことだといわれていた。私はこの機会のために、ＮＹの顔役クレージー・ジョー・ギャロ風の衣装を選んで着てきた。袖が長くて手の先が隠れるほどの黒いレザー・ジャケット、黒のシルクのシャツ、黒のシルクのタイ、黒のパンツ、爪先の尖った黒の靴に、髪の毛はいまは亡きフランキー・アヴァロン風にジェルで固めた。「ニューヨークから来た仲間」という紹介が嘘に聞こえないよう細心の注意を払ったのだ。

それから二時間、私はリングサイドに坐って酒を飲み、ブリニで包んだキャヴィアを口に運びながら、これまで見たこともないほど残忍で、まったく意味のない暴力を見物した。上等な服を着た観客たち——その何人かは、選手と暗黙の約束ができていたはずだ（少なくとも馴れ合いのノックアウトが二つは見てとれた）——はフラットヘッドのほかに、もっと年上の有名人も混じっていたが、そのほとんどに、頬骨が高くて脚の長い、判で捺したように見事なブロンドと巨乳と凍るような冷たい目をもった女たちが同伴していた。リングで一人の選手が顔面に肘打ちを食らい、口の端から赤い泡まじりの唾を吐いた瞬間、私は周囲を見回して、ポルトガルで豚の解体に立ち会った子供たちのことを思いだした。女たちは表情一つ変えずにリング上の殺戮を見守っていた。

哀れな男どもがとっかえひっかえリングにあがっては、あっというまにダウンした。チョーキング、キック、ニー打ち、フライイング・エルボー、ヘッドバット——ほとんどの試合は、マットに沈みこんだ相手の首に腕をまわして絞めあげ、同時に両方の膝で腹に強烈なキックを見舞うという形で終わった。数えてみたが、KOは二回、八百長は二回、あとの十回はTKOだった——そのすべてが窒息寸前でドクター・ストップがかかった。胸のむかつく、不愉快な見物だ。ある意味で、クールではあったが。

地元の連絡係で、ロシア語の通訳兼フィクサーのザミールは端倪すべからざる人物だった。愛想がよく、ユーモアを解し、たいへん博識なこの男は、髭が濃いせいで、いつも三日ほど無精髭を伸ばしたような感じに見え、耳覆い付きの毛皮の帽子をかぶっていた。ザミールはさんざん世間の辛苦をなめてきたおかげで、この国で起こることにすっかり諦念をもつようになっていた。その彼が、気温氷点下のこの午後、昔からロシア人に愛好されているバーニャ——サウナ——へぜひ案内しようという。

ロシアには、老若男女を問わず家族や友達とつれだって週末をバーニャで過ごし、心身ともにリラックスする習慣がある。今回、私たちがめざすのは、サンクトペテルブルク郊外およそ五十キロにある森林地帯シュワーロフの凍った湖に近い、雪におおわれた鄙びた村の真ん中にある小さな蒸し風呂である。ザミールの友人だというミュージシャンのアレクセイが車を運転し、ザミールは助手席に坐った。まだ町を離れないうち、エルミタージュの角を曲がってネヴァ川沿いの道路に出ようとしたとき、交通巡査に停められた。

「書類は?」とお決まりの質問である。この場合、相手を満足させる書類などありえない。警官はザミールとアレクセイが探そうとするのを待ちさえせずにこういった。「五十ルーブル」。ぶつぶついいながらアレクセイは何枚かの紙幣を警官に渡し、警官は小さなノートにその金額を書きとめると金をポケットに突っこんで、行ってよしと手で合図をした。

途中、町外れのマーケットに立ち寄って、伝統的なバーニャのごちそうを買いそろえた。それから労働者の住むアパート群のそばを通りすぎたが、これは一九五〇年代から六〇年代の都市開発計画でアメリカ各地に建設された団地——いまやスラム化が問題となっている——にそっくりだった。やがて何もない空き地が広がりはじめ、ところどころに白樺の木立ちが見え、アクセントのように旧ソ連官僚の別荘《ダーチャ》や、くたびれた安っぽい家並みが点在するようになった。道沿いに建っているペンキのはげたフェンスの奥には、木が茂り放題で世話の行き届かない区画がうかがえた。

舗装道路を外れると、車のタイヤは踏み固められた深い雪の上で軋み音をあげながらゆっくりと森の中の道を進んでゆき、やがて完全に凍りついた大きな湖のほとりに着いた。丸太と割り板でできたキャビンの横手には粗末な木造の小屋があり、その煙突から煙が立ち昇っていた。氷の張ったがたつく桟橋には、頼りなげな手すりがついている。その桟橋は湖の上まで伸びており、ガチガチに凍った

階段の下の氷には二・五×一メートルほどの穴があいていて、もう少しで凍りつきそうな水温一度の黒い水が四角く見えているが、水面は早くも固まりはじめている。

私たちを出迎えたのは、セーターにオーバーオールという格好の頬の真っ赤な女性だった。私たちを家の中に案内すると、材木でできた三つの小さな部屋を見せた。その一つずつにサウナが設置されている。そこで、ザミールと私は手早く服を脱ぎ、腰にタオルを巻きつけると、酒と食べ物をテーブルに並べた。ビールにウォトカ、つまみは塩をして干したスプラットイワシ（ニシン科の小魚）。銀鱈の燻製は骨付きで固く、ピリッとした風味がある。小型のドライ・ソーセージ、そして黒パンの塊。ビールを飲んだあと、ザミールと私はクローゼットほどの大きさしかないサウナに入り、高いところにある棚のような木のベンチの上に腰をおろした。さっそく汗が出てきた。小さな部屋の隅では石炭が真っ赤に燃えている。使い古した水差しがそばに置いてあり、その中には白樺の枝を束ねたものが突っこまれ、たっぷり水を吸っていた。シーツの上に横になって、しばらくは声を出して唸ったり、荒い息をついたりして暑さを我慢したが、やがてあと一秒でもいたら失神するというときにやっと外の部屋へ避難し、ひと休みして食べ物を腹に詰めこんだ。適度に油っぽく塩気の効いた魚とビールに元気づけられて、私たちはまたサウナに戻った。

二十分後、ザミールが「尋問の覚悟はできたかい」と訊いてきた。次に来るものの予想がついていた私は、なんとか大丈夫そうだと答えた。たくましい腕をもった女主人がサウナに入ってくると、私に腹ばいで横たわれと促し、白樺の枝を束ねたものでめちゃくちゃ強烈に叩きはじめた。バシッ！……バシッ！……バシバシバシ！　ぶたれるたびに、飛びあがったのは――ぶたれる痛みはそれほどではない――シチュー鍋のように熱くなったベンチの上で薄いシーツ一枚を隔てたきりの裸の胸が火傷しそうになっていたからだ。しかし、これが私の悪いところで、なんとしても――医学知識や良識に

逆らってまで——意気地のないところは見せたくなかった。そこで、歯を食いしばってこれに耐え、悲鳴をぐっと飲みこんで忍んだ。枯れた葉がそこらじゅうに散り、皮膚に貼りついた。鞭打ちの頻度は高くなり、強さも増した。その間、彼女は片言の英語で、この治療がどれほど健康増進に効くかを説明しつづけた。全身が真っ赤になって腫れあがり、胸にはひりひりした水ぶくれができ、毛穴という毛穴が開いて汗をかきはじめると、彼女はしりぞいてドアを開け、指差した。それは最初から覚悟していたことだった。

大急ぎで水着を身につけた。フードネットワークの視聴者は私のペニスを見てわくわくするかもしれないが、私としては彼らの変態的な欲望を満たすつもりはない。外へ続くドアを勢いよく開けると、小走りで、つるつる滑る雪の上で転ばないように注意しながら湖に突きでた桟橋を過ぎ、氷の張った二段の階段を下りて、凍った湖に飛びこんだ。

この経験は、ショッキングだったとか、仰天したとか、寒かったなどという表現ではとてもいい尽くせない。あえていえば幽霊列車と正面衝突したようなもの——体のすべての細胞、すべての原子が狂乱のパニックに陥った。睾丸は縮みあがって、喉元——ほとんど鎖骨あたり——まで来ていた。脳は叫びをあげ、目の玉は頭蓋骨から飛びだそうと躍起になり、ほんの数秒前にはすっかり開ききっていた毛穴のすべてが、栓を閉めたスチームパイプのように一瞬にしてぴったり塞がれた。これは神の拳が胸に与えたもうたパンチだった。いったん水の底まで沈んでから、膝を大きく屈伸させて、早くも固まりかけていた水面の氷を破ったときには、思わず悲鳴をあげてしまった。湖の対岸の住人には、感電した猫のような声が届いたにちがいない。手すり代わりのロープをなんとか見つけたが、厚さ二センチ以上の氷が張っていて、手で握ることもできない。じたばた暴れたあと、足を滑らせながらやっとのことで階段を上り、雪に覆われた氷原にどさっと体を投げだした。

不思議なことに、水から出たとたん、すっきりした。すごく気分がいい。全然寒くない。自信をもって、軽快とさえいえそうな足取りで跳ねるように、凍りついた湖面を歩いていった。くるぶしまで積もった雪を踏みしだきながら、分厚いウールのセーターを着て暖炉の前に坐っているかのようにほかほかと心地よかった。キャビンのまわりをしばらく歩きまわり、樽のような胴体をしたロシア人のホッケー・コーチと雑談をした。この男は、湖に飛びこむ前にサウナに入る手間さえ省くのだそうだ。ただ、そのまま泳ぐという。数秒ごとに、素っ裸のロシア人が湖に飛びこむ水しぶきの音が聞こえた。コーチはもっとアメリカのホッケーの話をしたいようだったが、むきだしの足の裏が地面に凍りつきそうになったので、私は小屋の中に戻った。ザミールと並んで坐り、ありがたくウォトカをがぶりとあおった。気分は上々。最高だ。黒パンとソーセージをかじり、魚をつまんだあと、さらに気力が充実したので、寒中水泳を再度試みる気になった。

すっかり酔っ払って、浮き立つような気分。これぞ究極の食事とはいえないにしても、多くの点で文句なしの食事だ。うまい食べ物、愉快な仲間、エキゾチックな雰囲気、そして冒険の香り。

サンクトペテルブルクへ戻り、エルミタージュの角を曲がったとたん、またしても交通巡査に停められた。「こんなの理不尽だよ」とアレクセイは文句をいった。「ほんの何時間か前に同じ場所で停められたばかりだぜ。さっきも金を払ったよ！」

警官は一瞬考えこみ、車内を覗きこんで譲歩した。「そうだな。そいつは理不尽だ」。警官は小さなノートを閉じてあとずさりし、行ってよいと手を振った。

すりきれた兎の毛皮のコートを着たソーニャは、がっしりした肩でクプチナ・マーケットの入口の人ごみを押しわけるようにして歩いてゆく。ここは労働者階級が住む地域で、周囲の買物客もみなみ

すぼらしい毛皮をまとい、顔にはあきらめの表情を浮かべ、なんとなく背をかがめている。クイーンズからマンハッタンのレストランの朝番勤務に出かけてくる人びとを乗せたＩＲＴ（都市間高速鉄道）でよく見かける風情――ぱっとしない仕事のために行き来する過労気味の人びとだ。ソーニャの黒いマスカラとスラブ風の険しい顔立ち、とても華奢とはいえない体格、それに決然たる態度のせいで、ずらっと並んだ肉屋のカウンターに近づいていく彼女に誰もがさっと道を譲る。ソーニャは使命をもった女、赤外線追尾式ミサイル、買物のプロなのだ。「これはなに？」ソーニャは革のエプロンをつけた男に向かって、台の上に並んだとびきりの特上品に見える豚の肩肉をさげすんだように眺めて詰問した。

「上等な豚の肩肉だけどね」。肉屋はすでに警戒バリアを張っている。その先の展開が読めるのだ。

「私と同じくらい古くなってるじゃない」。ソーニャは鼻で笑う。三十代後半だからこそいえるセリフだ。「いくら？」

返事を聞きながら、彼女はふりむきもせずに歩きつづけ、目は早くも数メートル先の商品に向けられている。肉屋はあわてて呼びとめ、値段はいきなり数ルーブル下がった。ソーニャのしっかりした足取りを忠実になぞって私はついていった。飛行機の格納庫のようにだだっ広い、暖房装置のない市場で店から店へと猛烈な速さで移動してゆく彼女に遅れまいと私は必死だった。大きな兎の毛皮のコートとモップのような赤毛の頭を見逃すまいと焦るのを尻目に、彼女は混みあった通路をいささかの迷いもなく突き進み、肉や根菜、ハーブその他、ランチをこしらえるのに必要な調味料《ミザンプラス》や食材を買い集めた。一流のフットボール選手だってこうはいかなかっただろう。なにしろ、ソーニャが近づいてくるのを見ると、人びとはさっと両側によけるのだから。ソーニャが商人相手に何をいっていたのかはわからないが、たぶんこんなことだろう。ソーニャはビーツの束を手にとって、そのうち二個の重

さをはかったかと思うと、商人に向かって厳しい尋問を始める。その答えが気に入らない場合は、整然と積みあげられた別の商品の山に移動し、小声でなにごとかつぶやくのだが、それが誉め言葉でないことはたしかだ。

ロシアに関してはこれまで、パンを買うための行列、品不足、空っぽの棚、操車場で腐ってゆく食材、オレンジなど噂に聞くだけで見たこともないといったような話を信じこんでいた。もちろん、そういうことは実際にあるのだろう。なにごとも針小棒大にいうテレビのキャスターがくりかえすとおり、ロシア経済は破綻しかけている。軍隊の給料さえ出ないらしい。ほとんどの人は一日一ドル以下で暮らしている。ロシア・マフィアが大きな顔をして歩きまわり、爆破事件や暗殺が横行する。サンクトペテルブルクそのものが、ロシア・マフィアの殺しの都である——だからこそ、大勢のフラットヘッドがボディガードとして引っ張りだこなのだろう。郵便は届く——が、届かないこともある。畑は休耕地となり、工場は朽ち果てる。では、なぜ裕福とはいえない人びとが住むこの地域の公営マーケットが、マンハッタンのディーン・アンド・デルーカやゼイバーズのような高級デリも顔負けの品揃えなのか？　目の前には限りなく露台が続いて、そこに野菜が山盛りに積みあげられている。黄ピーマン、メロン、生のハーブ、バナナ、パイナップル、芋類、根菜、レタス。肉屋はその場でビーフ、ラム、ポークの肉を切り分けるため、深くえぐれた傷だらけのまな板の上で大鉈を振るっている。見た目のきれいな放し飼いの鶏は、頭と足がついたまま、デリ・カウンターの上に整然と並べられている。冷蔵庫はほとんど見かけない——が、ここは寒いうえに、商品の回転が速い。ステーキ肉だけでなく、鼻面や屑肉、骨や足までどんどん売れてゆく。重いコートにバブーシュカ姿の女たちは、豚の脂肪ひとかけらを買うにも、新車を買うときと同じくらい慎重に吟味する。値段の交渉で激しく議論するのではなく、ベーコンの塊について、その長所と短所を熱心にあげつらい、最後には値引きさせ

るというやり方だった。

クプチナ・マーケットには外国産の商品や産物はなかったが、そのかわり地元でとれる珍しい特産品が山のようにあった。色鮮やかな自家製の野菜ピクルスを売る屋台がえんえんと続き、いかにも風味のよさそうなあらゆる種類の魚の燻製——チョウザメ、銀鱈、サーモン、スプラットイワシ、コチョウザメ（小型のチョウザメ）、鰊——がガラスケースの中に重なりあうようにして並んでいた。キャヴィアをはじめとした魚卵の樽。乳製品のコーナーでは、白い上っ張りに白いネッカチーフをかぶった女店員が農家直送のさまざまな種類のチーズ——フレッシュタイプ、熟成タイプ、プロセスチーズ——やヨーグルト、サワークリーム、手作りのバター、カード（凝乳）、甘いコンデンスミルクなどを売っていた。

だが、冷静そのもののソーニャは、あたりを見まわしさえしない。自分が何を求めているか、よく知っているのだ。ようやく意にかなったジャガイモを見つけていくつか買いこみ、腕にかけたプラスチックのショッピングバッグに加えた。バッグはしだいに重さを増してゆく。さらに、迷いのない足取りでコンクリートのフロアを数メートル進むと、胡散臭そうに小指をぴんと立ててニンジンの束をつまみあげた。

「これがニンジンのつもり？」その数秒後には、生のディルを商っている老女相手に文句をつけていた。別の肉屋に彼女の言い分をとっくり考えさせたあと、ソーニャは踵を返してそこへ戻り、やっとのことで——さらに厳しい交渉を重ねた末に——豚脇腹肉の塊、軽く塩をしたベーコン、牛のすね肉などを買い入れた。ルーブル紙幣を念入りに数えて手渡すときは、まるで核兵器の暗号を漏らすような慎重さだった。

私は彼女に恋した。この私に『オール・ザ・キングスメン』のブロデリック・クロフォードを連想

させる女がいるとすれば、それはソーニャだ。圧倒されるほど威風堂々とし、おしゃべりはノンストップ、一流のコックで、サバイバーで、アーティストで、大酒のみ――まさに嵐か台風《フォース・オブ・ネーチャー》のようだ。彼女にはどことなくジャニス・ジョプリンに似た雰囲気がある。なにごとにも動じずに市場を見てまわる彼女は、断固たる意志をもち、有能そのものだ。買物リストの品物をほぼそろえたあと、寒い外に出ると、煤で汚れた雪の層を踏んで、市場のまわりで店を出している貧しそうなバブーシュカ姿の女たちの一人から、生のニンニクをいくつか買った。「私のやり方はこうよ」。ロシア訛のきつい英語でそう断言すると、ソーニャはついてこいと頭で合図した。

私はおとなしくあとに従った。

ソーニャがルームメートと住んでいるアパートにはエレベーターがなく、電灯のないコンクリートの階段を何階分も昇らなければならなかった。キッチンは狭いが使い勝手はよさそうで、ひびの入ったリノリウムの床、スプートニク時代のテレビ、小さなガスレンジと流し台と冷蔵庫、それに調理台と配膳台をかねた小さな丸テーブルがあった。共同部分は、長年のあいだに溜まった所持品でいっぱいだった。靴、本、雑貨類、写真、古びた家具。共産政権時代のポスターでは、ネッカチーフを巻いた女工員が唇に人差し指をあてており、キリル文字のスローガンはきっと「無用なおしゃべりは船を沈める」といった内容なのだろう。経済状態がどうであれ、ロシアではつねにこうした皮肉《アイロニー》がたっぷり味わえる。

ソーニャは余暇に写真を撮っている。壁にはその作品が飾ってあった――いまではほとんど見られなくなったロシアの都会風景の一端をシビアに、だが美しく切り取ったもの。冷戦時代に築かれた核

シェルターの換気孔と入口である。煙突はがらんとした空き地に毒キノコのように生えているかと思うと、公園の雑草のあいだや、スターリン時代の住宅造成地の崩れかけた一画から顔をのぞかせていた。彼女は自費出版でカレンダーも作っており、月ごとにキノコの形をしたコンクリートの円柱と金属製の格子が見られる。

「私はテキサスが好きよ」と、キッチンに立った彼女はいった。「あなたはどう?」つい最近、アメリカの友達を訪ねて、グレーハウンド・バスでアメリカ横断の旅をしたのだそうだ。「ソルトレークシティとシンシナティ、マイアミも好き。マイアミはすごくいいとこね」。私よりずっとアメリカにくわしいみたいだ。

「これには力がいるのよ」。ペリメニの皮を作りながら、ソーニャはいった。ワンタンのように肉を小麦粉の皮に包んで煮るこの料理は、かつてのモンゴル侵攻の名残である。これこそ「世界漫遊中のシェフ兼ベストセラー作家」が——あるいは、ほかの誰であれ——手を貸すのにうってつけのチャンスだ。私は名乗りでて、八分割用のカッターの上に広げた皮の上にスプーンで肉の塊を置いていくのを手伝った。ソーニャはその上にもう一枚の皮を広げて載せ、カッターでいっぺんに切り取ると、全部で十六個のペリメニができあがる。皮の縁をぎゅっと押さえて閉じ、形を整えてからクッキングシートの上にていねいに並べていく。ソーニャはロシア語と英語でおしゃべりを続け、そのときに応じてしっくりくるほうを選んで二つの言葉を行ったり来たりした。私の隣に坐ったザミールは、彼女の英語の足りないところを補い、必要とあらば説明を加えた。アレクセイは私の向かいに坐り、むっつりしていた。キッチンのドアの外には、モスクワで雇われたカメラマンのイーゴリがうろちょろして、彼自身の不可解な意図に従って撮影をして——あるいは、せずに——いた。

ペリメニの支度ができると、ソーニャはレンジの上でぐつぐつ煮えているボルシチに注意を向けた。

私はボルシチに期待していた。旧友のディミトリがよくいっていたとおり、ロシアではボルシチはただのスープとみなされている。ところが、じつはれっきとした肉料理《アントレ》だ。肉とタマネギとニンジンとキャベツとビーツとジャガイモの塊がごろごろした熱いシチューであり、濃い紅色をしたこの一皿は凍えるような冬の夜に安上がりに腹を満たすには最高の料理なのだ。アメリカで見かける冷たくて水っぽい鮮やかなピンクのピュレとは似て非なるものである。ソーニャは選んだ肉の部位からスープストックをとるのに圧力鍋を使っている。ちなみにアメリカでは圧力鍋はめったに見かけないが、それ以外の世界各地では画期的な発明品とみなされている。やがて、ソーニャはタマネギとニンジンとベイリーフを炒めはじめ、そこにスープストックを注ぎ、肉とジャガイモ、次にキャベツを入れて、最後の瞬間に——色が褪せたり、煮すぎたりしないように——皮を剥いたビーツをすりおろして加えた。キャラウェイシードのほかに、何か別のハーブを入れたところも見たが、それはなんだと訊いても、彼女は言葉がわからないふりをしてとぼけた。料理人というやつは！　世界中どこでも同じだ。

「さあ、お酒、働いた者の権利よ」。ソーニャはきびきびと動きながら、キッチンにぼんやり坐りこんでいるロシア男たちを横目でにらんだ。さっそくソーニャお手製のクランベリー・ウォトカを大きなグラスになみなみと注いで乾杯となった。さて、いよいよ食事だ。ソーニャはきれいに拭いたテーブルの上にナイフとフォークを配り、調味料類を置いていったが、その手さばきはブラックジャックのカードを配るディーラーのようだった。フレッシュ・サワークリームを山盛りにした鉢がテーブルの中央に置かれた。生のディルを刻んだもの、みじん切りにしたワケギとパセリ、ペリメニ用の瓶詰めの調味料各種——ホースラディッシュ、マスタード、それになんと、ハインツのチリソースに似た味のケチャップもあった。

クランベリー・ウォトカのグラスが空くころ、ソーニャは欠けたスープ皿にボルシチをたっぷりよ

そってくれた。それから、私の皿に大きなスプーン一杯のサワークリームを加え、ディルとワケギをその上に散らす方法を実演してみせた。いざ坐って食べようというとき、彼女はフリーザーからウォトカ——ロシアン・スタンダード——のフルボトルをとりだし、無言のままテーブルの上にどしんと置いた。

「この国では誰も水を飲まないんだな」と私はザミールにいった。

「お奨めできないね」と彼は答えた。「あんたが水道の水を飲んだら体を壊すよ。ロシアでは水を飲まないほうがいい。俺たちは別にしても……」

異文化教育プログラムに乾杯し、続いて国際協力に乾杯し、シェフに乾杯し、客たちに乾杯し——全員が酔っ払った。

ボルシチは見事だった。私が二杯目のおかわりをしたとき、痩せっぽちのアレクセイは三杯目を食べ終えていた。次にペリメニが出た。ソーニャは熱湯の中にペリメニを落とし、柔らかくなるまで茹でてから水を切り、一人ずつの皿にこんもりとよそってくれた。それぞれの好みによって、テーブルの調味料で味付けするのだ。私が選んだのは少量のサワークリームとディルとマスタードとホースラディッシュだったが、意外なことにロシア人たちはみなケチャップをかけていた。

私は一週間というものサンクトペテルブルクで食べ歩きをした。ザミール、アレクセイ、イーゴリもついてきた。アレクセイと私はかなりうちとけた仲になった。ある晩、私は彼のアパートに招待され、奥さんの手製のブリンツをごちそうになった。そこは労働者たちが住む一画で、見た目はみすぼらしく、コンクリートの壁は落書きだらけだし、廊下は暗かった。ところが、いくつも錠をとりつけたドアの中へ一歩入ると、アレクセイはニューヨークのナイトクラブのオーナーも顔負けの暮らしを

していた。毛足の長い絨毯を敷いた床、控えめな間接照明、巨大な浴室には浴槽だけでなくジャクージとサウナまである。ホームバーに、レコーディングスタジオ、ワイド画面のテレビ、それに娯楽室まであった。私が雇ったロシア人の運転手は、私よりも贅沢な暮らしをしている！ 美人の奥さんと若い息子にも紹介された。父と息子は、新品のドラムセットとストラトキャスターのギターでスティーヴィー・レイ・ヴォーンのブルースをカバーしてもてなしてくれた。

別の夜には、レストラン〈パヴォロジエ〉に出かけ、ジュニパー（セイヨウネズの実で蒸し煮したトナカイの肉）を食べた。このレストランは急傾斜の切妻屋根をもった丸太作りの建物で、プーシキン公園の外れに建っているが、この公園にはエカテリーナ女帝の華やかな夏の王宮がいまも残っている。鬱蒼とした森に囲まれて金色とパステルカラーの巨大な王宮がそびえ、貴族や従僕たちの住む堂々たる屋敷がとりまいているのを見ると、革命前夜の農民たちが抱いた怒りにも納得がゆく。食事も満足にできず、教育も受けられず、圧政にあえぐ農民や、パンを求めて必死になる人びとの前にそびえたつこの王宮は、なんとグロテスクに見えたことだろう。イタリア式にデザインされたこの豪華にして醜悪な建物には、およそ十人あまりの王侯とその召使だけが住んでいたのだ。ロマノフ王朝が崩壊したとき、人びとが有頂天になって喜んだのもむべなるかな。

グルジア人のフォークバンドが演奏するなか、トナカイの肉が来るのを待つあいだに、ザミールは手順を追ってウォトカの正しい飲み方を伝授してくれた。まず、できれば食べ物を用意すること。ほんのパン一切れでかまわない。目の前には、伝統的な前菜のセレクションが並んでいた。酢漬けにしたニンニクとキュウリ、マッシュルーム、鰻の燻製、小さなチョウザメ、塩漬けのイクラ、田舎風のどっしりしたパン。

ザミールの実演によると、最初は乾杯である。同席した人びと、自分の両親、祖国——なんでもい

い。片手になみなみと注いだウォトカのグラスをもち、もう一方の手に食べ物——パンが簡単だ——をもつ。息を吐き、ゆっくりと吸いこむ。それから、グラスの酒を一気に喉へ放りこみ、すばやくグラスを逆さにしてテーブルの上に伏せ、最後の一滴まできれいに飲み干したことを示す。こうやって、意気地なしではないこと、あるいは反動的なトロツキー主義の煽動家でもないことを証明するのだ。それから、食べ物をひと口かじる。食べ物がなにもない場合は、手首か服の袖口の匂いをくんくんとしばらくのあいだ嗅ぐ（これは奇妙に思えるだろうが、本当の話だ）。二十分ごとに、これを最初からくりかえす。全身の細胞にアルコールをすばやく浸透させるにはこれが最適なのだ。この手順を忠実に守れば、食事のあいだも、また食後の酒席でもしゃんとしていられるという。

たぶん、テーブルを立つときも醜態をさらさずにすむ。助けなしに家まで帰ることもできる。だが、そのあとは本人の責任だ。覚えておくこと。ロシア人は酒にかけてはプロである。だから、大学のパーティでいくら大量のジェローショット（酒入りゼリー）やイェーガー・シューター（果実味のリキュール）に慣れていても、またどれほど大酒飲みだという自信があっても、忘れてはいけない。ロシア人には——どのロシア人であれ——酒に関するかぎり、ぜったいにかなわない。

しかも、朝起きたときにどれほど気分が悪くても、それをまたくりかえす覚悟がなければいけない——朝食の席から。

ザミールと私はトナカイの肉（匂いのきつい鹿肉という感じ）を食べ終え、膝の高さまで積もった雪の中を歩きまわった。レストランの近くの空き地はスケート場になっていた。冬将軍をかたどった藁人形のまわりで子供たちが遊んでいた。その夜、冬に別れを告げるお祭りで人形は燃やされるはずだった。近くの家からは、厚いオーバーと毛皮の帽子で防寒した子供づれの家族が三々五々、トボガンや橇を手に雪を踏みしめて歩いてくる。寒さで顔を真っ赤にしながら、うきうきと楽しそうだ。

「うちの店のクリスマス・メニューにトナカイを入れるべきだな」と私はつぶやいた。「想像してみろよ。皿の上に載った肉が『赤鼻のトナカイ』のルドルフやブリッツェンだと知ったら、ガキどもはきっと泣き喚くぞ」

「あんたにゃ子供はいないんだろうな」とザミールはいった。

私たちは町でピロシキも食べた。ロシア式ファーストフードの店だった。ひさしのある白いキャップに襟ぐりの大きな、しみ一つない赤と白の制服を着たかわいい娘たちが、肉や魚やキャベツやソーセージの詰まった揚げパンを皿に載せてくれる。ところで、ロシアにはジャガイモ顔にバブーシュカをかぶった肥満体のおばさんしかいないなどと思っているとしたら、考えを改めてくれ。そんなことはまったくない。私はこれまでの人生で、これほど大勢の長身で美人でおしゃれな女たちをいっぺんに見たことはない。だからといって、気軽にちょっかいが出せると思ったら大間違い――とびきりゴージャスな美女なのだから。〈マイ・マザーズ・イン・ロウ〉というブリンツの店でも、胸元のクリームのような肌を見せた女の子たちが、清潔そのもののカウンターの向こうで注文を聞き、甘いのから辛いのまでさまざまな具を包んだクレープをてきぱきと用意していた。

澄んだ魚のスープ《ウハー》も食べた。クレストフスキー島の凍った池の端にある二階建のレストランでは鱒の燻製を味わった。空挺部隊の迷彩服を着たコックたちは雪の積もった裏庭へ出て、吹きさらしの差しかけ小屋の中にある薪式のオーブンに魚を入れてゆく。地下のバーではテキーラを飲んだが、そこはロシア人の若者で混みあい、バンドは英語版のスカやカントリー・ウェスタンやブルースのスタンダードなどを演奏していた。私はこの土地で必須の毛皮の帽子を買い、凍りついたネヴァ川で氷上フィッシングにチャレンジした。同行した二人の工員は週に何度か釣りに来るといっていたが、それは

家族サービスをサボる口実なのだった。彼らが釣りあげたもの——シラスほどの大きさしかない小魚で、猫の餌にするという——を見れば、大物を釣るために来ているわけではないことが一目瞭然だっ二人のうちの一人は、朝の八時に弁当を広げ、私にウォトカのグラスを勧めた。これで、だいたい祭しがつく。

「ザミール」と私はいった。「きみのおかげで、俺は凍った湖に飛びこみ、トナカイ殺しの一端を担い、ウォトカで死にそうな目にあわされた。難行苦行はもういいから、高級店で旨いものを食べよう。キャヴィアはどうだい。いい服を着て、今宵かぎりの大盤振舞といこうじゃないか」

その夜、私たちは雪と吹きつける風をついて、ワシリーエフスキー島(サンクトペテルブルクはおよそ百二十の島からなる)をとぼとぼ歩いていた。あたりは暗く、骨まで凍る寒さだった。

ザミールと私は〈レストラン・ルスカヤ〉に入っていった。店内は洞窟のようだが居心地はよく、素朴な優雅さがある。広い床は板張りで、壁はシンプルな漆喰塗り、天井は広々として高く、食堂にはレンガとモルタルでできた巨大なオーブンがあった。クロークには、ぴちぴちのジャケットを着た気さくなフラットヘッドが坐っており、ガードマンも兼ねているらしく、左の腋の下には不穏なふくらみが見えていた。店内に入るやいなや愛想のいい支配人が迎えにでて、何枚も着こんだ防寒衣類を脱ぎ捨てる手伝いをしてくれた。そのあと、自家製のウォトカを満たした大きなガラスのポット二個と緑色がかった濁った液体の入ったもう一つのポットを見せられた。

「自家製のマスタード・シードとホースラディッシュのウォトカ」だと教えられた。緑色のほうは「キュウリのジュース」であり、要するにピクルス用の塩水だった。これをどうするかというと、喉が焼けるように辛いウォトカを飲んだあと、すぐに追いかけてグラス一杯の塩水を飲むのである。まずそうだって? たしかに一つずつでは、あまり食指が動かない。しかし、順番を正しく守って、ひ

りひりする酒のあとに冷却効果のある意外なほどまろやかな塩水を飲むというのは、かなり美味である。つい先ごろ経験したバーニャに通じるところもある。汗をかき、熱さにゆだったところで酒をあおり、凍るような水の中に飛びこむ。これを一緒にすると、なぜか気持いい。

テーブルについて、例の「ワン・ツー・パンチ」——酒のあとにパン——を何度かくりかえした。かわいい顔なのにやや強引な若いウェイトレスは、私たちにもっと飲ませようと躍起になっていた。「へっちゃらよ」と彼女はいう。「私って力持ちなの。お客さんたちが酔いつぶれても、家まで運んでいってあげる」。ずいぶん小柄な女の子だったが、その言葉をありがたく信じることにした。

それはさておき、私のサラダ・バー嫌いはつとに知られている。私はビュッフェ式サービスが好きではない（サービスする側なら話は別だ。ビュッフェはコスト削減をめざすシェフには大歓迎）。あらかじめ食べ物が並べられ、空気にさらされているのを見ると、目の前で食べ物が死んでいくのがわかる。蓋のあいた大きなペトリ皿の上にくしゃみや咳やよだれが手放しで撒きちらされ、唾のついた指がなでまわす。料理は適切な温度で保たれず、見知らぬ人の手から手へと回され（あるいはじっと動かず）、顔の見えない大衆の気まぐれにまかされて大気の中で腐敗してゆく。ニューヨークの健康志向のオフィス・ワーカーは巨大なサラダ・バーのあるデリで、体によい軽い食事をとっている？とんでもない。路上に立って、スティックに刺さった得体の知れない肉をかじっている男以上にバクテリアを食べることになる。大きなクラブでビュッフェをしきったとき、私自身こんなセリフを吐いたものだ。「無料のサラダとパンで客の腹をふくらませておけ。そうすれば、海老はそんなに食えないだろう」

〈ルスカヤ〉の一品目はサラダ・バーだった。しかし、これは悪くなかった。レストランが混んでおらず、食材が新鮮そうに見えたのでなおさらだ。細長い白いテーブルの上にぎっしりと食べ物が並ん

でいた。ピチョンカ（レバーのパテ）、グレチネワヤ・カーシャ（挽き割りそば粉にマッシュルームとオニオンのみじん切りを混ぜたもの）、ビーツの酢漬け、魚の燻製、酢漬けニシン、ポテト・サラダ、ポテト・ラートカ（パンケーキ）、豚の脂肪を生のまま凍らせて紙のように薄切りにしたもの。ウォトカをマラソンのように飲みつづけることになる宴会――ようやくロシアの慣習がわかってきた――の皮切りとしては完璧だ。ザミールと私がビュッフェ・テーブルから戻ってくると、すでにロシアン・スタンダードのフルボトルがでんと置かれており、ウェイトレスはまるで厳格な寮母さんのごとく私たちを監視し、なんとしても私たちが担架で運びだされる姿を見ようと決意しているようだった。

オショートル・キャヴィアと伝統的な薬味がのった二つの特大の皿が私たちのテーブルに運ばれた。金色がかった灰色の粒がどっさり。それに、櫛形レモン、かた茹で卵の黄身と白身、みじん切りの玉ネギ、サワークリーム、チャイブ、それにまだ温みの残る、非の打ちどころなく料理された、ふわふわのブリニの山。薬味には目もくれず、私は十グラムほどのキャヴィアをスプーンですくっていっぺんに口に入れた。ブリニは文句なし。小さな粒が歯のあいだでぷちぷちとはじけた。

「このテーブルには問題があるようだ」とザミールがいう。そばにはウェイトレスが立ち、深刻な表情を浮かべている。「彼女がいうには、ウォトカの飲み方が足りないんだとさ。心配してくれている」

私はウェイトレスの表情をうかがい、笑みが隠れていないかと観察した。これは冗談だろうか？ わからない。

これがアメリカのレストランやバーだったらどうだろう。ウェイターがやってきて、酒の飲み方が足りない、もっとアルコールが必要だ、もっとじゃんじゃんグラスを空けろといったら？ わが国のハイウェイは、酔っ払った大学生や意識不明のヤッピー、白ワインのソーダ割り《スプリッツァー》で口説かれてめろめ

ろになった秘書を乗せて事故を起こした乗用車の残骸で通行不能になってしまうだろう。しかし、ロシアではこれはまったく普通のことなのだ。聞くところによると、ロシア人男性が死亡したとき、五人に三人は血液中のアルコールの量がＤＷＩ（酒酔い運転）のレベルに達しているという。これは酒が原因で死ぬということではなく、ロシア人男性が死んだときにたまたま酔っていたという事実をあらわしているにすぎない。何千とはいわないが、何百人の単位で、安酒を飲んで死ぬ人がいる――浴槽で作った密造酒がウォトカと称して売られているが、むしろライター用の燃料かペンキのリムーバーといったほうがふさわしい。ロシアの警官に車を停められたとき、いったいどこまでが「酩酊」とみなされているのかと思うと背筋が寒くなる。たぶん五十ルーブルも渡せば見逃してもらえるはずだ。

百グラムあまりのキャヴィアとウォトカを半分ほどたいらげたところで、アントレの皿が運ばれてきた。丸ごと一匹分のチョウザメのロースト。ザミールと私はすでにかなり酔っていたが、それでも義務を放棄することはできなかった。とっくに「おまえはいいやつだな、兄弟」の段階を過ぎ、数分ごとにもごもごと乾杯をくりかえす状態だったのに、ウェイトレスはまた近づいてきて警告を発した。

「もっと飲まないと、祖国と同胞に対する裏切り者と見なされるわよ！」

よろめく足でやっと店を出ると、外では大雪が降り、川から冷たい風が吹きつけていた。二人で一本あけたロシアン・スタンダードが満腹の胃の中でぽちゃぽちゃ音をたてている。ザミールと私は友情と絆を誓う言葉をがなりたて、コートの裾を凍るような風にはためかせていた。

テレビなんかクソ食らえ――その二

「入口のシーンを撮りそこねた」。ゴアテックスと目出し帽に身を包んで、まるで亜北極の妖精スマーフのように見えるプロデューサーのクリスがいった。「レストランに入るところが必要だ。こいつ

は基本だ。『いつ、どこで、何をして、こうなったか』」

そんなわけで、この重要なシーンをやらせで撮ることになった。まだ素面《しらふ》で、あの旨い飯をまだ食べていない状態のザミールと私がレストランの入口に近づき、ドアを開け、中に入るシーンだ。これがなぜ必要かというと、プロデューサーが私に向かって何度もじれったそうに説明してくれたように、ストーリーの流れに一貫性をもたせ、番組を見ている視聴者にわかりやすくするためなのだ。「視聴者を混乱させないようにね。『エメリルのハワイでクリスマス』と混同されちゃまずいからな」

要するに、イーゴリとクリスのカメラの前で、ザミールと私は山ほどのご馳走をまだ食べていないふりをし、狂信的なウォトカ信奉者のウェイトレスから十五杯も無理やり飲まされる前の状態を演じてみせるということだ。

当然、NGはたび重なった。そのほとんどは言語不明瞭とか、あきらかな間違いのために最初からやりなおしになった。ザミールと私はしっかり支えあって、雪の中をよろめきながら歩き、〈レストラン・ルスカヤ〉の入口に向かったが、テイクを重ねるごとにドアはぼんやりとかすんで見えるようになった。二度目か三度目になると、私の目にはドアは絶対に二つあるように見えた。

「さーて、ザミール君よ、次はどこへ行くのかな?」痴呆的なテレビ番組の陳腐きわまる紹介をパロッたようなひどいセリフをやっとつっかえずにいえたと思ったとたん、壁にぶちあたった。

何度もやりなおしたあと、寒さのあまり唇を歯に貼りつかせたあげく、なんとか失敗なしの撮影が進んだ。慎重に発音したセリフ、ロシア人の友にしてガイドへのくだらない質問のあと、私たち二人が通りを歩いていく。イーゴリがあとずさりしながら私たちの顔を撮り、クリスが側面から撮影した。腹をすかせた二人の男は、コートをひるがえし、スカーフをなびかせながら肩を並べて楽しげに町を歩き、ディナーをめざして進む。

今度という今度は最後までうまくいきそうだった。私は間違えずにセリフをいい、ザミールはそれにふさわしく答えた。私たちが酔っていることを示すような気配はなにもなかった――ただ、寒さと風と雪をぜんぜん気にしていないという事実を除けば。

最後までうまくいった。と思ったその瞬間、セリフをいいかけたまま、私は左側の路肩に足をとられてカメラのフレームからはみだした。ザミールはカメラに入らないところでさっと腕を伸ばすと私をつかまえて、フレームに引き戻した。さもなければ、私は縁石からまっさかさまに転がり落ちていただろう。

「もう一度」とクリスがいった。

「あとで直そう……編集で手を加えればいいさ」。私だって、学ぶべきところは学ぶのだ。

第六章　特別料理

Something Very Special

「ここ、当地には……すばらしい特別料理があります」とアブドゥルがいった。背が低くがっしりした体格のモロッコ人で、口髭を生やし、分厚い金の腕時計をして、ドレスシャツの上には目の覚めるようなオレンジとグリーンのツイードのブレザーを着ている。アブドゥルのいう「特別料理」とは――すぐにわかったが――モロッコの名物料理といわれる三種を意味した。すなわち、クスクス、タジーン、ブロシェットである。多彩な食材と腕利きのコックが大勢いることで知られるモロッコだが、料理のバラエティに関してはあまり自慢できそうもない。同じことはレストランにもいえる。

私たちはムーレイ・イドリスの町に近づいていた。モロッコへのイスラム教伝来に重要な役割を果たした土地であり、町の名前もフェズの創始者である預言者の名前にちなむ。ごたごたした、だが美しい丘の上の町には、斜面に重なりあうようにして箱型の家がひしめきあい、そのあいだを狭い路地が縫い、高い壁のかげに目立たない市場があった。つい最近まで、私のような異教徒はこの町には入れなかったのだが、このごろはようやく、夜間に出歩かないかぎり、異教徒の訪問も許されるように

なった。

ポルトガルとロシアでは凍えるような目に遭い、スペインも寒かった。フランスでは寒いうえに、びしょ濡れになった。だから、モロッコの暑さには期待していた。なんといっても砂漠だからな。焼けつく砂、ぎらぎらと照りつける太陽、カジュアルな短パン姿でくつろぐ私。珍しくも、私は前もって情報を仕入れていた。ＬＲＤＧ（長距離砂漠部隊《ロング・レンジ・デザート・グループ》）についての本やイギリスの学者たち――地図製作者、地質学者、民俗学者、アラブ学者たち――の書いたものを読んだのだ。第二次大戦中の数年間、これらの学者たちは分厚いレンズの眼鏡と私立学校のお行儀を捨てて、ＳＡＳ（英国特殊部隊）とともに敵陣への襲撃に加わり、ためらいもなく敵の喉を掻き切り、井戸に毒を入れ、妨害工作や偵察に携わった。写真の中の彼らは日に焼けている！　オーケー、それはリビアだ。あるいはエジプトか。たしかにモロッコは中東ではない。しかし、砂漠はどうだ？　太陽と熱――それは間違いないはずだ。そうだろう？　モロッコへ行けば体の芯から温まり、こんがり日焼けできるはずだ。そう信じていた。

ところが、まったくの大外れ。寒いじゃないか。近くのヴォルビリスで最高級だというホテルは、またしても湿っぽく、寒く、みすぼらしい安宿だった。テレビのぼやけた画面では『ベイウォッチ』を流しているが、出演者の声はすべて――ハッセルホフからアンダーソンまで――アラブ人の男が一人何役も吹き替えをこなし、しかもオリジナルの英語の音声の上にアラビア語のセリフを大音量でかぶせてあるだけだ。部屋の片隅、ベッドから遠いところにある電気ヒーターは片手か片足をかわるがわる暖めるのにやっとの熱しか出ない。

だが、そんなことはどうでもいい。この世界ツアーの目的は上等なシーツの上で寝ることではない。プールサイドでのカクテルや枕の上のチョコレートなど最初から期待していない。求めるものを得る

ための道程に、極寒や灼熱の気候、奇妙なトイレ、怪しげな食べ物、うごめく虫たちなどが立ちはだかることは覚悟の上だ。

そして、この土地で私が求めたのも、これまた無知から生じたファンタジーだった。青い種族と呼ばれるトゥアレグ族とともに砂漠で一夕を過ごしたいというのが私の希望だ。獰猛なことで知られた彼らは、何世紀もイエメンとモロッコのあいだを行き来して隊商を襲い、旅行者のはらわたを抜き、砂漠に野営して羊の丸焼きを食べたという。星空の下、見渡すかぎり砂また砂の砂漠に坐り、羊の脂肪を指でちぎって食べてみたい。真ん丸くふくらんだ明るい月のもと、ラクダにもたれかかってハシシを吸いたい。砂漠の静寂の中で、言葉ではとてもいいあらわせない沈黙の世界に浸りたい。

それがどうだ。私はミニヴァンに乗ってムーレイ・イドリスの丘を登っている。一行はアブドゥルとテレビ・クルーに加え、情報局からさしむけられた陰険そうな私服警官――ラップアラウンド・サングラスをかけている――の一団まで従えている。町の中心のさびれた広場には、緑色のフェズ〔トルコ帽〕にジュラバ〔フード付きの長い上衣〕姿の長身の男が待ちかまえていた。この男の名前はシェリフ。モロッコでなんとか見られる正真正銘のモロッコ・レストランらしきもの――この国では、レストランで本物のモロッコ料理が食べられるなどと考える人間はほとんどいないのだ――を経営している。ここでいう正真正銘とは、ベリーダンスなし（モロッコの習慣ではない）、ナイフ・フォークなし、バーなし（アルコールは禁じられている）、「アンコウのタジーン」のようなメニューなし、それに店内に女性が一人もいないことを意味している。男子大学生が春休みに仲間同士ではめを外したいと思うなら、ムーレイ・イドリスはさっさと候補から外したほうがいい。

「こんにちは《アッサラーム・アレークン》」の挨拶と紹介をすませ、フランス語、英語、アラビア語による重々しい書類と許可証をやりとりしたあげく、私たちはシェリフのあとについて、いかにも近寄りがたい雰囲気のアーチを

くぐり、細い道にひしめきあうロバとジュラバ姿の男たちをかきわけ、くねくねとうねるムーレイ・イドリスの石畳の道を登っていった。物乞いと浮浪児たちが近づいてきたが、私たちにつきそう「セキュリティ・エスコート」を目にすると、すばやく逃げていった。なぜ私服警官がついてくるのか、私にはわからない。彼らは口をきかなかった。アブドゥルも彼らには話しかけなかった。シェリフは無視していた。彼らはただそこにいるだけだった。

丘を半分ほど登ったところで、芳香がただよってきた。私は立ち止まって匂いをかいだ。アブドゥルは笑みを浮かべ、腰をかがめて、開いていた戸口に入っていった。それは十一世紀にまでさかのぼる村落共用のパン屋だった。薪をくべる巨大なパン焼き竈があり、一人の老人が丸くて平らなモロッコ風のパンだねを細長いオールのような板切れに載せて竈の中に入れるかと思うと、焼きあがったものを取りだしては床の上に滑らせてゆく。なんとよい匂いだろう。フードやベールで顔を覆い、裾の長いゆったりしたローブを身にまとった女たちが、数分ごとにパンだねを載せたお盆を手にして店へやってきた。

「ごらんなさい」。アブドゥルは竈に入れられるのを待つパンの表面に三本の斜めの線が入っているのを指し示した。「ここの人たちは——誰もが——家族ごとにパンだねをこねます。家で。一日に二回ほど。それをここにもってきて焼きます。これが印です。この印で、パン屋はこれがどこの家のパンか見分けるのです」

暗証のついたパンだねの並んだ棚、焼きあがったパンの山をじっと眺め、ほとんど目につかないが、見る人が見ればわかるはずの違いを見つけようとした。だが、私の目にはどれも同じように見えた。

「印のないパンもたくさんあるのです」とアブドゥルはにっこりしながらいった。「このパン屋は……もう長年ここでパンを焼いてきました。とても長いあいだです。同じ家族がずっとここでパンを焼

いています。だから、パン屋は形を見ただけで、どこの家のパンかわかるのです。一目で」

店のたたずまいは中世そのままだった。暗い室内は、むきだしの石とレンガと火と木だけ。目の届く範囲に電球一つ、冷蔵庫一台ない。

「ごらんなさい」と、アブドゥルがぽっかりあいた戸口に案内した。崩れかけた石の階段を二、三歩おりると、そこは真っ暗闇で、下のほうにオレンジ色の炎だけが見えていた。石段の下には、薪の山に埋まるようにして、歯が一本もない痩せた老人が腰をかがめ、手にした鉄製のトングを燃える炎に突っこんでいた。

「この炎でパンを焼くのです」とアブドゥルがいった。そして「ほかのことにも熱を利用します。ほら」とさらに遠くの壁を指差した。「ハンマム、つまりサウナ風呂です。体を洗ったり、汗をかいたり。とても健康的。あとで行きましょう。このハンマムはとても古いのです。たぶん、千年くらい」

丘のてっぺんにあるシェリフのレストランは「啓発された」ツーリスト向けの店で、十一世紀にさかのぼる建物――ムーレイ・イドリスの大半の家は同じくらい古い歴史をもつ――は、かつては個人住宅だった。三階建の家は小さな中庭をとりかこむようにして建っていた。壁は青と白のきれいなタイル貼りで、クッションや掛け布で覆われた低いカウチが壁際に並び、低いテーブルと刺繍のクッション付きスツールなどがあちこちに置かれていた。店に入るとすぐに坐るよう促され、熱々の甘いミント・ティーが出された。

キッチンは屋上にあり、そこでは白い服を着た女たちの一団が食事の支度にとりかかっていた。ムーレイ・イドリスの名物料理であるケフタ、マトンのタジーン、サラダと冷製の前菜が何種類か。ケフタとは、スパイスを効かせたラムかビーフのミートボールを意味し、串《ブロシエット》に刺して焼くか、あるいはこの日私たちが食べたようにソースで煮込んで、しあげに溶き卵を流すこともある。見た目はソー

スまみれのミートボール入りオムレツという感じだ。女たちは、タジーンもソースもミートボールも、ごうごうと音をたてるプロパンガスの直火に圧力鍋をかけて料理していた。白いタイル張りのだだっ広いスペースは一方が空に向かって開いており、モロッコ料理に欠かせない調味料《ミザンプラス》や食材が雑然と並んでいるように見えた。ガーリック、タマネギ、コリアンダー、ミント、クミン、シナモン、トマト、塩、胡椒。オーブンはなく、シューシューと音を立てるガスボンベがあるだけだ。食べ物を刻むときは、祖母の世代によく見かける、ナイフを親指に押し当てる昔風のやり方をしていた。まな板は見当たらず、皮むきナイフがあるだけだ。聞くところによると、このレストランでは、たとえ三百人分の料理でもこのキッチンでやすやすと作れるという。その日の客は私たちだけだったが。

隣のモスクから、コーラン朗誦者《ムアッジン》の祈りの声が聞こえてきた。「神は偉大なり《アッラーフ・アクバル》」から始まる高らかな祈りの言葉で、イスラム圏ではこれが一日に五回くりかえされる。初めて耳にした祈りの声はとても感動的だ——美しく、単調で、背筋がぞっとすると同時に、奇妙なほど心が安らぐ。これを聞いていると、細胞の隅々まで深く、自分が「異国」にいると実感できる。家から遠く離れ、アメリカでの暮らしとはまるで違う物音に囲まれている。ここで聞こえるのは、雄鶏の鳴き声とムアッジンの呼びかけ、屋根の上から響いてくる女たちのおしゃべりだ。

タイル張りのダイニングルームでアブドゥルやシェリフと並んで坐り心地のよいクッションの上に腰を据え、三人の警官が遠くの壁にもたれて坐りこむと、私たちの前に銀のトレイと水差しが運ばれてきた。これは手を洗うためのものだ。ウェイターが順番に一人ずつ水をかけてくれるので、緑色の石鹸で両手をこすり、そのあとまた注がれた水ですすいで終わり。

布をかけた大きなバスケット入りのパン——さっきパン屋で見たのと同じ、平らなパンだ——が出てくると、アブドゥルはそれを割って各自に配った。勝手にパンをとってはならず、配られるのを待

たなければいけない。

「ビスミラ〔神の御名において＝いただきます〕」とアブドゥル。

「ビスミラ」とシェリフが続く。

「ビスミラ」。私も二人のまねをしてそういった。

たっぷりの量のサラダは円形に並べてあった。ポテト・サラダ、酢漬けのニンジン、ビーツ、各種オリーブ、オクラのマッシュ、トマトとタマネギ。食べるときはナイフやフォーク、その他いっさいの食器を使わず、つねに右手の指だけを用いる。イスラムには左利きは存在しない。食卓では左手はけっして使わない。左手で握手をするのもだめ。差し出すのもだめ。大皿で供される料理をとるのにぜったい左手を使ってはならない。左手で食べてはいけない。私はこのことがすごく心配だった。熱くて、しかも汁気たっぷりの料理を指だけで食べるのだって大変だ――それを右手だけで？

たしかに慣れるまでは練習が必要だった。パンのかけらを使って、右手のひとさし指と中指、そして親指――たった三本だ――で料理をはさむコツを教わった。こうすれば、折り曲げたパンで指先を火傷せずにすむ。幸いにも、私はすぐにインチキもありだと見抜いた。アブドゥルもシェリフも、左手の曲げた指や拳で、扱いにくい食べ物をさっと右手に押しつけているのだった。

やり方もそれぞれ異なった。見ていると、アブドゥルは小さな三角形をしたパンの中身の白いところをほじくりだして、パンの皮で一種のピタパンのようにして、それで食べ物をすくいとっている。こっちは扱いにくい食べ物で苦労しているのにそれはないだろうと冗談まじりで咎めると、アブドゥルは「いや、ちがいますよ」といいわけした。「これは太らないようにという用心なんで。つまり……ダイエット中でして」。彼のそばには、くりぬいたパンの白い部分が小さな山をなしていた。

シェリフのやり方をこっそりうかがったあと、私は結局もっと正統的なやり方をとることにした。

自分の指をなんとか慣れさせようというのだ。最初はめちゃくちゃだった。しかも、ここでは指をなめてはいけない——というのも、同じテーブルについた者は、共通の大皿に何度も指を突っこむわけだから。ナプキンもめったにない。食事中に何度も運ばれてくるパンが食器とナプキンの両方の役目を果たすのだ。しばらく奮闘すると、そのうちになんとか慣れてきた。

ウェイターがぐつぐつ煮えたぎるケフタのタジーンをもってきてテーブルに置き、蓋をとった。ここでいうタジーンとは——まぎらわしいので説明しておくが——料理と同じ名前の土鍋のことである。いまでは圧力鍋が定着しているので、おもにサービス用の容器として使われている。このタジーンは釉薬をかけた大きな浅めの鉢で、蓋は尖塔の先のように傾斜した円錐形をなしていた。遊牧民はこれを野営地から野営地へと持ち運び、焚き火の上であらゆる食材をいっぺんにゆっくりと煮込むのに使った。さらに、この土鍋《タジーン》は万能のシチュー鍋としても活用されたのだった。料理をする女たちにとって、これは手間要らずだった。鍋を火にかけておいて、あとは家畜の世話をしたり、薪を集めたり、子供の世話をしたり、パンをこしらえたりし、そのあいだにシチュー（同じくタジーンと呼ばれる）ができている。念のためにいっておけば、モロッコはまさにジェームズ・ブラウンの名曲のごとく「イッツ・ア・マンズ、マンズ、マンズ・ワールド」——完全なる男社会である。料理をするのは女。食事をとる場も男とは別のことが多い。モロッコ人の家庭にディナーに招かれたとする。すると、その家の女主人は料理をし、姉妹か母親が手伝うかもしれないが、みなキッチンに隠れてけっして姿を見せず、食卓では主人と男性客だけが食事を楽しむことになるだろう。女たちはキッチンで食事をとる。女たちにとってタジーンは恩恵でもあり、災いでもあった。この地域で基本となる食材——ラム、マトン、家禽、クスクスなど——は調理に長い時間がかかるからだ。だが、近年は圧力鍋のおかげで日常の調理時間はぐっと短縮され、少なくとも料理以外の活動を夢みるくらいの暇はできた。

私は指を使って食べるのがかなりうまくなった。まさにそのとき、次の料理が到着した。マトンとタマネギをグリンピースのソースで煮込んだ熱々のタジーンである。味はすばらしい——濃厚で、スパイシーで、具だくさんで、マトンの肩肉がすっかり柔らかくなって骨からはずれそうになっている。なんとか指先を火傷しないように用心しながら、私はがつがつと食べた。量もたっぷりあった。ムスリムはつねに、そのとき必要な量よりも多めに作るようにしている。それというのも、いつなんどき貴重な知識をもたらす人物——施しを求める飢えた旅人——が戸口にあらわれるか知れないからだ。貧しい人びとに施しをするのは高貴な行ないであり、また神聖な義務とも考えられている。パン一切れでさえ無駄にするのは罪とみなされる。路上にパンが落ちていたら、敬虔なムスリムはそれを拾ってモスクの入口に置くだろう。食べ物をゴミのように捨てておくのは、神に対する冒涜だからである。そんなわけで、遠慮なしに腹一杯食べることができた。

　三人の私服警官が身動きもせずに壁によりかかっているあいだ、いくつもの皿は空っぽになり、やがてナツメヤシ《デーツ》とイチジクの皿とともに、また甘いミント・ティーが出された。食事の最後にふたたび手を洗うと、次は香が焚かれた。スティック状の香から立ちのぼる煙に、シェリフはフェズをかざした。アブドゥルは煙を手で受けて首のまわりにこすりつけた。銀製の容器が運びこまれ、私たちの両手と服にバラ香水が振りまかれた。警官たちはにやっと笑い、金歯を覗かせた。

　アブドゥルはフェズ・エル・バリ——フェズの旧市街——をとりかこむ壁のすぐ外にヴァンを停めた。この壁の内部には、複雑に入りくんで地図にも描けないほどの無数の細道や路地、袋小路、抜け道、回廊、家並み、商店、マーケット、モスク、市場《スーク》、それにハンマムなどがひしめきあっている。三万以上の人びとが重なりあうようにして住んでいるこの迷路は、たとえ人が一生涯かけて探索して

も十分に理解することはできず、解明しきれないだろう——ここの住民でさえ完全にわかっているとはいえないのだ。自動車やオートバイなどの乗り物が壁の中に入ることは禁じられている。なぜなら、用をなさないからだ。内部はあまりに混みあい、路地は狭く、切り立った斜面にはウサギ小屋のような家がびっしりと重なりあい、道は突然落ちこむかと思うとまた急な登り坂になり、つづら折りをなし、いたるところに脇道や行き止まりがある。外側の壁のそばで、ジュラバを着た痩せた老人が私たちを出迎えた。老人はすぐに私たちの荷物を原始的な木の荷車に積むと、壁の狭い割れ目に向かった。その壁はかつての城砦都市の名残を——機能はともかく、形体だけは——とどめていた。

　この古い都市の歴史は紀元八〇〇年にさかのぼり、現存する建物の多くは十四世紀にできたものである。モロッコを支配した代々の王朝時代に、ここは権力と術策の中枢だった。この城砦建築はたんに様式というだけではない。ここの建築物、レイアウト、壁、地理的条件、おまけにこの都市の農業や料理の伝統まで、すべてが古代における包囲戦を念頭において築かれているのだ。ポルトガル人やスペイン人が海軍力を強めるために塩漬けの鱈《バカラオ》——魚の長期保存法——をとりいれたように、フェズの住民たちは生き残るために、食糧の貯蔵、保存、自給自足を第一の眼目として料理のレパートリーを開発した。かつて他の都市から略奪することは日常茶飯事だった。そして、中世の時代において、城砦都市を陥落させる典型的な戦法といえば、ただ敵を上まわる軍勢で都市を包囲し、補給路を断って兵糧攻めにすることだった。外周に強固な城壁をめぐらし、内部にも幾重に壁が築かれたフェズの迷路のような構造は、そんな戦法に対する防御策だったのだ。たとえ外壁を破って中に入ったとしても、歩兵や騎兵はそう簡単には前進できない。軍勢の進路は立ち並んだ狭い柱の列に邪魔され、前や後ろ、また上から簡単に攻撃されてしまう。

　建物も、外側を見ただけではまったく内部の予想がつかない。シンプルな扉を開けると、そこは宮

殿のような住まいかもしれないし、また慎ましい個人の家かもしれない。さらに、床と天井のあいだに食物を貯蔵したり逃亡者を匿ったりするのにうってつけの空間を用意してある建物も多い。かつて南方や東方から運ばれるスパイス交易路の要衝だったフェズは、遠くからもたらされたスパイスや調味料を活用した。とくに、いつ襲ってくるかわからない侵略者を追い払うという切迫した必要性にかられて、さまざまな工夫をこらすようになった。乾燥肉、酢漬けの野菜、保存用に加工したフルーツ、加工食品、蛋白質が確保できるよう高い壁の中で飼育できる家畜を中心にした食習慣——こういったすべての要素がフェズの料理の特徴として残っている。あちこちに秘密の井戸や壁をめぐらした庭園を配したデザイン上の特徴は、いまでは古風な趣のある、ぜいたくなものと感じられるかもしれない。だが当時、これらは用心のためであり、ときによっては命がけの防衛手段だったのである。旧市街に住む裕福な人びとはいまでも自宅でナツメヤシやイチジク、レモン、オレンジ、オリーブ、アーモンドなどを育てていることや自分の地所から水を引いていることを自慢する。広い峡谷の中にあり、不毛な丘陵と砂漠に囲まれているため、侵略者はつねに住民より先に飢えることになり、壁の中の食糧が尽きる前に撤退せざるをえなくなるのだった。

私たちは荷物を運ぶ老人のあとについて、名前のない暗い路地を上がったり下がったりして進んだ。道端に眠る乞食、ロバ、サッカーをして遊ぶ子供たち、チューインガムや煙草を売る商人などのあいだを縫って、やがてぼんやりと灯りのともった戸口の前に立った。壁にはこれといった特徴もない。鋭いノックの音が室内に響いたあと、まじめな顔をした若者があらわれ、私たちを迎え入れた。中の通路は一見したところ質素だが、馬に乗った騎手でも通れそうな広さがあった。角を曲がると、そこは別世界だった。広々とした控えの間の先は壁に囲まれた静かなパティオに続いており、レモンの木の下には朝食用の丸テーブルが置いてあった。あたりには夾竹桃や咲き誇る花々の香りが満ちていた。

床一面にタイルを敷いた広いパティオの真ん中にそびえているのは、宮殿としかいいようのない建物だった。天井の高い堂々たる建築で、そのまわりをとりかこむようにいくつかの付属建物があり、広い庭には果樹が生い茂って、小さな庭と井戸も見えた——ごみごみした旧市街《メディナ》のただなか、人を寄せつけない高い壁をめぐらした小さな別世界は、まさに中世の豪商の住まいそのものだった。

私のもてなし役となってくれたのは、フェズ旧市街で生まれ育ったアブデルフェターだった。イギリスで教育を受けた彼の英語には、まごうことなき上流階級のアクセントがあった——だが、この土地に住むと決めた彼ら夫妻にとって、そんなことは意味がない。数年前、彼はイギリス人の妻ナオミと二人の子供をつれて愛する故郷へ帰ってきた。そして、このすばらしい住まいの修復にとりかかり、ほとんど独力でタイルを一枚ずつ貼り、レンガを一個ずつ積みあげていった。いまでは身につけるものも伝統的な衣装——ジュラバとバブーシュ（爪先の尖った黄色い上履き）——だけになり、壁の外の世界にすっかり背を向けていた。アブデルフェターとナオミはフェズの古い文化と伝統を守ることに情熱を捧げている。この屋敷にはテレビもラジオもない。母屋と付属キッチンの外には工房があり、彼はそこで毎日何時間も費やして、たとえようもなく複雑な石膏レリーフを制作している。すべて手作業で、無限に反復する抽象的な図案やパターンを真っ白な石膏の上に彫りこんでゆくのである。庭の奥のほうには、モロッコ音楽のためのセンターが建設中で、ここは地元のミュージシャンや音楽愛好家の集会場になる予定だ。

設備の整ったキッチンと朝食をとるエリアを通りぬけて、母屋へと案内された。堂々たる四角いビルは広い中庭を囲むようにして建っている。内側の壁は幅三十メートル以上もあり、屋根とその上の空を支えるモニュメントを思わせ、一つ一つ手でていねいに彩色して貼りつけた白とブルーのタイルのモザイクでくまなく装飾されていた。私にあてがわれた部屋は一階で、シーダー材のドアを開けて

中庭に出ると、こんこんと水の湧く噴水があった。ドアそのものは私の身長の六倍はあり、アブデルフェターの石膏レリーフと同じく熟練した腕によって刻まれた抽象図形の浮き彫りが施されていた。入口の上や窓枠にも同じようなレリーフ装飾があふれていた。このばかばかしいほど大きなドアを見ていると、上半身裸でシルクのパンタロン、禿頭にフェズを載せた二人の大男の姿が目の前に浮かぶ。ドアの左右に控えた男たちは、ハンマーで鳴らす銅鑼の音とともにうやうやしく扉を開けるだろう。私の部屋は居間と寝室からなり、繊細な細工のある手作りの書棚、刺繍入りクッションを並べたカウチが置かれ、床にはベルベル族の絨毯が敷いてあった。敷地をとりまく外の壁より高い階には、外の世界が目に入るような窓は一つもない。都市の周囲にそびえる高い丘のてっぺんから眺めても、見えるのは殺風景な白い壁だけなのだ。荷物をほどいていると、すぐ隣のモスクから発せられるムアッジンの声が硬いタイルの中庭にこだまして響いてきた。これほどすばらしい宿はこれまで見たこともなく、もちろん泊まれるとは夢にも思わなかった。なにしろ、この建物はわが祖国アメリカよりもずっと歴史が古いのだ。

この家の主人はいかにも真面目そうだが、その実、気まぐれな性向も隠しもっていた。ときたま過去の人生が、ちらっと顔を覗かせることもあった――たとえば、西部劇の話になると一瞬興味を示したり、突然アメリカの煙草を吸いたがったりするところだ。それ以外で、彼が気にかけているのはこの家と自分のライフスタイル、それにフェズの伝統を守ることだけだった。彼はこの屋敷にかつての栄光をとりもどそうと固く決意しており、できるならば、ほかの人びとにも同じように行動させたいと願っていた。いまや、フェズは別種の包囲にさらされている。この数十年間に、地方に住む何百、何千というモロッコ人が旱魃や貧困のせいで住まいを奪われ、旧市街にどっと流入してきた。建物は不法に住みつく人びとでいっぱいになり、都市のインフラストラクチャーは崩壊の危機に瀕している。

大悪魔の指先——インターネット・カフェ、団地、ファーストフードの店——が城壁のすぐそばまで迫っている。かつて誇り高かったエリートの政治思想家、哲学者、商人たちはいっせいにここから逃げだしてしまった。

彼の真剣さと献身を何よりもよくあらわしているのは、石膏レリーフへの取りくみ方である。イスラム美術では人の顔を描いてはいけない。動物や植物、歴史的な出来事、風景も描けない。神が創ったものを芸術の主題にすることはタブーなのだ。何世紀も受け継がれてきた伝統と慣習という厳しい拘束の中で、アーティストは表現しなければいけない。こうした束縛にもかかわらず、アブデルフェターの作品には——そしてほかのイスラム・アーティストたちの作品の中にも——美と表現の可能性を秘めた大きな宇宙が感じられた。私はそこからモロッコ料理を連想した。種類は限られているかもしれないが、微妙なバリエーションは無限にある。アブデルフェターが制作の手順を見せてくれたので、金属製のツールを柔らかくて削りやすい石膏の小さな区画に押しつけ、汚れのない純白の表面に繊細な線を描いていく感覚がよくわかった。細かいパターンを何度も飽きずにくりかえし、神のプランにはけっして逆らわず、つねに抑制されたデザインの領域を越えず、しっかりとコントロールされながらも外界に働きかけ、層に層を重ね、輪の上に輪を重ねていく。一つの作品を完成させるには長い時間がかかる——どれくらい長くかかるものか、私には想像もつかない。しかも、このレリーフは家のいたるところにあるのだ(ときたま、アブデルフェターは他人のためにも制作する。じつはつい最近もミック・ジャガーのバスルーム用に仕上げたばかりだと彼は打ち明けた)。この仕事のむずかしさ、繊細さを必要とする凝ったディテール、そして自分の仕事に対する揺るがぬ信念、たゆみなさ、正しい道を選んだという自信は、私の心に新たな不安を生じさせ、動揺させた。なぜ、この私は——何事につけても——これほどの確信がもてないのだろう? 何年も、それこそ長い歳月を費やして、

ここまで関心と努力を注ぎこむ対象がなぜ見つからないのだろう？　私はアブデルフェターを見つめ、彼はこの小さな溝や反復される図形にいったい何を見ているのだろうと不思議に思い、そんな彼を羨んだ。プロの料理人として、私はキッチンでつねに私なりの確信を抱き、信じるものを見つけ、理想をもってきた。システムとしての料理こそ、わが信仰だった——とはいえ、これほどの真剣さはなかった。私の場合、いつもだらしなく、へまばかりの人生だった。それが何であれ、彼にあって私にないものが羨ましい。それは、たぶん心の平安なのだろう。料理人として過ごしてきた生涯のあいだ、私の努力の結果はすべて人の胃袋に消えてしまった——よくても翌日の記憶に残るだけ。アブデルフェターの仕事は永遠に残るだろう。私はその夜コーランを読んでみた。その魅惑的な、ときとして怖いほどの厳格さと異論の余地のない絶対主義に感動し、そのページに描かれた人びとを想像しようとした。彼らの人間的な悩みと、それに対する非凡な、むしろ冷酷ともいえそうな解決法について思いめぐらした。

翌日は三枚の毛布の下で目覚めた。ナイトスタンドの上に置かれたトースターほどの大きさの電気ヒーターは、私の左耳がやっと暖まるくらいの熱しか発していなかった。屋敷の主人は、母親と姉妹とハウスキーパーと召使一人を総動員して二日がかりの宴会の準備に当たらせていた。この宴会ではフェズの伝統料理がずらりと並ぶはずだ。モロッコ料理を味わうにはこのうえない環境である。この国で最も旨い料理はどこで食べられるかと訊くと、誰もがフェズと答えるだろう。フェズのどこで食べられるかと訊けば、誰もが口をそろえて、それは個人の家へ行かなければだめだという。モロッコ人がふだん食べているモロッコ料理を味わいたいと思っても、レストランではまずお目にかかれないのだ。

コーヒーを飲みにキッチンへ入ってゆくと、アブデルフェターのお母さんが早くも大奮闘のさなか

だった。老婦人の手によく見かける、赤みがかった紫の文様の入った両手でセモリナ小麦粉のたねを力いっぱいこね、クスクスを作っているところだ。主人の妹はといえば、パスティリャ——ミンチにした鳩肉のパイ包み焼きで、とても人気のある料理だ——を包むのに使うクレープのようなワクァを作っている。鳩の肉を調味料に漬ける者、アーモンドを炙る者など、混みあったキッチンは統制のとれたカオスといった様相を呈している。私はカード（凝乳）にデーツ、いくつかのペストリーという軽い朝食をとったあと、旧市街《メディナ》探訪に出かけることにした。だが、一人で行くのは正気の沙汰ではない。絶対に——誇張でなく——帰り道がわからなくなるに決まっている。アブドゥルはフェズ生まれではないので、ガイドとしては不適切だ。そこで、アブデルフェターの友人に案内を頼むことにした。仮に名前をムハンマドとしておこう。

フェズの旧市街の急坂でつまずかないよう慎重に足を運び、腰をかがめて急ぎ足でトンネルを通り、暗くて狭い通路で大きな荷を積んだロバたちをかきわけ、何百年も前に騎馬隊を妨害する戦略の一環として壁にセメントで固められた丸太の下をくぐりぬけていくと、まるで映画のワンシーンのように思えてくる。だが、そのシーンは百本もの映画で描こうとしながら、けっして成功しなかった情景である。突っ立っていてはいけない。たえず動きつづけないと、誰かの行く手をふさいでしまうことになるのだ。旧市街でふとあたりを見回せば、馴染んでいた世界からどれほど遠くまで来てしまったかを実感するだろう。

なめし革工房の強烈な臭いが鼻をつく。ムハンマドによれば、なめし革は鳩の糞の中で「保存」されるという。七〇年代のコミューン仲間からモロッコ旅行の土産にもらった（グレイトフル・デッドの）ジェリー・ガルシア風の帽子がいまだに奇妙な臭いを放っている理由も、これでやっとうなずけるというものだ。複雑に交じりあったじらすような芳香——スパイス、煮炊きされる食べもの、染料

壺、切ったばかりのシーダー材、ミント、ぶくぶくと泡だつ水ギセル——がどこからかただよってきて、スークが近づくにつれ、その匂いはいっそう強まる。スーク、すなわちモロッコの市場では、古代の同業者組合《ギルド》システムにしたがって店舗が配置されている。同業の商人や職人がグループとなって同じ区域に店を構えているのだ。一つの通りはナイフ研ぎばかりがずらっと店を並べ、しかめつらをした老人が片足で足蹴り式の石のろくろを回しながら火花を散らしている。まるで、自転車に片足乗りして必死でペダルをこぐキャバレーの曲芸師みたいだ。どうやら昨今では、絨毯商人が序列の頂点に君臨しているらしく、建物の床から天井までベルベル族の敷物や絨毯、細長いマット、毛布などがうずたかく積みあげられている。私は見るだけという誘いについていった。低いテーブルに向かって坐り、ミント・ティーのもてなしを「餌に」、とりわけ見事なカーペットを特別に見せるというお決まりの提案に「釣られ」、買うつもりもなかったものに八百ドルをはたくという結末で「手が打たれた」。私のアパートが家畜の臭いのぷんぷんする敷物とちくちくする毛布でいっぱいになることが決まったあと、私は通りに出て明るい外光に目をしばたたかせた。この仲介でムハンマドにとっては実入りのいい朝になったことだろうから、今度はかつてモロッコの特産品だった大麻製品を見つけてくれてもいいはずだ。私のリクエストに彼は笑顔を見せると、しばらく姿を消し、やがて親指サイズのハシシとケーフ——大麻からとった粘りのある花粉の塊——をもって戻ってきた。

この成果に満足して、私は市場の探索を続けた。草葺屋根の通りの一角には肉屋が並んでいて、カウンターの上には血の滴る肉がずらっと並び、天井の鉤からも吊りさげられていた——部位の切り分け方は、これまで実地にも、また料理の本でもまるで見たことがないようなものだった。まだ毛がついたままで血がこびりついた羊の頭がピラミッドのように高く積みあげられている。じっとりと濡れて静止したまま吊るされている動物の死骸に蠅がたかる。肉屋は大鉈や新月刀《シミタール》をふるって肉をぶった

切る。ロバに乗った人たちは強引に雑踏をかきわけ、通行人はあちこちで立ち止まっては食べ物を指差し、突付き、なでまわし、値切り、味見をしていた。カタツムリの入った籠もあれば、魚屋の店先では籐のバスケットの中でタマキビガイがごそごそと音をたてている。露台の上には乾燥ビーフとジャーキーがきれいに並べられ、目がさめるほど色鮮やかなスパイスやハーブがディスプレイされている。カウンターに並んだフレッシュ・チーズ、葉っぱでくるんだ円形の山羊のチーズ、桶に入ったカード、あらゆる色と種類のオリーブを入れた桶が数え切れないほど並んでいる。ドライ・フルーツ、野菜、瓶詰めのレモン、穀物、ナッツ、イチジク、デーツ。ワクァを作っている女性は、ホットプレートの上で焼いた透きとおるように薄いクレープを指先でそっと剥がしていた。別の女性は、巨大な鋳鉄製のドームの上でやや厚めの大きなクレープを焼いていたが、バターを流すその鉄板は、まるでデパートのウィンドウに飾られた大きすぎるウィッグ・スタンドのようだ。クレープの表面にはぷつぷつと小さな気泡ができ、やがてしっかりと焼きあがった。すると、女性はそれをはがして、砕いたナッツとデーツの甘いペーストを塗りつける。彼女はそんなクレープの一枚をくるくると巻きあげると私に手渡した。旨い。

ターバン、フェズ、ケピ、ジュラバ、カフィエ、バングル、チャドル、それに野球帽などが人波の上にひょこひょこと動く。頭にかぶるさまざまなものでできた海は、限られたスペースをゆっくりと通過してゆく。ワンブロックを歩くだけでも一仕事だ。流れのままにスークの外れへ近づくと、そこには仕立て屋があり、店内では家族の全員が膝をついて服を縫っていた。大工は旋盤を使って家具にやすりをかけていた。金属細工師はハンマーをふるい、金属の板をコツコツ叩いている。女たちは共同の井戸からバケツで水を汲んでいる。靴、玩具、ジュエリー、ブリキ細工、ゴールド、木材、なめし革、粘土の工芸品——全部とはいわないまでも、その多くはイースト・ヴィレッジの埃っぽい店の

棚で見かけるものと同じだ。嘘じゃない。あなたの家にも同じようなものがある——少なくとも過去にはあった——はずだ。ドラッグをしまっておいた見事な象嵌《ぞうがん》細工の小さな箱？　最初のガールフレンドがプレゼントしてくれた小さなマリファナ入れのポーチ？　新しいのがほしくなったら、いまでもフェズで手に入る。世界中を旅してまわって以来、私は世界中の民芸品を送りだす巨大な工場群がマカオか台湾にあるにちがいないと信じるようになった。工場のだだっ広いフロアには大勢の労働者がいて、貝殻やビーズを糸に通しており、そこでできた製品はリオ・デ・ジャネイロからカリブ海からダナンまで世界各地で売られるのだ。中国人の服役囚がモロッコのライフルを組み立て、メキシコのチェス・セットに彫刻をほどこし、土産物の灰皿に色を塗っているのだろう。

壁をめぐらした楽園のようなアブデルフェター家に戻ると、私はさっそく屋上に出て、たっぷりとハシシの混じった煙草を一服した。中庭に響くムアッジンの声を聞きながら、煙を胸いっぱいに吸いこむ。アブデルフェターの子供たちは泉のそばでペットの亀「トーティ」と遊んでいる。私は旧市街のごたごたと重なりあった屋根を眺め、はるか彼方の墓地と丘に目をこらす。

テレビなんかクソ食らえ——その三

不器用でそこつ者の私は、テレビ番組のホストとしてはまるで役立たずだ。アブデルフェターと奥さんのナオミと食卓につき、ご馳走を食べようとしていた。昔からラマダン明けに食べると決まっているラムとレンズマメの濃厚なスープ、ハリーラである。そのほか、サラダとブロシェット、このうえなく繊細なクスクスにレーズンとレモンを添えたフェズ・スタイルのチキン・タジーンもあった。食べているあいだ、マシューとグローバル・アランはテーブルのすぐそばに立ち、二つのカメラが何事も見逃すまいとして私たちの上半身にしっかり狙いを定めていた。じっとまばたきしないカメラの

レンズに睨まれて、私は気の利いたセリフや有益な情報がまるで口をついて出なくなった。親切なホスト夫妻から軽妙な会話を引きだすことなどとうてい無理。この企画自体のあまりのわざとらしさに、すっかり固まってしまった。たとえば、私はナオミに向きなおって、いかにも気安く、こんな会話をすることになっていた。「それじゃ、ナオミ、よかったらモロッコの歴史と文化、モロッコ料理について、ざっと話してくれるかな。そのついでに、イスラムのことも説明してもらえるとうれしいんだけどね。ちょっとそこのチキンをとってくれる？　ありがとう」。私は料理を心ゆくまで味わったし、クスクスとタジーンを旨いパンのあいだにはさんで食べるコツも習得した。だが、しゃべるのだけはだめだ。

　隣に坐ったナオミは見るからに居心地悪そうだし、アブデルフェターは——無理もないが——退屈そうだった。マシューはじれったそうに咳払いし、私が料理のレシピや面白いエピソードを引きだすのを待っている。私とホスト夫妻はうまが合っていた。ナオミはふだんカメラのないところでは頭の回転が速く、はきはきして、よくしゃべるのに、いざカメラが回りだすと、たちまち凍りついてしまう。私にしても大した助けにはならなかった。いささか過敏なうえにハシシでハイになった神経では、カメラが近づいてクロースアップになると知っていながら、彼女を窮地にさらしておくしかなかった。この私が、モロッコについて視聴者の知識を少しでも増やしたとはぜったいにいえない。ただ、私は自分自身についていくつかの——貴重な——ことを学んだ。自分をなんだと思っていたんだ？　ダン・ラザーか？　カメラに向かい、千二百年におよぶ血と汗と植民地支配と信仰と慣習と民俗学について——チキンのシチューについてしゃべるような調子で——底の浅い総論をおよそ百二十秒ですいすい語れると思っていたのか？　バート・ウルフ〔料理評論家〕、TVのパーソナリティも務めるにさえ及ばない。そう思い知らされた。バート・ウルフなど大嫌いなのに——しみ一つない真っ白なシェフコ

ートを着て、小さなノートを手にした彼が、フランスの田舎のキッチンで地道に働くシェフに身を寄せかけて質問しながら、わざとらしくメモをとり、その間、視聴者向けにフランスのベル・エポックについての簡単な講義のナレーションがかぶさったりする。そんな番組を見ると、テレビ画面の中に飛びこんでいって、バートのシェフコートの胸倉をつかみ、「いいかげんにしろ、この役立たず！この男の邪魔をするな！　仕事をさせてやれ！」と怒鳴りつけたくなる。ところが、いまや私がバートの立場だ。バートより悪い——なぜなら、自分が何をしているのか、さっぱりわかっていないからだ。向こう見ずにも世界を漫遊しようというのに、私はまるっきり下準備をしていなかった。何も知らなかった。すべてに関して無知そのもの。

たぶん、レーズンとレモンがフェズ・スタイルのタジーンの特徴だとかなんとか、やっとのことでしゃべったはずだ。視聴者に、最初から作ったクスクスと箱入りのインスタントとの違いを説明した覚えもある。それから、タジーンのソースを煮込むついでにクスクスを蒸す方法——クスクシエールという鍋を使う——についても話した。笑顔を絶やさずに、考えがまとまりさえすれば、そして、そうするだけの勇気があれば、まちがいなく私はアブデルフェタ一のこの都市にかける期待、建設中の音楽センターのこと、彼の芸術について話を引きだしたことだろう。そんなシーンはいずれ編集室で全部カットされてしまうと知っていても、だ。マシューはじれったそうに身じろぎし、時計の針がむなしく時を刻み、一秒ごとに使えないシーンが熔けた鉛のように滴りおちる。もしもカメラがなかったら、この経験にもっと没入できたかもしれないと私は思いめぐらす。もっとリラックスできたかもしれない。だが、私にはわかっていた。高速モデムや熱いお湯の出るバスルーム、ボウリング・レーン、それにニューヨークからデリの食べ物やピザ、クリスピー・クリームのドーナツを定期的に届けてもらうという便宜をはかってもらったとしても、この生活には耐えられない——どうしても。わが

ホスト夫妻は、この都市での暮らしと自分たちの家族や信仰に心から満足し、なじんでいるように見える。だからこそ、レンズを通すとなんでも軽薄かつ愚かに見えてしまうテレビの世界に二人を巻きこむのは心底申しわけないという気がした。

アブデルフェター家での最後の食事はパスティリャ――デリケートな層をなすピジョン・パイ――だった。炙ったアーモンドと卵を混ぜた肉をワクァで包んで焼き、仕上げにシナモンをふりかける。これまで食べたものと同様、これもすばらしかった。だが、すぐに私の心は千々に乱れた。世界をめぐり歩くテレビ番組のお飾りでいるのがいやになった。寒さにはうんざりだし、もう長いこと家に帰っていない。自分の壁をめぐらした都会で快適さと安全をとりもどしたかった。〈レアール〉のあのキッチンへ、私に理解でき、留保なしに承認できる信仰体系のもとへ戻りたかった。親切な夫婦とその子供たちと並んで坐りながら、私はアメリカでさんざん――前著のパブリシティのために――つきあった、ガラスのような目ときざな髪型をした大勢のニュースキャスターの一人になったような気がしてきた。「では、アンソニー、月曜日に魚をぜったいに注文してはいけない理由を教えてくれますか？」――真っ黒な深い穴の底まで気分は落ちこんだ。

私は「気むずかしく」なり、「非協力的」になった。自分でもそう思う。ニューヨークのエグゼクティブ・プロデューサーが、私のとげとげしい罪悪感を和らげ、やる気を起こすよう説得するため飛んできた。この女性プロデューサーはこれまでのラフ・カットを見せて、私の仕事もそれほど悪くないといった。あとはもう少し、カメラを見ることを忘れず、汚い言葉遣いと煙草を減らし、フードネットワークのほかのシェフたちへの悪口雑言を抑え、訪れる予定の国の地図を前もって見ておいてもらえれば問題なし。ところが、私を励ますためのこの会見が始まって三分もしないうちに、この女性プロデューサーは話のついでに、同居していたボーイフレンドがエイリアンに誘拐されたといいはじ

めた。その態度はさりげなく、まるで先週見たヤンキース対レッドソックスの試合についてしゃべっているかのようだった。彼が二人のアパートにエイリアンのUFO用滑走路を作っていたと話す口ぶりには、皮肉っぽい調子も疑わしげなところもなかった。いまに彼女が「ほんと困っちゃうわ。変な男でね。頭がおかしいのよ。でも、どうしても憎めないの」というにちがいないと思った。それならオーケー。私は待ったが、そんな言葉は出てこなかった。彼女は私の欠点を並べたてながら、この企画を続行するよう励ましつづけた。私は冗談のつもりで、ボーイフレンドが直腸検査――UFOに誘拐されたという話にはつきものだ――のことを何かいっていなかったかと訊いてみたが、彼女は笑わなかった。

私は孤独だ。

出発の前、私はナオミに向かって自分の非礼を詫び、撮影クルーやカメラの暴虐をがまんしてくれたことにお礼をいい、まともな知識や本物の理解を得ないままこの美しい屋敷とすばらしい都市から離れざるをえないのは残念だと話した。彼女は私に小さな紙切れを手渡したが、そこにはロングフェローの詩の一節が書いてあった。「やがて夜は音楽に満たされ／昼のあいだ心をふさいでいた悩みは／天幕をたたみ、アラブ人たちのように／そっとどこかへ去ってゆく」

そうあってほしいものだ。心からそう思う。私は砂漠に大きな期待をかけていた。なんとしても砂漠へ。

フェズから砂漠までは九時間のドライブだった。スイス式の山荘――フランス占領時代の名残――が点在する雪をかぶった山々と森と峡谷を通り、中アトラスを越え、平野に下り、石ころが散らばるだけの踏み固められた平らな土地を何キロも走った。うねうねと曲がりくねる一本のリボンにも似た

アスファルトの道路が延々と続いた。はるか彼方に涸れ谷《ワジ》、台地《メサ》、山並み、断崖、土でできた小山などが見えることもあった。百キロばかり進むと、きまってオアシスがあらわれた。オアシスは、かわりばえのしない砂と泥の城でできた質素なものもあれば、巨大なウェディングケーキに似た都市《カスバ》を形成しているものもあった。小さな家、モスク、学校、市場、小さな草地などが背の高い椰子の木のまわりにひしめきあい、水の湧いているところ――また、かつて湧いていた、あるいはふたたび湧きそうなところ――にしがみついているのだ。ニューヨークの人間にとって、水はごく当たり前のものに思える。だがここ、砂漠では生死にかかわる。人は水の湧く場所か、水の滴る場所に住みつく。地下から水を汲みあげることもある。大規模なオアシスの中には、幅が何キロにもおよび、深さはクレバスの底にまで達するものがある。そのクレバスは何千年、または何万年も前に、大地が焼きすぎたブラウニーのように割れたときにできた断層の名残である。

やがて道の両脇に点々とラクダを見かけるようになった。ブルーか黒の衣装を着たベルベル族が手綱を握り、背にまたがっていることもある。顔にタトゥーを入れた女たちも同じような黒かブルーのスカーフをかぶっている。その色と模様は部族を示す記号なのだ。それ以外に何を見ただろう。果てしなく単調に広がる、からからに乾いた固い荒地を進む五十キロのあいだ、通りすぎるものはなかった――一軒の家も、たった一つの構築物も、一本の樹木も、草も、地平線の彼方まで視線をさえぎるものは何一つなかった。だが、道端にはぽつんと坐りこんだ見物人がいた。湾曲した地平線の向こうから何キロも歩いてきた人びとが地面の上に坐り、ときたまあらわれる自動車やトラックが時速百二十キロのスピードをけっしてゆるめずに走りさるのをじっと見つめている。何かをせがむわけではない。手も振らない。顔をあげてほほえみさえしない。無表情に沈黙したまま布切れを体に巻いて、じっと見ているだけだ。その目の前を現代社会の証しが轟音とともに通りすぎ、土埃だけをあとに残し

てゆく。

アブドゥルはカセットテープを一本しかもっていない。ジュディ・コリンズの『グレーテスト・ヒッツ』だ。私は眠ろうと努力した。なんとか耳をふさごうとしたが、嫋々と甘ったるい「青春の光と影」をくりかえし聞かされたあげく、ついに私はヒステリー寸前の自暴自棄状態に陥った。リサニまでの道は永遠に続くかと思えた——とりわけ、声帯を震わせるジュディの歌がBGMときては。やがて周囲はじょじょに変化を見せ、赤い石の散らばった退屈な荒地から、火星の景色を想像させる異質な風景へと移っていった。つらなる山の頂、ぽつんと立つ平らな小山《ビュート》、深いワジ、断崖絶壁にしがみついた町などである。だが、そのほとんどは泥だった。窓の外にこの世のものとは思えない光景が広がることもあった。生きているものは一つもない。ときたま——ごくまれに——泥でできた農家とみすぼらしい山羊が数頭あらわれた。家の素材となる泥をとるために、そのあたりの地面には深い溝が掘られていた。まるで無意味に思えるのだが、敷地の外れには野球のボールくらいの大きさの石が不規則に積みあげられ、ささやかな住居と空虚そのものとを分ける境界線の役目を果たしている。水もなく、木々もなく、動物もいない。それなのに、自動車を走らせるあいだ、不安定に積みあげられた石が次から次へと目に入ってきた。ついにリサニの町が姿をあらわした。日にさらされた埃っぽい町並みはとりとめなく広がり、道路は土のままで、住民はむさくるしい。私たちは「最高級」ホテルにチェックインした。カスバ風をきどった泥とコンクリートブロックの建物で、例によって用をなさない電気ヒーター、スプリングのきかないベッド、石灰がこびりついたシャワーヘッドという三点セットが待っていた。だが、少なくともロビーでビールにありつけた——それといっしょに、タジーンとクスクスとブロシェットというおなじみの「特別料理」。

リサニにやってきたのはメシュウィ——羊の丸焼き——を求めてのことだ。これは、砂漠での冒険

というわが妄想に欠くべからざるものなのだ。メルズーガ砂丘で観光ガイドの商売をしているトゥアレグ族のグループに前もって電話でアレンジを頼んでおいた。だが、旧式の携帯電話でちょっと話をしたあと、アブドゥルがいうには、翌日の晩に砂漠でとる予定のディナーが「モロッコの特別料理」に変更されたとのこと。それが何を意味するかは火を見るより明らか――連中はクスクス、ブロシェット、タジーンという定番料理を出すつもりなんだ。私は怒り心頭に発した。わざわざこんなところまで来たのは、ろくでもないクスクスを食うためじゃない。そんなものはここのロビーで日本人やドイツ人の観光客といっしょに食べられる。ここへ来た目的はベルベル族の羊の丸焼きだ。青い種族とともに焚き火を囲んで坐り、皮がぱりっと焼けた丸ごとの羊を目の前にして、脂身と睾丸を自分の手で裂いて食べるためなのだ。「だ、だって……」と、私は思わずどもった。「メシュウィが食いたいんだ！　メシュウィでなければだめだ！」アブドゥルは頭を振り、携帯電話をひっぱりだすと、また電話をかけ、アラビア語でしばらく話しあっていた。「丸ごとの羊が手に入らないそうです」とアブドゥルはいった。「どうしてもというなら、こちらで用意しなければ」

「いいだろう」。私は逆上して吠えたてた。「連中にそう電話しろ。明日の朝、われわれが市場に行って羊を一頭買い、下ごしらえまでして、ついでに必要な材料を全部そろえていくといってやれ。自動車に積んでもっていってやる。連中がしておくことは、魔術だかなんだか知らないが、そんなものだけで――あとは料理するだけだ」。予定としては、朝早く起きて市場に立ち寄り、羊とその他の食材を買って、すべてをレンタカーのランドローバーに積みこみ、食べ物が腐る前に砂漠へくりだすという手順だった。

　アブドゥルは心配そうだった。

　翌朝、一行は計画どおり市場に着いた。挽き肉、野菜、乾き物などは問題なかった。しかし、羊を

見つけるのが難問だった。蠅の飛びかうスークの狭い通路に店を出している肉屋へ行って注文をいうと、金歯をはめた主人は、とても動いているとは思えない旧型の——たぶん一九五〇年代の——冷蔵庫《フリジデアー》の扉を開けてみせたが、そこには腰のあたりからぞんざいに切りおとされ、まだ血がしみついているみすぼらしい羊のもも肉しかなかった。

「脚だけしかないそうです」とアブドゥルがいった。

「見りゃわかる」。私はかっとなっていった。「肉屋に丸ごとの羊が要るんだといってやれ。一頭分の羊はどこで手に入る?」

「日が悪いんです」とアブドゥルはいう。「市場に羊が届くのは月曜日です。今日は水曜日。今日は羊が来ない日です」

「肉屋に聞いてみろ……友達がいるはずだ。金は払うといってやれ。今度ばかりは値切るつもりはない。羊が一頭手に入ればいいんだ。脚と胴体と首とタマ。一頭丸ごとだ」

アブドゥルはやり方を変え、頭ごなしの態度に出て長い交渉を開始した。これで肉屋も本気で関心をもちはじめたらしく眉をあげた。たぶんアブドゥルはこんなことをいったのだろう。「この間抜けなアメリカ人を見ろよ。まったくわからんちんなんだ! 羊一頭分に喜んで大枚をはたこうといっている。ここで手を組んでおけば、あいみたがい、損はしないって寸法だぜ」

会話はしだいに熱を帯び、交渉のさまざまな段階に入った。埃っぽいゴミだらけの路地のあちこちから大勢の人が集まってきて口をはさみ、論議が沸騰して、さまざまな助言や工夫が提案された——さらに相談は進んで、それぞれの取り分に関する話しあいへと移行したようだった。「百ドルだといってます」。アブドゥルは、私がそんな大金を払うだろうかと疑わしげにいった。

「決まりだ」。私は即座に応じた。ニューヨークの相場からすれば驚くことはないし、サハラ砂漠で

羊の丸焼きが食べられる機会などいったいどれだけある？

肉屋は市場の露台を放置し、日の光がまだら模様を描いている小道を先に立って歩きはじめた。建物のあいだの入りくんだ迷路はどこまでも果てしなく続くように見えた。人びとは二階の窓から顔を出して、アメリカ人とモロッコ人とテレビ・カメラという奇妙な行列を見下ろしていた。子供たちと犬どもが埃をまきあげながらついてきて、ものをねだったり、吠えたてたりした。私は左側を歩く男に目をやった。顔には微笑を浮かべ、手に物騒な大きなナイフをもっている。彼はにやっと笑って親指を立ててみせた。リサニで新鮮なラム肉を手に入れようとすれば、それがどういうことを意味するのか、私にもやっとわかってきた。

やがて、天井の低い家畜小屋についた。飼い葉桶のまわりには羊が集まって、不安そうにうろうろしていた。私たちの一行は四人とテレビ・クルーだけに減っていた。肉屋とその助手、アブドゥルと私が泥と藁でできた狭い小屋にひしめきあい、羊たちはなるべく目立つまいとするかのように体を寄せあっていた。その中のとくに肥えた一頭が首ねっこを押さえられた。アブドゥルは羊の太腿に手をかけ、それからあばら骨のあたりをつかんだ。ここでふたたび議論と交渉が始まった。やっと合意に達すると、哀れな羊は抵抗もむなしく、さんさんと日のさす外の道に引きずりだされた。別の男が水を入れたバケツと長いロープを用意して待っていた。いやな気分をがまんして眺めていると、犠牲の羊はぞんざいな手つきでメッカの方向に向けられた。ナイフをもった男はかがみこむと、大げさな儀式なしに手早く羊の喉をかき切った。

あっというまに深々と突き刺さったナイフの動きにはまったく無駄がなかった。万が一、私に死刑判決が下されて——身に覚えがないとはいわない——処刑されるとしたら、ぜひとも彼の手にかかりたい。羊は横倒しになり、血がどくどくと流れていた。苦痛の叫びはなかった。ぱっくりあいた切り

口から気管がはっきり見えた。頭はもう少しで胴体から離れんばかり。それでも、まだ羊はこときれておらず、ぴくぴく動いていた。処刑人は仲間と雑談しながら、片足でその頭を押さえつけていた。またしても、哀れな羊が避けがたい死の運命と折りあいをつけていく、あの恐ろしくも感動的な一瞬のまなざしと出会った——死を前にした者の目に何度同じ表情を見たことか。疲労か、それとも嫌悪からか、犠牲者はついに抵抗をあきらめ、死を受け入れる。それは忘れがたいまなざしで、その目はこう語っていた。「あんたには——とことん——失望したよ」。眠りにつくときのように、ほとんど自分の意志でそうしているかのように、目はゆっくりと閉じられた。

私は新鮮なラム肉を手に入れた。

新たな仲間たちは羊の足首を縛り、バケツに血を集めた。まず片方のくるぶしの毛皮に切りこみを入れると、肉屋がそこに口を押しつけて息を吹きこみ、皮をふくらませて肉や筋から離す。さらにいくつか切りこみを入れ、ダンサーのレオタードを脱がすように毛皮をはぎとった。勢いは衰えたものの、血があいかわらず滴っているのを屋根の上の野良犬が眺めていた。助手がたえず水をかけているあいだに、死んだ羊の処理がなされ、内臓をとりだして仕分けした。頭を切り落とし、肉屋のために心臓を脇に取りわけ、腸とクレピーヌ（胃の網脂）はメルゲーズ（羊のソーセージ）用に下準備にまわす。やがて、羊は清潔な食材へと変身し、残るはマンゴーほどの大きさの睾丸の処理だけになった。青い静脈の走る陰嚢に包まれた睾丸は、逆さに吊るされた羊の股のあいだに堂々と鎮座していた。肉屋は私に向かってウィンクする——その顔つきはどうやら、この部位はとびきり貴重だから砂漠の野営地までの長いドライブで傷つけないよう大事に守らなければいけないといっていた——と、羊の腹に二つの切りこみを入れ、そこに睾丸を一個ずつ押しこんだ。

さらに肉を洗い、腸から糞をかきだすという不可欠ながらじれったい作業をすませたあと、再度洗

浄した。仕事は手早かった。メーメーと泣く羊が精肉へ変わるまで、かかった時間はおよそ二十分だった。ランドローバーのところへ歩いて戻る私のあとには新しい仲間たちがぞろぞろと続いた。百ドル札が肉屋のポケットに納まり、血まみれの作業をともに経験したこともあって、彼らは前より私に親しみを感じているようだった。透明なビニールシートで包まれた羊の肉は、始末されたマフィアに似ていた。ローバーのトランクにどさっという音とともに荷物が投げこまれたとき、私は奇妙なスリルを感じてぞくぞくした。

足りない調味料や食材をスークでそろえ、ガソリンを補給してから、いよいよメルズーガ砂丘に向かって出発した。ようやく清らかな白い砂を見られると思って私はわくわくした。羊の臭いや残酷さから逃れ、死にゆく動物の声をあとにできてほっとした。

しばらくは月世界を思わせる殺風景な風景が続いた。やがて、ふいにタイヤが柔らかな地面にめりこむのを感じた。そうなるとすぐに砂、砂、砂、そしてまた砂だった。自動車は巨大なケーキの砂糖衣の上を滑っていった。地平線にはメルズーガ砂丘の真っ赤なマンモスのような起伏があらわれた——少年向け冒険小説で思いえがいた本物のサハラのイメージそのままに。私は元気百倍になり、これでやっと願いがかないそうだと思って、ほっと胸をなでおろした。

砂岩でできた小さな小屋では、ブルーの衣装を着たベルベル族がカウチに坐って私たちを待っていた。すぐそばにはラクダの隊列ができており、大きなラクダが砂の上にうずくまって準備をととのえていた。私たちはラクダに乗り、一列縦隊になって、砂丘を越える旅に出発した。頭のてっぺんから爪先までブルーのトゥアレグ族の一人が徒歩で先頭に立ち、もう一人が最後尾についた。先頭のラクダに乗ったグローバル・アランは私のすぐ前、あいかわらずオレンジと緑のチェックのジャケットを着たアブドゥルは私の後ろにいた。マシューとアシスタント・プロデューサーがその後ろに続く。

ラクダに乗るのは——乗馬に慣れた人ならとくに——それほどむずかしくない。私はきわめて快適だった。こぶのすぐうしろ、何枚も毛布を重ねた鞍の上に坐っていれば、ラクダがゆっくりと前後に体を揺らしながら勝手に進んでくれる。両足は前に投げだしておけばいい。長い道のりになるとわかっていたので、前もって——このときばかりは先見の明があった——準備をしておいた。ボクサーショーツではなく、ブリーフをはいていたのだ。

だが、グローバル・アランは快適で安全な下着選びという心構えに欠けていた。そのせいで、私をカメラに収めるために体を半分ねじるという不自然な姿勢——ここで大事なのは、砂漠にいるトニーのシーンを撮ること——だけでなく、よけいな苦労を強いられたのだ。彼のラクダが砂丘の深い谷底に向かって急斜面を下りてゆくたび、睾丸を鞍にはさまれる痛さで思わずもらす呻き声や罵りの文句が聞こえてきた。アランはモロッコが大嫌いだった。前にも撮影で来たことがあり、この仕事で訪れる前から嫌いだと公言していた。フランスやスペインやポルトガルで、私が不便なバスルームや居心地の悪い部屋や無礼なウェイターや寒さなどについて愚痴をこぼすと、アランはただ微笑を浮かべて頭を振り、こういうのだった。「モロッコへ行くまで待ってみなって。これどころじゃない。そのときになりゃわかるだろうけどね。サダム・フセインのそっくりさんの群れが手をつないで坐ってお茶を飲んでいるんだぜ。ひどいもんだ。それまで待つんだな」

とんでもない。私はじつにいい気分だった。これこそ、私の思ったとおり、夢見たとおりのなりゆきだ。これのために、ここまで来たんだ！　ブルーの衣装を着たベルベル族とともにラクダの背に揺られて砂丘を横切り、何もない空間に囲まれて星空のもとで眠り、だだっ広い砂漠の真ん中で羊の睾丸を食べる。ピンで留められた蛾のように体をこわばらせてディナーテーブルにつき、カメラの前でぺちゃくちゃしゃべるなんてまっぴらだ。

数時間後、巨大な砂丘のふもとにテントが張られた。沈みかけた太陽が目の届くかぎり砂一面の起伏の上に長い影を落としていた。青い種族の人びとは夕方の軽食の準備で忙しく立ち働いていた。その夜、一晩を過ごす予定のメインキャンプはまだ先なので、ここでなにか一口腹に入れておこうという算段だ。一人が数本の木の枝と乾いた草で火をおこした。その炎を石炭に燃えうつらせ、お茶を淹れるあいだに、別の一人は小さな鉢を出してきて中のパンだねをせっせと手でこねた。こねたあとは布をかぶせてしばらく置き、やがて布すれすれまでパンだねがふくらむと、肉にタマネギ、ガーリック、クミン、ハーブなどを混ぜた具を中心にして、パンだねで包んだ。火が十分におこったと見るや、石炭を脇にどけて、その下の暖まった砂を掘り、大きな円盤状の肉入りパンをじかに穴の中に入れ、すぐに砂でふさいだ。あとは待つだけだとアブドゥルはいった。

そのときは暖かかったので、私は靴とソックスを脱ぎ、シャツ一枚になって、大きな砂丘に登りはじめた。できるだけなだらかな斜面を選んで、ぜいぜいと息を切らしながら、だらしなく肥えはじめたうえにくたびれきった重い体を引きずりあげるあいだ、この半年間に吸った煙草と腹に詰めこんだ食べ物の因果応報を思い知らされた。長い時間がかかった。約五十メートルごとに休憩し、息をととのえ、やっと力をふりしぼって次の五十メートルにとりくむ。ソフトだがドラマチックなエッジを見せる切り立った崖に沿って歩き、いちばん高いところまで行くと砂の上に仰向けに横たわった。数秒後、肘をついて上半身を起こすと、そこには生まれて初めて――そして、おそらくこれが最後だろうが――見る風景があった。自分の目でこんなものが見られるとは、一度だって本気で考えたことはなかった。周囲のあらゆる方向に何百キロにも及んで広がっているのはこのうえない贅沢そのもの、純粋に手付かずの無だった。はだしの爪先を砂につっこんで感触を楽しみ、長いあいだじっと横になったまま、しぼんでいくビーチボールのように砂丘の向こうにゆっくりと沈んでゆく太陽、赤からゴー

ルド、イエローオーカーから白へとすばやく変化していく砂丘の色、移り変わる空のようすを眺めて、つくづく思いをめぐらせた。躁鬱気味で、若くもなく、実力以上に売りこみだけ達者な、情けないこの俺——長年におよぶ料理人人生でこれといった目標も見つけられない、ニューヨークのなんでも屋のシェフ——が、いったいどんな幸運のおかげで、この奇跡を目にし、夢をかなえることが許されたのだろう。

俺は世界一ラッキーなろくでなしだと思った。心から満ち足りて沈黙と静寂の世界を見上げ、しばらくぶりにリラックスした気分に浸り、プランや計算や気がかりといったことに邪魔されずにのびのびと呼吸ができた。厳しくも美しい空間に包まれてここに坐っているだけで幸せだった。自分が自分であることが心地よく、この世界がとても大きくてすばらしい場所だと再確認した。

こんなマハリシ式の瞑想も、やがてパンを分けるときの聞きなれた物音で破られることになった。これを軽食の用意ができたしるしと受けとった私は、急斜面を跳ねるようにして下り、テントに戻った。ちょうどトゥアレグ族の人びとが焼きあがった肉入りパンの最後の砂粒をはらったところだった。切り分けた三角形の一片には一粒の砂もついておらず、スパイシーな芳香が中からふんわりとただよってきた。小さな毛布のまわりに集まってお茶を飲み、パンを食べるあいだに太陽は完全に姿を消し、私たちは暗闇の中にとりのこされた。

漆黒の闇の中、ラクダは黙々と歩みを続け、砂丘の急な坂をゆっくりと登っては降りてゆく。途中で一度、哀れなグローバル・アランがつい眠りこんだらしく、黒い影が大きく舟をこいだ拍子にラクダの背から落ちそうになるのを目撃した。はっとして目を覚ました彼は思わず声をあげたので、隊列をくんでいた全員がぎょっとした。一点の光も見えない夜の中をさらに二時間ほど旅するあいだ、やっと見分けがつくのは、広がる砂の海の表面の黒がやや薄いというだけだった。やがて遠くのほうに、

ちらちらと瞬く光が見えてきた。ラクダがとぼとぼと歩いていくうちに光はだんだん大きくなった。それが焚き火だとわかり、炎の上に飛びちる火の粉やテントらしきものの輪郭、うごめく人の姿なども見えてきた。太鼓の音や、これまで聞いたこともない言語の歌か朗詠のような声も耳に届くようになった。砂丘の窪みに向かってラクダが坂を降りはじめると、ぼんやりした影は消えてまた何も見えなくなり、聞こえる音はラクダの荒い鼻息だけになった。最後の長い急坂を辛抱強く登りきると、突然目の前にその光景があった。

長さ五、六十メートルの複雑な模様の絨毯が地面に広げられ、そのまわりをテントが取りかこんでいた。大きな天蓋の下には、クロスをかけたテーブル、布でくるんだスツール、クッションなどが置いてある。テントから離れた左手には、巨大な貯水池か十六世紀の大砲の砲口を思わせる、泥と藁で作られた竈が熱で真っ赤になっている。薪を積みあげた大きな焚き火のそばでは、ミュージシャンが太鼓を叩き、歌をうたっているが、彼らの服装も私たちのガイドと同じく、頭のてっぺんから爪先まで包んだ黒またはブルーのローブだった。なかでも信じがたい光景といえばバーである。十メートル近い長さのバーカウンターには、よく冷えたビールの大量のストックに加え、さまざまな酒壜がずらっと並んで、紐に吊るされた電球の光できらきらと輝いていたのだ。すぐそばには唸りをあげる発電機があった。

これぞ、古き良き時代である。焚き火のまわりでは青い種族が、衣服に使う草木染めの染料で青く染まった手で太鼓を叩き、歌い、踊る。頭飾りをつけたバーテンダーはフランス語をしゃべり、てきぱきとして愛想がいい。私はすぐにその場の空気になじみ、青い友人たちに混じって太鼓を叩き、太い巻き煙草をくゆらした。私の丸ごとの羊はタマネギと塩と胡椒をなすりつけられ、細長い竿に縛りつけられた。総勢三人がかりでそれを肩にかつぐと、煙をあげている火山のような竈に向かって歩き

はじめた。

「どうです？」片手にハイネケンをもったアブドゥルは、もう片方の手で竈のてっぺんに見える赤々と燃える口を指差した。「これがほんとの特別料理です。ものすごく熱い」。トゥアレグ族の男たちは竈の根元にあるもう一つの小さな開口部の前にしゃがみこみ、木の枝で石炭のもえさしや薪のかすを残らずかきだした。それから、その開口部を新しい泥で手早く閉ざした。羊の肉――メシュウィ――は竈のてっぺんに運ばれ、上部の開口部から、竿にしっかりと縛られたまま直立した形で、まだ核融合炉のごとく高熱を保っている竈の中にそっと収められた。それから、丸い蓋がかぶせられ、それも泥でしっかりと封印された。男たちは竈をさまざまな角度から眺め、完全に密封されたかどうかを調べた。亀裂や弱そうなところがあれば、さらに泥を塗って補強した。少しでも隙間があると余熱が逃げてしまうからだ。アブドゥルと私はバーに腰を据えた。

ムーレイ・イドリスのときと同じく、銀の盆にのった水差しと石鹸が運ばれてきた。手を洗うと、おなじみの旨いオリーブ、サラダ、パンが出てきた。夜になってめっきり冷えこんできたため、銀の蓋付き容器《チューリーン》に入った濃厚なハリーラスープはじつにありがたかった。アブドゥルはビールを何本も空けたあとで気がゆるんだらしく、次々とジョークをくりだして笑わせてくれた――残念ながら、そのジョークを聞くかぎり、モロッコでもユダヤ・ジョークが十分通用することがわかった。ポーランド人や田舎者をこきおろすところをリビア人に入れかえれば、砂漠でもオーケーだ。一時間半ほど食べたり飲んだりしたあと、やっとメシュウィができあがった。大きな平らなボードの上に載った羊の丸焼きが運ばれ、そのあとにはよく切れそうな細身の短剣をもった青い種族の男が付き従っていた。まだじゅうじゅうと湯気を立てている羊は、表面がぱりっとして、中までよく火が通っていた――ナイフとフォークの世界で調理するより、ずっとうまく焼きあがっている。皮はところどころ黒ずみ、

縮んだ筋肉からあばら骨が突きでていた。それでも、匂いはすばらしい。焼き方はたしかに芯まで火の通ったウェルダン――私の好みではない――だったが、冷蔵庫のない世界ではそれもやむをえない。しかも、ここでの食事は肉を切るのも、裂くのも、取り分けるのも、口に運ぶのも、しゃぶるのも、指でしなければならないのだからなおさらだ。肉汁たっぷりのピンク色のラムチョップを切るステーキナイフはここにはなかった。

シェフは羊肉をおおまかな部位ごとに切り分けたあと、さらにこまかく、手でつかめるほどにした。私はシェフとトゥアレグ族の仲間たちもいっしょにテーブルにつくよう招待した。そして、「ビスミラ」の挨拶を何度か交わしたあと、みんなでご馳走にとりかかった。シェフは短剣をすばやく振るって、羊の股座からぎょっとするほど大きな睾丸をとりだした。何かの儀式をすませ、食卓を囲んだ人びとが賛同するような笑みを浮かべる中、彼はそのぽりっとした筋っぽいものを私の前にさしだした。それから席につくと自分の前にも、もう一つの睾丸から切りとった分厚い一切れを置いた。湯気を立てた肩肉と腿肉の塊を手でちぎって食べているアブドゥルを横目で見ながら、私は――神よ、お助けを――睾丸を大きくちぎって口の中に放りこんだ。

これは驚きだった。やわらかく、ふわふわした食感で、羊臭さは肩肉や腿肉とくらべてもずっとかすかだ。全体として、噛みごたえと口あたりは胸腺に似ていた。まちがいなく、これまで私が口に入れた睾丸の中で最高だ。ただし睾丸を口に含んだのはこれが初めての経験である――念のため。噛むごとに味わいが増して、とても旨い。喜ばしい経験だ。もう一度食わせてやるといわれたら喜んではせ参じる。レストランで、これが何かを知らない客に「モロッコ風子羊のソテー《パヴェ・ダニョー・マロク》」といって出したら人気が出ることまちがいなし。これ目当てで客が殺到するだろう。自分が誇らしかった。私は何でも一度は試してみるが、期待外れでがっかりすることが多い。ヴェトナムでコブラの胆汁を飲んだ経験

は、話としては面白いだろうが、思ったとおりまずいものだったので幻滅した。しかし、羊の睾丸は旨かった。これなら迷うことなく、手放しでお奨めできる。

アブドゥル、テレビ・クルー、青い種族の男たち、それに私は、ラムに襲いかかり、手づかみでがつがつ食べ、ついに検死済みの焼死体のような残骸だけが残った。焚き火の勢いがなくなると、ミュージシャンや給仕、ラクダ遣いたちはじょじょにテントの中へと姿を消した。グローバル・アランとマシューと私はあとに残り、手元にはハシシの大きな塊があった。六〇年代の伝説になっている古典的な急場しのぎの喫煙道具——トイレットペーパーのロールとアルミ箔で作ったパイプ——の出番だ。

凍えそうな寒さになっていたので、重いラクダの毛布で体をくるみ、あてもなく砂漠に足を向け、満月に近い月をめざして歩きはじめた。頭から脛まで毛布でくるんだ格好は、まるで大昔のレプラ患者だ。おぼつかない足どりで暗闇をよろよろと歩きながら、ようやくどこへ向かうかを決め、近くの砂丘——もちろんキャンプに戻る道を見失わないようにして——に登った私たちは、冷たい砂の上に坐ってハシシを吸い、かつて何年も前に悟りだと勘違いした精神状態に陥った。くすくす笑いや咳は砂丘に吸いこまれていった。私はここで、自分よりはるかに優れた作家の「謎に満ちた星座」という表現——その作家の名前は忘れたが、これが自分のものでないことだけは確かだ——を拝借する。その表現を頭に思い浮かべながら、私はサハラの上に広がった、畏怖の念を起こさせる空をじっと見つめた。突き通すような明るい光、さっと落ちてゆく流れ星、冷たい月、さざなみのようなパターンを描く砂はまるで凍りついた海だ。なるほど、宇宙は大きいにちがいない。だが、目の前に広がるこの世界ほど大きいとは思えなかった。

第七章　死のハイウェイ　*Highway of Death*

たったいま、生涯でこれほど死に近づいたことはないという経験をした。そして、ふたたび同じ危険が迫りつつある。それを乗り切ってもまた次が。

高速一号線をカントーに向かって猛スピードで突っ走っているところだ。レンタカーのミニヴァンの座席で、隣にはフィリップがいる。車はホーンを目一杯鳴らしながら片側によってセンターラインを越え、ほとんど反対車線を走っている。百メートルほど前方には水を積んだトラックが猛スピードで近づいてくるのが見えるが、道を譲ろうとする気配はまったくなく、同じようにけたたましくホーンを鳴らしている。運転手と助手席のリン、私たちの後ろには撮影隊の二人がいる――この全員がいつ昇天してもおかしくない、と私は思う。

戦争中、高速一号線は危険に満ちているといわれていた。狙撃手、スパイ、伏兵、地雷に加え、ゲリラの攻撃は日常茶飯事だった。しかし、私にいわせれば、いまのほうがずっと危険だ。メコンデルタをドライブしてみればわかるだろう。ここでは、つねにホーンを鳴らしっぱなしで強気に出なけれ

ばいけない。やかましい警笛は「そのまま続けろ、なにも変えるな、急な変更はなし、そうすればすべてうまくいく」という意味であって、けっして「速度を落とせ」とか「右側へ寄せろ」とか「道を譲れ」ではない。後ろの車に警笛を鳴らされてそんなことをしたら――ためらったり、肩越しに振りかえったり、スピードを落としたり、ほんの一瞬でも迷ったりしたら――とたんに車は稲の田んぼに突っこんで大破し、燃えて黒煙をあげているだろう。ホーンを鳴らすのはただ「ここにいるぞ！」と知らせているだけなのだ。

そして今日、ここには私たちと同じく、二車線の道路を猛スピードで走り、気が狂ったように警笛を鳴らす人びとが群れをなしている。水を積んだトラックが近づいてくる。ぐんぐん迫ってきて、フロントグリルが見え、ボンネットの上にあるロシアの自動車メーカーのロゴが読める。こちらの運転手の足はまだアクセルを踏んでいて、少しもスピードをゆるめようとはしない。車は道路の真ん中を走っている。いわば――そんなものがここにあるとして――追い越し車線のようなものだ。右側にはない。本来の走行車線があるが、そこは猛スピードで走る車でいっぱいだから、その中に割りこむ余地はない。左側は対向車が切れ目なく流れている。左右の路肩は自転車、オートバイ、水牛、スクーターなどが三列か四列の層をなしてひしめきあっている。しかも、そのどれもが木箱に入った食料や洗濯機のモーター、肥料の袋、羽をばたつかせる鶏、薪、それに家族たちを満載している。したがって、運転手が最後の瞬間に気を変えて中央レーンを譲ろうと思ったとしても、避ける余地がまったくない。対向車の運転手がこの常軌を逸したチキンレースで絶対に譲る気がないとわかり、衝突を避けるためにはハンドルを切らなければならないというときになっても、スペースはどこにもないのだ！

その間にも距離は縮まり、いまやトラック運転手の顔、着ているシャツの色、ダッシュボードに置かれた煙草の銘柄――５５５――までわかるようになった。バンパーがいままさに触れあおうとし、

私たち全員がブレーキオイルとセーフティガラスと血の飛沫と骨のかけらのミックスになって消えようとしたそのとき、右側を走る二台の車がふいに隙間をあけてくれた。猛スピードのラインダンスもかくやというタイミングのよさで、私たちの車は走行車線にすっと収まった。水を積んだトラックはぎりぎりあと一センチというところを走りぬけ、鉄道で反対方向の汽車が通り過ぎたときと同じように、あいだに真空が生まれて引っぱられるのを感じた。フィリップは私のほうを見て頭を振り、「まだ生きているのか?……てっきりトラックがこの車を貫通したかと思った」という——真顔で。

数分ごとに、これと同じことがくりかえされる。先行車——それも、いまさっき追いぬいていったばかりの車——を追いぬこうとして車線を変えるため、車はハイウェイの幅いっぱいに広がり、正面からはまったく同じことをする乗用車やトラックが近づいてきてやかましくホーンを鳴らし、道の両側には危なっかしい自転車にまたがった農民やその祖母や子供たちがよたよたと走り、ときたま牛の引く荷車や水牛までもが道路に突っこんでくる。

もう一度。

そして、さらにもう一度。今度の相手はカーキ色の軍用車で、荷台にはくたびれたようすの兵士たちが立ったまま詰めこまれている。軍用車はスピードを落とす気配もなく、まっすぐ突っこんでくる。こちらの運転手は気にもとめない。今度こそ衝突は避けがたいと思われるのに、運転手は同じように平気な顔のリンとのんきに雑談を交わしている。運転手は警笛を鳴らした。ずっと鳴らしっぱなしだ。警笛を鳴らしておけば、それが魔法の杖のように物理の法則さえ曲げてくれると思っているらしい。足はいぜんとしてアクセルペダルの上にあり、スピードはゆるまない。フィリップの握り拳から血の気が失せ、シートのアームレストよりも白くなった。バックミラーの中ではカメラマンのクリスが目を丸くしているのが見える。西欧社会からやってきた面々はうちそろって息を止めた。衝撃にそなえ

て体を縮め、愛する人びとの顔をはかなく思い浮かべながら、ウィンドシールドごしに放りだされる覚悟をした……そして今度も、車は絶妙なタイミングで走行車線に戻り、二台の車は猛烈な疾風をまきおこしつつ、ぎりぎりですれちがった。私たちの車はすぐさまセンターラインを越え、前をゆく遅い車に猛烈な警笛を浴びせかけ、時速百二十キロのスピードで突っ走る。

運転手はこの車がなぜか危険を遠ざける不思議なバリアに守られていると信じているらしい。やがて私たちにもそんな気分が伝染してきた。そうでもなければ、あれを無事に乗りきったことの説明がつかない。衝突すれすれで回避したことが何度あっただろう。あまりにも頻繁にたび重なるものだから、一時間もすると本当にそれを信じるようになり、ほとんど不死身なのだとさえ思いはじめた――ヴェトナムの不思議な呪物が私たちの車を正面衝突から守ってくれているのだ、と。四輪を備えた怪物とでもいいたいような二十年前のソ連製のポンコツ車に向かって、アクセルペダルを床まで踏みこんだまま正面から突っこんでゆくとき、警笛の音は奇妙なドップラー効果でホアアアーンンンと近づいては去り、それと同時に衝撃波がどっと襲ってきて、私たちの車は道端をよろよろと走る四人乗りの自転車のほうへと近づいてゆく。通行人や荷を積みすぎた自転車に危うく接触しそうになったことも再三あった。私たちはずっと前から、運転手に向かってスピードを落とせと叫ぶか、あるいはその手からハンドルを奪い返したい(こやつは乗客を皆殺しにしようとする狂人にちがいない)と思っていたが、私たちにできるのは恐怖で金縛りになっているか、衝撃にそなえて体をつっぱらせているだけだった。ほんの一秒でも運転手に声をかけたり、注意をそらしたりしたら、そのとたんに全員あの世行きだとわかっていたからだ。

そのうち、ずたずたになった神経に盲目的な信仰がとってかわり、ただ金属とガラスの薄い層の外側で起こっている事態をできるだけ無視するか、あるいは恐怖と神経衰弱でへとへとになりながらひ

たすら祈るしかなくなった。

カントーは地面にへばりついたような川沿いの町で、フランス植民地時代の建築物がまだ残っていた。チェックインしたホテル・ヴィクトリア・カントーは、最近ヴェトナムに増えている海外資本のぜいたくなリゾート・ホテルである。安全で清潔、広々とした漆喰塗りのロビー、黒と白の大理石のフロア、プール、メコン川の岸辺にはボートハウス、チークとマホガニー材でできた客室には快適なベッドと衛星テレビがある。ビジネス・センター、スポーツジムとマッサージ施設、とても上品なレストランとバー——ちなみに、通りの先には対空砲の砲台もある。砲台のそばを通りすぎたとき、リンはカメラマンたちに「これは撮影禁止です」と念をおした。

チェックインしてすぐ、私はマンゴーダイキリを注文した。何度も死にかけたドライブのあと、これほど心安らげるホテルはない。少し贅沢をして、汗まみれになった服をクリーニングに出し、一時間半のマッサージを頼み、ランチには伝統的なヴェトナム風チキンBLT（ベーコン・レタス・トマト）クラブサンドイッチを奮発した。フィリップは早くもホテルのイニシャル入りバスローブを着こんでプールサイドにいる。やがて、私は台の上でオイルまみれになり、うとうとしながら、背中を小柄なヴェトナム女性に踏んでもらっている。生きていてよかった。

ところで、ここへ来て気づいたのだが、アジアにはペニス機能不全という症状が蔓延しているにちがいない。そうとしか考えられない。彼らの頭の中には勃起能力を高めるにはどうしたらいいかということしかないのだろう。ウェイターや友人たちから、数週間前には口に入れるとは考えもしなかったものを食べてみろと勧められるとき、たいてい「精がつく」という言葉がセットになっている。たとえば、中国人が「医療」の名のもとにやっていることは、ほとんどやけっぱちとしか思えない。「ホーリスティック医療」とか「漢方治療」に熱をあげているニューエイジかぶれの友達がいたら、

このことを思いださせてやるべきだ。中国ではマレーグマを逆さに吊るして——ケチャップ容器の残りをさらうように——胆嚢にチューブをさしこみ、胆汁を小さな瓶に集めるのだそうだ。犀の角。熊の掌。燕の巣。孵化直前のアヒルの雛。ペニスのことが心配なあまり、かわいいマレーグマを拷問の苦しみにさらそうとまで思うらしい。

そして、それ以上にペニスが心配でたまらなくなったら、カントーにある〈ミ・カイン・レストラン〉で食事をする。出迎えたウェイターは誇らしげに、私たちを食前の半ば強制的な見学ツアーにつれだした。広い敷地には生い茂った樹木のあいだにセメントの細い道がうねうねと続き、客は動物園のような檻を見てその日のメニューを決めるのだ。ここにいる動物はすべてディナーの素材になる。マレーグマを見たとたん私は食欲を失った。ほかにも、蛇、コウモリ、トカゲ、ワニ、鶴、体重八十キロのニシキヘビ、猿、犬などがいた。ウェイターがいうには——あまり信用できないが——犬は売り物ではないとのことだった。池では、エレファントフィッシュやナマズを自分ですくうことができる。この残酷な庭園の真ん中、動物たちの檻から放たれる恐怖の気配のただ中に、こぎれいな小さなバンガローが建っている。ここは、中国人や台湾人のビジネスマンが愛人をつれて週末の快楽にふける場所なのだ。アメリカではディスカバリー・チャンネルでしか見られないような動物を食べるために彼らはここへ来る。そして、殺して食べる前の動物を身近において、その精気を十分に吸いこむのだ。たぶん——想像だが——レストランの勘定をすませると大急ぎでバンガローに戻り、大枚はたいてかちえた勃起を長引かせようと奮闘するのだろう。〈ミ・カイン〉の経営者はいまプールにいるとウェイターは自慢げにいった。これは身の毛がよだつほど残酷なテーマパークだ。胸がむかむかした。気分が悪くて、動物のどれかを食べるどころではない。犠牲者に取りかこまれて泊まり、殺される動物の悲鳴を聞きながら愛人を抱く——これがロマンチックなリゾートだって？

フィリップと私は、緑の膜が水面を覆ったどんより淀んだ池でエレファントフィッシュをつかまえることにした。少年がどこに網を入れればすくえるかを親切に教えてくれた。メインディッシュを捕まえるのに三十秒もかからなかった。

前菜には、なるべく無難なカレー味の蛙の肢、海老せんべいとピーナツとニンニクとミントを添えた陸生の小さな蛇、蒸し煮にしたコウモリ（タイヤを蒸し煮にして、エンジン冷却剤のソースをかけたようなもの）を選んだ。つぶらな目をした動物はとても食べられなかった。いまでも無理だ。フィリップと私はぽつりぽつりと料理を口に運んだ。魚を発酵させている近所のヌックマム工場から漂ってくる黒い煙は少しも食欲増進の助けにならなかった。

こんなところへ来るものじゃない。

ウェイターは愛想のよい若者で、言葉遣いもやさしく親切だったが、もしも私が猿を注文しようと決心したら、彼はあの笑顔を浮かべたまま、なんのためらいもなく小猿の喉をかき切るのだろうなという想像が頭から離れなかった。

翌朝、近所のカイラン水上マーケットへ行くための船に乗りこんだときは、だいぶ気力をとりもどしていた。外の景色は美しく、太陽は雲の縁取りをピンクとオレンジのコロナでいろどっていた。水面でちらちら揺れる光には催眠効果があった。竹の枠組みに草葺屋根を載せた家、背の高い椰子の木、カントーの混みあったウォーターフロントが目の前を通りすぎてゆく。川の上にも活気があふれていた。網を投げる漁師がいる。その手作りの漁網は巨大な蛾の羽のようにふわっと水面に広がり、水中に沈んだあと、うまく細工された竹竿でたぐり寄せられる。家族づれが乗ったサンパン、赤ん坊を背負った女性が一人きりで船尾に坐って漕いでいるサンパン、コンクリートブロックや建材を満載した舟も見える。川には水上ガソリンスタンドまであり、千ガロン入りのガソリンタンクを積んだ舟をあ

やつる老人はおそろしいチェーンスモーカーだ。カイラン水上マーケットが近づくにつれて、舟の往来はますます盛んになる。どの舟も、米の袋、肥料、野菜、鉢植えの椰子、生きた家禽の入った檻などを山のように積んでいる。

パタパタとエンジン音を響かせるサンパンが私たちの舟に近づいてきて、コーヒーはいらないかと訊いてくる。舵の周りには〈スターバックス〉並みの装備がそろっている。舟同士をささくれたロープでつなぐと、男はさっそくコーヒーを淹れはじめた。高速で走る私たちの舟と平行になるよう片手で舵をとりながら、もう一方の手で背の高いグラスに旨いヴェトナム・コーヒーを落としてゆく。反対側には別の舟――バゲットを売る舟――が近づいてきたので、それもいくつか買う。バゲットはまだ温かく、皮はカリッとしていて、パリで買うものとくらべて少しも遜色がない。フォーを商う舟が仲間に入り、やがてフィリップと私はフォーの丼を抱えてずるずると麺をすすることになる。驚くほど新鮮でスパイシーなビーフと麺とレバーのスライスに、色鮮やかなシャキッとした香菜がなんともいえない匂いを漂わせている。ここでは一日中、何かを食べていられる。水の上に浮かんでいるだけで、食べ物のほうがやってきてくれるのだ。パテ・サンドイッチ、手巻きのビーフロール、春巻、甘いお菓子類――これが全部、舟が忙しく行きかう川の上で食べられる。いざ水上マーケットに着くと、そこには鮮魚商、家畜小屋、果物と野菜の卸売り、パン焼き職人、花屋などが、いつの時代のものかもわからない、いまにも水びたしになりそうなおんぼろ舟に乗って商売をしている。丼の底に残ったフォーの汁をすすりながら、これこそ生きるってことだと思う。誰もがほほえんでいる。子供たちは「ハロー!」「バイバイ!」そして「ハッピー・ニューイヤー!」と叫ぶ――知っているわずかな英語を使ってみたいだけなのだ。砂糖漬けのマンゴーとバナナ、切りわけたメロンやパイナップル、丸ごとのジャックフルーツ、ドリアン、マンゴスチン、ドラゴンフルーツ、チェリモヤなどのデザートを

売る舟もある。エンジン音をたてて近づいてきた船は、操舵室のまわりにきれいにラップされた四角や三角形のサンドイッチ《バイン・ミー》をぶらさげ、それ以外にも煙草、ソーダ、ビール、ビニール袋に入れたフルーツジュースなどを売っていて、まさに水上コンビニエンス・ストアの様相を呈している。猛スピードで進む船の上で油の煮立った中華鍋を使う女たちもいる。ミントの葉でくるんだ挽き肉の小さな塊を焼いたり、小鳥を揚げたり、麺を茹でたりしている。どれもいい匂いだし、どれを見ても食欲がそそられる。

遠くの岸辺に目をやると、ドアのない小屋が水上に張りだして立ち並んでいるのが見える。家具はほとんどなく、ときたまハンモックがぶらさがり、何度も修理を重ねたらしいテレビの画面が輝いて見えるだけだ。中世のものかと見まがう、水の上に建てられた屋外便所の上にはテレビ・アンテナが立っている。岸辺では、水上生活者の暮らしが次々とくりひろげられてゆく。母親たちは茶色い水で子供に水浴びをさせ、洗濯物を叩き、中華鍋をごしごし洗い、ライスペーパーを乾かそうと屋根の上に並べ、原始時代から変わらないちっぽけな家を箒できれいにはき、隅々まできちんと片付ける。

ヴェトナムのどこでも見られる風景だ。これほど旨い食べ物と、尊敬すべき立派な人びとを生む国――それを支える誇り《プライド》。いたるところにそんな誇りがある。トップから最底辺にいたるまで、誰もが自分のもっているもの、即興で作るもの、修理するもの、改良するものに対して、自分の力の及ぶかぎりベストを尽くそうとする。どんなにささやかな麺の屋台、水洩れしそうなサンパン、箒で掃き清められた泥のポーチ、耕された小さな水田にも、その精神があふれている。踏み固められた泥の堤防、何世紀も前に作られた灌漑水路、木の吊り橋、修理された靴、タイヤでできたサンダル、塵一つ落ちていない都会の道路、継ぎの当たった屋根、手編みの色鮮やかな毛糸の帽子をかぶせられた赤ん坊にも、その精神を見ることができる。ヴェトナムや共産主義についてどんな先入観をもっていたかを自

問し、かつてこの国で実際に何が起こったかをよく考えてみることだ。イデオロギーなどごく限られた人にしか許されない贅沢だという自明の理――この国は、いまも昔も、つねに家族が最優先であり、それから村、県、そして国という順番だった――を、できるならば棚上げにしてみよう。この国の人びとが、どんなに平凡なことでも、またどんなに厳しい状況に置かれても、勤勉さ、細部へのこだわり、日常生活のあらゆる側面に対する気配りを忘れないことに対して、心から感銘を受け、脱帽せざるをえない。メコンデルタでしばらく過ごしてみれば、地球上で最も大規模かつ強力な軍隊をもつ国が、どうして農民ばかりの国に打ち負かされたのか、その理由がよくわかるだろう。水田で働く女たちを見るだけでいい。一日八時間か十時間も腰をかがめたままで、膝までくる水の中から稲の穂をぐいと引き抜き、それを移し、また植えかえる。石器時代からずっと変わっていない複雑な灌漑システムや、生きていくために欠かせなかった村落共同体の協力ぶりをしばらく観察すれば、この国の秘密がわかるだろう。

彼らは爆撃と機銃掃射と哨戒機を生き抜いてきた。CIA、NSA(国家安全保障局)、人工衛星、AWACS(空中早期警戒管制機)、ちかちか瞬くモニターで地上をサーチする諜報アナリストの一団を運ぶ戦術輸送機C-130のセンサーとガトリング砲、B-52、金で雇われた殺し屋集団、「報復テロ」チーム、人民のことなど目もくれずに政権争いに明け暮れる派閥のリーダーたち――人びとはこれらすべてを乗り切った。『じゃじゃうま億万長者』とボブ・ホープを退け、アメリカの貪欲さとアメリカ文化の最悪の部分にも毒されなかった。彼らはフランスをやっつけた。中国もやっつけた。クメールルージュもやっつけた。そして、共産主義にも負けなかった。百年後には共産主義者もここからいなくなり――アメリカと同じように、ヴェトナムの長きにわたる悲劇的な歴史と苦闘の脚注となって――そのあとにはメコンデルタの田んぼとこの水上マーケットだけが残っているだろう。そし

て、この川はいまと変わらず、百年前と同じ姿を保っているだろう。
私はこの土地が好きだ。大好きだ。

第八章 東京再訪 *Tokyo Redux*

東京には過去一度しか行っていないが、二度目にそこへ降り立つやいなや、また大動脈のただなかに入りこんだことがわかった。猛烈な活気とスリルとスピードの渦。私にとって、東京は一編の長い予告編のようなものだ――すばやいカット割りでつなげられたハイライトシーン、派手な効果音とともにアクションたっぷりの見せ場がくりひろげられ、奥歯を疼かせ心臓をドキドキさせるサラウンドサウンドに包まれ、ペースはどんどん速く、動きはますます狂騒的になり、それが突然ぷつっと切れて暗闇に閉ざされ、この次はもっと激しい興奮が待っていると約束される。

料理人の脳の奥の快楽中枢にこれほど強烈に働きかける場所は知らないし、聞いたこともない。あえていえば日本料理ほど理にかなったものはない。味覚という快楽の、最もシンプルで清潔で新鮮な要素がとことんまで追求され、洗練の極みまで研ぎ澄まされる。東京の街路――そして、この大都会のポップカルチャーの大半――とは違って、もっと伝統的な料理とリラクゼーションの分野は厳しく、妥協がなく、脱線や反復を許さず、すっきりと立つ一本のカラリリーの花のように美しい。ここには

謎めいた静寂がある。猛烈に働き、高度に組織化され、病的なほど身ぎれいで、痛ましくも抑圧された日本人は、想像力とファンタジーに関するかぎり、パワフルな――毒々しいほどの――世界に生きている。過去何世紀にもわたって、この国では快楽を味わうのに必要なもの、望ましいものについて真剣な思索がなされてきた。不要なもの、異質なもの、過剰なもの、不完全なものは、すべて捨てられる。あげくのはてに残るのは、何もない部屋と一組の布団、そして非の打ちどころのない一本の花だけだったりする。

騒々しいストリートは、またたくライトと喚きたてる巨大スクリーンとどれも同じような服装のくたびれ果てた人の群れがひしめきあう放埒なメビウスの輪に似ているし、テレビの狂躁的なバラエティ番組ではトナカイがブレークダンスをしてヒステリックに騒いでいるかと思えば、大はしゃぎする司会者と、サイケな色調のいやになるほどキュートなふわふわした動物キャラクターと、目に星を浮かべたアニメのヒロインたちでいっぱいだし、ポルノときたらこの世で最も醜く野蛮でいやらしく、その性的妄想はドイツ人さえもおとなしいと思わせるようなものだし、それどころか学校では子供たちに第二次大戦の暴虐などまるでなかったことだと教えているかもしれない。だが、一人のコックにしてみれば、そんなことはどうでもいい。ここへは、ものを食うために来たんだ。いざ食卓に向かう、あるいは週末を田舎でのんびり過ごすとなったら、この世で日本人ほどうまく、また徹底的にやりとげる連中はいない。

とにかく、魚、魚、魚のオンパレードだ。魚が好き？　それなら日本が大好きになるだろう。日本人はよい食材を求めて世界中の海をさらいつくす。そして、上等な食材のためなら、いくらでも――掛け値なしにいくらでも――金を出す（ニューヨークの〈スシ・サンバ〉の友人タカは、一キロ半ほどの大トロの塊にぽんと八十ドル――それも卸値で――を出したものだ）。東京の魚市場では本当に

わくわくした。あそこのことを考えただけで心臓の鼓動が速くなる。この前日本で過ごしたときは、見逃したものがたくさんあった。ほとんどの時間は仕事に追われていたし、無駄に歩きまわってばかりいた。初めのうちは外国人であることに気後れし、人ごみや知らない言葉に怖気づいていた。それで、混みあった立ち食いソバ屋やサラリーマンのたむろするバーに入っていくのがためらわれた。今度こそは、せめてもう少し見てやろうと決意を固めていた。「究極の食事」探しは、しばし棚上げになるだろう。なんといっても日本なのだ。ここには、究極の食事など、ごろごろしているにちがいない。それが日本人というものだ。

JFK空港からの飛行機は混んでいたし、私は興奮しすぎて眠れなかった。三本の映画と三度の食事、成田までの十四時間、単調なエンジンの唸りを聞かされつづけた私は、ついに事故でもなんでもいいからエンジンの音が変化してほしいと切望するまでになった。が、そのときやっと速度が遅くなり、飛行機は最終の着陸態勢に入った。しかし、それからのじりじりさせられる一秒一秒はまるで拷問のような苦しみだった。エコノミークラスの乗客にはゴム製のおしゃぶりを配るべきだ。フライトアテンダントが飲み物のカートをストラップで留め、座席のシートが元の位置になっているかどうかをチェックしはじめたときには、つくづく噛みしめるものがほしいと思った。

私が滞在したのは新宿のホテルたてしな、脇道に入ったところにある二流のビジネスホテルだ。ドールハウス並みの広さの部屋には、固いが寝心地のよいベッドと、安っぽい洋服ダンス、テレビ、砂が入っているような音と感触の枕があった。壁は薄い。部屋の外の廊下には自動販売機がずらっと並んでいて、私がいつも吸っている銘柄の煙草、コーヒー、アサヒビール、それにポルノチャンネル(チェリー・ボム)を見るためのプラスチックカードが買えるようになっていた。息が詰まるほど小さなユニットバスでシャワーを浴び、服を着替え、雨の歌舞伎町に足を踏みだした。ネオンと看板の

立ち並ぶ道をすぐに曲がり、頭を下げて静かな神社を通りぬけると、にぎやかなパチンコ屋とホステスのいるバーとノーパン喫茶と焼き鳥屋と売春宿のひしめく一画に出た。方向を転じてゴールデン街に入ると道はますます狭く、テーブルが一つか二つしかない小さなバーがびっしりと軒をつらねている。複雑に絡みあった非常階段と電線と吊り看板の上には、超高層ビルが赤いライトを点滅させていた。トーキョーへようこそ。私はこぢんまりした居酒屋にもぐりこみ、炭火焼の炉を横目で見ながらテーブルについて生ビールを注文した。

ビールといっしょに熱いおしぼりが運ばれてきた。漬物、もろキュウ、温泉卵（生に近い半熟卵）、ブリかま大根、手羽先、シイタケの肉詰め、それに炒り銀杏を注文した。人生はまた善きものとなった。家畜小屋のようなエコノミークラスの座席に押しこめられ、膝が顎に届くほど窮屈な格好で脚を折り曲げ、メル・ギブソン（クソ食らえ）とヘレン・ハント（表情はわずか二パターン）の映画をむりやり見せられたあの十数時間は惨めな過去の記憶として消え去った——ちなみにこの二人は「トニーが絶対にお奨めしない映画」の常連だ。機内で見せられた映画の一本にはジーン・ハックマン（どんな役でも無難にこなす）の演じるぶっきらぼうだが意外にも心根はやさしいフットボールコーチが出てきて、もう一本のほうには、ジーン・ハックマン（また俺かい）の演じるぶっきらぼうだが心根はやさしいＮＳＡのエージェントが出てきた。

夜中の三時半に目が覚め、部屋に備えつけの電磁サーバーでお湯を沸かし、ティーバッグの緑茶をいれて飲んだ。私は何か書こうとした。ニューヨークのナンシーに電話をかけたが留守電になっていた（エルヴィス・コステロの「アリスン」——「ときどき君を黙らせたくなるよ」《サムタイム・アイ・ウイッシュ・ザット・アイ・クッド・ストップ・ユー・フロム・トーキング》——が聞こえる）。私は受話器を置いた。旅に出て初めて、以前の生活から完全に切り離されたと感じた——家から宇宙の果てほど遠いところにいて、これまでの自分の存在や行動がなぜか実体を失っ

たように思える。ホテルたてしなで、私は独りぼっちだった。が、そんな孤独も薄い壁の向こうから聞こえてくるトイレの水音で破られた。やがて低い呻き声も聞こえてきた。どうやら隣の部屋の男がチェリー・ボムを鑑賞しはじめたようだ。

また眠りに落ち、はっきりした夢を見た。ナンシーがアパートを改修して、私のためのサプライズ・パーティを開いていた。客は全部アジア人だ。みんなが片っ端からハグしあう。なぜか歌手のレスリー・ゴアがいて、「イッツ・マイ・パーティ！」をうたっている。夢の中でナンシーに抱きしめられたとき、ぬくもりさえリアルに感じられた。

早起きして、廊下の自動販売機で缶コーヒーを買った。ホテルたてしなのフロントで通訳兼ガイドのミチコと待ちあわせた。テレビ局が手配してくれた有能な若い女性で、スマートに服を着こなした美人である。レンタカーのヴァンのハンドルを握るのは、ヤンキースのキャップをかぶった長髪の若者シンジだ。二人とも流暢な英語をしゃべり、シンジときたらヤンキースの最新の成績とトレード情報をばっちり押さえていた。この二人なら頼りになる。車で銀座に向かいながら、ミチコは小さなシルバーの携帯電話のボタンを手馴れたふうにぱたぱたと打ち、予定を確認していた。シンジと私はブローシャスのトレード問題について話しあった。

今回の東京訪問では、前もってきっちりと予定を立てておいた。なにより最優先すべきは江戸《エド》前《マエ》寿司だ。江戸とは東京の古い呼び名であり、寿司の世界で江戸前といえば、それは伝統的な江戸スタイルを意味し、ただでさえ（この日本で）崇敬おくあたわざる寿司の中でも、妥協のない最高級のものを指す。これからミチコの紹介で、銀座の高級寿司店〈からく〉へ行き、そこの経営者兼江戸前寿司職人の親方、戸川公成氏に会うのだ。

この前、あらゆる魚市場の原点ともいうべき築地市場を訪れたときは、ただ呆然とするだけだった

が、今回は専門家に水先案内をお願いした。予定では、戸川さんの店へ車で迎えに行き、築地市場へ仕入れに行く彼に同行し、そのあとまた店へ戻って、好きなだけ寿司を食べさせてもらう。前著で築地について書いたとき、考えつくかぎり最上級の形容を使い果たしてしまった。その言葉は誇張ではない。ここは海産物の世界のタージマハール、コロッセオ、大ピラミッドなのだ。延々と広がるコンクリートのフロアでは、信じられないほど大量の魚介類がのたくり跳ねまわりながらタンクから引きあげられ、鮮やかな色を見せてみごとにレイアウトされ、箱の中でドミノの牌《パイ》のように整列し、砕いた氷の山の下から鉤で引っぱりだされ、床の上を滑らされ、敏捷に走りまわるカートで運ばれ、あたりには無限の可能性と官能の果てしない歓びを予想させる匂いが満ちている――これ以上のものを求めようという気力はもはやない。こんな場所は世界に二つとない。信じてくれ。

今回はぽかんと口をあけて見ているだけではなく、きちんと探索したかった。戸川さんとつれだって歩いていくと、鮮魚商たちが彼の姿を見かけて挨拶した。愛想がよくまじめで、私とほぼ同年代の戸川さんは、この日、お目当てのものがいくつかあった。生きた鰻と蛸、鯛、車海老、それに旬の大トロ――鮪の最高級の部位――である。私たちは水槽から生きた食材を引っぱりだしては、じっくり吟味した。戸川さんはこれまで見たことがないものを見せてくれた。タンクからぴちぴち跳ねまわる鯛をすくいあげると、彼は包丁の背で鯛の頭の後ろに一撃を加え、それから背骨が見える程度の小さな切りこみを入れた。そして、細長い針金を手に取ると、魚の骨髄にそれをさしこみ、前後に何度か動かした。こうすると、神経が麻痺するのだという。店の厨房に運ばれて止《とど》めを刺されるまで、鯛は一時停止にしたアニメのように昏睡状態のまま生きており、新鮮さが保てるのだ。雑踏する通路を歩いていくと、親方は脂ののったトロの塊に目をとめ、くわしく調べようと近づいた。しばらくじっと見つめ、鮮魚商と少し会話を交わしたあと、トロの塊は買い物籠の中に入れられた。生きている鰻と

蛸――水槽のガラスにぴったり吸いついてなかなか離れなかった――を数キロと、鮮やかな色の海老を仕入れたあと、銀座へと引きかえした。

店では職人や下働きが親方の帰りを待ちかまえており、さっそく今日の仕入れ品をさばきはじめた。蛸は味醂（餅米から醸造したもの）で煮込むために塩をもみこんで軽く叩き、そのあとは鮪を切り分けて、さまざまな部位を用途別にとりおく。殺風景な狭い地下のスペースには、すぐにご飯を炊く匂いとすりたてのショウガとワサビの匂いが充満した。包丁で新鮮な魚の小骨を切っていくときのリズミカルな音――耳に快く、ほとんど音楽のようだ――や、三枚におろすために背骨にそって刃を勢いよく走らせるときの鋭い音――ジーップ！――が聞こえる。鰻を裂くときの包丁は確信をもって動き、最後に鯛をさばく「ザク！　ザク！」という音が響いた。私はカウンターに坐って、下ごしらえのようすを眺めていたが、ついにみっともなくも腹がぐうぐう鳴りだしたのでテーブル席に移った。

ようやく正午近くになり、ミチコとシンジと私は畳敷きの小部屋に案内された。熱いおしぼりと冷えたビールが運ばれた。襖の一枚がすっと横に開いて、料理が運ばれてきた。

最初はワサビを添えた蛸――色と形は桜の花――だった。次に、焼いた鰯に柚子風味のポン酢を添えたもの。このポン酢がなんともいえないよい香りだ。続いて、伝統的な江戸前寿司の皿が出てきた。握りの一つずつは米の量がほとんど同じで、これも江戸前寿司の特徴なのだが酢飯は温もりを残してふんわりと握ってある。よくぶつかる冷たく糊のように固まった寿司ではない。ちょっと前に戸川さんが他の客のために寿司を握っているところを見たが、彼の手はひらひらと軽快に舞い、十本の指は優雅なバレエを踊っているようだった。戸川さんの話によると、この酢飯を握る技術をマスターするだけでも徒弟として三年修業しなければならないという。寿司職人の修業を始めて最初の三年間は、ご飯しか触らせてもらえないのだ。

くちばしが尖った、透きとおって銀色に輝く小さなサヨリはまるで生きているようだ。一晩醤油につけた鮪の赤身、海老、平目、大トロなど、どれも軽く握った温もりのある酢飯の上に載っている。大トロをのぞいてどの魚も、東京湾でとれた高級品ばかりだ。活きのいい魚にはいくらでも金を出すのが江戸っ子である。そして、江戸前寿司には最高の魚を用いるのが決まりだ。

次から次へと運ばれる料理はどれも文句なしだった。蜆の味噌汁、小さな皿に盛られた漬物、厚焼き卵（オムレツのようなもの）、大きな貝（あれは何だったか）、鮑、穴子。これで終わりか？　いや、まだまだ！　海苔巻きの載った台が次に出てきた。ナマコ、赤貝、穴子、干瓢とデンブ、ネギトロ巻き。卵とシイタケとキュウリを具にした、もっと大きな太巻きが運ばれ、これには沢庵の小皿がついていた。鯛はすばらしく活きがよくて、皿の上で生きているように見えた。だし汁で煮た魚卵の小鉢、高価な生ウニもほんのちょっぴり。

襖が開いて、ジャンボサイズの凍結酒の壜を手にした戸川さんも私たちの食卓に加わった。彼は坐ると、私のグラスに半ば凍っている酒を注いだ。慣習に従って、私も恭しく返杯した。ふつうはこれを皮切りに受けたり注いだりの応酬が始まるのだが、この日もまさにそのとおりになった。ビールと凍結酒のちゃんぽんで全員がうっとりと幸せそうな笑みを浮かべるようになったころ、最後の料理が運ばれてきた。噂に高い貴重な大トロである。軽く表面を炙り、中のほうはまだ生という状態で、甘辛い微妙なたれがさっと塗ってある。完璧《パーフェクト》だ。

パーフェクト。これまで食べたなかで最高の寿司だ。これぞベスト。断然抜きんでている。再度いわせてくれ。これまで私が食べたなかで最も旨く、最も上等で、新鮮な素材がこのうえなく巧みに調理してあった。食べながら、呻き声やほくそ笑みや感嘆の叫びをあげないよう、必死で抑えなければならなかったほどだ。戸川さん、あなたがこれを読んでいてくれるといいのだが。あなたが朝の四時

に誰かに助けを求めたくなったら、私は世界のどこにいても駆けつけるよ。あなたは私に光を見せてくれた。

その夜、ランチでふくらんだ腹を抱え、私は古びた鉄道駅に近い有楽町の路地をうろついていた。あたりには焼き鳥を焼く煙と甘辛いたれの匂いが充満していた。ひしめきあう小さな焼き鳥屋は、地面すれすれの低い椅子とビールのケースを逆さにしたテーブルからなり、どこも焼き鳥の串をつまみに酒を飲むサラリーマンで満員だった。しばらく歩きまわっているうちに、なんとまた食欲がわいてきた。暗い路地を入っていくと、騒々しく飲み食いする勤め人らしきグループの隣に一つだけ椅子が空いていた。この一団は同じ会社の同僚らしく、一日の勤めの終わりに羽を伸ばしているらしかった。そのうちの一人が一杯機嫌で手を伸ばすと私のテーブルを彼らのそばに引き寄せ、やあやあまあ一杯といいながら熱燗を勧めてきた。ブロークンな英語と片言の日本語で自己紹介をしたあとは、いつのまにか飲みかつ食らうどんちゃん騒ぎに突入していた。焼き鳥の皿——つくね、砂肝、軟骨、胸肉、手羽——が目の前に並びはじめた。グラスの酒が半分になると、すぐに誰かが注ぎたす。次々と料理が出てきて、やがてテーブルの全員が冗談をとばし、熱弁をふるい、つれあいへの愚痴をこぼしはじめた。テーブルの端にいた一人はときどき、伸ばした両腕の中に頭をがくっと垂らして意識を失うが、すぐに目を覚まして酒のお代わりをしていた。だが、仲間たちはまるで気にとめない。世界中を食べ歩くという任務について話すと、彼らは興味津々だった。あらゆるところから、サジェッションが差しだされた。

「ボーデインさん！　ちゃんこは食べた？」

「ボーデインさん！　温泉《オンセン》は？　懐石《カイセキ》料理は？　あれはいいよ！」

テーブルの上には食べおえた串が山積みになった。だが、酒はまだ止まらない。やがて、サラリー

マンの一人がツイストとおぼしきものを披露しはじめ、別の一人は理解しがたい（言葉のせいではなく）姑《しゆうとめ》ねたのジョークを飛ばした。料理の鉄人、森本（私はこちらに一票）と坂井（人気ナンバーワン）のどちらが上かという議論にも熱が入った。ボビー・フレイ対森本正治の対決で起こった「まな板事件」（調理場に水をあふれさせ、あわてて調理台の上に乗ったフレイに対して、森本が神聖なまな板の上に乗るとは言語道断と批判した。対決は森本の勝ち）についてアメリカ人がどう反応したかをできるかぎり説明した。日本人の多くにとって、これは料理界のタイソン／ホリフィールド耳齧り事件にも匹敵する大ごとらしい。

肩を叩きあい、酒をこぼし、大声で「乾杯《カンパイ》！」といいかわす長い夜になった。危うくカラオケに流れこみそうになる寸前、私は神妙な態度で心からお礼をいい、千鳥足でホテルに戻った。グループのうち、少なくとも二人は完全に意識を失ってテーブルに突っ伏していた。

西洋の人間は野蛮人だ。体がでかく、毛深く、体臭のきつい異国の鬼であり、洗練とは無縁で、やかましく、だらしがなく、動作が大げさで、大食らいで、死ぬまで愚かしくうろつきまわる。少なくとも、日本旅館へ行くことになったら、西洋人は自分のことをそう感じずにはいられない。日本人――その余裕がある人たち――は体を休め、リラックスするのが好きだ。スキーをする人もいるし、ゴルフ愛好家も多く、釣り人気はものすごい。だが、伝統的な慰安の最たるものといえば、休みの日に温泉へ行くことだろう。都会から遠く離れた山奥のひなびた旅館《リョカン》で静かなもの思いにふけり、温泉に浸かってマッサージを受け、ときにはちょっとした歌舞音曲を楽しみ、懐石料理――日本で最も洗練された食事のスタイル――を味わう。茶道の副産物である懐石は、日本版オート・キュイジーヌであり、五感のすべてに訴えかけると同時に、人の魂にまで作用し、歴史と地理の感覚を研ぎ澄ますものである――陰と陽が完全に溶けあった世界なのだ。ストレスだらけの働き蜂にとって、十六世紀の

世界に一日か二日さかのぼるほど心身ともにリラックスできることはない。

不安を胸に、熱海へ向かう特急電車《シンカンセン》を待っているあいだも、自分がとんでもなく場違いな人間であることをひしひしと感じていた。他の日本料理とちがい、懐石料理は、私のように無知な人間にとって地雷原のようなものだ。いつなんどき許しがたい無作法をやらかすかわからない。もちろん箸の使い方は知っている。ニューヨークでだったら、感心されるだろう。だが、懐石料理の心得、そのしきたりと作法という項目を読んでいくうちに、私の心は不安と恐れでいっぱいになるのだ。

・箸の先を人のほうに向けてはいけない。
・足の裏を人に見せてはいけない。
・敷居を踏んではいけない。
・料理に箸を垂直に挿したままにしてはいけない。
・汁や茶を飲むときは、片手のひらを上にして底にあて、もう一方の手で側面をそっと包むようにしてもつ。
・具入りの汁の場合は、箸を添えたまま、口元まで椀をもっていってすすってかまわない。
・寿司を醤油にどっぷり浸けてはいけない。飯粒を醤油の中に残すことは最大の無作法であり、行儀が悪いとみなされる。
・芸者から酒を注がれたときは（冷たい料理には熱燗、熱い料理には冷酒）、その酒を飲んだあと盃洗で盃をすすいで、同じように酒を注いでお返しする。
・盃洗はフィンガーボウルではない。
・ディナーの前に体の汚れを——徹底的に——洗いおとすこと。

・きちんとした服装をすること。
・部屋に入る前にスリッパを脱ぐこと。

適切な指導なしに懐石料理を食べたりしたら、まさに図体のでかい類人猿になったような気がするにちがいない。私はびくびくしていた。シンジは東京駅まで自分の車で送ってくれたが、それは小さなルノーのツーシーター・コンバーティブルで、幌が下げてあった。ミニチュア並みのフロントシートに坐った私は、フロントガラスの上に頭を突きださせ、ばかでかい体をもてあまして、まるでぶざまなアホ面をさらしているにちがいなかった。こんなに恥ずかしい思いをしたのは、小学校六年のときに短期間だけ受けた社交ダンスのクラス以来だ。あの恐ろしい経験を思いだすだけでも、てのひらに汗をかき、恥ずかしさで顔が赤くなる。

新幹線はすごいマシンだ。駅に音もなく滑りこんできたその車両の鋭い円錐形の鼻先はスペースシャトルを連想させた。列車がホームに入ったとたん、ピンクの制服を着た清掃員が乗りこんだ。その数分後に出発。熱海に向かって、東京の郊外を猛スピードで走るあいだ、私の前には鰻弁当《ウナギベントー》と冷えたアサヒビールがあった。新幹線は時速二百七十キロが出せる。列車は高速の蛇のように地上を走りぬけた。列車の最後尾の窓からは、蛇の頭のような先端部分が、雪をかぶった富士の頂、つらなる山々、畑、小さな町、トンネルを過ぎていくのが見えた。列車がしゅーっと唸り声を上げて走っていくあいだ、左手に海があらわれては消えていった。およそ一時間で熱海に着き、今度はタクシーに乗り換えて、うねうねと曲がる急な坂道を登った。天気がよく、冬にしては暖かかった。どんどん山を登り、急な切り返しを次々と越えて、やがてタクシーは海を見おろす山の頂上近くにひっそり隠れた旅館石葉の私道に入っていった。

まず靴だ。慎重に片方を脱いで靴下の足を玄関の敷台に載せてから、もう片方の靴を脱いだ。並んだスリッパのいちばん大きなものを選んで足を突っこんだが、それでも踵は十センチくらいはみだしていた。そして、できるだけ優雅にお辞儀をしたが、目の前には二人の女性と一人の男性が膝をついて出迎えており、もう少しで鼻が床につきそうなくらい深々とお辞儀をするのだった。鞄が部屋に運ばれるまで、玄関横の小さな書斎でひと休みする。丸い火鉢に赤々と燃える炭があり、鉢に入ったミカンと一本のユリの花、ほかに飾りといえば地元の画家の手になる絵だけだった。すぐに和服姿の女性――フロアマットの上を音も立てず、小刻みな摺り足で歩く――に部屋へ案内された。

案内された客室は一つの部屋というより、スペースの集合といったほうがいい。食事をする場所と寝る場所を兼ねた広いエリア（布団はあとで敷きにくる）と、低いたんすと鏡台――小引き出しのいっぱいついた細長い回転式の鏡――がある小さなスペース、それにもう一つ、書きもの机と暖房装置を兼ねた炬燵《コタツ》――書きものをしているあいだ、腰から下をもぐりこませて暖まることができる――の置かれた小部屋だ。広い部屋の床には扁平な枕のような座布団が置かれ、壁には一枚の絵と簡素な花瓶に活けられた一本の花が飾ってあった。部屋の端の障子を開けると、小さな庭にはミカンの木があり、山々と湯河原の谷が見晴らせた。この旅館では、どの部屋からもこのすばらしい景色が見えるよう巧みに配置されている。しかも、他の客室からは完全に切り離されていて、客に自分一人きりのような錯覚を抱かせるつくりになっている。私は床に置いてある座布団をじっとねめつけた。これの意味するところはこうだ。この先、二日間、邪魔っけな長い脚を折って固い畳の上に坐らなければいけない。身長百九十センチの体をなんとか日本式の座卓に合わせて、あぐらをかくか、膝をそろえて正座するのにも、少しは慣れてきた。とはいえ、しばらく坐ったあと、その姿勢から立ちあがるのが一苦労だ。一時間も坐っていてすっかり感覚が麻痺した脚は、四十四歳という年齢を主張して、聞くも

無惨な音をたてる。ずっと日本にいたら私の脚は使いものにならなくなりそうだ。

廊下に通じる襖が開いて、仲居さんが入ってくると、どうぞと座布団を勧めた。さっそく膝が音をたてる。ボキッ！　ギクッ！　カクッ！

広い部屋の中央に置かれた漆塗りの座卓に熱いおしぼりが出され、それから緑茶と和菓子。仲居さんはちょっと座を外すと、今度はきっちりと畳まれた浴衣一式をもって戻ってきた。まごまごする私に、彼女は風呂上がりに浴衣を着るやり方を教えてくれた。グレーの模様のついた裾の長い、袖がぱたぱたする浴衣と、帯（正しい結び方を覚えるには何度もくりかえして練習しなければならなかった）と、その上に着る半纏（この袖から腕が突きでているようすは滑稽だった）と白い足袋（爪先が二つに割れたソックス）。サイズが三十センチもある私の足が足袋をはいたところは、かわいげのないメリー・ジェーン（スパイダーマンのヒロイン）みたいだった。

お風呂へどうぞといわれて一人とりのこされた私は、この状況をじっくり考えてみた。窓の外をじっと見つめているうちに、外の世界のことはすべて消えた。部屋には何もなく、一本の花と土でできた壁と、広々とした空間だけがある。まもなく、肉体を構成する細胞の一つ一つが生まれかわってゆくような感じがしてきた。神経質でハイパーアクティブで気の散りやすいニューヨーカーが、一時的に黒澤映画の侍へと変身したのだ。この環境は時代劇そのものだ。浴衣姿でみじろぎもせずに坐り、ミカンについて瞑想することだってできそうな気がしてきた。

風呂場には二つのスペースがあった。トイレの狭い空間には、いかにも日本人が好きそうな最新の装置がぎっしり詰めこまれていた。見た目は普通のトイレだが、じつはスピード狂の航空エンジニアが寄ってたかって最新テクノロジーを装備させたようなもの。さまざまな色のボタンやチューブが並んでいるが、英語の説明や図による指示はなかった。察するところ、使用するたびに水洗と消毒がで

きるのだろう。便器の中を洗うと同時に、勢いや水量を変えられる温水シャワーで肛門をじかにすすぐことができる――かつてのスーシェフ、スティーヴンならここに坐りこんで二度と離れないというにちがいない。下半身の窪みを残らず水洗いし、マッサージし、乾燥までしてくれる。その間、ポピュラー音楽のメロディを流しておくこともできるらしい。出たものを流してしまうのが惜しくなるほどだ。

風呂のほうも、さらに工夫がこらされていた。壁際に檜でできた長方形の深い浴槽があり、すぐそばに大きな窓があいていて、そこから山並みが見渡せる。もちろん、こちらが誰かに見られる心配はない。手前のスペースは洗い場で、浴槽に浸かる前に体を洗うところだ。木でできた小さな椅子と、ハンドブラシ、木の桶、それに強力なシャワーもついている。要するに、木の椅子に腰掛けて、固い毛のブラシで体をごしごしこすり、桶にくんだお湯か水――好きなほう――で、あるいはシャワーで体をすすぐということだ。床は黒い御影石が敷き詰められ、水はけをよくするため、やや傾いている。体の垢をこすり落としたあと、お湯をたたえた浴槽にそっと身を沈める。そのまま長いあいだ、じっとお湯に浸かっていると、ほてった顔の熱が開いた窓からの外気で冷まされ、たわわに実ったミカンが木の枝から落ちるようすも眺められる。

風呂から上がると憂鬱な気持で浴衣に帯を締め、足袋をはいて半纏をはおった。心の中では、どうかスティーヴンが――もっと悪いのは部下のコックたちが――テレビのこの回だけは見ないでほしいと祈らずにいられなかった。浴衣は裾がくるぶしまであり、ロングスカートのようにぴったり脚に巻きついているので、小またでよちよちとしか歩けない。しかも、廊下は爪先でスリッパを引っかけて歩かなければならず、まるでイブニングドレスを着てファッションショーの舞台をおしとやかに内股で歩いていくようなありさまだ。畳の部屋にはすでに夕食の支度がしてあった。

食事は例の細長い黒い座卓でとる。たった一人である。つまり、食べるのは私だけ、という意味である。和服姿の芸者が二人、テーブルマナー上の参謀兼サービス係、さらに音曲の娯楽を提供してくれることになっていた。旅館の主人の小松さんも黒服にタイ姿で、適度に距離を置いたところに正座し、食卓とステージを仕切ろうとしていた。調理場から料理を運んでくる仲居さんは廊下でいちいち膝をついてから、おもむろに襖を開ける。

浴衣の前をはだけないよう注意しながら、なんとか体のバランスを保って低い卓の前に坐り、両手を熱いおしぼりで拭った。和紙に手書きの献立表（これから出される料理の名前が日本語で書いてある）には、水彩絵具で花の絵が描かれていた（文字も絵もシェフの手になる）。懐石の献立はその土地と切っても切り離せない関係にある。できるかぎり、その土地でとれる食材を用い、季節を考慮して構成されるのだ。料理はさまざまな点で四季の移り変わりを反映する。盛り付け、付け合せ、皿や鉢などの食器、すべてがその地域の最高の食材と季節の旬を称えて供される。

先付けは干し柿の胡麻あん。乾燥させた柿に胡麻味のあんをかけたもの。ごく少量で、手のこんだ細工がなされ、じつに色鮮やか。季節は冬なので、死と再生がテーマになっていた。飾り野菜を散らした皿（四角い料理には丸い皿、丸い料理には四角い皿）は、まるで落ち葉を敷き詰めた庭のようで、変化にとんだ色と香りと形と食感の饗宴だった。

季節の酒肴五種は近くの水域――芦ノ湖か湯河原の近海――でとれた季節の魚をアレンジしたもので、小さな皿と鉢が目に快く配置してある。私はどれから最初に食べるべきか芸者の指南を受けながら、慎重に箸を使った。カワハギとその肝が目の前にあった――二つの小鉢が並んでいて、その片方が肝らしい。ねっとりして金色――ウニのような――だ。私はその鉢に箸をつっこんだ。すると小松

さんがぱっと身を起こして、カワハギを肝につけて食べるのだと——笑いながら——説明してくれた。つまり、私は調味料を先に食べようとしたわけだ。恥ずかしさで赤面しながら、やりなおした。〈レアール〉に来てポトフを注文し、ナイフとフォークをいさんでマスタードに突っ込んだようなものだ。蓮根を添えた鱒の燻製はもう少しうまくできた。芸者たちが注いでくれる酒のおかげでだんだんリラックスしてきた。醤油風味の焼いた牡蠣はすぐに正体がわかり、問題なく食することができた（美味だった）。からすみ——ボラの卵を一か月間塩漬けにして、それから天日干しにしたもの——もこれまで食べたことのない味だった。芸者たちは私の不器用ぶりをユーモラスにからかうかと思うと、助けが必要なときはさっと手を出してくれたので、しだいに緊張がほぐれていった。

きれいな漆塗りの椀に入ったすっぽん豆腐は、すっぽんの肉が入った卵豆腐をすっぽんスープに浮かせたもので、彩りにアサツキが散らしてあった。これは楽なもので、取っ手のついたボウルを両手でもって傾け、箸を使ってかきこむと、誰にも笑われたり、じっと見られたりせずにすんだ。

だが、次の料理はいささかてこずった。伊勢海老を殻ごとグリルしたものだ。これにはお手上げだった。小さな足はもちろん、尻尾の身さえ、殻にしがみついてぜんぜん取れない。ここでも芸者の一人が救援にかけつけ、自分の箸を巧みにあやつったかと思うと、あっというまに海老の身をきれいに並べてくれた。酒を注がれるたびに、こちらからも返杯したので、やがてその場の雰囲気は陽気に盛りあがった。

前菜サイズの皿がまた出てきた。粒蕎麦とろろ蒸し——おろしたとろろに蕎麦の実を混ぜたものだ。これは、私にとって未知の食感であり、ほんの二、三日前まで、こんなものを食べようとは夢にも思わなかった。甘鯛蕪蒸しは魚料理で、鯛の一種を湯葉（大豆の蛋白質）で包み、すりおろした蕪を上に流して蒸したもの。続く肉料理は、牛肉の白味噌煮込みで、やわらかな牛肉を白菜で巻いて白味噌

で煮込んである。その次はまた海のもので、子持ち昆布。これは、鰊の卵（数の子）がびっしりと付着した昆布を米酢と醤油に漬けたものである。産卵時の鰊はぶつかったものに卵を産みつける習性があるので、それを利用して昆布と数の子を同時に味わえるよう工夫した食材である。次は、とこぶし大豆ひじき——とこぶし（あわびに似ているがもっと小さい）と大豆とひじき（海藻の一種）を餅米に炊きこんだご飯。海藻など、とても食べられるとは思えないって？ いや、これがうまいのだ。

いまや頭がぼうっとして、ふわふわと夢心地だった。いまが何世紀かなんて、知ったことではない。足に向かうはずの血行はずっと前から遮断されて、下半身は麻痺しっぱなしだ。白塗りの芸者の顔、簡素な黒と白の壁、次から次へとあらわれる、宝石のような料理を載せた小さな皿の数々——すべてが一つに溶けあって、心と体がめったにない恍惚状態へと達し、何も気にならなくなる。懐石が格式高い料理であることはわかっているが、もう怖気づいたりはしない。時間の観念や費用の心配など、窓の外へ飛んでいってしまった。テーブルマナーをめぐる不安もすっかり消えた。次に何が起ころうが、明日どんな事態になろうが、案ずることはない。気楽な乗客になり、何が起ころうとあなたまかせ、宇宙の出来事はすべて、結局のところ、なんとかうまくいくものだ。この満ち足りた一瞬だけは誰にも邪魔できない。

　盆の上に載った石鍋がしずしずと運ばれ、小さな炭火鉢の上にセットされた。くわいもどきは、揚げた「くわい《アローヘッド》」を具にした赤だし味噌汁だった。くわいが何物だかわからなかったが、いまや気にならなかった。私はエキスパートにわが身をゆだねた。くわいがなんであろうと、旨いにきまっている。実際、旨かった。さらに酒が注がれ、そのたびに返杯も続いた。二人の芸者——小柄な中年の女性たち——がどうしてあんなにしゃんとしていられたのか不思議だ。最後にデザートのシャーベットと地元産のフルーツを食べ終わったころ、私は満腹でほとんど身動きできなくなっていた。二人の芸者は

部屋の奥に引っこむと、今度はきらきら輝く金屏風の前で踊りと演奏を披露しはじめた。三味線はネックの長い弦楽器で、片手で弦を押さえ、もう片方の手にピックをもって胴の部分の糸を軽く弾くようにして演奏する。芸者の一人は三味線を構えると、肩のあたりにある糸巻きを巻いたり緩めたりして、音の調子を合わせていた。やがて演奏と歌が始まった。もう一人の芸者は舞いを披露した。古典的な日本舞踊は誰でもテレビや映画で見たことがあるだろう。そして、喉を締めつけるような、声を震わせる歌を聞いて、「なんだこれは！　まるで猫をいじめたときみたいな声だ！」と思ったかもしれない。だとしたら、たぶん酒が足りなかったのだ。風呂にゆっくり浸かり、山々を眺めて黙想にふけったあと、時間を忘れてダイニングルームに坐っていなかったのだろう。いま私が食べたばかりのような料理を食べていなかったにちがいない。音楽は耳に快く、スローモーションの舞踊には催眠効果があった。封建領主の気分だ。滑稽な浴衣姿も気にならなくなった。それどころか、かっこいいとまで思えてきた。殿様気分はなかなかいいものだ。いつでも騎馬武者隊に出撃を命じ、城を焼いてこいといえる。将軍たちと石庭で膝を交えて戦略を練り、冬のさなかに咲く桜の花をじっと眺めて深いもの思いに耽る。

私は慎重に足を運んで寝室に戻った。いつでも寝られるように布団が敷かれ、掛け布団が半分めくってあった。横になると、襖がそっと開かれた。暗い部屋の中に、やや年配の女性が入ってきた。彼女は掛け布団をそっとはぐと、これまでのわが人生で最高のマッサージを施してくれた。およそ一時間というもの、彼女の両手は浴衣ごしに元気よく回転し、まるで耕運機のようにスピードを保ったまま、力強く筋肉の凝りをもみほぐすのだ。しばらくしてから、気持よく酔っ払い、マッサージでリフレッシュしたあと、半睡半醒のまま、私は下駄をつっかけて、今度は大浴場に向かった。ここでも、木の椅子に坐って体を洗い、シャワーで石鹸の泡を流した。もう真夜中で、風呂場には誰もいなかっ

た。浴衣を脱ぎ捨てた脱衣所に通じるドアとは反対側にあるもう一つのドアを開け、冷んやりした夜の冷気の中、たいらな石を踏んで二、三歩進み、露天風呂に体を浸した。火山岩のあいだからこんこんと湧きだす温泉である。ゆったりとお湯に浸かりながら、自分の心臓の鼓動に耳を傾けていると、やがてその音も聞こえなくなり、この上なく幸せな気分に包まれた。一時間ほどそうしていてから、やっと布団にもぐりこんで目をつぶり、死んだようにぐっすりと眠った。

旅館の夕食は考えうるかぎり最高の食事かもしれない。だが、またある意味で、朝食も侮れない。朝八時、襖が開いて、従業員が布団を上げにきた。しばらくすると、私はまたしても座卓の前に坐らされ、美しく小さな皿が目の前に並べられることになった。こんなに朝早くから多彩な、しかも風変わりな料理に直面するとは予想もしていなかった。主人の小松さんが――例によって黒いスーツ姿で――ほんの二、三メートルのところに坐り、食べるところを見守っているのにもまいった。

魚の干物は問題なし。とても旨いと思う――寿司やご飯も同じく。だが、仰天させられたのは――それに、二度とごめんだと思ったのは――納豆《ナットー》である。日本人は納豆が大好きだ。信じがたいほどの悪臭を放ち、腐ったようなべとべとした感触で糸を引く発酵した大豆。日本のベジマイト〔野菜エキスで作ったペースト〕とでもいおうか、外国人には理解しがたい理由で、日本ではなぜか大いに愛好されているのだ。その朝、二種類の納豆が出された。伝統的なものと、それよりもさらに不気味な黒豆納豆である。味はともかく、問題はそのテクスチャーだ。そもそも食べるのさえ一苦労だった。箸を突っこんで、ほんの少し口に入れようとした。ところが、粘液のようなねばねばする糸が伸びてきて、唇から鉢までべとべとまつわりつく始末だ。この糸を箸でなんとか切ろうと奮闘したが、どうにもならない。エンジェルヘア・パスタのように箸に巻きつけようとしたが、それもうまくいかなかった。飲みこもうとしてみたが、それもだめ。蜘蛛の糸のように口からテーブルまで恐ろしい糸を垂らしたまま、私は礼

儀正しい小松さんが微笑みながら見ている前で、なんとかしようと焦りまくった。できることなら、紙でできた壁を突き破って、山の向こうへ逃げていってしまいたい。強烈な漂白剤か苛性ソーダで、この口のべたべたを洗い流したい。

納豆の右後ろに控えていたのが、また箸でかき混ぜて食べるものだった。この「山芋《マウンテン・ポテト》」は一口で食べ終えた。今日に至るまで、私はこれが何だったのか知らない。ポテトの味とはほど遠い――しかも、いったい山に生えるもので、こんな不気味な味のものがあるのだろうか？ この正体について訊かなかったのは、ひょっとして気に入ったと勘違いされて、お代わりをもってこられたら困るからだ。このねばねばする黒っぽいものは、たとえるなら塩をして天日で乾かした山羊の腸――信じがたいほどひどい匂い――に蛆虫のようにのたくるものを散らしたような感じだった。西洋人にとってはあまりに耐えがたい試練であり、ついに私はにっこり笑顔を浮かべながら、小松さんに「すてきな朝食を一人で心ゆくまで味わいたいので、どうか席を外していただけませんか」とお願いせざるをえなかった。それ以外に方法はなかった。いや、ほんとうに死ぬかと思った。私にとっては、昆虫やイグアナ、生きた爬虫類や毛虫よりも、日本人がふつうに食べている朝ごはんのおかずのほうがずっと怖かった。ばかにするつもりはない。たしかに、納豆《ナットー》や山芋《マウンテン・ポテト》は「通好みの」味だといわれている。いつかは、私にもその味がわかる日が来るだろう。幽閉されて、食べるものが納豆しかなかったら。しかし、いまは？ 納豆を食うか、かつての愛犬プッチ（死後三十五年）を掘りだしてリエットを作るか、そのどちらかを選べといわれたら？ ごめん、プッチ。

フグ――伝説の猛毒魚。フグはご馳走だ。値段も高い。フグを料理して客に出すには、フグ調理師免許が必要なのだ。これには長い一貫した訓練を積んだうえで、試験にパスしなければならない。へ

たに食べると死んでしまうことさえある。日本では毎年フグの毒——危険なのは肝の部分——による死者が二十人前後出ている。まず、唇の周辺に痺れを感じる。その痺れはしだいに中枢神経へと広がり、手足が麻痺し、やがて死に至る。

ぞくぞくするではないか。東京で試してみたいことのリストがあるとすれば、フグはそのトップ近くに置かれるだろう。私はわくわくしていた。心の準備はできていた。死を間近に感じられる体験だ。だからこそ、日本訪問はわざわざフグのシーズンに合わせたのだ。私が——バーでのあてずっぽうの会話と『シンプソンズ』のエピソードにもとづいて——理解したところによれば、これは毒にあたる危険を冒し、命を賭けてまでうまい料理を味わうという一種の度胸試し《チキンゲーム》だった。フグを食べることには精神を高揚させる何か、あるいは少なくとも肉体に作用する何かがあるにちがいない。ほんの少しフグの肝をなめてみたら、空っぽの心に一瞬だけでも人為的な幸福感が溢れるのではないだろうか。心筋と脳のシナプスを麻痺させることで、幻覚剤をやったときと同じハイな気分が得られるのではないだろうか。

私が選んだ店は〈にびき〉といい、オーナー・シェフの吉田吉朗さんが経営していた。吉田さんの父上は日本で初めてフグ調理師免許を取った人たちの一人だそうだ。吉田さん一家は〈にびき〉を八十年にわたって経営しているが、その間、一度も事故を起こしていないという。一度でも中毒を出したら、そのフグ料理店はおしまいだ。ワンストライクでアウトになってしまう。〈にびき〉は庶民的な小さな店で、戸口の上には大きく膨らんだ張りぼてのフグが吊り下げられ、カウンターの向こうはオープンキッチンで、座卓と座布団の置かれた小上がりもある。

吉田さんはにこやかに厨房を案内しながら、フグについてざっと説明してくれた。伝説の魚、フグの大きなサンプルが清潔そのもののまな板の上に置かれていた。見た目はアンコウに似ていて鱗がな

く、すべすべして、皮は包丁を入れにくそうだ。構造もアンコウと同じで、中央に太い背骨があり、小骨は少なく、皮をつるりとはいだあと、一匹の魚から二枚の切り身がとれる。吉田さんは皮を手早くはぐと、腹の中から黒っぽい塊をとりのぞいた。まな板のそばには、ちょうつがい付きの蓋に南京錠をかけた小さな金属製のバットが置いてあった。シェフは鎖のついた錠を開けると、重々しく蓋を開いた。毒のある部分は――どんな小さなものも――すべて、医療用廃棄物と同じように、厳重に隔離し管理するよう法律で定められているのだそうだ。彼は残りの皮をきれいにはぎ、えらの周囲に包丁を入れ、さらに黒っぽい無害なようすの肉を切り取ると、残った真っ白な切り身を冷水にくぐらせて何度も洗った。たしかに、肝は見たところ旨そうだった。クリームたっぷりのカフェオレ色で、見かけは血合いに似ていて、固さはちょうどフォアグラのようだ。アンコウの肝のように、食欲をそそる見かけだ。「肝を食べたことがありますか?」と期待をこめて訊いてみた。吉田さんの答えは「いいえ」。その誘惑にかられる人は多いという説明だった。フグにあたって死ぬ人のほとんどは漁師や鮮魚商であり、食欲をそそる外見に負けて、つい手を出してしまった人たちなのだ。なかには、一歩まちがえれば死ぬ危険のある誘惑的な内臓に、医療効果や強壮効果を期待した人たちもいるだろう。吉田さんによれば、厄介なのはどの魚にどれくらいの毒があるか判別できないことだという。大きなフグには大きく膨らんだ肝があるが、大きいからといって必ずしも毒が強いとはかぎらない。ちょっとなめたり、鍋(だし)の中に入れたりしても、まったく平気だったりする。逆に、小さなフグの肝に猛烈な毒が含まれていることがある。たったひとなめしただけで、ひっくり返って全身麻痺してしまうこともあるのだ。熱烈なフグ愛好家は、ときたま肝をなめてみて大丈夫だったことから、だんだん大胆になり、ついにあるとき一線を越えて命を落とす。

切り身が何度も水洗いされるのを見ているうちに、ここには命を危険にさらす賭けなどまったくな

いと気づきはじめた。目の前に出てきたのは、とても上等で新鮮な料理だった。扇のように重ねて、菊の花をかたどった美しいフグ刺しには、細いネギ(コウトウネギ)の軸とポン酢がついてくる。味はきわめて繊細で、ほとんど味がないようにさえ思える。ポン酢とネギは不可欠だ。次は、テーブルサイドのバーナーにセットした鍋——これも旨かったが、期待していた危険なスリルとはほど遠い。それから、フグの唐揚げ。ニューイングランドの海辺に並んだシーフードの屋台で食べる魚のフライとそれほど違いはない。私が期待していたのは、頭をぼうっとさせ、唇を痺れさせて、死を見つめるような食事だった。フグそのものは大いに楽しめたのだが、どうやら勘違いしていたようだ。この次は、話に出てきた、旨いものに目がない命知らずの漁師たちの仲間に入れてもらうべきかもしれない。

翌日の早朝、私は大田魚市場へ出かけた。ミチコが特別に見学できるようアレンジしてくれたのだ。午前四時だというのに、突っ立って見ている私のまわりでは、大勢の人びとがせわしなく立ち働いていた。目の前では、屈強な男が三人がかりで、二百キロ近くある鮪をまな板の上に載せようと奮闘していた。人間の背丈ほどもある包丁——材木を切る鋸に似ている——のぎざぎざのついた刃が、凍ったままの魚にあてられ、すっぱりと頭が切り落とされ、ピンクと赤の肉と、その真ん中に通った太い骨の断面が見える。まな板の前に立った職人は魚の心臓をとりだし、手ばやくスライスすると中華鍋に放りこんでショウガといっしょにさっと炒めた。やがて、彼は慣れた手つきで鮪の身を切りわけ、部位ごとに並べていった。頭、赤身、最も貴重な大トロといった具合だ。やや薄いピンク色で脂肪がたっぷりのった大トロは、見た目は霜降りの牛肉によく似ている。これを適当な大きさに切りわけ、鮪の背骨に沿って並べると、じつに旨そうなビュッフェ・テーブルのできあがりだ。職人は大さじを手にして、骨についた身をこそげ落としはじめた。中落ちと呼ばれるこの部分は脂がのっていて、半

透明で、信じられないほど旨い。醤油の小皿とおろしたてのワサビ、それに箸が私の前に置かれ、さあどうぞといわれた。目の前の鮪は、まるごと一匹買おうと思ったら百二十万円はくだらないだろう。大トロは、一匹の鮪のうち重量にしてわずか一二パーセントしかないのだ。冬は鮪が餌をたっぷり食べて太り、身に脂がのって、トロが一番うまくなる季節だ。とくに本鮪は、鮪の中の王様といわれる。私はそこに立ったまま、これほど新鮮で上等な鮪は二度と食えないだろうと思いながら、最高級のトロをおよそ七百グラム近くもがつがつと食べた。愛とは何だろう？　朝の四時に七百グラムの生の魚を食べることだ。

細い路地の奥の引き戸を開け、靴を脱いで、廊下をぺたぺたと歩き、さらに内側にある戸を開ける。とたんに、肉と肉がぶつかりあうぴしゃっという音、ぜいぜいいう喘ぎ声、汗まみれの重量級の肉体が倒れるどさっという音に囲まれる。私は戸をくぐって、部屋の隅に一段高くなった板の間の座布団に腰をおろした。隣には、チェーンスモーカーの友綱親方《オヤカタ》〔元関脇魁輝〕――この相撲部屋のボス――がどっかりと構えている。天井の低い、暑い部屋の隅に、私は苦心してあぐらをくんで坐り、西洋人にはめったに見られない光景を目にしている。ほんの数メートル先には、二十名ばかりのほとんど裸同然の巨人たちが体を揺すり、ストレッチをし、柔軟体操に励んでいる。汗みずくになって、首がないように見える頭を円柱にごつんとぶつけるかと思うと、包帯を巻いたはだしの足を土間にどすんどすんと落としてしこを踏む。部屋の真ん中には丸い土俵《リング》があり、藁か麻のようなものでできた瘤がわずかに盛りあがっている。新人の相撲取りはわら箒で地面を掃いていた。

その音ときたら！　二人の巨大な相撲取りが土俵中央でにらみあい、前かがみになって、拳を土の上に置く……そして……バシッ！　体重二百キロ近い男同士が猛スピードでぶつかりあい、がっぷり

組み、張り手をかまし、締めあげ、まわしを探りあい、うっちゃりをかけて倒そうとするときの衝撃は想像を絶する。ほとんどの勝負は一瞬で決まり、勝者は土俵に残って次々と相手を変え、自分が負けるまで立合いを続ける。狭い空間の圧迫感はものすごい——限られたスペースに、湯気を立てる裸の男たちがひしめきあっているのだ。ときたま、マンモスのように大きな力士が勢いあまって私のすぐ目の前に転がってきて、ぺしゃんこにされるかと思うこともあった。巨体の力士が摺り足で行ったり来たりするかと思うと、土俵際ではまだ体の小さな新入りが伸ばした手で塩の籠を抱えこみながら股割りの稽古をし、真っ赤な顔に汗の粒を浮かべている。これは体罰なのか？　それとも修業だろうか？　私は訊ねなかった。私の左隣に坐った友綱親方——彼も引退した力士である——は人付き合いがよさそうには見えず、しかも土俵の稽古に集中しており、ばかな質問で邪魔をしては悪いと思ったからだ。彼はわき見をせず、私が煙草に火をつけてあげたとき、初めてちらっとこちらを見ただけだった。相撲取りは家族のように一つ屋根の下に暮らし、日常生活のあらゆる面と稽古のすべてに関して、親方の厳しい監督と指導のもとに置かれている。いつ稽古をするか、いつ眠るか、いつ食べるか、何を食べるか。力士たちは、朝起きる順番も序列に従う。新人が最初に起き、序列が上になるほど遅くまで寝ていていいのだ（この序列は髪型で見分けがつく）。新人はキッチンの使い走りと同様、新人は掃除や洗濯などの雑用をこなし、料理の手伝いもしなければならない。

相撲部屋を訪ねたのは、力士たちの常食であるちゃんこを食べるためだった。例によって、私は彼らの食生活について、完全に誤解していた。ちゃんこの話を聞いたとき、相撲取りは筋肉と脂肪でできた冷蔵庫並みの巨体を作るために、三度三度の食事には脂肪分たっぷりの豚肉や大量のでんぷんを摂取し、食事の合間にビッグサイズのミルクシェーキやチョコレートバー、積み木のようなスニッカーズ、ベーコンとひき割りトウモロコシのフィリングをたっぷり詰めたチキンの丸焼き、グランドス

ラム・ブレックファーストや、果てしないバイキング料理を食べているものと思いこんでいた。だが、この思いこみはまちがっていた。あの力士たちについても勘違いをしていた。オムツをした肥満体の男だなんて……まさに無知のきわみだ。

相撲取りは、日本人の意識下にひそむ抑圧された暗い衝動を最も明確に視覚化したものではないだろうか。どんな貧相なサラリーマンも、心の奥の奥にはゴジラになってすべてを踏みつぶしたいというささやかな願いを隠している。相撲取りは日本パワーの象徴であり、そして、まさに疑問の余地なく、彼らはパワフルだ。層を重ねた脂肪の下には、たくましい筋肉が隠れている。頭を低くして猛烈な勢いでぶつかりあい、相手——二百キロ近くもある——を後ずさりさせて一気に土俵から押しだすところは、まるで二頭の犀の角突きあいを見るようだった。ぶつかりあいの勢いと集中力は激しく、一方が倒れるか、土俵の外に出ると、すかさず他の力士が「ウッス!」という掛け声——押忍＝自分を押さえ、耐え忍ぶの意——とともに土俵に入り、それ以上攻撃しないように押しとどめる。どんなことがあっても、相撲取りを相手に喧嘩はしないほうがいい。

古いスタイルのちゃんこでは四つ足の獣の肉はめったに使わなかったそうだ。土俵では四つんばいになると負けることから、縁起をかついだものらしい。鶏——二本の足で立っているから縁起がいい——と魚がメインの食材である。友綱部屋でのその日のちゃんこは鮪と野菜の鍋だった。『アリー・マイ・ラブ』のキャリスタ・フロックハートにこそふさわしいメニューだが、肥満体ぞろいの力士がこういう食事をとっているとは夢にも思わなかった。もっとくわしいことを知るには夕食まで待たなければならなかった。

相撲の町、両国にあるちゃんこの店、〈江戸沢〉は四階建のビルの中に個室がずらっと並んでいる。壁には歴代横綱の絵が飾ってあり、現役力士や元力士の客も多いという。ミチコとシンジと私は最上

階の部屋に陣取り、テーブルの真ん中では鍋がぐつぐつと煮立っている。オーナーの松岡さんが、われわれのために手ずから鍋をとりしきってくれている。昼間の相撲部屋ではわからなかったが、どうやら力士たちの食事は鍋だけではすまないらしい。何回にもわけて食べ、合間には昼寝をし、食事の種類も豊富なのだ。とはいえ、基本的には鍋が主体である——大きな鍋に満たしただし汁（スープ）にさまざまな食材をいれては出し、また別の食材を加えてゆくのだ。次から次へと皿が運ばれ、野菜、ミートボール、豚肉、魚、海老や蟹、豆腐などを、火の通りにくいものから順にだし汁の中に放りこみ、よく煮えたらそれぞれの小鉢にとって食べるという仕組みだ。煮詰まったり、おたまですくったりして、だし汁が少なくなると随時補充してゆくが、それによってまた味が微妙に変化してゆく。香りの弱いものから先に味わい、煮詰まるにつれてアンチョビペーストのような強烈な調味料を導入する。

これはとても楽しかった。ミチコとシンジがこれほど愉快そうだったのも初めてだ。鍋というのは家庭的な食事スタイルなのだとミチコは説明した。彼女の実家では親戚が集まるとき、それぞれが食材を持ち寄って鍋に仕立て、わいわいと気楽に飲んだり食べたりすることが多いそうだ。いわばフォンデュ・パーティのようなものだろう。相撲部屋で見た鍋のつもりで、あとからもっといろいろな食材が出てくるとは思わなかった私は、最初からがつがつと食べてしまった。帆立貝と豚肉、おいしい小さなミートボールにスープもたっぷり。そのおかげで、すぐに満腹になってしまった。ところが、ちゃんこにはまだ仕上げがあると聞いてびっくり。煮詰まった鍋の中にだし汁を足して、ご飯と溶き卵を加え、ねっとりしたおじやを作るのだ。松岡さんがこのうまそうなおじやをたっぷりよそってくれたので、私は思わず呻いたが、腹いっぱいだったにもかかわらず、なんとかこれをたいらげた。食事がすんだときは、立ちあがるのに手を借りなければならないほどだった。私は最初に部屋を出て、

よたよたと廊下を歩いていった。すると、途中の部屋の障子が開いて、満腹し、ほろ酔い機嫌になった十人ほどのサラリーマンのグループが出てきた。そのうちの一人が私を見て目を丸くした。なんと、一週間前に焼き鳥屋の屋台で私の背中をばしばし叩いていた相手ではないか。そのときの彼は、最後にはテーブルに顔を突っ伏して眠りこんでいたっけ。

「ボーディンさん！」彼は興奮して大声をあげた。「いや、あの素っ頓狂《クレージー》なシェフじゃないか！　どこへいくの？　こんどは何を食べるの？」

第九章　パイリンへの道　*Road to Pailin*

私は世界最悪の土地へ向かおうとしていた。

闇の奥。

「だけど、カンボジアへ行って何をするつもりなんだい？」テレビ局のエグゼクティブは、次の目的地を聞かされるとそう訊ねた。私たちが作っているのはいちおう料理番組なのだから、たしかに悪い質問ではない。

何をするあてもなかった。

「そうだ、いい場所があるらしい」とテレビ局の男は興奮していった。「知りあいの戦争特派員から聞いたんだが、カンボジアのパイリンという町だ。タイ国境に近い辺鄙な場所で、西洋人はほとんど足を踏み入れていない。クメールルージュの本拠地だ。連中はまだそこで生き延びている、世界の果てだな。きっと気に入るよ。宝石がたくさん採れる土地で、そのへんにルビーやサファイアの原石がごろごろしているらしい。だからクメールルージュも気に入ったんだな。しかも、聞いて驚くなよ。

クメールルージュはここでカジノ経営を始めるんだと!」

　カジノだって?　歴史上最も冷酷で頭の固いコミュニストの大量殺戮者がカジノを経営?　そいつはおもしろそうだ。見てみようじゃないか。悪魔《サタンズ》のヴェガス。気の抜けたお笑いとストリップ、それに新しいカジノが、近寄りがたい鉄条網と民兵に護衛されているところを。どんなことも許される町。無法地帯。危険の香り。気に入った。世界を股にかける探検家、スパイ、空理空論家、密輸業者、傭兵、危険に憧れる冒険者たちにとって、この世で最後に残ったよりどころ。私にはおあつらえむきだ。過激な料理の最たるもの——世界中から押し寄せる退廃したギャンブラーの群れに、クメールルージュはいったいどんなものを食べさせるのだろう?　ツーリズムの発展について、彼らはどう考えているのだろうか?　かつて主張していた石器時代の農業主義への逆行はどうなった?　現実の必要性に迫られて熱烈な毛沢東主義からショービズのきらめきに溢れたカジノ経営に転身したことをどう説明するのだろう?

　私は珍しくロンリー・プラネットのガイドブックを引っぱりだし、パイリンのページを読んでみた。パイリンはいわば半自治区のような奇妙な立場にあり、元クメールルージュのリーダーたちが国際法の厳しい追及をかわしてここに逃げこんでいる。宝石に興味がある人か、大量虐殺と老人病学を研究しようという人をのぞいて、観光の目玉になりそうなものは皆無である。かつてクメールルージュのモデルタウンだったこの町が近年、悪徳とギャンブルのセンターへと変貌しつつあるのはじっさい皮肉なことである。

　悪徳?　ギャンブル?　子供のころに読んだマンガ『テリー・アンド・ザ・パイレーツ』に出てき

た荒くれ者の冒険を連想させるじゃないか！　道をふさいだバリケード。自動小銃をもったおっかない男たち。毛沢東主義者のトランプ・キャッスルに置かれたハート形のウォーターベッド。少しくらい野暮ったくても、かまいやしない。バグジー・シーゲルが初めてホテル・フラミンゴを建てたときのラスヴェガスだって、かなり野暮ったかったんだ。こいつはおもしろいに決まっている！

ヴェトナム航空でプノンペンへ飛んだ。ポチェントン空港では、軍服姿の男たちが細長いデスクにずらっと並んで、パスポート、身分証明書、健康診断書、ヴィザを調べた。みな堂々たる姿だった。革のひさしのついた帽子をかぶり、房のついた肩章、胸は勲章で飾り立てられている。統合参謀本部の幹部が結集して、入国する人間を一人ずつ、じきじきにチェックしているかのようだ。いちばん端の男が私の書類を調べ、それを右側の男に手渡す。その男はじっくり条項を読んで何かを書きこみ、それから右側の男に回す。その男はスタンプを捺して、また最初の男のもとに書類を戻す——こうして、最初からまた同じことのくりかえしだ。私の書類は順次手渡されて、最後の男まで回った。そこで何か不一致が見つかり、また最初に戻されて、列の端からやりなおしになった。このばかばかしいほど厳重なチェックをパスして、ようやく入国できた。カンボジアへようこそ。これが最後に触れる法律——この先は無法地帯だ。

カンボジアに一歩でも足を踏み入れた人間は、ヘンリー・キッシンジャーをわが手で徹底的に打ち据えてやりたいという欲求が抑えられなくなる。新聞を開いて、あの卑怯な二枚舌の裏切り者にして最悪のならず者がテレビのトーク番組チャーリー・ローズ・ショーで上機嫌にしゃべっていたり、新創刊の高級ファッション雑誌のパーティにタキシード姿で出席していたりする姿を目にしたら、とたんに息が苦しくなる。ヘンリーがカンボジアでやったこと——すぐれた外交手腕の成果なるもの——

をその目で見たら、なぜミロシェヴィッチと並んでハーグの戦争犯罪裁判所の被告席に引きだされなかったのか、納得できないだろう。一流名士たちが集まるパーティでヘンリーが海苔巻きをしゃぶっているあいだに、中立地帯であるはずのカンボジア——そこを彼はひそかに、そして違法に爆撃した——は侵略され、ずたずたにされて、そのあげく飢えた野良犬どもに投げ与えられ、たった一本残った足で立ち上がろうと、いまも必死で努力している。

カンボジア国民の八人に一人が、自国の歴史を根絶しようとしたクメールルージュの大粛清の時代に殺された——死者は総勢二百万という数にのぼる。カンボジア人の二百五十人に一人が手足を失い、千人に一人が体に障害を残し、いまも田舎の道端や野原や森や灌漑水路の中には何千何万という地雷が埋まっていて、誰かが踏むのを待っている。爆撃され、侵略され、奴隷労働を強制され、すっかり弱体化したカンボジアは、かつての仇敵ヴェトナム軍が侵攻してきたとき、かえってほっとしたにちがいない。

首都の未舗装で汚らしい道路の絶望的な悲惨さを見れば、カンボジアはおもしろいかもしれないなどという考えはたちまち吹っ飛んでしまう。とはいえ、きみがリーズかタルサ出身の元コンビニ店員で、現在失業中、良心のかけらもなく、これまでしらふの女からは相手にされたことがないという男だったら、ここはパラダイスかもしれない。英会話の教師の仕事にありついて一時間七ドルが稼げる(それだけ稼げれば、この国では大金持と見なされる)。マリファナ、ヘロイン、売春婦、銃、ありとあらゆるドラッグは安いうえに簡単に手に入る。どんな無作法も許される。オートバイに乗ったシャイな少年たちはバーからバーへと運んでくれて、きみが酒を飲んでいるあいだ店の外でおとなしく待っている。ディナーを食べ、娼館に売られた年端のいかない少女売春婦と性交し、安物のマリファナ

をキロ単位で買い、ろれつがまわらなくなるまで酒を飲んだあと、広々としたアパートまで安全に送り届けてもらえる——これが全部、しめて三十ドル以下でまかなえる。世界を放浪する負け犬連中《ルーザー》にとって、ここは夢が現実になる場所だ——カンボジアという国は美貌の、だがひどく殴られた女、世界中の乱暴者が好きなだけ蹂躙できるよう確保された区画である。

クメールルージュは首都プノンペンの住民を田舎に追放し、灌漑水路を掘らせた——そして、彼らのほとんどを処刑した——が、そんな死の行進が終わったとき、首都の総人口は驚くなかれ、たった十二人だった。二年前には八十五万だった人口がそこまで減ったのである。生き残った人びとの多くはプノンペンに戻ってきたが、かつての住居は荒れ果てていた。めぼしいものは奪われ、水も電気もないあばら家になりはて、同じようにうちひしがれた人びとが勝手に住みついていることも多かった。手足のない人、足を引きずる人、這って歩く人たちは、いまもツーリスト向けの工芸品を作りながら生活を立てなおそうとしている。物乞いをする人もいる。カンボジアの平均給与は一日一ドル以下である。四歳の子供が二歳の弟を背負って、物乞いをしながら市場をうろついている。

プノンペンではどこへ行くべきか？　故国を捨てた放浪者《エクスパトリエート》が行くであろうと思われる場所だ。〈FCC〉（海外記者クラブ《フォーリン・コレスポンデンツ・クラブ》）ならアメリカン・スタイルのハンバーガーが食えるし、冷えたビールにもありつける。腹が満たされたら、裏のバルコニーに腰を据えて、黄昏の中で国立博物館の軒先から飛びたつコウモリの行方を見守るのもいい——何千匹ものコウモリが立ちのぼる煙のように、パープルとゴールドに染まった夕方の空にさっと渦を巻いて昇ってゆくのは毎晩のことだった。やがて通りに出ると、そこには痩せっぽちの少年たちがスクーターやオートバイといっしょに待ちかまえていて、すかさずきみの名前を呼ぶ——いまや、彼らはきみの好みをすっかり心得ているのだ。手足のない人びとのあいだを縫うようにして少年たちに近づき、オートバイの後部座席に乗って、〈ザ・ハート〉

へと向かう。バー〈闇の奥《ザ・ハート・オブ・ダークネス》〉を省略して、ここではそう呼ばれているのだ。そのあとは、ナイトクラブか売春宿（二本の道にはさまれた狭い一区画）、あるいは大麻《ガンジャ》をふりかけたピザ、ナイトキャップにヘロイン一袋というところか。運がよければ、カンボジア製のコンドームは破けず、警官に逮捕されたり撃ち殺されたりもせず、また、フン・セン首相の親戚に遭遇しないですむだろう――このどれかにぶつかったら、とんでもないことになる。トラブルに巻きこまれたら、法律が守ってくれるなどとはゆめ思ってはいけない。
プノンペン『ポスト』にはこんな記事があった。

六歳の少女をレイプしようとしたタ・ソカ（十九歳）は、被害者へのレイプが「それほど深くなかった」（ケンダル裁判所判事コン・クイ談）ため、わずか六か月の刑を宣告された……最初、少女の家族によるソカに対する訴えを無視していた地元警察は、被害者の家族と犯人のあいだの示談交渉の仲立ちをした。少女の両親は契約書に拇印を捺したが、それによると両親は娘がレイプされたことに対する補償金として百五十万リエルを受け取ることになっていたが、その金は支払われなかった。一月十一日にこの件を地域の警察署に訴えでたあと、被害者姉妹はロンという名前の警察官から、これ以上「レイプのことを口にする」なら殺すと脅された。

右の記事と同じ日付のプノンペン『ポスト』にはこんな記事もあった。
酸による傷害が軽罪に。女性に酸を浴びせて大火傷を負わせた事件で、容疑者に執行猶予付き二年の刑がいいわたされたことで、法律関係者は衝撃を受けている。コンポン・チャム市裁判所のティ

ト・ソティ判事は刑をもっと重くすべきだという意見を却下した……判事によれば、(犯人には)被害者を殺害する意図はなく、ただ「嫉妬から、その美貌を損ね」ようとしただけなので、ふさわしい量刑であるとのこと。

おわかりだろうか？　だとしても、責任はどこにあるのだろう？　いうのはむずかしい。手軽な答えはフン・センだろう。元クメールルージュの幹部であるフン・センはヴェトナムを打ち破り、次に対立候補をクーデターによって追放した結果、形だけの選挙で首相に「選出され」た。シアヌークの名前もあげられる。アメリカやクメールルージュや中国をはじめ、あらゆる勢力とひそかに取引しようと画策したあげく、王宮に返り咲いた元国王である。彼は根拠薄弱な正統性と伝統をふりかざしたが、その統治の実態は軍事独裁でしかなかった。クメールルージュの残党とその同盟——不快な私設軍隊、ギャングたち、ヴェトナムの元スパイ、過激派といったさまざまなグループがゆるやかに結びついた連合——にも責任がある。「中央政府」(と呼ばれるもの)に「打倒」されたクメールルージュの残党はしばらく前に恩赦を受け、いまやかつての拠点だった——ドル箱でもある——カンボジア北部の支配権を握り、昔ながらの宝石密輸と材木の不法伐採、それに新たなギャンブル事業に精を出している。クメールルージュの男たちは中央政府から与えられた軍服を着て、銃を提げている。要するに、徴兵年齢に達したカンボジアの男はみな同じような軍用作業服を着ており、誰がいつ、こそ泥や強盗に変身するか、まったく予断を許さないということなのだ。おまけに獰猛さで知られる私設軍隊(誰もがそういう連中を抱えている)もあって、彼らはおもに横暴なならず者とその親族の護衛を——殺し屋を引きつれて——務めているが、ときには思いがけないトラブルのもとにもなる。たとえば、ナイトクラブで酔っ払った田舎者に足を踏まれても、文句をいう前に相手の素性を確かめたほう

がいい。

ある日の午後、空港のそばをタクシーで走っていると、運転手が急に車を脇へ寄せ、他の車もいっせいに道を空けた。やがてサイレンが近づき、警官に先導されたぴかぴかの黒塗りの新車ハンビーの列が走り過ぎていった。窓は黒い目隠しで覆われている。

「フン・センの甥だ」と運転手は吐き捨てるようにいった。フン・センの一族と友人たちの狼藉ぶりは有名で、ディスコでふいに怒りを爆発させ、酒の勢いで人を殴ったり、刺傷事件を起こしたり、むやみに拳銃をふりまわしたりするのだという。なかでも有名なのは、あるビジネス仲間が民間航空機でポチェントン空港に着いたときの話だ。飛行機を降りた男は預けたスーツケースが行方不明だと告げられると、迎えにきていた召使から銃を受け取って、飛行機のタイヤめがけて銃をぶっぱなし、スーツケースが見つかるまでやめなかったという。もちろん、この男は逮捕もされなかった。

ポケットにたっぷり金があれば、カンボジアでは銃をぶっぱなしてもまったく問題ない。ガン・クラブでは酒は無料だ。しかし、弾薬はクリップ単位で買わなければいけない。

ほっそりしたクメール人のウェイターは、私がメニューを読んでいるあいだ、そばに控えて立っていた。テーブルの中央にはアンコール・ビールとタイガー・ビールの並んだトレイが置かれている。そこは柱と草葺の屋根しかない細長い小屋で、すぐそばのテーブルには空挺隊の迷彩服を着た筋骨たくましい兵隊が数人、サングラスの顔をにこりともさせずにソーダとビールを飲んでいた。

「まず、スターターには四十五口径のクリップを三つ……AK‐47を三クリップ……それから、アントレにはM‐16を五クリップ――サイドディッシュには手投げ弾をいくつかもらおうかな」

「ジェームズ・ボンドはいかがですか?」ウェイターが私のグラスに酒を注ぎ足しながら訊ねた。

「ジェームズ・ボンドの銃は?」

「人によるな」と私は答えた。「ショーン・コネリーか、それともロジャー・ムーアか。ロジャー・ムーアだったら、遠慮しておくよ」

「どうです！」ウェイターは私の顔の前でオートマチック拳銃をちらつかせた。「ワルサーＰＫ！ジェームズ・ボンドの銃ですよ！……いかがです？」

「いいね」。私はそれを手にとり、どっしりした重みを感じた。テーブルの上には持参してきたバゲットとソーセージのピクニックランチがある。「試してみよう」

客をほろ酔い機嫌にさせたうえで、オートマチック銃を見境なく撃たせるとはじつに大したものだ。このガン・クラブでは、銃のラックと弾丸を入れたロッカーの隣に大きな活字体でこんな注意書きが掲げてある。「撃とうと思う対象以外に銃を向けないこと」。これぞカンボジアだ。いかようにも解釈ができるこの注意書きを読んで、つくづくそう思った。ほんの一メートルばかりのところでは酔っ払った日本人のビジネスマンが手投げ弾のピンを抜き、私のほうにぼんやりした目を向けるとにやっと笑い、十五メートルほど先の標的めがけて投げつけた。ドカン！　次に目をやると彼はＭ‐16を抱えこみ、クリップをぎゅうぎゅう押しこもうとしていた——逆さまに。

楽しくなかったといったら嘘になる。ロシア人をかたどった紙製の標的に向かって、ばかデカい銃をぶっぱなすのは愉快だった。ＡＫ‐47と四十五口径は驚くほど私と相性がよくて、ほとんどつねに標的の急所を撃ち抜いた。ウェイターは射撃の大音響を防ぐために両手で耳を塞いでいたが、途中で私の袖をひっぱって質問してきた。「で……お客さんはどちらから？」

「ニューヨークだ」

「お仕事はなにを？」とウェイター。

「シェフだよ」

ウェイターは、首から股座まで胴体がずたずたになった標的を見て、励ますようにほほえんだ。

「立派な殺し屋になれますよ！」プノンペンではたぶん誉め言葉なのだろう。

ガン・クラブには驚くほど充実した武器の数々がそろっていた。弾薬クリップの値段は八ドルから十五ドル。私が気に入ったのはＡＫ‐47で、Ｍ‐16のほうはフルオートにするとどうも引っかかるようだ。それに、重い銃のほうが命中率はあがるような気がする。旧式のＭ‐50も何度か試してみた。第二次世界大戦でパルチザンが使った古い銃だそうだ。ドラム形の大きなキャニスターがついていて、かつてのトンプソン短機関銃を大きくしたようなしろものである。撃つと猛烈な音がして、反動ものすごい。しっかり保持することがとても難しく、初めて撃ったときは標的をめがけたつもりが、床から天井まで掃射してしまった。銃弾を受けたサンドバッグは粉々になって飛び散った。本来はＭ‐60のように機銃座に設置して撃ったものだが、いまではそうはしないとウェイターが教えてくれた。強力な銃弾はガン・クラブの敷地に隣り合ったパゴダとの境界をなす土嚢を貫通してしまい、僧侶たちのあいだに騒動を引き起こした。私が牛か水牛を撃ちたいといいだしても――Ｂ‐40ロケット弾なら可能だろうか――ここでなら、きっとやらせてくれるだろう。

ガン・クラブでいくつか学んだことがある。たとえば、ブルース・ウィリスやシルヴェスター・スタローンは映画の中でオートマチック銃を永遠に撃ちまくっているように見えるが、じつは何度もクリップを交換しているはずだということ。セレクターをフルオートにしてＭ‐16の引き金を引いたら、弾倉は一瞬のうちに空っぽになってしまう。さらに、スライもブルースも過熱した銃身には悩まされたはずだ。ＡＫ‐47をセミオートマチックにして撃ったときでさえ、銃はかなり熱くなった。きわめつきは両手で――片方に一台ずつ――マシンガンをあやつることのばかばかしさだ。両手に重い銃をもって正確に撃つとか、コントロールできるなんて、考えるだけでもばかげている。Ｍ‐16を両手に

もって撃ったりしたら、せいぜい自分の足を吹っ飛ばすのが関の山だ。

日本人が築いた橋を渡って川の対岸へ行った。湿地の上に築いた木製の土台の上に競技場サイズの巨大なレストラン群がつらなっている。私たちが行った店は少なくとも五百人は収容できそうだった。それなのに、客は私とフィリップだけなのだ。ディスコ風のライトで飾られた大きなステージでは、クメール人のバンドが伝統的なクメール音楽とポップスのスタンダード曲を演奏していた。電話帳サイズのメニューには、少なくとも百五十点の料理が並んでおり、ラミネート加工されたカラー写真がついていた。ほとんどは野菜炒めのたぐいで、見た目はぱっとしない。私たちは、猪《チュルーク・プライ》とポペ（山羊のグリル）のホットソース添え、鹿肉《チュルーシュ》にキャベツ、トマト、茄子のサラダを食べた。店の外に一台のバスが停まり、「ビア・ガール」たちがやってきた。ここのレストランやナイトクラブでビールを注文すると妙なことになる。ビール会社や輸入会社はそれぞれ、魅力的な女の子のチームを雇ってセクシーな衣装を着せ、販売促進キャンペーンをくりひろげるのだ。各社のチーム――アンコール・ガール、タイガー・ガール、カールスバーグ・ガール――はそろって到着し、会社のブランドを宣伝する。缶ビールや壜ビールが売れるたびに報酬が支払われるとあって、その競争は熾烈だ。数分後にはフィリップと私のまわりに若い娘たちがひしめきあい、自社のブランドを売りつけようと必死の売りこみ合戦が始まった。私たちがタイガー・ビールを注文すると、他の会社の女の子たちはさっと散って、タイガー・ガールだけがテーブルに残った。私が壜の半分ほどまで飲むと、彼女はすぐさま新しい壜の栓を抜くのだった。

その夜は、国を捨ててアジアに住みついた放浪の旅人たちと町へくりだした。ブルガリア人のミシャ、イギリス人のティム、アメリカ人のアンディといっしょにテーブルを囲み、氷を入れた生ぬるい

ビールを飲みながら、体についた銃創をくらべあった。ミシャは首のてかてか光る引きつった傷あとを指差して「九七年」といった。アンディはシャツをまくりあげ、胸に残る醜いへこみを見せて「九三年」といった。

壁際の折りたたみ椅子には十二、三人の女性が歯医者の順番を待つ患者のような気だるさで坐っていた。そのうちの一人は膝に幼児をのせていた。

「あの女を見ろよ」。ちらちら瞬くライトの下に背を丸めて坐っている丸顔の女を指して、アンディがいった。「丸々した小さな獣みたいじゃないか」。そう英語でいうと、さらに彼女のためにクメール語でいいなおした。

私たちは三軒か四軒のバーをはしごした。〈FCC〉、〈ザ・ハート〉、未成年の売春婦だらけのナイトクラブ。その夜の終わりに、私はティムにオートバイの運転手にいくらチップをやったらいいだろうと訊ねた。その少年はひと晩中、私を後ろの座席に乗せて町のあちこちを走りまわり、私が酔っ払って次の店に移動するといいだすまで店の外でじっと待っていたのだ。

「三ドルやれば十分だ」とティムはいった。

私は五ドルやった。たった二ドル上乗せしたって、なんてことはない。彼のほうが私よりもずっと金を必要としている。

「なんてことをするんだ」とティムは文句をいった。「みんなの迷惑になるじゃないか。ここの習慣をぶちこわす気か？」

プノンペンのセントラル・マーケットは暑さと悪臭に満ちた雑踏で、食べ物は分厚いビニールシートの屋根の下の、冷房がない混みあった通路に積みあげられていた。どれも見た目は（そして匂い

も）新鮮とはいいがたかった。

この市場とヴェトナムの市場をくらべてみると、天と地ほどの違いがある。なによりヴェトナム人にはプライドがあった。一方、ここに並んでいるのは悪臭を放つ目の濁った魚、ぐたっとしおれた野菜、べとべとした灰色の家禽などだ。それでもフィリップはめげなかった。山のように積まれたレモングラス風味のトリップとタンを見つけて、顔に大満足の表情を浮かべるのだ。「うーむ！　うまい！」トリップを商う男にそういうと、両手をもみあわせ、小さくお辞儀をした。「トニー！　この味を試してみろよ！　うまいぞ！」湯気を立て、犬のような臭いを放つトリップを箸でつまんで、彼が近づいてくる。私は口をあけ、それを噛みくだきながら、内心ではあとでナンシーに胃腸科の予約を入れておいてもらわなくちゃと考えていた。フィリップに殺されちまう。

市場の「ジェロー」スタンドで、またしても殺されそうになった。フィリップは、冷やした鉢に入った濃い褐色のどろどろした不気味なゼラチン質のものを食べろといって聞かない。なんといってもフィリップは本物の冒険家であり、最も上等な意味でのグルマンなのだ。彼は何も恐れない。どんなものでも口に入れる。たぶん、フランス人だからだろう。トンレサップ湖（東南アジア最大の湖）で水上生活をするヴェトナム人の村を訪ねたときのこと、私たちのボートは、水上に浮かぶ家、商店、家畜小屋、ナマズの養殖場などを通りすぎた。フィリップは、みすぼらしい舟の家の狭いポーチにしゃがみこんだ女が中華鍋で料理しているのを指差し、「何を作っているんだろう？」といいだした。女のそばには裸の子供たちがむらがっている。彼はボートを近づけるようにいった。そして、にっこり笑いながら、作っている料理を味見させてくれないかと頼みこんだ。気前よく承知してくれた女は、魚と豚肉を干し海老といっしょに砂糖シロップで炒めた料理を分けてくれた。なかなかの味だった。

ごちそうになったあと、ボートがまた出発したとき、私はフィリップに指差して教えた。その女性は中華鍋を茶色い川の水で洗っていたが、ほんの一、二メートル先の水の上には家畜小屋があり、近くで子供が水浴していた。「大腸菌のことはフランス語でなんていうんだっけ？」と私は訊ねた。

そばにあれば、臭いですぐにわかる。伝説の果実、ドリアンだ。百メートル先からでもその臭いはわかる。アジアのいたるところ、市場や野菜売場のあちこちにその香りがただよっている。とても旨いという。私は興味津々だった。高価で、見た目は醜く、輸送がむずかしい――飛行機やバスや汽車にドリアンをもちこむことは法律で禁じられている――このフルーツは東洋で最も珍重される味覚だといわれている。これを食べずにいられようか。さっそく大きい上等なやつを買いこんだ。とげとげがあることを除けば、外見はジャックフルーツに似ている。私はそれをホテルにもち帰って食べるつもりだった。しかし、車に乗って十分もしないうちに、クルーがその猛烈な悪臭に耐え切れず、勘弁してくれといいだした。そこで、町の中央にある公園――パゴダがある――ワット・プノンに立ち寄り、一頭の象が興味深げに見守る中、わがドリアンを食することになった。まず、ステゴザウルスのようなとげとげのある皮にナイフを入れた。なんという臭い！　たとえていえば、デカいスティルトン・チーズを誰かに抱かせて土の中に埋め、数週間後に掘りだしたような臭いだ。皮をざっくり切ると、黄色い繊維質の果肉があらわれた。中心にはアボカドくらいの大きさの空洞がある。果肉はチーズのようにべとべとして粘りがあり、一見したところフォアグラにそっくりだ。内部の臭いはそれほど強烈ではない。分厚い一切れを口に入れ――食感は熟した白かびチーズ《サンタンドレ・チーズ》といったところ――そして、仰天した。すごい。ねっとりして、フルーティで、芳醇で、ほんのり燻製の香りがする。カマンベール・チーズとアボカドとスモークしたゴーダ・チーズのミックスとでもいおうか。いや、そうじゃない。それではうまい説明にならない。だが、この味はなんとも形容しがたい。臭いとは似ても似つか

ぬ味わいなのだ。果肉自体の香りはもっとほのかで、不思議なことに中毒性がある。この旅で出会った食材の中でも、ドリアンはまさに「新しい」香りをもっていた――ユニークさと、とっつきにくさで、他に例がないほど抜きんでていた。キャヴィアを初めて食べたときのことを覚えているだろうか？　フォアグラを？　ねっとりした熟したチーズを？　未知の刺激的な世界に初めて足を踏み入れたときの興奮がここにはある。すぐには好きになれないかもしれない。しかし、これが何かとても重要かつ魅力的な味であることは理解できる。

ナイフの刃についたねばねばを嬉々として舐めながら、この新しい情報をどうしたものかと思案した。ニューヨークへドリアンをもって帰れるだろうか？　どうやって貯蔵したら？　ビニールシートでぐるぐる巻きにしてアルミ箔で包み、セメント詰めにしたとしても、この臭いはいつのまにか洩れてしまうだろう――邪悪な魂のように。核兵器に使う濃縮ウランのように特製の遮断ロッカーに入れ、保存用に作られた特製の換気装置のついた地下室に貯蔵しておくしかない。しかし、ドリアンには抗しがたい魅力がある。そのうちきっといつか、誰か――ニューヨークのシェフの誰か――がドリアンの奇妙で不思議なパワーをとりいれるにちがいない。そうしたら、私はそこへ行って、それを食べるだろう。たぶん一人きりで。

プレジデント航空でシェムリアップへ飛んだ。建造されてから四十年もたつアントノフ輸送機で、パッセンジャー・シートはぞんざいに床にボルト留めしてある。シートベルトは壊れていて、両側にだらんと垂れ下がっていた。席についたとたん、何もしないのにシートの背はリクライニングの位置まで倒れた。タキシングのあいだ、客室内には不可解な蒸気がたちこめた。フライトアテンダントが機内食を配ったが、ボール紙でできた箱の中には、得体の知れない肉をはさんだサンドイッチがラッ

プで包まれて入っていた。乗客は神経質な笑い声をあげ、誰一人として手をつけずに、さっさとシートの下に放りこんだ。撮影隊のクリスとリディアは麻痺したように坐り、飛行機が横揺れするたびに目を剥いていたが、やがて飛行機はトンレサップ湖の上を過ぎ、しだいに降下して泥土のシェムリアップ空港へと近づいた。プノンペンで知りあいになったミシャ――愛想はいいが皮肉屋のブルガリア人――も「ビジネス」の用があるとかで同じ飛行機に乗っていた。それまで何度か会って聞いた話によると、ロシア人の顧客相手に珍しい蛇を商っているということだった。だが、わがチームの雇った通訳兼ガイドのクライはその話を信用していなかった。「ＫＲ《クメールルージュ》に会いにいくんだと思う」とクライはいった。「詮索しないほうがいいよ。そうさ。私だって知りたくないんだ」

飛行機が無事着陸すると、ミシャはほっと息をついた。「ブルガリアの空挺部隊にいたときは――この飛行機が気に入っていたんだよ。もちろん、そのときはみんなパラシュートを着けていたからね」

私はアンコール・ワットで写真を撮るために足を止めた。どんなカメラでも、ここを撮るには不足だ。あまりにも巨大、あまりにも壮大で、フレームになど収まりきらない。生い茂るジャングルの上にぬっとそびえたつアンコールのかつての都を目の前にしたときに心に湧きあがる驚きを、たった一枚の写真で伝えることなど不可能だ。何キロにもわたってつらなる複雑な模様のレリーフ、層をなした大きな石造の宮殿、ディーン・タヴォラリス〔『地獄の黙示録』のプロダクション・デザイナー〕風のジャンボ・サイズの石彫の頭部、崩れかけた石の階段などが、樹齢百年の樹木の根にからみつかれて窒息しそうになっている。ここはかつて強大なクメール王国の都だった。東はヴェトナムのニャチャン・ビーチから、南に下って南ヴェトナム全体を含み、一時はラオスやミャンマーの一部、インド亜大陸まで版図を広げたこともあった。数え切れないほどの彫像のうち、たった一つでさえ、どれほどの労働力と時間が費やされ、

芸術家や職人や労働者の数がどれくらい必要だったかを考えると頭がくらくらしてくる。ぎっしりと詰めこまれたレリーフを見ていると、その量と迫力に圧倒されてしまう。クメールルージュはこのアンコールを破壊するため、あの手この手を使ってきた。いたるところに地雷を埋め、彫刻と寺院を破壊した。盗掘者と節操のない古美術商が手当たり次第に石彫の頭部を切り落とし、持ちはこべる寺院の部分は残らず盗みだし、タイやその他のブラックマーケットで売り払った。だが、現在ではユネスコが人員を派遣し、修復にとりくんでいる。地雷はほとんどの地域で撤去されたので、石の積み重なった暗い内部を歩きまわることもできる。孤児になったクメール人の子供が先に立ってガイドをし、暗い片隅に立つ二枚の舌をもつ彫刻の意味を教え、小さな寺院を守るサフラン色の袈裟を着た僧に数リエルの喜捨をするようにと促す。光のささない狭い内部には香を焚く匂いがただよい、どこまでいっても果てがないように思える。巨大な石彫の頭部の前に立っていると、初めてここに辿りついたフランス人がどれほど驚いたか、その気持がよくわかる。

テレビ番組制作会社のけちなろくでなしが私のために予約しておいたシェムリアップのホテルは、またしてもゴミ溜め同然の安宿だった。ロビーを一目見ただけで、これから数日を過ごすひどい部屋の予想がついた私は、思い切って散財することに決めた。自腹を切って同じ道の一キロ半ほど先にあるラッフルズ系列のグランドホテル・アンコールにチェックインしたのだ。ひと晩くらい、傲慢な植民地支配者のように過ごしても罰《ばち》は当たらないだろう。熱いお湯がたっぷりと勢いよく出るシャワーなんて何日ぶりだろう——この何週間か、石灰のこびりついたシャワーヘッドからぽたぽたと滴る水で体を洗ってきたあとだけに、これは最高の贅沢だった。大きなプールがあり、レストランは三軒、バー・ラウンジもあり、そこではとんがり帽子とクロマー（スカーフのような布切れ）という制服姿の従業員が小さな傘を飾ったトロピカル・ドリンクをサーブしてくれる。マッサージと水泳とクロッ

クムシューの軽食のあとで部屋に戻ると、枕の上にはジャスミンの生花でできた花飾りが置いてあった。

私はこのゴージャスなホテルを心ゆくまで楽しんだ。なぜなら、明日からは試練の日々が始まるのだ。クルーはぴりぴりしていた。私も同様だった。計画では、船を一艘雇ってトンレサップ湖まで行き、湖を横断して河口を見つけ、その川をさかのぼってバッタンバンまで行くことになっていた。その翌日は、四輪駆動の車を借り、運転手を雇ってカンボジアで最も地雷の数が多く、最も道が悪いといわれるパイリン――タイ国境近くの町――までの七十キロか八十キロを踏破する。あいにく、クメールルージュをめぐる国内情勢は悪化していた。つい最近、首都プノンペンの政府は、パイリンを管轄しているクメールルージュのリーダー、ポル・ポト政権の元副首相イエン・サリとの合意を破棄して、戦争犯罪を裁く国際法廷に引きだそうという動きを見せていた。パイリンの町はとても人を歓迎する気分ではないだろう。

パイリンへの道。ボブ・ホープとビング・クロスビーの『モロッコへの道』とは大違い――しかも、旅路の果てにカンボジアシルクのサロンを体に巻きつけたドロシー・ラムーアが出迎えてくれるなんてことはまったく期待できない。なんの因果か、名もない川をさかのぼって、この地球上で最悪のクソ溜めへ行きたいと自ら志願した結果がこれだ。

朝早くシェムリアップを出発した。私のほかに一行はクリスとリディアとクライである。クメールルージュのエキスパートだと称するクライは、最後の戦闘があったときパイリンにいたという。だが、泥の色をしたクリーク沿いにバッタンバンへ向けて出発したときから、彼は口がきけなくなったらしく黙りこんでしまった。最初から計画はつまずいた。船長とその相棒――この男は、やかましく不穏な音を息切れしそうにたてるエンジンにかかりきりだった――は、河口を見つけるのに意見が一致し

なかった。広い湖面を渡っていくあいだ、午後の強い日差しに照りつけられながら、目印になるものを探した。私はグランドホテル・アンコールで用意してきたソーセージ・サンドイッチとカマンベール・チーズのランチを上等なコート・デュ・ローヌで流しこみながら、ひたすら待った。

やっと見つかった川は幅が広く、水が澄んでいて、いい感じだった。だが、五十キロほど進み、水上生活者の村に近づいたとき、私たちの船は警告も説明もなしに、ドラム缶を束ねた上で上下に揺れている水上警察署に引っ立てられた。凄みのある真っ黒なサングラスをかけた軍服姿の男が数人と、赤いクロマーとカーキ色の軍用作業服を着たまぬけ面の二人の男が待ちかまえていた。二人の男と軍人の一団は、何もいわずに私たちの船に乗りこんでくると舵を握った。警官はさっさと行けと手を振った。

いま、赤いクロマーはカンボジア中で大流行している。頭に巻いたり、スカーフにしたり、女性のブラウス代わりやサロンとしても使える。いざというときは、ぬかるみにはまった水牛車を引っ張るのにも使えるし、バッグやおむつ代わりにもなる。だが、にこりともせずに目を充血させたおっかない顔の見知らぬ男たち――しかも軍用作業服を着て、他人のチャーター船にずかずかと乗りこんできた――が赤いクロマーをつけているのは薄気味悪かった。クメールルージュが戦車で意気揚々とプノンペンに乗り入れたときのニュース映像――その直後に大殺戮が始まった――が脳裏にちらついたとしても無理はないだろう。

しばらくすると、船はスピードダウンしてほとんど停止しそうになり、船長は川の向かう方向とは正反対のほうを指差していた。私はクロマー姿の通訳を見たが、彼は私の視線を避けていた。ちらとも見ない。宙を見つめたまま、知らんぷりを装っていた。やがて船は招かれざる客たちの指示どおり、エンジン音をたてて名も知れない細い支流に入っていった。私はクライに向かって大声で訊いた。

「どうした？　いったいどうなっているんだ？」

「近道です」とクライはいい、すぐにまた昏睡《コーマ》のような沈黙に戻った。

「近道」――この言葉に私は不安をかきたてられた。近道が計画どおりうまくいったことがあるだろうか？　近道の行く末は――少なくともホラー映画で見るかぎり――はらわたを抜かれるか、死が待ちかまえているかのどちらかだ。「近道」なんて、ろくなことになった試しがない。このカンボジアでは船が浅瀬に乗りあげるか、落ち葉だらけの淀んだ水溜まりにはまりこむのが関の山だ。ろくに指揮もとれない船長とその助手にまかせておいたら、いったいどうなることかと不安になった。ロンリー・プラネットのガイドブックを開いて地図を眺めてみたが、こんな細い川が地図に出ているはずもなかった。

船はどんどん上流に向かっていた。何時間たっても先は見えなかった。もともと、この行程は六時間かかる予定だった。だが、すでに九時間はたっていた。土地はますます荒れはて、川幅は方向転換もやっとなくらいに狭まった。腰までの深さの泥の川を、生い茂る蔓草をかきわけ、砂洲や泥の浅瀬を迂回しながら進んでいく。あたりの情景は『地獄の黙示録』のラブボートのシーンをより原始的にしたようなものになりつつあった。ジャングルの奥へ分け入るにつれて、人びとの暮らしぶりは退化し、みじめになっていくのだ。反対方向からくるわずかなサンパンや舟にはちらほらとしか人が乗っておらず、その人たちはこちらを見ようともしなかった。カーキ色の服を着た男たちを目にしたとたん、顔に恐怖に似た表情を浮かべ、見て見ぬふりをするのだ。川岸からも、いまや「ハロー」や「バイバイ」という挨拶はなくなり、ただ無表情でにらみつける人びとの顔からは無言のうちに敵意と無関心が伝わってきた。

何時間というもの、ときたま目に入るのは水面にはりだすか、堤の柱の上に危っかしく載っている

小屋、ぼろをまとうかクロマーだけのほとんど半裸の男女が水辺にしゃがんで病気の豚に軟膏を塗ったり、茶色の水で服を洗濯したり、砥石で斧《マチエット》を砥いだりする情景だけだった。だんだん不安になってきた。家も見えず、それどころか壁らしいもののある建造物さえなく、テレビのアンテナも姿を消し、電線や電話線さえ、何時間も見えなかった。船が進んでいく水路は千年前とほとんど変わっておらず、周囲のようすも古代のままに思える。ここでエンジンが故障したら？　スクリューが破損したら？　ねじの一つが緩んで、この淀みで立ち往生したら？　誰に助けを求めたらいいんだ？　そもそも携帯電話をもってきたか？（もっていなかった）。この船の誰一人として、現在位置がわかっているかどうかも怪しい。似たような支流や運河、小川やクリークや用水路が数えきれないほどあるのに、そのどこにいるかを正確にいえるのだろうか？　どこまで川をさかのぼるつもりなのだろう？　次の停留所にアメリカン・エキスプレスの代理店があるわけはない。ここで日が暮れてしまったら、いったいどこで寝ればいいんだ？　ここには水と泥と水田とジャングル、それにときたま出現する棒と竹の構造物――子供が壊して放りだしたままのツリー・ハウスみたいなもの――しかない。それに、謎めいた招かれざる客の正体は？　彼らはどこへ行くつもりなのか？　彼らのもくろみは？　ジタンを吸っていた凄みのある二人の軍人にマールボロを勧めると、彼らは微笑のようなものを浮かべはしたが、表情が動いたのはそれっきりだった。

葦をかきわけながら、船はどんどん奥へ進んでいった。どこまで行ってもぼろぼろの小屋と泥の堤、水洩れするぽんこつサンパンしか見かけなかった。ときたま、鶏や水牛、豚などが現れ、遠くのほうに丈の高いサトウヤシが見えることもあった。大きく曲がった場所を過ぎると、いまにも沈みそうな村が現れ、そこからも重そうなバッグをもった二人の乗客が乗りこんできた。そのうちの一人はひよこのトウィーティのイラスト付きTシャツに迷彩模様のパンツという格好だった。なかなかクールじ

ゃないか――ワーナー・ブラザーズのＴシャツを着た男に銃で頭をぶち抜かれるってのはね。

しだいに暗くなってきたが、まだバッタンバンが近づいた兆しはない。それどころか、文明らしきものの痕跡さえ見えない。いまとなっては商店街やオフィスビルなど望むべくもなかった。電気が来ていればそれで十分。体中が蚊に食われている。日が傾くにつれ、薪を燃やす煙が川面にただよいはじめ、川幅がほんの少し広くなった。川岸で水浴している家族づれが見えはじめたので期待が高まった。料理をする焚き火から出る煙が濃くなった。支柱だけでなく壁のある家が見えてきた。これもよい兆候だ。舟の往来がにぎやかになった。対岸には、平底舟をロープで引いてゆくオートバイとドライバーの姿が見える。小屋や家の数が増えてゆく。日がすっかり落ちたあとは、音を頼りに船は進んでいった。もやが濃くなり、やっと遠くのほうにぼんやりした電気の灯が見えた。やがて、漆黒の闇に濃い煙がたちこめる中、たいまつや電灯が浮かびあがってシュールな雰囲気をかもしだした。けたたましいクメール民謡と太鼓の音が、はるか彼方のラウドスピーカーから川面を伝って聞こえてくる。切りたった泥の断崖のもとに船を停めると、どこからか手が伸びてきて、船から下りるのと滑りやすい急坂を登るのを助けてくれた。黒っぽい人影が荷物を坂の上まで運んでくれた。やがて私たちは一台のヴァンに詰めこまれ、バッタンバンで「いちばん上等」でゴージャスなＴＥＯ《テーオ》ホテルまでつれていかれた。

白いタイルの床に、同じく白いタイルの壁、白い漆喰塗りの天井。このホテルは巨大なトーチカを思わせる四階建の建物で、装飾というものがいっさいなかった。フロントデスクの横には、赤い円の中にＡＫ‐47の輪郭をなぞった黒いイラストが描かれ、その上にはやはり赤い色の斜めの線が引かれていた。カンボジアのホテル業界が提供する典型的な娯楽施設もあった。ロビーからやや離れたドアには「カラオケ・マッサージ」の赤い文字。いいかえると「売春婦斡旋します」である。

案内された部屋も白いタイル貼りで、床の真ん中に排水口があった——レバーのひと押しで部屋の汚れを残らず水洗できるみたいだ。バスルームも同じようなコンセプトで作られているようだった。トイレの便座に坐り、石灰のこびりついたシャワーヘッドを頭の上にかざして水を出せば、いっぺんに何もかも流してしまえる。たった一つしかないトイレットペーパーは、前に泊まった客のせいでびしょ濡れになっている。流しの上の棚にあるくたっとした包みは石鹸か、それともコンドームだろうか。バスルームの排水口には抜け毛と石鹸滓の上に、丸めたバンドエイドが漂っている。だが、べつにかまわない。少なくとも、コブラやアマガサヘビや蚊がうじゃうじゃいるジャングルで寝なくてすんだのだから。なんとかシャワーを浴び、TEOのがら空きのレストランに出かけた。熱心なウェイターがカラー写真入りのメニュー——またしても——からどれを選んだらいいか、アドバイスをしてくれた。コンジー（中国風のお粥）、グリーンカレー、パッタイ（焼きそば）、アモック（ココナッツミルク・カレー）、ありきたりの野菜炒めや煮込み料理など、メニューの半分はタイ料理で、支払いはリエル、ドル、バーツのどれでも可。私がパイリンへ行く途中だと知ると、ウェイターは自分も宝石で一山あてようと思ってパイリンへ行ったことがあると話しはじめた。さんざん苦労したあげく、持ち帰ったのはマラリアだけだったそうだ。そして悲しげな表情で「パイリンには悪いやつらがいる。悪者ばかりだ」といった。

最初に目につくのは標識だ。

道路を進むと、およそ百メートルごとに小さなオレンジの札が目に入る。「危険！　地雷！」おまけに交差した骨と頭蓋骨のイラストが添えてある。

この世で最も悪い道路を思い描いてみてほしい。およそ百キロにおよぶ未舗装の道に、かわるがわ

る現れる干からびた轍と土饅頭と穴と深く切れこんだ亀裂のせいで、自動車はしょっちゅうつんのめって横転しそうになる。わずか二、三メートル先を走っていた車が、道路の轍と陥没のせいで姿が見えなくなる。木材や干草を目一杯積んだトラックの荷台が十五メートルもの高さで空中にそびえたっている——しかも、その上に家族全員が坐っている——ありさまは目を疑うほどだ。近所の水田から溢れてきた水のせいで、土の道はぬかるんでプディング状になっている。そのうえ、水牛車の残骸や強引なわりこみ、検問所、バリケード、崩れかけた橋、武装した山賊といった通常の障害物はいうまでもない。

黒いSUVが私たちの車を追い抜いていく。窓に真っ黒なフィルムを貼った車内にはクメールルージュのお偉方と違法の材木業者、それにショットガンをもった用心棒が乗っている。ときたま見かける白の四輪駆動車は正義の味方だ。地雷除去のための装備を固めた彼らは、いまもカンボジア北西部で熱心に活動している。点在する大きなフルカラーの野立て看板には、左側に幸せそうな農民が息子をつれて畑を歩いているところが描かれている。右側に目をやると、その農民と息子が爆発で手足を吹き飛ばされている場面があり、真っ赤な絵具で飛び散る血が描かれている。私たちがチャーターした白い四輪駆動車の運転手は不安そうに眉をひそめていた。彼は私たちが気に入らないのだ。これから行く場所も気に入らなかった。自分の車が悪路で傷つくことが心配でたまらないのだろう。

ときおり車は、深い峡谷や岩だらけの急流にかけられた橋を渡った。朽ちかけた丸木橋は危なっかしくバウンドし、車輪の下でぼろぼろ崩れていった。そろそろ車を進めていくと、板の隙間から下の岩や水が見えた。なかにはロープで応急処置をした吊り橋もあった。そんなときは、タイヤの下で崩れてゆく橋げただけでなく、頼りにならないロープが渡りきるまでもつかどうかの心配もしなければならなかった。荷物を満載したトラックは橋のたもとでいったん停車し、運転手と乗客が大丈夫かど

うかを検分する。それから、できるだけスピードをあげて一気に走りぬけるのだ。橋が崩れて下の岩に激突するのは自分の車でなく、後続の自動車であってほしいと祈りながら。

バウンドし、つんのめり、斜めに傾き、きしみ音をたて、崩れ、落下し、バウンドし、つんのめる。年老いた女やパンツなしの幼児、それにカーキ色のシャツにクロマー製サロン姿で武器を携えたティーンエイジャーが、道を塞いでいる大きな岩や丸太——急ごしらえのバリケードであり、料金所を兼ねる——をどかすまで、車を停めなければならないこともしばしばだった。障害物をどかすと、彼らは行ってよいと手で合図するのだった。

検問所で見かける銃の数がだんだん多くなっていくのに気づいた。並行して、頭蓋骨も見かけるようになった。道端に小鳥の餌台に似たちんまりした祭壇が現れ、その台の上に人間の頭蓋骨と大腿骨が小さな山をなしているのだ。これは警告か？　それとも記念碑だろうか？　私にはわからない。最後の戦闘の舞台となった前線へ近づくと、道端に弾痕だらけの錆びついた装甲兵員輸送車《APC》が放置されているのが見えた。やがて、焼け焦げた中国製の戦車も目に入った。

最後の検問所にいた武装兵たちは、私たちを見て迷惑そうな顔をした。カジノはどうなっているんだ？　この連中はテレビの撮影隊など歓迎しないのだろうか？　なんとなくわかってきた。どうやら、ラウンジで冷えたマイタイを飲みながら、ドン・リックルズばりのコメディ・ショーを楽しむなんてことはできそうにないらしい。ビュッフェ式のレストランや、できたてのオムレツを賞味するなどという期待はどんどん遠ざかっていった。時速十五キロの猛スピードで車をすっ飛ばしながら、運転手はずっとバックミラーから視線を離さなかった。ＴＥＯホテルのレストランでウェイターがいった言葉が頭に浮かんでくる。ここには「悪いやつらがいる……悪者ばかり」。

小さな村で小休止して食事をとり、背中と首の筋を伸ばした。市場に隣り合った道端の宿屋では、

クメールルージュのグループが食堂のテレビで放映されているタイ式キックボクシングの試合を見ながら異常なほどに盛りあがっていた。どちらかがパンチを食らうたびに、彼らは拳を宙に突きあげるのだ。私は氷を入れたなまぬるいビールといっしょに、トム・ヤム——タイのヌードル・スープのようなもの——を食べた。カンボジアに来てから食べたものの中でいちばんおいしい。だが、これはタイ料理だ。国境に近づくにつれ、あらゆる面でタイの影響がしだいに濃くなる。タイ料理、タイの通貨、タイのテレビ。食事をして少し休んだあと、また出発した。あと二時間ほどでパイリンだ。

「ここが前線だったところです」と、クライはしばらくして口を開いた。記憶にあるかぎり、彼が自発的にしゃべった初めての言葉である。彼はごつごつした岩山の頂にあるパゴダを指差した。「クメールルージュはこの山に遺体を捨てました。山中には何千体という遺骨が残っています」

パイリンに入る直前になって、やっと舗装道路になった——材木のトラックを通すためだろう（彼らはカンボジアの森林を片っぱしから伐採してタイに売っている。そのため、この一帯はさらに荒廃し、雨季のたびにトンレサップ湖、バッサック川、メコン川などの氾濫を招き、首都が水浸しになるのだった）。道路を猛スピードで進むあいだ誰も口をきかなかった。そして、ついに目的地に到着した。

パイリン。舗装のないゴミだらけの道には毛の抜けた犬がうろつき、むっつりした住民がにらみつけている。わずかばかりの看板は、カラオケ・マッサージ、床屋、米粒サイズのルビーやサファイアを売る店、みすぼらしい粗末な市場などだった。カジノは見当たらない。ネオンもない。大型駐車場、新築の娯楽センター、ドッグレース場、ワン・アームド・バンディット〔スロットマシン〕やキノ〔数字あて〕がずらりと並んだ冷房の効いたネクロポリスもない。ジークフリート&ロイのマジック・ショーもない。デビー・レイノルズや夫婦デュオのスティーヴ&イーディもお呼びでない。ここにあるのは、むきだ

しの敵意と汚らしさ、銃をもった人相の悪い男たちだけだ。パイリンで一軒だけのホテル、ハン・メアスはTEOをもっと小さく、もっとわびしくしたようなものだった。ロビーにはやはりAK－47持込禁止の絵文字が掲げてあった。カラオケ・マッサージのブース。同じく白いタイルに気味の悪いしみ、床には排水口。

ホテルのレストランで水っぽい野菜炒めを食べたあと、若者が運転するオートバイの後ろに乗って町をひとまわりした。若者は上等なルビーが買える店を教えるという。見どころはあまりなかった。さびれたビル、二階建の店舗、パゴダが一つ。屋根にお皿のような衛星放送用アンテナをつけ、SUVと新車の四輪駆動車が停まっている家はクメールルージュのものだった。どうやら、ここカンボジアで金持になれるのはコミュニストだけらしい。私は、値段が高すぎるくせにサイズは小さすぎるルビーをいくつか買った。ここは、川の土手でも家の前の庭でも、地面を掘りさえすればどこからでもルビーの原石が採れることで有名なのだ。だが、石はカットするためにタイへ運ばれ、そこからカンボジアへ戻ってくることはめったにない。この国の他の資源についても同じことがいえる。

私たちは、もとクメールルージュの高官だった観光情報局長のもとへ通訳のクライを送りこんだ。当然ながら、プノンペンでの最近の政治状況を反映して、局長はパイリンのリゾート計画についてはは多くを語りたがらなかった。カジノを見せてほしいというこちらの要望にも関心を示さなかった。カジノはパイリンから約三十キロほどの距離で、タイ国境に近い山のジャングルの中にあることがわかった。

「局長は、映画を撮りたいのかと訊いていました」と、戻ってきたクライはいった。元クメールルージュの局長は、経済発展やハードロック・ホテルなど、観光に関わりのあることはちっとも話そうとしなかった。それよりも、イエン・サリが告発されて国際法廷に引きだされたらクメールルージュが

どんな態度に出るつもりかを話したがり、もう一度ジャングルに戻ることについて熱弁をふるった。再武装だ。光り輝く栄光に包まれて、リーダーとともに断固戦う。私たちとしては、あまり聞きたくない話ではある。

その夜、あけがたの三時にクリスとリディアの部屋のドアがどんどん叩かれた。猛スピードで走る車の窓から身を乗りだして撮影し、地雷原でも怖がらなかったリディアだったが、あとで聞いたところによると、ぎょっとして飛び起きた彼女は部屋の片隅に縮こまってがたがた震えていたそうだ。クリスがドアを開けた。幸いにも、それはカラオケ・マッサージから帰ってきて自分の部屋がわからなくなったビジネスマンで、無線電話と鰐口クリップを手にしたクメールルージュ保安部の幹部ではなかった。

翌朝、ホテルで朝食を食べた。私はがっかりしていた。まったく期待はずれだ。まる二日かけて、名も知れない川をさかのぼり、宇宙一の悪路を踏破してきた——それなのに、これはなんだ？　ギャンブラーのパラダイスなんてどこにもない。「悪の都」には、ありきたりの薄汚れた売春宿とバーしかなく、違いといえば歓迎する気がさらさらないことだけだ。住民はうちひしがれ、無気力で、何かに怯え、腹を立てているように見えた。これではとてもリゾートには向かない。東南アジアのバグジー・シーゲルになりたいという私の野望は砕かれた。みんなここから出ていきたいと思っていたが、なかでもクライとクメール人の運転手は一刻も早く去りたがっていた。料理は——とくにヴェトナムの豊かさとくらべると——面白みがなかった。ほとんどはタイ料理の亜流で、キッチンの状況も新鮮さを期待できるものではなかった。インスタント・コーヒーを飲んでいたところへカーキ色の服を着た二人の男がオートバイで乗りつけ、「ドスン！」と音を立てて鹿のような動物を地面に投げだした。男たちはオートバイを降りると、シェフと交渉しにいった。ぼろを着た二人の子供が動物の死骸に駆

けより、首にできた大きな傷口に指を突っこんだかと思うと、その指の匂いをくんくん嗅いだ。その間にも蠅がわんさと集まってきた。

「ほんとは絶滅の危機に瀕した種なんだ」という英語が聞こえた。

モトクロス用のレザーのつなぎを埃まみれにして道に立っているティムとアンディは昨夜、ホテルのダイニングルームの薄暗い片隅で私のすぐそばに坐っていた二人組だった。ティムの刺しつらぬくようなブルーの目は小さな虹彩をもち、言葉にはイギリス北部――たぶんニューカッスルかリーズ――のアクセントがあった。アンディは健康そうな金髪のアメリカ人で、血色がよく、アクセントはアメリカ中西部風である。二人の背後、ホテルのパーキングエリアには二台の高性能ダートバイクがキックスタンドを立てて停めてあった。

ティムはシェムリアップにあるバー兼レストランのオーナーで、アンディはそこのシェフである。たとえ世界の果てまで行っても、かならずアメリカ人のシェフと出会うことになっているらしい。疲れきったようすのクライは朝食を食べにおりてくると、埃だらけのレザーのつなぎを着た二人にうなずいてハローと挨拶した。

「クライ！　やあ、どうだい？」とティムがいった。

「ティム、まあまあだな。そっちは？」とクライが答えた。

「まだハッピー・ハーブにご執心なのか？」とアンディが訊ねた。

カンボジアでは誰もが知りあいのようだ。カンボジアの奥地――とんでもなく辺鄙なジャングルの中――にいながら、クライと二人のオートバイ乗りはこんなふうに顔を合わせるのがちっとも珍しくないような態度だ。

「ミシャを見た？」ティムが訊いた。

「いまさっき見かけた。クメールルージュの連中としゃべっていた」とアンディ。「シェムリアップ行きの飛行機ではいっしょだったよ」と私も口を出した。

「バッタンバンからここまではどうやって来たんだろう」とティム。「道路ではすれちがわなかった」

「たぶんヘリコプターだ」とクライがいった。

「ああ……そりゃそうだ」。ティムは意味深なくすくす笑いをしながらいった。

二人組はカンボジアの裏道を走りぬけてきた――たいていの旅行者にとってはひどい障害物だらけのルートだが、ダートバイクにとってはこれ以上ないお楽しみなのだ。二人はパイリンからシアヌークヴィル、そして海に出るコースを予定していたが、ジャングルの中で違法伐採の現場にぶつかってトラブルに巻きこまれたため、やむをえず引き返してきたのだった。

「別のルートを行くつもりだ」とティムがいった。「だが、それもだめだったら、バッタッンバンで会おうぜ」

私たちはやっと町を出ることになったが、運転手はクライの指示を誤解して、タイ国境へ向かうのだと思いこみ、ぶつぶつと不平をもらした。一時間ほど走ったあと、やっと間違った方角に向かっていることに気づいた。それまでジャングルの中をのろのろと進み、衛星テレビのアンテナのある小さな農家を過ぎ、こぎれいな家の外に停めてあるうさんくさい黒いトヨタ・ランドクルーザーやランドローバーやSUVなどを横目で見ながら走ったあと、どこだかわからない場所に出た。あたりは倒れた木だらけ――まるで木こりの軍勢がやみくもに木を切り倒しながら突き進んだよう――で、見渡すかぎり木っ端だらけだった。山頂には黒い雲が垂れこめ、私たちの車やカメラを目にした人びとは、水浴中を覗かれたかのようにぎょっとしていた。運転手はますます不機嫌になっていった。クライがようやく、方向が反対だ――バッタンバンへ戻りたいのだ――と指摘すると、運転手はほっとするあ

まり泣きそうだった。

パイリンへ向かう道では、運転手は時速二十キロ以下でのろのろ走った。しかし、帰り道は時速五十キロで突っ走り、サスペンションや車台にどんなダメージを受けてもかまわないという態度だった。それほど怖かったにちがいない。死ぬほど怖かったのだ。道路から二、三メートルのところにいた黒い服を着た民兵の一団がいっせいに頭をめぐらせて私たちの車をじろっと眺めたときには、運転手はもっとスピードをあげ、それから二十分間というもの、びくびくとバックミラーをうかがいっぱなしだった。前の日に通過したとき、検問所には一挺か二挺のライフルしかなかった。それも、がたのきたM－1か中国製の安物だった。その同じ検問所にいまはAK－47がうじゃうじゃある。帰途のあいだずっと運転手は怯えきっていた。通りかかる無害なようすの市民たちさえ、運転手にはどこかに潜んだ伏兵と無線で通信しあっているスパイのように見えるらしく、びくびくしていた。TEOホテルを見てうれしいと思うことなどまさかあるまいと思っていたが、そのまさかだった。パイリンのあとでは、バッタンバンは大都会のように見えた。

真夜中のバッタンバンで。

ティムがオートバイのハンドルを握り、後部座席に坐った私は命からがら彼にしがみついていた。もう一台はアンディが運転し、後ろにミシャが乗った。バッタンバンの静かな通りをバリバリと騒音を立てながらぶっ飛ばし、歩行者用の狭い橋を渡って、バーや売春宿が集まっている町外れに向かった。ふつう西洋人が道路封鎖にぶつかったときは、そのまま突破しようとする。ポケットに金をたっぷりもった白人という特権を十分に意識して、スピードを緩め、礼儀正しく、少しばかり微笑を浮かべたりもして、さっさと通りぬける――バリケードや検問所や武器をもった警官や軍人たちの狙いは

ほかにあると確信しているかのように。たいていはこれでうまくいくと思われていた。ライトにこうこうと照らされた広場で警官が車を止めているところに近づいたとき、ティムとアンディもそのつもりでいた。普段どおり、スピードは落としたものの、停止はしなかった。

突然、事態は予想外の進展を見せた。

「止まれ！　いますぐ停車！」制服姿の警官が声を上げた。その胸には仲間たちより多くの勲章が留めつけられ、まわりの警官たちは私たちに向かって銃口を突きつけていた。アジアでは怒りをはっきり面《おもて》に出すことは珍しい。顔色を変えないのがよしとされているのだ。冷静さと自制心を失ってわめいたり叫んだり顔を歪めたりすると、議論に負けたと見なされる。そこから「顔を潰される」という表現も生まれた。しかし、ここではそのルールはあてはまらなかった。警官はひどく腹を立てており、止まってオートバイから降りろと割れ鐘のような声で――英語と、それからクメール語で――命令した。顔は怒りで歪み、皮膚の下で筋がぴくぴく痙攣するようすは薄い木綿の袋に入ったガラガラ蛇の群れを連想させた。カチッ、カチッ、カチッという音がして、六人の警官が銃の安全装置を外して弾丸をこめるのがわかった。

「クソッ」。同じような予想外のアクシデントで撃たれた経験のあるミシャが舌打ちした。

「畜生」。ティムはオートバイを停め、エンジンを切った。アンディも同じようにした。

「止まれ！　いますぐだ！」リーダーの警官がそう命令すると、他の警官も銃を突きつけながら、クメール語で口々に叫んだ。私が最初に降りると、とたんに銃口が顔に押しつけられ、五人か六人の警官から同時に怒鳴りつけられた。もう一挺のライフルでこづかれて回れ右させられ、小柄な警官が両手を頭の上にあげろと身振りで指示した。アンディのバイクから降りたミシャは慣れたもので、おとなしく両手を頭の上に載せた。アンディとティムもキックスタンドを立てるのに手間取ったあと、同

じようにした。その間ずっと罵声やわめき声はやまず、銃はしだいに乱暴になり、いまやこづくというより、殴るといったほうがよかった。両手を頭の上に置いたまま、通りの真ん中に立たされ、オートバイのエンジンが切られると、小柄な警官は銃をもっているかと尋ねた。ミシャはほっとしたようすで、この質問を通訳した。

「どこへ行く？」小柄な警官はまだ真っ赤な顔を痙攣させたままで訊いた。

「売春宿へ行くところです」。ティムはまず英語、それからクメール語でいい、例のくすくす笑いをした。

そのとたん魔法のように、警官の顔から緊張が消えた。穏やかさと共感がその顔に浮かんだ。そして満面の笑み。ほんの数秒前まで私たちを銃殺刑に処すばかりだった――少なくとも監獄にぶちこもうとしていた――小柄な警官は、高級レストランの支配人《メートルドテル》のごとく一歩しりぞいて道をあけると、両腕を広げて歓迎の意をあらわし、芝居がかったしぐさで、さあどうぞとうながしたのだった。

第十章　燃えるイギリス　*Fire Over England*

イギリスが燃えている。

テレビをつけても、新聞を開いても、そこには燻った煙をあげる硬直した家畜の山、検疫所、検問所、消毒薬、そして死んだものの数ばかり。この殺戮がいつ終わるのか誰にもわからない。たぶん、いつかは終わるだろう。イギリスの食用家畜がすべて処刑され、燃やされ、ブルドーザーで穴に放りこまれたあとで。牛肉（異常プリオン蛋白を含んだもの）を食べると脳がスポンジ状に変わり、大脳皮質が海綿のようにスカスカになる恐れがあるというニュースが消費者に伝わったちょうどそのとき、口蹄疫（肉を食べても伝染はしない）の流行が重なったため、大衆のあいだに恐れと不信感がさらに広がり、闇と悪の力がさらに優勢となった。

戦いの場がととのった。善と悪の軍勢がここで対峙する——その戦いの場はイギリスにある。脅威がこれほど明確な形をとった国は他にない。敵と味方がこれほどはっきり分かれ、黒白を明らかにして曖昧《グレーゾーン》な態度を許さない場所は他にない。

私はイギリスが大好きで、何度も訪れている。だから、この結果を見届ける権利はあるはずだ。脂肪分の多い肉と伝統的なビールやエールの醸造技術にこれほど信をおき、断固支持してきた国が、イギリス以外にあるだろうか。

料理界のゴールドラッシュともいうべき熱狂ぶり、大衆を巻きこんだ突然のグルメブーム、誰もが食べ物とレストランとシェフと料理法に関連するすべてのことに興味津々になるといった、一種のマスヒステリーの様相を呈した国が、イギリス以外のどこにあるだろう（オーストラリアは別として）。イギリスの料理界はいっとき、きわめて順調だった。それがいまは？ すべてが危なっかしく宙ぶらりんになっている。これは戦争だ。後世のために、いま全身全霊をかけて戦わなければいけない。ここで闇の力に負けたらどうなる？ 敵は大西洋を越えてアメリカを狙うだろう。それは疑うべくもない。敵はすでにスパイを送りこんでいる。テーブルに並んだ料理と家の冷蔵庫を虎視眈々と狙っている。敵はこっそり侵入している。やつらの狙いは肉だ。

その次はチーズ。

日本のポルノは醜く、暴力的で、騒々しい。ドイツのポルノは醜く、フェティッシュだらけで、騒々しい。アメリカのポルノは低俗で、ばかばかしく、さまざまなヴァージョンがあり（滞在しているホテル・チェーンの程度によって露出度は異なる）、セックスさえも大量生産の商品と見なされている。だが、イギリスのポルノこそ、劣悪のきわみである――ウィットのかけらも工夫も笑いもなく、奇妙きてれつで、セックスが多少なりとも楽しいものだというような考えは最初から排除されている。俳優は野卑で、肥っていて、みっともなく、歯並びは悪く、足は汚れている。タトゥーでさえセンスがない。どうやら、出演者は下着をつけたまま性行為をするよう強要されているらしく、ジョッキ

ー・ショーツを唾でべちょべちょにする。それを見ているうちに、なぜイギリス人が伝統的にセックス下手なのか、その理由がわかるような気がしてくる。私が見たビデオから察するに、ここには尻叩きと下着しかない。これでは望み薄だ。暴言失礼。これまでの記述はすべて比喩である。

というわけで本題。

私の第一印象では――再度、暴言を許してもらえれば――イギリスでまともなセックスをしているのはロック界のスターとシェフだけだ（これはまったく妥当なことである。この二つの職業は昔から冒険的なセックスに関するかぎり最先端と見なされている）。アメリカやオーストラリアと同様、イギリスの大衆はシェフに夢中になった。人びとはシェフのゴシップ記事を読みあさり、彼らが出演するテレビに見入り、レシピ本を買い、調理台の上でのセックスや食糧倉庫でのからみを想像して赤面する。料理が新手のポルノ――何十年か前にはやったコンドームなしの行きずりのセックスにくらべたら危険度はずっと少ない――だとしたら、ミッションはよりいっそう急を要する。

イギリスで最もホットなシェフの代表といえば、ほとんど毛も生えていないような若造、金髪のジェイミー・オリヴァーだろう。彼は「裸《ネイキッド》のシェフ」と称している。私の知るかぎり、彼は本当は金持なのに演技でヴェスパを乗りまわし、イーストエンドのお湯の出ない安アパートに出入りして「仲間《メイト》」のためにグリーンカレーを料理する。彼はテレビにしか姿を見せないTVシェフであり、じっさいに料理をすることはめったにない。ちなみに、裸でいるところは一度も見たことがない。「ネイキッド」とは、彼が提唱する「シンプルで、ストレートで、飾りけのない」料理のことだと思う。しかし、おおかたの中年主婦は別の意味に解釈しているらしい。あの番組を見るたび、時間をさかのぼって学校時代に戻り、彼をいじめてやりたいと思ってしまう。

もう一人は、テレビの「プチ女神」ナイジェラ・ローソン〔著書に『家庭の女神になる方法』がある〕である。私がイギリ

スで会った男たちのほとんどが彼女に熱を上げており、女たちのほとんどは彼女こそ理想の女性と思っているようだ。金持で、美人で、夫を亡くした彼女は、デニムのジャケット姿で料理をする。調理台に向かって前かがみになると、その胸元に男性視聴者の視線が釘付けになる。

この前、私がイギリスへ行ったとき、会う人のほとんど全員が話題にしたのは「ナイジェラのおっぱい」だった。「あれ、見た?」彼女の外見は、私が知っている大勢のコックとは大違いだが、作る料理は脂肪分の多い濃厚な味のもの——バターやクリームがたっぷり——なので、私としては彼女の味方をしたい。上流階級に属するご婦人で「こんなの最低《ファック・イット》! ほんとにおいしいものを食べるべきよ!」なんぞというセリフがはける女性が何人いるだろう。そうはいない。私は彼女が好きだ。

マーサ・スチュアート・タイプのディリア・スミス。ジェルで髪を突っ立てたゲイリー・ローズ。それから、アインズリー・ハリオットがいる——これはエメリル・ラガッセにウィリアム・バックリーの容姿を与えたような男だ。しばらくニューヨークのテレビに進出しようとやっていたハリオットの得意技は、大きな目をむいて、こびへつらい、べたべたすることだ。いい年をした黒人男がひらひらと跳ね回り、スタジオに集まったバイソン並みの巨体を誇る白人のご婦人連中にとりいっているのを見るとうんざりする。ハリオットがテレビのスターでなく、たまたま近所に迷いこんできた黒人だったら、ご婦人がたはすぐさま警察に通報するだろう。

イギリスの大型犬、侮りがたい連中、レストランの厨房でじっさいに料理をしているプロ(シェフとは本来そういうものではないか?)、現場で懸命に戦っている人びとこそが、イギリス料理の現状においてなにより注目すべき存在である。威張りちらし、奇妙な癖をもち、喧嘩っぱやく、ライバル意識に燃え、とびきり有能な彼らは、流行に乗ったセレブリティ・シェフ——アメリカでも事情は同じ——と一線を画し、すがすがしい改革をもたらした。

アメリカでは、ブルーカラーの男が突然事業に成功して金持になると、とたんに「g」の音を落とさず、子音をはっきり発音するようになり、「ファック」という言葉を句読点がわりに使うのをやめようと努力しはじめる。たとえば、私のかつての同僚は名を上げるやいなやヘアスタイリストを雇い、ボイストレーニングを始めた。だが、イギリスでは違う。大成功を収めたシェフは、どんな無作法も許されるようになったと思うらしい。内心でそうなりたいと願っていた暴力的なフーリガンへと変身し、躾のなっていない悪ガキのように暴れだすのだ。だからこそロンドンは居心地がいい。

イギリスでは競争が激しい。イギリス人の友人に何気なく、ニューヨークでは向かいのレストランのシェフにメスクラン（サラダ用のベビーリーフ・ミックス）を一箱貸したりもすると話すと、聞いていた相手は血相を変えた。

「なんだって？　まさか！　ここでは絶対にやらないぞ」

自分の店でメスクランが足りなくなったら？　それでも借りないか？

「借りを作って恩を着せられるなんてまっぴらだ」

ここでは同志愛は成り立たないようだ。他のシェフとあまり気さくにつきあうのは、敵と取引するようなもの。スーシェフが店を辞めて独立したら寝返ったも同然。その男の名前は「二度と口にするな」ということになる。ニューヨークでは向かいの店のシェフにソーシエを引き抜かれても、それほど恨みには思わない。こちらも隙さえあればその店のグリル係を引き抜こうと狙っていることは誰もが承知の上だからだ。それに、いつかどんな成り行きで、おたがい同じ職場で働くことになるかもしれない。イギリスでは、料理評論家やコメンテーター、それに他のシェフとの喧嘩は、むしろ奨励されている。それればかりか、出世の役に立つことさえある。これがニューヨークだったら、『ニューヨーク・タイムズ』の料理評論家（運よく、その正体が見抜ければ）を連れの客ともども荒っぽく通り

に放りだしたりするのは愚かしい自殺行為と見なされる。しかし、イギリスではそれがよい宣伝になるのだ。

しばらく前、私は自分の本のプロモーションのため、ロンドンの精肉マーケット地区にある店で深夜のパーティを開いた。大勢のシェフに声をかけ、プレス関係者や書店主も招待した。深夜にしたのは、シェフたちが仕事のあとで立ち寄って楽しめるようにという心づもりだった。彼らはやってきた。血とソースのしみで汚れた料理人の一団が次々とあらわれ、まだ汗まみれで魚の匂いをさせている者も多かった。彼らはまっすぐバーのところへ行き、数ではずっと勝っていたはずの一般の客たちをからかったり、いじめたりしはじめた。少なくとも二度、白いコック服姿のシェフと手も足も出ないジャーナリストや書店の店長のあいだに分けいって、無用な流血を避けるために仲裁しなければならなかった。シェフの数が増え、酔っぱらいのゴロツキ集団へと変貌していくにつれ、プレス関係者はしだいに後退してトイレにたてこもった。こうして双方ともに楽しいひとときを過ごした。

侮りがたい料理人とは。

「こいつは幸せな豚だった」。丁寧にローストされている中型サイズの豚の頭をうれしそうに見下ろしながら、ファーガス・ヘンダーソンはいう。絶対に美味だとわかっているもの（ぱりっと焦げ目のついた皮、バターのように芳醇で、ほとんどこの世のものとは思えないほど豊かで、柔らかで、ねっとりした頬肉）への誇らしさと敬意を強調するため、ロボットのように両腕をふりまわす。眼鏡の透明なレンズごしに見える顔はやや紅潮し、口の片隅は少しこわばり、片足はその日の労働を如実にものがたる——この一時間というもの彼は足を引きずっている。ファーガスはいまのイギリスで最も期待される救世主、戦いの先頭に立つ勇士、先駆者、哲学者、過去から現在にいたるイギリス料理の美

点を頑として擁護する大胆不敵な闘士だ。彼は上質な豚肉とその加工品の本当のおいしさを知っている。

私たちがロンドンのスミスフィールド・マーケット——肉の中央卸売市場——から戻ってきたのはもう何時間も前だ。早朝のマーケットでは、肉を眺め、内臓に触れ、枝肉を小突き、動物性脂肪のすばらしさについて語りあった。その日の始まりは午前六時。シェフと私はまず地下のパブでギネスとキドニーの辛味焼きという腹にたまる朝食をとった。パブは白いプラスチックのヘルメットに白衣姿の解体業者でいっぱいだった。そしていま、私のテーブルのすぐそばに立っているファーガスは疲れている。けさ起きてから——何時に起きたのかは神のみぞ知る——ずっと、彼は自分の店のランチ・サービスをこなし、いまは私のディナーのため、ほとんどすべての皿に目をとめて複雑な手順をいちいち監督しているのだ。もちろんイギリスにはもっと優秀なシェフもいるだろう。だが、私のお気に入りはファーガスだ。わがヒーロー、正真正銘、冒険精神あふれる一匹狼、大胆不敵な料理人《マザーファッカー》。彼がパーキンソン病と闘っていることをいうべきかどうか、迷ってしまう。それでなくとも、ずっと前から私の目には彼が巨人のように見えるからだ。この本に本物の英雄的なシェフが登場するとしたら——群れに属さず、一頭地を抜き、新参者すべてを蹴散らして、その地位を維持しつづける——それはファーガス・ヘンダーソンである。私の世界一好きなレストラン、ロンドンのスミスフィールド地区にある〈セント・ジョン〉のシェフだ。彼の故国イギリスは、いまこそ彼を必要としている。

何年も前、食道楽の人びとのあいだに、奇をてらった色鮮やかなちまちまとした料理——野菜ばかりで肉はちょっぴり——が大流行したとき、ファーガスは豚肉に夢中だった。脂肪、あらゆる部位の肉、内臓——彼の出す料理は田舎びていて、茶色やベージュなどのアースカラーにときたま鮮やかなグリーンが添えられ——シンプルで、控えめで、気取りがなく——さらに完璧かつ堂々たるイギリス

料理だった。

同時代のシェフのほとんどが、ミシュランの星によって新たなパワーを手にし、突然盛りあがったグルメブームに乗って、スクイーズボトルや金属製のリングで料理を飾りたて、日本やフランスの伝統料理になびいていたとき、ファーガスはたった一人で丘の上に踏みとどまり、英国国旗《ユニオンジャック》を高く掲げていた。誰も近づかないような場所に足を踏みいれて、うらさびれた路地の片隅に殺風景な白一色のレストラン〈セント・ジョン〉を開き、彼のいう「鼻から尻尾まで」を食材にした料理を出すようになった。当時、そのメニューは完全な時代錯誤と思われ、どこか別の国だったら不埒な行為として投獄されていたかもしれない。だがいまでは、動物性加工食品からの感染を恐れる臆病者が麻のサンダルを履き、身をすくませてベジタリアン料理にしがみつく一方で、〈セント・ジョン〉の熱烈なファン――その数は多い――は質素で飾りけのないダイニングルームに押しかけ、ローストされた骨髄、丸まった胃袋《ガツ》、グリルした牛の心臓《ハツ》、大小腸《モツ》の煮込み、フライにした豚の尻尾などに舌鼓を打っている。

一九九〇年代初頭でさえ、そんな態度はとても大胆なことだった。だが、悪の枢軸が力をふるう現在では、それ以上に過激とさえいえる。健康オタクのナチ、ベジタリアンのタリバン、EUの官僚主義者、嫌煙運動の水晶占い、PETA〔動物の倫理的取り扱いを求めるグループ〕原理主義、ファーストフード／テーマパーク業界の帝王、そしてそれらのシンパたちが一致団結して、恐怖にあふれた支配力を大衆の食生活や食習慣の上にふるおうとしているのだから。

ファーガスは、私がふだん見ているシェフたちとはだいぶ違う――もちろん、彼はほとんどすべてのルールに関して例外的な存在ではある。テーブルのすぐそばに立った彼は、愛想よく、静謐ともいえそうな雰囲気で、私が食べようとしているかわいい小さな豚の尻尾について語り、絶対に気に入る

はずだと確信をもって断言する。

「これはとても高貴な豚なんだ」と語る彼は、白い上着に白いエプロン姿で、じつにチャーミングなマッドサイエンティストといった感じだ。動作は固く、格式ばっている。声は低く、控えめで、皮肉っぽく、シェフにしては教養がありすぎるような話しぶりである。「根性《ガッツ》なしでは成功もない」を実践したレストランの主人にはとても見えない。

豚肉や内臓料理を専門とするシェフにとって、いまは生きにくい時代だ。EUは低温殺菌していないチーズに目を光らせているばかりか、職人技のすべて、甲殻類や肉類など、ごくわずかでもなんらかのリスクがありそうな——つまり、少しでも快楽につながりそうな——食べ物を目の敵にしている。熟成していないチーズ、スープストック用の骨。半熟卵や生卵を禁止しろという声もある。アメリカでは、半熟卵の目玉焼きやシーザーサラダを注文した客にいちいち警告の文書を見せるという法律について論議されている（「警告！ フォークは——目に刺した場合——傷の原因になります！」）。アメリカのある女性は、マクドナルドの駐車場を出ようとしてアクセルを踏んだとたんコーヒーがこぼれて火傷をしたため、コーヒーの温度が熱すぎたという訴訟を起こし、勝訴した（「警告！ フライにしたマーズ・バーは——ズボンの中に突っこんだ場合——性器損傷の原因になります！」）。このように際限なしの恐怖が撒き散らされたあげく、完全殺菌したラップ包みという新たな過剰反応が法律として定着するのだろうか？ 二十世紀初頭にアプトン・シンクレアの『ジャングル』がセンセーションを巻き起こし、肉を食べていた人を震えあがらせたのと同じような状況だ。当時、この本がきっかけで、個人経営の中小企業は軒なみ大手の製肉会社や加工工場に吸収されたのである。いまのアメリカの鶏肉がどんなにひどいものか見ればいい。血もなく、香りもなく、色もなく、サルモネラ菌だらけ——個人経営の養鶏場がつぶれ、巨大な多国籍企業が放恣をきわめたことの副産物である。

たとえばブリストルやバーミンガム――かつて、シンプルで素朴なイギリス料理を誇りにしていた場所――のイングリッシュ・パブへ行ってみれば、いよいよ敵が戸口に迫り、ドアを叩いているのがわかるだろう。ベジタリアン・メニューだ！　すぐそこ、ステーキ・アンド・キドニー・パイやマッシュポテト添えソーセージの隣に！　もっと悪い――はるかに悪い――のはバーの光景だ。かつて豪勢なビールとエールとビターをこのうえなく高貴な容器――パイント・グラス――で供していた世界有数の醸造国家たるイギリスの男たちが、なんとバドワイザーのボトルを手にしているではないか。

これは戦争だ。一方の側には、才能にあふれた若いイギリス人、スコットランド人、アイルランド人、オーストラリア人のシェフがいて、その土地ならではの食材を再評価し、それらを斬新なコンセプトで料理し、あるいは忘れられた古い伝統料理と結びつけている。では、彼らの敵とは？　それでなくとも質が悪くインチキなニューヨーク風メキシコ料理を、さらに劣化させ、インチキにしたまがい物である。人を堕落させる悪しき流れが津波《ツナミ》のように押し寄せる。膠《にかわ》のようにべたつくナチョス、二度揚げ《レフリート》とは名ばかりの――電子レンジで温めただけ――フリホーレス・レフリートス、柔軟材のようなマルガリータ。ぐにゃっとして、水っぽく、完全に骨抜きになったエンチラーダス、ケチャップ味のサルサソース。正体不明のアジア風ナイトクラブでは、ココナッツミルクの缶詰とカレーパウダーを手にした青二才がホーチミン気取りでいる（冗談じゃない、ホーチミンはちゃんと料理ができた）。イギリスのシーフードはとても新鮮なのに、寿司はどこにもない。腐りかけた質の悪い「イタリアン」や見せかけだけの「ジャパニーズ・フュージョン」といった地獄のテーマパークもどきへ足を踏み入れるくらいなら、イーストエンドのパイの店へ行ったほうが、もっとずっと心のこもった食べ物にありつける。フィッシュ・アンド・チップスに欠かせない食材の鱈でさえ姿を消しつつある（ポルトガル人の輸入業者に鱈のことを訊いたところ、「アザラシが食っちまうんだ」という返事だっ

た。そして「アザラシをもっと殺したらいい」と助言してくれた〉。

幸いなことに、ファーガスを先頭にして同じ志をもった人びとが前線に踏みとどまり、断固死守する覚悟でいる。〈セント・ジョン〉で私がオーダーした料理は、これまで食べたものの中でも飛びぬけて旨かった。ローストした骨髄《マロウ》に、クルトンを散らしたシーソルト風味のパセリとケーパーのサラダ。

その美味たるや。これほどシンプルな食材が、どうすれば……これほど……豊かな味わいになるのだろう。牛すね肉の大きな塊と、あっさり味つけしたサラダなのに……神よ……その骨の中心にナイフを突っこみ、グレーがかったピンクと白のやわらかな髄をトーストしたパンになすりつけて粗塩《グロセル》を散らし……ひと口かじると……天使の歌声が聞こえ、天上のトランペットが鳴りひびく……六代前までさかのぼる祖先たちが天国から見下ろしてにっこりする。これこそ、神の賜ったバターだ。

数年前まで、〈セント・ジョン〉の周辺ときたら、流行とはまったく無縁の場所だった。ところが最近は、豆腐スナックや豆乳スムージーを好みそうな顔やスタイルが目につきはじめ、おしゃれな服を着た痩せっぽちの女性が口紅を台無しにして骨にかぶりつき、豚の内臓や足やトリップ——愛すべき屑肉料理のすべて——に賛嘆の声をもらすようになっている。この店こそ、心から食べ物を愛し、顎に滴る油を拭う幸せを知っている人びとが、ヨーロッパを覆う殺菌済み加工食品の黒い雲をかきわけて、意気揚々と一堂に会する場所なのだ。〈セント・ジョン〉の料理は、イギリスで味わえる最高の食事である。イギリス全般については概観する必要はないだろう。近年、野心家で頭の切れる、腕のよいシェフが、イギリスの料理はまずいという広く行きわたった先入観をくつがえしつつあることは、改めていうまでもない。それらのシェフたちが、近所のフランス料理店のシェフたちをさんざんな目にあわせているというだけで十分だ。キッチン——ニューヨークでも、メルボルンでも、世界中

のどこでも——にイギリス人の姿が増えることは、よい兆しである。〈セント・ジョン〉の料理は、この世で最高の味覚の冒険というだけではない——それはバリケードに参集せよという呼びかけなのだ。

なぜなら、ことは骨髄だけで終わらないからだ（骨髄は、いまやオランダから輸入しなければならない）。敵はチーズまで狙っている。低温加工していない臭いスティルトン・チーズ、個人醸造家の作ったワイン、殻を剥いたばかりの生牡蠣など、リスクをともなう快楽を奪おうとしている。彼らはスープストックにも目をつけている。ストックだ！（ご承知のとおり、骨がなければスープストックはできない）。西洋料理の土台ともいうべきものなのに！　ソーセージも標的にされている。要するに、人びとのタマを抜こう——去勢しよう——としているのだ。料理の皿を前にしたとき、セックスに対して抱くのと同じ居心地の悪さを感じさせようとしている。

私の話は大げさだって？　そう思うなら、ウィスコンシンを見よ。アメリカ中西部のどこかの空港か食料品売場で一時間ほど過ごしてみたらいい。プリングル・ポテトチップの食べすぎで肥満し、生気のないむくんだ青白い顔をした陰気なティーンエイジャーがうようよしている。それでも心配無用というのだろうか？　安全と倫理をふりかざしたお偉方の規制の結果がこれだ。チーズとはいえないチーズ、まがいもののオイルであげたチップス、これが肉だったとはとても思えない焼きすぎてグレーになったバーガー、ホーホー（チョコレートロールケーキ）とマフィンとバター抜きポップコーン、シュガーレスのソーダ、香りのないライトビールを腹に詰めこんできたなれの果てだ。自分の頭では何も考えられない従順な家畜の群れはのろのろと歩みを続け、陰惨で愚かしい殺戮の場にゆっくりと向かっていく。

マルコ・ピエール・ホワイトの料理を食べたことはないが、彼の料理書をうっとりと眺めたことは

何度もある。彼はもう引退し、自分の店で料理はしていないはずだ――さらにいえば彼はもはや、尖った目つきをしたイギリス料理界の悪ガキでもない。最近の彼は身だしなみのよいヴェネチアの豪商に似ている。だが、かつての彼はイギリスのレストラン業界という天空にひときわ大きく輝く星であり、次代のシェフを生みだす系統樹の太い幹だった。彼は二つの理由によって、いまだに私のヒーローである。その一、彼の料理が画期的だったこと――大胆なまでにレトロ（たとえば、豚足を使った料理）で、フランス料理を堂々ととりいれた（相手の土俵で勝負し、みごとに勝ちを収めた）。彼の料理は（昔もいまも）独創的で、見た目が美しく、信頼のおける筋から聞くところによれば、すべて美味だという。その二、気に入らない客を店から追いだしたこと――これを聞いて、世界中のシェフは喜びに身を震わせた。その三――私にとって最も重要なもの――は、彼の料理書の著者近影が唯一、私の知っているシェフらしい風貌――やつれていて、カリカリしていて、だらしない――であること。調理場で煙草を吸っているマルコの写真は人をあっと驚かせた。世界中いたるところで、大勢のシェフが「俺だけじゃない！　俺のようなやつがほかにもいたんだ！」と叫んだことだろう（ただし、マルコ・ピエール・ホワイトと同じくらい料理の腕があるという意味ではさらさらない。ただ、キッチンで煙草を吸うというだけの話）。

最後に、イギリスの最も偉大なシェフ、あるいはイギリスで最も人使いの荒いシェフ――どちらを取るかは、そのときどんな新聞を読んだかによる――と呼ばれる、並外れた才能をもった恐るべきゴードン・ラムゼイを紹介しよう。何年も前から名前は聞いていた。ロビュション、デュカス、ギー・サヴォア、マルコ・ピエール・ホワイトのもとで働いてきた元サッカー選手。キッチンでの罵詈雑言も伝説となっている――部下を叱りつけ、料理評論家を叩きだし、思ったことをずけずけという。し

ばらく前、テレビのドキュメンタリー番組『ボイリング・ポイント』シリーズに登場するラムゼイが部下を不当に扱っているという噂を聞いた。興味を引かれた私はそのビデオを手に入れてみた。だが、最初から最後まで、ラムゼイへの共感しか抱けなかった。ヴェルサイユ宮殿での大掛かりな宴会を、ろくな設備もない厨房と頭が空っぽで怠け者の臨時スタッフだけで乗り切らなければならず、会食が始まる時間をじりじりして待っているときには心から応援したくなった。客の目の前で水をごくごくと飲んだウェイターをあっさりクビにしたときは、私も快哉を叫んだ。ヴォルテールが『カンディード』で書いているように、見せしめのために「ときどき提督の一人を殺したほうがいい」のだ。ミシュランの三つ目の星がいつまでももらえずに苦しんだときはいっしょになって悩み、ついに手に入らないとわかったときは胸が潰れる思いだった（その後、獲得した）。これほどレベルの高い店を運営する人間が少しばかり気難しくなったり、普通のボスより高慢で尊大に見えたりする理由がわからないとしたら、そもそもプロの厨房で働くのがどういうことかわかっていないのだ。いわんや世界のトップの座につくのがどういうことかなんて、わかりっこない。偉大なシェフとは、たんに料理がうまいだけではなく、来る日も来る日も、たえず天才的な料理の才能を発揮する人をいう――しかも数え切れないほどのトラブルが頻発する環境で、いつなんどきコンビニ強盗をするかわからない部下を使い、コストを気にかけ、予測のつかない不安定な世界で、どうか失敗してくれと祈る大勢の人びとに囲まれて。

　彼は本当にそんな嫌なやつなのだろうか？　たとえば、こんな実例がある。つい最近、チェルシーにある彼の店へ行ったとき、私はスタッフの大半――フロントとキッチンの両方――がビデオで見たのと同じ顔ぶれであることに気づいた。何年もたったのに、まだ店を辞めていない。ラムゼイが〈オーベルジーヌ〉を辞めたとき、サービス・スタッフも含めたほとんどのスタッフ――四十五人という

信じがたい数――が彼についていくことを選んだ。この数字がすべてを語っている。そんな部下たちの忠誠心は変わっただろうか？　いまも変わらない。ゴードン・ラムゼイのキッチンにコックたちが毎日出勤し、何時間も働き、三ツ星レストランに求められる高い水準を保ち、狭苦しく暑いスペースでひしめきあい、ひどい苦痛と屈辱に耐えているのは、ゴードン・ラムゼイがイギリス一のろくでなしにして最低の悪漢だからではない。彼らが毎日出勤してきてトロイアの兵士のように働くのは彼がベストだからだ。やがて、この店をあとにして自分の道を行くことになったとき、彼らは履歴書を書く必要さえない。ゴードン・ラムゼイのもとで三年働いた。それだけで、どんなシェフも、オーナーも、訊きたいことの答えを読みとるはずだ。

多忙をきわめたときのラムゼイが粗野で、野蛮で、口が悪く、非情になるという責めについては、もう一つ見逃されている要素がある。プロのキッチンでは、誰かに目を留めて「デブ、能無し、梅毒病み、アナグマのクソ溜め野郎」と呼んだとしても、相手を嫌っているからではない。それは――往々にして――親愛の情からなのだ。

肝心なのは、彼の料理がうまいということ。なんといっても料理の世界なのだから。そうだろう？　チェルシーの彼のレストランでは二度食事をしたが、二度とも一級品だった。頂点に立った偉大なシェフ。さらに、彼を成り上がりの傲慢な田舎者、テストステロン過剰のマッチョとけなす人びとが見逃している意外な側面がある。彼はパティシエの修業も積んでいるのだ。これは重要だ――いわば、右翼政治家が若いころにボリシェビキだったとわかるようなものである。本物の菓子が作れるシェフはめったにいない。私も含めて、多くのシェフは、キッチンの向こう側のパティシエ部門――几帳面で、凝りすぎで、どことなく女性的で、やたらと見た目を気にする――に対して、根強い不信感をもっている。甘ったるく、ねばねば、べたべた、ふわふわしたデリケートなもの。材料をすべてきっち

りと——しかも、毎回同じに——計量しなければいけないパティシエの仕事は、気分にまかせて即興であれを少し、これを少しと足していけるシェフのやり方とは正反対だ。ラムゼイの料理にはパティシエとしてのセンスがうかがえる。几帳面で、カラフルで、味も見た目も芸術的にアレンジされている(とはいえ、装飾過多ではない)。シェフの進化の最終段階といっていい——男らしさと女らしさの完璧なバランス、陰と陽の結合である。

要するにこういうことだ。わがキッチンのグリル係ロベルトを見よ。まぶたに金属のロッドを貫通させ、胸には炎に包まれた髑髏《どくろ》のタトゥー、筋肉隆々の体。ロブ・ゾンビとメタリカが彼にとってはイージーリスニングだ。暴行罪で刑務所にぶちこまれたこともある。オペラの夕べには、まず招待したくないやつだろう。だが、ロベルトが料理をしているところを見てくれ。皿の上にかがみこみ、お気に入りのスプーンで慎重にそっと色鮮やかなソースを散らし、周囲にもソースで輪を描くと、その上に爪楊枝を走らせて、繊細なタッチの模様を描きだす。できた料理は必ず味見をする。インテリア・デザイナーの目で料理の色彩とテクスチャーをチェックする。魚の切り身をそっと扱う手つきは、女の尖った乳首に触れるときのようにやさしい。ちっぽけでキュートな飾り野菜を透き通ったレースのようにふんわりと高く盛りあげる。これまでずっと、料理は女のやることだといわれてきた(ラムゼイは実の父親からさえ、料理をする男はみんなホモで、シェフはみんなポン引きだといわれた)。そもそも、コックはみんなエプロンをしているではないか! 一流のコックになるつもりなら、ジャックフルーツ・サイズのタマをもち、香りとデザインのセンスがあり、しかも野蛮さと慎重さを併せもっていなければならない。そのうえで、陰でこそこそ足を引っぱろうとするゴマスリ野郎の集団をブルドーザーで蹴散らしていく覚悟がなければならない。

私が店を訪ねた二度とも、ラムゼイはキッチンにいた。送りだすすべての皿をチェックし、部下た

ちを借りてきたラバのようにこき使っていた。ダイニングルームを歩きまわって客にこびるようなことはしない。彼は二十一世紀のイギリスに生きる料理人だ。つまり、執念深いパラノイアで、病的なほどのコントロール・マニア。メディアを操るやり手の実業家、アーティストにして職人、威張りやで、どこまでも栄光を追い求める——シェフの中のシェフである。じかに接した彼は礼儀正しくチャーミングで、ウィットにあふれ、親切だったが、ここでそう書かれるのは、彼としては不本意かもしれない。その点はあらかじめ謝っておく。彼をくさす人びとは、私があそこで食べたような驚くべき逸品——フォアグラ添え牛の蒸し煮——が味わえたことを好運だと思うべきである。あれは、まさしく贅を凝らした——そうとしか形容できない——ものだった。じつに非凡な風味となめらかさをもつ腿肉のテリーヌと、新鮮なグリンピースのピュレを添えたロブスター・ラビオリは、鋭敏な知覚と感受性の証しだった——料理は作り手の本質を伝える——が、それはプロの厨房というモッシュピット〔ライブ会場のファンがひしめくステージ前〕・サブカルチャーには似つかわしくないほど繊細だった。ここにはキャリアを棒にふりかねないことをさんざんやってきた男がいる。彼はスター選手になれないことがはっきりしてサッカーをやめた。厳しいフランス料理店の厨房で修業を積み、一歩ずつ階段を上がってきた。最初の店は、もうじきトップに手が届くというところで莫大な借金を抱えそうになり、閉めざるをえなかった。ミシュランの三ツ星を獲得すると公言し、ついにそれを手にするまであきらめなかった。普通なら援助の手をさしのべてくれるはずの人びとにへつらうことをせず、歯を剥いて彼らを追い払い、ときには殴りかかることさえあった。そんな男を嫌えというほうが無理だ。彼はいまも重さ六トンの石のようにのしかかる三ツ星の重責に耐えながら、その星を奪おうと狙っているライバルを蹴落としつづけている

イギリス最悪のボス？　私はそうは思わない。イギリス最悪のボスとは、部下を叱りもせず、さぼ

らせ、いやいや店に出てこさせるような人間だ。そこらへんの食堂や気楽なレストランなら、空豆の皮が一個だけ剥いてなかったり、小さな油の汚れがついていたりしても、ちょっとしたミスですまされる。だが、三ツ星レストランだったら、それは大逆罪にも等しい。二ツ星や三ツ星レストランに関する非情な統計数字によれば、そこの料理をおいしいと思った客は二人か三人にそのことを話す。だが、満足しなかった客は十人か二十人に話すという。これに類した話は山ほどある。皮を剥きわすれた一個の空豆は世界の終わりを意味する。さもありなん。

一流レストランで働いている本当に腕のいいコックや見習は肝に銘じている。シェフに逆らったら命とりだ。なにしろ、その店はシェフの名前でもっているのだから。

第十一章　コックたちの故郷　*Where Cooks Come From*

メキシコには、コックを生みだす小さな町がある。

たとえば、あなたがプロのキッチンでかなりの経験のあるシェフなら、部下のソーシエのエクトルが暴行罪で逮捕され、緊急に代わりが必要になったとき、どうしたらいいか知っているはずだ。フランス料理の訓練を積んでいて、すぐに代役が務められ、頼りになる勤勉な男、本日のスペシャルを平目のグルノーブル風に決め、「ソテーした切り身に……ケーパーとレモンと白ワインとエシャロットとバターのソース」という説明だけで理解する男が必要になったら、どこへ行くべきか知っている。フレンチとイタリアンの優秀なコックが続々と生まれてくる地域はどこか？　フランスではない。もちろん、イタリアでもない。プロらしく仕事をこなし、自分の作る料理に責任をもち、信頼でき、ユーモアのセンスがあって、性格もほどほどによく、フレンチとイタリアンの定番料理を身につけ、二百五十人分の料理を次から次へと送りだしながらノイローゼにもならず、ひどいけがもしないですむラインコックを探しているシェフなら、たぶん部下のグリル係カルロスのところへ行って、こう訊ね

るはずだ。「おい、カルロス……至急、コックが必要なんだ。ソテーができる誰か、心当たりがないか?」そうすると、たぶんカルロスはちょっと考えてから、こういうだろう。「うーん……たしか……いとこがいたな」。あるいは「ああ……それなら……友達をつれてくるよ」。そして二、三日後、キッチンの戸口にカルロスとそっくりの人物――または、刑務所にいるエクトルとそっくりのやつ――があらわれ、履きなれた靴に足を突っこむようにやすやすとエクトルの持ち場に入るだろう。もちろん、エクトルはメキシコのプエブラ州出身だ。カルロスも同じく。プエブラ出身の者に限った強制的な休みや国民の休日があったら、アメリカのレストランの多くがその日を休みにしなければならなくなるだろう。五月五日《シンコ・デ・マヨ》の翌日、アメリカのコックの半分が二日酔いになるのも同じような理由による。そのことは覚えておいたほうがいい。

十五年か二十年ほど前には、低賃金労働が問題となっていた。「不法入国者」の話はさんざん聞かされたはずだ。移民の未熟練工はひどく搾取され、つまらない仕事のために非人道的な長時間労働を強いられ、法律の庇護を受けられないまま、最低賃金かそれ以下の給料でがまんせざるをえなかった。いまのところまだ、高級フランス料理店のトップにスペイン人の姓をもつメスティソ風の顔立ちのシェフをよく見かけるという状況にはなっていないが、皿洗いやポーターの多くが生涯、人の汚したものを片付けるだけの仕事に甘んじていることはなくなった。彼らは観察し、学び、冷製料理《ガルドマンジェ》のコックやグリルや見習コックやソテー係の訓練を――ふつうはオフの時間に――積み、頭の空っぽな白人の若造が冬の休暇にコロラドへスキーに行くなどといいだせば、すかさずその後釜にすわろうと狙うようになった。社会主義を標榜するフロントの仲間たちとたっぷり二時間の昼休みをとるなげやりで怠惰なフランス人スーシェフのプリマドンナのごとき傲慢な態度に、シェフの堪忍袋の緒がついにぶち切れたとき、その代役として立つのはプエブラ出身のコックたちである。いま、メキシコのプエブラ

は、プロスポーツ界におけるフリーエージェント選手やドラフト要員のタレントバンクのようなものになっている。シェフは有能なコックを求め、保護し、追いかけまわし、彼らを失うくらいなら自分の小指を切り落としたほうがいいとさえ思う。彼らは、フランス人、アメリカ人、イタリア人のシェフたちに厳しく仕込まれてきた——シェフは次々とあらわれ、入れ替わりは激しかったが、それぞれが何らかの知識や新しいテクニックや情報の断片や斬新なアイデアをあとに残してゆくのがつねだった。だから、カルロスに、たとえばソフトシェルクラブと古くなりかけたアスパラガスで何か考えてくれと頼めば、すぐに蟹とアスパラとかんきつ類のヴィネグレットソース仕立てのサラダというヌーベル・キュイジーヌ風の一品をこしらえてくれるはずだ。アンコウのスペシャルやスープで困っている？　大丈夫。ずっと前に教えを受けたフレンチのシェフの下ごしらえを思い出して、カルロスがきっとなんとかしてくれる（そのフランス人のシェフは気むずかしくて怠惰なコミュニストだったかもしれないが、たしかに料理の腕はとびきりだった）。私はコックたちに挨拶する——あるいは、ただで食べさせてもらったお礼をシェフにいう——ために、よく知らない店のキッチンに足を踏み入れることが多いが、そのたびに白いコック服を着た見慣れたメキシコ人の一団が皿洗いのコーナーにたむろしてスペイン語のラジオ放送を聞いているのを目にする。私は当然、やあと声をかけ、ついでのように、どこの出身かと訊ねるのだ。

「プエブラだろ？」私は答えを予想しながら訊く。

「すてきな高地さ《ビバ・ラ・ラサ》！」案の定。

わが部下のコックのほとんどはプエブラ出身だ。しかも、プエブラ州全体というわけではなく、『火山のもとで』（マルカム・ラウリーの小説をもとにジョン・ヒューストンが映画化）で有名なポポカテペトル山のふもとにあるイスカル・デ・マタモロス、アトリスコ、トラパナラの周辺に限られているのだ。一流フランス料理のセンター

があるとしたら、イスカルからおよそ五キロのところにあるサトウキビ畑とマンゴー林に囲まれた小さな村トラパナラこそ、それではないだろうか。わがスーシェフ、エディベルト・ペレスが生まれた場所だ。ベテランのグリル係イシドロもそこの出身であり、なんでも屋のアントニオもそうだ。その他、過去、現在、そして未来の大勢のコック、ランナー、見習、皿洗いがこの村で生まれている。家族はいまもそこに住んでおり、彼らはできるかぎり頻繁に帰郷する。何年もいっしょに働くうち、私はその町のことをよく知るようになった。エディの家と牧場、彼のおじさん――昔ながらの製法でアイスクリームを作っているアイスクリーム屋《エラデロ》――のこと、すぐ隣に住んでいるアントニオの家族、見習コックのバウティスタがかつて一員だったストリート・ギャング、恐るべきバトス・ロコスのこと。一目でそれとわかるバトス・ロコスのナンバープレートがロッカールームの壁に留めつけられているのを見たことがあるし、仲間同士のボディサイン（右手の親指と人差し指と中指を広げて、VとLの結合を示す）も知っている。部下のミゲルの家族がプルケリア（プルケ酒を飲ませる店）を経営していること、イシドロの実家がキャンディ・ストアであることも聞いている。バルバコア（メキシカン・スタイルのバーベキュー）、モレ、プルケをめぐる楽しいおしゃべりをずっと聞いてきた。行ってみたい。どうしても自分の目で見ておきたい。私はコックたちにいった。おまえらの両親を訪ねて、息子たちがどんなにかっこいい悪党《デスグラシアドス》に成り上がったか、話してきてやるよ。いまや、ニューヨークで「めくるめく人生《ビタ・ロカ》」を送っている、と。そんなわけで、この「海外のんだくれ《ボラチョン》紀行」の企画を出版社にもちこむ前に、すでに行くべき場所の一つは決まっていたのである。私はスーシェフを呼んで、こういった。「エディ、きみの町に行こうと思うんだが、いっしょに行って町を案内してくれよ。みんなの家族に会いたい。できたら、おふくろさんの料理を食べてみたいんだ。プルケとメスカルを飲み、メヌードとポソレと本物のモレ・ポブラノ――正真正銘のプエブラ料理――と、これまでずっと話に

聞くだけだったバルバコアを食ってみたい。カウボーイハットでクールに決めて馬を乗りまわし、あの不良のバウティスタが生まれた場所をこの目で見てみたい。二人で行ったら最高に楽しいじゃないか。しかも金はテレビ局が出してくれるんだぜ」

「妻に電話しよう」とエディは大乗り気になっていった。「あいつを先にやって、準備をさせておくよ」

というわけで、気だるい午後遅く、私はトラパナラの小さな中央広場にある市場《メルカド》のそばに坐っている。太陽はゆっくりと傾き、電話のあるキオスクの前には、ニューヨークのキッチンやクイーンズのアパートからかかってくるはずの電話を待って、村の女や子供たちが行列を作っている。

通りは静かで、埃っぽく、子供たちは市場の中庭で古いサッカーボールを蹴り、輪っかを回している。市場では年をとった女たちが、チリ、スカッシュ、チャヨテ（ハヤトウリ）、ユッカ（キャッサバ）、野菜などを商っている。ときおり、牛や山羊の群れ、数頭のロバなどを率いた老人がトラパナラの通りをやってくる。野良犬が食べ物を期待してそばによってくる。若い母親が赤ん坊を抱いて坐っている。まだ学校の制服を着たままの子供たちがキオスクの階段で遊んでいる。午後の静寂をたまに破るのは、プロパンガスを売りあるくトラックから流れてくる歌と、一度聞いたら忘れられない「ガアアアス！　ガアアアアアス！」という売り声の反復、それに市場のセール品の案内をするラウドスピーカーのアナウンスくらいだ。四時になると、パン屋の店先に焼きたてのパンが並んだことを住民に知らせるアラーム音が高らかに鳴りひびいた。

私の背後数メートルのところには鉄道線路が走っている。この線路はティファナへ、そしてさらにその先へ――ニューヨーク《ヌエバヨルク》へ――と続いていた。ここは道のスタート地点である。何世代にもわたるトラパナラの若者たちは、遠いアメリカでコックになるための長く厳しい出世の道の第一歩をここか

ら踏みだしてきたのだ。

この村には若い男はほとんどいない。目につくのは女と子供、それに年老いた男たちだけである。トラパナラでは、その家族の息子や父親がニューヨークのキッチンで働いているかどうか、家を見れば一目瞭然だ。屋根の上にお皿のような衛星放送の受信アンテナが立ち、新しく増築した部分や離れの屋根から鉄筋が突きだしたままの家がそうだ（ここでは、鉄筋の余分な長さをカバーしたり、切り取ったりせず、コンクリートから突き出たままにしておく。金が入ったとき、そのまま二階を増築するほうが楽だからだ）。私はベンチに坐り、満足げにあたりを眺め、耳を澄ませている。モデロ・ビールを飲みながら、わけもなく一人でにやにやしているアメリカの白人男《ガバチョ》は人びとの注視の的だ。通りの先をそっと窺うと、わがスーシェフが生まれたばかりの赤ん坊を腕に抱き、父親の手をつかんだ小さな娘をしたがえて、妻とともに夕方の散策をしている。十三年前、エディは私の背後に走る汽車に乗ってティファナへ行き、そこから海を泳ぎ、川を渡って国境を越え、ニューヨーク行きの汽車に飛び乗った。最初の二、三週間は地下鉄の駅構内で眠り、うまくいけば友達のアパートの床で寝かせてもらい、ようやくナイト・ポーターの仕事にありついた。いまの彼はスーシェフである。彼の重要さは、その肩書以上のものだ。彼はこのレストランの支店すべて――ワシントンDC、マイアミ、ル・マレ――の開業と運営に関わり、ニューヨーク本店で私の部下として働いてきた。私がこの店に来る前から、次々と交代する大勢のシェフたちにとって、彼は頼りがいのある補佐役だった。いまの彼は、アメリカ合衆国において完全に合法的な住居をもち（もうすぐ市民権もとれる）、つい最近フレンチ・カリナリー・インスティテュートに入学したので、やがてジャック・ペパンやアンドレ・ソルトナーといった料理界の巨匠に教えを受けることになるだろう（これまで何年も手腕を発揮してきたフランス料理の起源、そしてそれが生まれた経緯をここで学んでいる。エディは甘酸っぱいガスト

リト・ソースの作り方を十分心得ているが、ただその呼び名を知らないだけなのだ。彼の教室を覗いてみたい。つやだし《グラサージュ》やつなぎ《リエゾン》の原理、鍋底の煮汁を液体でのばす《デグラセ》手順などを教えると、彼はきっとこういうだろう。「ああ、あれか！　まかせてください。〈レアール〉で作っていたラビオリと同じだ」）。エディはブルックリンのパーク・スロープにアパートを借りており、故郷の町トラパナラには持ち家があり、おまけに牧場――それにかなりの数の家畜――まで所有している。メキシコではれっきとした事業家であり、ニューヨークへ出稼ぎに行く人びとの手本にしてリーダーなのだ。そんな彼は私の友達だ。エディベルト・ペレスの成功物語のごく一部でいいから自分の手柄にしたいものだと私は思う。だが、そうはいかない。彼は自力でなしとげたのだ。生まれた町の通りを歩くエディを見ていると、彼の知り合いというだけで誇らしさが胸にあふれてくる。そんな彼と同じ職場で働けるだけで好運だと思う。だが、エディの家を訪ねる前に、私はテレビ用の憂鬱なパフォーマンスをすまさなければならない。視聴者を楽しませるために、またしても強制的に行軍させられるのだ。「トニー……トニー……いいかい。こいつは料理番組なんだ。フードネットワークの番組だってことを忘れないでくれ。バラエティをもたせなくちゃ！　プエブラをうろうろして、スーシェフと酔っ払っているところだけじゃ絵にならないよ！　大丈夫！　準備はしてあるから。すごいアイデアがあるんだ」そんなわけで、まずオアハカ州へ行くことになった。こうして、イグアナを無理やり食べさせられるはめになったのだ。

テレビなんかクソ食らえ――その四

太平洋沿岸の漁村プエルト・アンヘルで私が滞在したのは、海を見下ろす山の斜面の小さな裂け目のまわりにまとまりなく建てられた、人里離れた奇妙なホテルだった。私のほかにここにいるのは、

私が雇った運転手のマルティン、撮影クルーの二人、奇妙なひそひそ声でしゃべる「静かなデーヴ」というあだ名で呼ばれる、生気のないくたびれたヒッピーが一人。ホテルのオーナーとその妻とアシスタントたち。それに、ヴェトナム戦争中にニャチャンの諜報基地のトップだったという元CIAとそのガールフレンドの中国人女性だった。私はニャチャンへ行ってきたばかりだったので、元CIAとは話がはずんだ。

プエルト・アンヘルは予想どおりの場所だった。荒れはてたビーチ、ほとんど客のいない、贅沢とはほど遠いホテル、社会から落ちこぼれた変人たち。道路をずっと下るとリゾートタウンのシポリテがある。酔っ払ったサーファー、バックパッカー、ビーチにたむろする筋肉自慢の男たち、七〇年代に逃亡したドラッグ中毒のパイロット、それに道端で安ジュエリーや工芸品を売る連中が最後にたどりつく終着点。百十二回目のグレイトフル・デッド・コンサート中にLSDをやりすぎたあとで目が覚めても、行くあてがなく、気にかける人もいない場所だ。

シポリテではスナッパー〔フエダイ、アミキリなどの魚〕を一匹丸ごとローストするシーンを撮り、プエルト・アンヘルに船が戻ってくるところを眺めた。町中の人たちが走って出迎える中、獲ったばかりの鮪を満載した船は波を切ってビーチに近づいてきた。それから約三十キロほど先のワトゥルコまで車を走らせ、シュノーケル・フィッシングをすることにした。これは例によって意味のないばかげた奮闘でしかなかったが、おもにレンズごしに人生を見ようとする人たちにとっては非常に好まれている撮影テクニックではあった。「水中のトニーってのはクールな絵になるぜ！ 村人といっしょに漁をしているシーンがいい。ミディアム・ショットで、救命胴着をつけたイケてるところを撮ろう。それからシェフ・モードに戻って、ビーチで震えながら魚を焼き、その背後で夕陽が壮麗に沈んでいくってのはどうだ！」

ビデオ部門の金賞まちがいなし。

海中で二時間もじたばたしたあげく、魚は一匹も獲れず、ついに水中カメラの防水装置が水びたしになったあと——ビーチにあがった私が貧弱な胸をぜいぜい喘がせ、雇った漁師兼ガイドのレオが撮影のために仕込んだ魚さえ取り逃がすところを一万メートル分も撮影したあと——ついに断念した。マシューは近くの観光客向けの店から冷凍の魚を手に入れてきた。そして、もうすっかりおなじみの、「地元の店で酒をあおり、むっつりと押し黙って自己嫌悪に浸り、この撮影に関与した全員を呪っているトニー」の図となった。

私はイグアナなど食べたくなかった。「いや、食べてもらわなくちゃ」とテレビ局の黒幕はいった。私はとくにイグアナに興味があるわけではなかった。部下のコックたちから、イグアナを食べるのはほかに何も食料がなくなったときだけだと聞いていた。イグアナは安くて、そこらじゅうにいる。レオでさえ、週に何度か犬をつれて出かけると犬がイグアナを追いたててくるという話をし、実際に食べたのは一文なしになってろくな食事ができなかった一度きりだといっていた。大きなトカゲが旨いはずはない——だから、その味をたしかめるためにわざわざイグアナを殺す必要などないと私は思っていた。だが、マシューは「イグアナのシーン」がどうしても不可欠だと信じているようだった。ケーブルテレビのシリーズ部門で、ベスト・トカゲ・シーン大賞を獲ろうという意気込みで。

前もって調味料につけてから、バーベキューで皮にパリッとした焦げ目をつけ、十分に火を通しつつ柔らかく焼きあげたイグアナ料理もありうるだろう。または、フライパンでさっと焼き色をつけてから、じっくりと蒸し煮し、強い香料で風味をつければ、風変わりでエキゾチックな一品になるかもしれない。たぶん。とてもそうは思えないが。

ホテルのオーナーは丸々太った上等なイグアナの肉を手に入れようと、できるかぎり努力した。だ

が、電話による三時間か四時間の交渉のあげく、レオの漁と同じように収穫なしで戻ってきた。そのかわり、オーナーはホテルの貧相なマスコットである齢十歳のイグアナ――レザーのような皺だらけの皮膚にしみが浮きでている――を犠牲にするといいだした。二股に分かれた尻尾をもつこのイグアナは麻痺したように身じろぎもせず、申しわけないほどおとなしいやつだった。こいつを一目見たとたん、私はなんとかこの食事から逃げようとがんばった。

「マシュー！ とんでもない！ こいつはペットじゃないか！ 生かしといてやれよ！ おとなしくていいやつだぜ。見ろよ！」

ホテルのオーナーは助けにならなかった。イグアナの腹をなでながら、彼はこういうのだ。「ほら！ もう覚悟してるんですよ。死にたがってます」。なんてこった。

やがて運ばれてきたのはイグアナ・タマレスだった。ホテルのペットを茹で、切り分け、マサ（トウモロコシの粉）とソースを混ぜてトウモロコシの葉っぱで包んだものである。これまで口にした中では、たぶん納豆に次いで、最悪のものだった。このイグアナは生焼けだった。タマレスを包んだ葉っぱを剥くと、主賓である私の前にはありがたくも、頭と前足が――骨付きのまま――供されていた。その歯ごたえときたら、まるでGIジョーを噛んでいるようなもの――しかも、そのジョーはずっと放置されていた亀の水槽に長いあいだ沈んでいた。肉らしいものはほとんどなく、ただゴムのような固い皮と、ごつごつぬるぬるした小骨だけ。骨や皮のあいだからちっぽけな肉をなんとかより分けようとしながら、わが身の不運を嘆いた。その肉は黒くて油っぽく、ねばねばし、蒸した山椒魚《サラマンダー》のつんとくる刺激臭がした。

編集されたシーンは幸いにもごく短くてすんだが、そのときの私は銃で脅されてむりやり食べているようだった。

次に向かったのはオアハカ市である。こちらは、まっとうな料理で有名な場所だ。町のたたずまいも美しい。大農場《アシエンダ》スタイルのきれいなホテル、上品なスペイン風の教会と大聖堂、絵のような広場《ソカロ》——カフェに腰をおろして、移ろいゆく世界を眺めることができる——とすばらしい市場《メルカド》、善良な住民。しかし、残念ながら、ここは世界で最も醜いツーリストが集まる町でもある。まぶしさに目を細め、日焼けで真っ赤になった観光客が、黒いソックスにサンダル履きの足を引きずって歩き、スナップ写真を撮りまくる。妙なところにやたらとピアスをしたバックパッカーは埃まみれのまま公園に坐りこみ、ぼろいギターで場違いな時代おくれのディランの曲をかき鳴らす。足首の太いドイツ人の女たちは恋のアヴァンチュールを探し、足元のおぼつかない団体ツアー客とショッピング・マニアはわらわらと散らばって、土産物の定番である張子の人形、ブリキ細工、安物の銀製品、ポンチョ、肩掛け《セラーペ》、おかしな帽子、Tシャツ、陶器などを買いあさる。ティファナで初めて強盗《ドンキー・ショー》に遭遇した大学生のガキどもは、すっからかんになって打ちひしがれ、ぶつぶつ文句をいいながらベンチに陣取って、ママやパパが送ってくれるウエスタンユニオンの送金を待っている。しかし、夜もふけてツーリストが去り、かわりに住民たちが真っ白なグァイヤベラ〔ドレスシャツ〕とフリルのついたドレス姿であらわれ、まわりのカフェのテーブルが満席になるころ、運転手のマルティンと私も調子が出てくる。

メスカルはテキーラと同じく、ショットグラスに注がれ、チェイサーのサングリタ——スパイスの効いたトマトジュース——を添えて出される。これも必須《ドウ・リギユール》のライムの輪切りとともに、リュウゼツランを餌にする芋虫——塩をして乾燥させ、粉とチリをまぶしてローストしたもの——がつまみとして出てくることもある。これは思ったよりずっと旨かった。マルティンと私はカフェに腰を据え、新鮮なチーズとハムのトルタ（サンドイッチ）をかじり、ビールとメスカルを飲む。マリアッチ・バン

ドがテーブルからテーブルへとめぐり歩く。私たちの背後では、かつて天然痘を患った名残らしい傷を顔中に残し、拳と額は元ボクサーといった感じの五十代の男が一人でテーブルに向かい、モデロ・ネグロを飲んでいた。まっすぐな黒い髪を額に垂らし、底知れぬ悲しみをたたえた目で宙を見つめている。もの思いにふけって長いあいだじっと坐っていたその男は身振りでマリアッチ・バンドをそばに呼ぶと、少しばかりのペソを手渡し、小声でリクエストした。演奏は美しかった。一曲終わると、男はほとんど身動きしないまま、さらにペソを渡し、別の曲をリクエストした。六人編成のバンドを独占しながら、男の態度にはなんの感情もないままだった。

やがて、悲しげな目をテーブルからあげると、男は突然うたいはじめた。坐ったまま誰も見ようとせず、愛と失恋と砕けたハートについてうたった。声は豊かで深く、美しくメロディをたどった。カフェの客はみなうっとりと聞きほれた。さらにペソが渡され、別の歌がはじまった。グァイヤベラ・シャツを着た悲しげな男はいまやほとんど目をつぶりかけて、次から次へと歌を披露し、集まった群衆は一曲終わるごとに熱烈な拍手を送った。男は賞賛の声を気にもとめず、目は細く開いたまぶたの隙間から、どこか遠く——あるいは、彼の傷だらけの頭の奥深く——を見つめているかのようだった。その声は、いまはもう無人になった市場を越えて、夜の中に消えていった。

オアハカではたっぷり食べた。チョコレート・アトレ——口あたりが麦芽ドリンクに似ている濃厚なチョコレート・ドリンク——は、地元産のチョコレート、シナモン、コーンミール（ひき割りトウモロコシの粉）で作る。レチェ・ケマダ（焦げた牛乳）で作ったアイスクリームも試してみたが、意外なほどおいしかった。伝説的な、オアハカの七種のモレを試食し、ケソ・フレスコ——農家の自家製フレッシュ・チーズ——の製造プロセスを見て、なぜ同じ一つのたねから、乾燥した成熟チーズと、柔らかいカードのようなチーズができるのかを理解した。市場では一軒の肉屋でモルシージャ（血入

りソーセージ）とチョリソ・ソーセージを買ったあと、そこらじゅうにあるセルフスタンドでそれを焼き、付け合せといっしょにトルティージャにはさんでタコスを作った。すばらしいメヌード――トリップなどの内臓をスパイスと煮込んだスープまたはシチュー――を食べ、あとでまた戻ってきて、ヒヨコマメ入りのポソレも味わった。市場の外には繁盛しているタコスの屋台があり、ベンチはオアハカっ子でいっぱいだった。コックと助手の二人組が大忙しで、茹でたばかりの豚の頭肉を叩っ切り、まだ温かい柔らかな豚肉をコーン・トルティージャで包み、そこにサルサ・ベルデ（グリーンソース）をふりかけている。

私も先客のあいだに割りこんで注文してみた。これまで食べた中で最高のタコスだった。裸電球の下で、食べることに熱中しているメキシコ人とその子供たちに囲まれて、永遠にそこに坐っていたかった。だが、席があくのを待っている人たちがいた。私は翌日もそこへ行き、その次の日も出かけていった。

オアハカ・デ・フアレス郊外、未舗装の道が走る農村地帯で、ドミンガはタマレスを作ってくれた。場所は戸外の小さなキッチンである。石炭の火、素焼きのソースパン、蒸し器、コマル――トルティージャを焼くためのフライパン――に、すり鉢とすりこぎ、石でできた麺棒。鶏が裏庭や狭い菜園を歩きまわり、すぐそばには豚小屋があった。

私たちはモリノ――村の製粉所――へ行く予定だった。何世紀ものあいだ、メキシコ人は毎日のようにここへ出かけ、石の碾き臼でメサ用の乾燥トウモロコシ、モレ用の乾燥チリ、チョコレートやコーヒーなどを挽いてきたのだ。メスティソらしい顔立ちのドミンガはふくよかで小柄な女性だが、強い腕と手は長年の重労働に耐えてきた。片手にトウモロコシを浸したバケツ、別の手にはチリとニン

ニクの容器をもって、照りつける日差しの中、彼女は数ブロック先の風車まで歩いていった。ブリキの屋根のついた小さな小屋には、似たようなフリル付きの服にエプロン姿の女たちが列をなして、二台の電動製粉機の順番を待っていた。小屋の中では、製粉所のオーナーが片方の機械にチリを少量ずつ慎重に入れ、もう一台のほうにはトウモロコシを入れていた。二台の機械からは、ねっとりしたなめらかなペーストが流れでていた。モレ、マサ、アトレ、カフェ——すべてその日の分を母親が手作りするのだ。

メキシコ料理？ 食べたことあるさ——そういう人は多いだろう。だが、メキシコへ行って、どこかの家でごちそうになってみなければ、本当のメキシコ料理を食べたとはいえない。テーブルの真ん中にでんと置かれた、発酵して泡だち、酸っぱくなった二日前の沈殿物や、その隣の干からびたコーンチップス、ぐにゃっとした古いタマネギのあいだで溶けかかっているしおれた香草《シラントロ》——そんなのは本物のメキシコ料理ではない。フードプロセッサーにかけすぎてベビーフードみたいになった、パッケージ入りのグレーのワカモーレもお呼びでない。二度揚げした（らしい）豆の上にチェダーチーズとモンテレージャック・チーズ（メキシコでは一度も見かけなかった）を山と積みあげたものなど、もってのほか。メキシコではどんな料理もできたてのほやほやだ。ドミンガのキッチンにはフードプロセッサー《クイジナート》はない。フリーザーもない。サラダは容器入りで届けられたりせず、カロリー計算をしたレシピが管理センターからファクスされてきたりもしない。メキシコ料理がすべて辛くてスパイシーとは限らない。もともと生気のない素材をたっぷりの油で揚げた、味気のない冷凍のチミチャンガなど忘れてほしい。アメリカやオーストラリアやイギリスで見かける単調で退屈なメキシコ料理はまがいものだ。

ドミンガはオアハカ風チキン・タマレスを作ってくれた。メキシコ中でよく見かけるタマレスはチ

キンをマサとソースであえたものをトウモロコシの葉っぱで包むのだが、ドミンガのはバナナの葉っぱで包んであった。製粉所から帰ってきたドミンガは、鍋の中でぐつぐつ煮立っているチキン――その日つぶしたもの――をとりだして細かく刻んだ（これがポジョ・ペラドである）。その間、できたてのマサにラード（メキシコでは欠かせない食材）を混ぜてよくこね、バナナの葉っぱをコマルでさっと炙るかと思うと、何時間も前から煮込んであったすばらしい匂いのモレ・ネグロをかきまわす。

世界各地を旅してわかったのだが、家畜や動物の糞尿がすぐ近くにあるからといって、必ずしもそこで出される料理がまずいとは限らない。それどころか、最近の経験からすると、なにか旨いものが食べられる前兆でさえある。なぜか？　新鮮さがキーなのだと思う。食材となるもののすぐそばに住んでいて、冷蔵庫やフリーザーがないことも多い。設備や環境は原始的だ。そうなると、怠けてはいられない――昔ながらの調理法を踏襲するしかないからだ。フリーザーや冷蔵庫のあるところには怠惰と妥協が忍びこみ、いつのまにか便利第一主義になってゆく。いっぺんに大量のモレを作って冷凍しておくことができれば、誰が一日中モレ作りに追われるだろう？　冷蔵庫で――風味はともかく――保存できるなら、なぜ毎日サルサを作る必要がある？　石のすり鉢とすりこぎで挽いたサルサやソースを食べてみれば、私のいわんとするところがわかるはずだ。

ドミンガのタマレスは最高だった。蒸し器から出した熱々のやつを食べた。場所は藁葺屋根《パラパ》の小屋で、蝿や鶏や豚に囲まれていたが――まさに宗教的ともいえる体験だった。

マルティン、エディ、私の三人は町外れのプルケリアに立ち寄った。スカイブルーに塗られた小屋で、中にはがたつくジュークボックスと酩酊した客がたった一人。プルケ――リュウゼツランの樹液（蜜水）を発酵させた酒――はバーの背後の五十五ガロン入りのドラム缶に入れられ、甘酸っぱい匂

いを発散していた。バーテンダーはミルクのようなどろどろした濃厚な液体をひしゃくですくって二つのプラスチック製のバケツ――子供が砂のお城を作るのに使うようなもの――に移した。私たちは風雨にさらされてぼろぼろのピクニック・テーブルに坐り、清潔とはいいがたいトールグラスに自分で酒を注いだ。マルティンが濃さを見るためにプルケの中に指をぐいと突っこんでからひっぱり出すと、指といっしょに粘液が糸を引いてきた。それを見て、テレビ・クルーの一人は「うええ!」と唸った。指を使ったこのテストは、私の胃にも幸先がよいとは思えなかった。それ以前に、私はフライにした芋虫とソテーした蟻の卵――この地方の名物料理――をしこたま食べていたのだ。芋虫はなんとか食えた――たっぷりのワカモーレとサルサ・ロハに埋もれていたから。蟻の卵のほうは……粉っぽく、木材を噛んだような後味で、なんともいえない奇妙な感じとはいえ、そこそこいけた。しかし、メキシコの代表的な料理であるチレス・エン・ノガダ――ポブラノ・ペッパー(ピーマン)に、クルミとドライフルーツとシナモンを混ぜた牛挽肉を詰め、二色のソース(メキシコ国旗の色)を添えたもの――は、言葉にできないほどひどかった。私はシナモン味のビーフ、それもソースを添えたものはとくに苦手なのだ。プルケリアでバケツ入りの安酒――メキシコ人にとっては手っとり早く酔っ払うための手段――をがぶ飲みしているうちに、腹の中でまだ消化しきれていない蟻の卵と芋虫とおそろしいチレス・エン・ノガダのごった煮に、地獄のスープのような濁ったプルケが加わって、いまやふつふつと発酵し、あぶくをたてはじめるのが感じられた。イスカル・デ・マタモロスのホテルまで戻るドライブは苦痛そのものだった。

タラパナラにあるエディの家はこざっぱりとした清潔な平屋――寝室が二つ、居間兼食堂、広いキッチン――で、裏手には気持のいい庭と戸外キッチンと納屋があった。私が訪ねていったとき、エディの妻と母と子供たち、それにベビーシッターはカウチや椅子に坐って衛星テレビを見ていた。キッ

チンのテーブルは、作りかけのモレ・ポブラノの材料でいっぱいだった。ポブラノ・ペッパー、プランテーン（料理用バナナ）、チョコレート、ナッツ、ハーブ。戸外のキッチンでは、私の助手アントニオの母親がトルティージャを作っており、隣の家の戸口では、私の元部下のサラダ係ジルベルトの母親がこっちを見ていた。エディの家の手入れの行き届いた裏庭に足を踏み入れ、重さ十キロほどもありそうな七面鳥が元気に歩きまわっているのを見たとたん、私はまずい展開になりそうだと察した。

エディはにっこり笑って、こいつは主賓の私のためにとっておいたのだという。

「さあ、殺して《マテロ》！」といって、彼は私に大鉈《マチエット》を手渡した。私はそれまで動物を殺したことがなかった。これから起こることを考えると胃がむかむかした。だが、期待を裏切ることはできない。なんといっても私はエディのボスなのだから。私がパンクロッカーを気取れば、部下のエディはいやでもパンクスタイルにならなければいけない。ここの女性たち全員——そして、たぶん子供たちの多く——は、歯を磨くように気楽にこの七面鳥の首を切り落とせるはずだ。私は七面鳥をしげしげと見つめた。とても大きく、元気いっぱいだ。マチェットを手にして前に進みでた私は、エディに手伝ってもらって、なんとか七面鳥をつかまえた。エディはそいつの首を後ろに曲げて、喉にメスカルを流しこんだ。彼の妻が七面鳥をベンチの上に引きずっていって首を押さえつけ、板の上に横たわらせた。ここから先は私の出番だ。

さて、私は七面鳥がバカだということを思いだしていた。鶏は頭を切り落とされても、そのことに気づくだけの知恵がないので、しばらくのあいだ、ばたばたと暴れながら庭を駆けまわるという話を聞いたことがある。「狂ったように走りまわる《ランニング・アラウンド・ライク・ア・ヘッドレス・チキン》」という表現が頭に浮かぶ。七面鳥が鶏より賢いとはとても思えない。七面鳥はときどき、（ボン・ジョヴィのファンのように）口を閉じるのを忘れたまま、雨の降る日に空を見上げていて溺れることさえある。そんな話がどっと脳裏によみがえった。

心やさしく繊細な人間――私のことだ――としては、こいつを見苦しくなく、手早く、なるべく苦痛なしに七面鳥の天国へ送りこんでやらねばならない。迷ったり、ひるんだり、挫けたりしてはいけない。暴れる七面鳥の首の上にマチェットを振りかざし、思い切りのいい一撃ですっぱり命を絶ってやろうと決心した。バン！　大きな音をたてて、マチェットの刃が板にくいこんだ。

七面鳥の胴体は狂ったように暴れはじめ、ばたばたと羽ばたいて激しく震えるではないか！　畜生！　ミスったか！　内心、びくびくものだった。ヘマをしちまった！　大動脈を切りそこね、ぶざまにも、そして残酷にも、傷つけただけなんだ。そう思いこんだ私はあわてて、新米の連続殺人犯のようにマチェットの刃を前後にごりごり動かし、頭と胴体をつないでいた細い皮をめったやたらと叩き切りはじめた。ほとばしる血しぶきがマシューのカメラレンズに飛び散った――これこそ、彼が待ち望んでいたシーンだった。私も額からサンダルまで血のはねだらけになった。視線をおろすと、私の手はねじ曲がった頭をもっていたが、まだぴくぴくと動いている胴体のほうはエディの手にあった。彼はへっちゃらの顔で、羽根をむしるために小屋の天井にそれを吊るした。ついに私も殺し屋になった。私は犠牲者のそばに長いあいだ坐りこんでいたが、やがてまだぬくもりの残る胴体の羽根をむしりはじめた。やれやれと溜息をつきながら。

眠気を誘うようなのんびりした長い午後は料理で費やされた。食事のために親戚たちが集まってきた。裏庭にテーブルがセットされた。ようやく席について、とてもおいしい七面鳥《パボ・イン》のモレ・ポブラノのほか、エンチラーダス、サルサ、サラダ、ビールをごちそうになった。テーブルを見回すと、遠いニューヨークで見慣れた顔とそっくりの顔があちこちにあった。

「私のささやかな農場へようこそ」とエディはいった。

彼は私のために、イスカル郊外の丘の麓にある彼の小さな農場でメキシコ版ウッドストックを開催してくれたのだ。これは、フランス人に歯向かって大殺戮をくりひろげて以来、この町最大のイベントになるらしかった――「エディ・ペレス、故郷に錦を飾る」。このイベントのために、マリアッチ・バンド、ポップ・バンド、歌うカウボーイ《シンギング・バケロ》と踊る金色の馬《ダンシング・パロミノ》、投げ縄の名人などが雇われた。低い建物が並んだ裏手の、日にさらされた埃っぽい区画では、サウンドステージの組み立てがもうじき完了するところだ。周囲の丘のウチワサボテンのあいだを鶏、牛、豚、ロバ、山羊などが勝手に歩きまわっている。彼は町のおもだった人びとすべて――市長、地元ギャングの顔役、あらゆるタイプの名士たち――を招待した。非番の警官全員を警備員として雇い、女たちの一団を給仕係として召集した。牧童たちは、バルバコアのための穴を掘った。ボタンダウン・シャツを着た男の子と聖体拝領のドレスを着た女の子は使い走りとなり、伝言や調理道具をもって駆けまわっていた。ビールのケース、テキーラ、メスカルがずらりと並び、何リットル分ものフレッシュフルーツ・パンチが用意されている。藁葺屋根《パラパ》の下に、細長いテーブルがいくつも並べられた。これは大したパーティになりそうだ。

その間、私はマールボロ・マンを気取って楽しんでいた。ニューヨークでデニムの服とカウボーイブーツを身につけるのとはわけが違う。トニーラマのブーツにこびりついた泥と埃を拭い、日陰にひっこんだ質素な日干しレンガの壁によりかかり、椅子を後ろに傾けて足を杭の上に載せるのはまた格別だ。ニューヨークでは、カウボーイハットはただのアクセサリーで、けっして――男性ストリップ《チッペンデール》のダンサーでもないかぎり――擦り切れない。だが、ここプエブラでは、真昼の日差しを避けるためにカウボーイハットは必需品なのだ。私は新品のカウボーイハットのひさしを目深におろし、かっこをつけた。すでに牧童たちが汚れたショットグラスでテキーラを飲みはじめていた広い納屋にぶらりと歩み入って帽子の埃を払い、しゃがれた声でつぶやく。「テキーラを……くれ《ポルファボル》」

エディやマルティンといっしょに――三人とも、帽子とブーツですっかりカウボーイ気分だ――坐って見ていると、すぐそこではアントニオそっくりの女性がコマルでトルティージャを焼いていた。これまで同じ職場で働いたことがある連中によく似た顔の人びと――焚き火の上の土鍋で米を煮ている女たちや、エンサラーダ・デ・ノパリトス（ウチワサボテンのサラダ）のためにサボテンの下ごしらえをしている娘たち、古い木製の攪拌機を回しながら氷の上で生のライムからシャーベットを作ろうとしているアイスクリーム屋《エラデロ》の老人――を眺めていると、心の底から幸福感が湧きあがってくる。何千キロも離れた遠いニューヨークのキッチンで築きあげた奇妙な家族、その一員として私はここにいるのだ。

このビッグイベントは、大きな墓ほどの穴を掘るところから始まった。その底に敷いた石炭に火をつけ、真っ赤に燃えるまで待つ。十分に火がおこったら、牧童が数人がかりで山羊の頭のスープが入った大きな鍋をおろす。最後の瞬間に、皮をはいだ山羊の頭を、角をつかんでスープの中に放りこみ、アボカドの葉っぱを周囲に積みあげる。血とスパイスとミントを詰めた羊の胃袋――ブーダン・ノワールのメキシコ版――も中にそっと並べる。それから、腹を開いた丸ごとの山羊五頭を次々と重ね、さらにアボカドの葉で覆う（山羊はその日の朝に屠られたもので、いまもエディの家の屋根の上に皮が広げて干してあるのが見える）。穴は莚《むしろ》で蓋をし、その上にシャベルでそっと土をかぶせる。こうして、三時間半ほどすると、穴の中のさまざまな料理ができあがるというわけだ。

乾ききった広場では動きがスピードアップした。太陽が照りつける眠ったような空間が、たちまちにぎやかな活動の中心となりつつあった。あちこちで品物がそろい、客が到着しはじめた。マリアッチ・バンドが演奏を開始し、ポップ・シンガーたちはビールを飲みながら、楽器のチューンナップに

とりかかった。ニューヨークでバスボーイをしているのを見かけた若者は花束をもってやってきた。カップルがダンスを始めた。子供たちは鬼ごっこに興じている。男たちは細長いテーブルにつき、女と子供たちは一歩下がった折りたたみ椅子に坐った。ニューヨークでは酒を一滴も飲まないエディが早くも酔っ払っている――それでなくても強烈なパンチの表面に、さらに生のテキーラを二センチほど浮かせるべきだといいはっている。牧童たちもすっかりほろ酔い機嫌で、いよいよパーティの開幕だ。

「なあんにも心配《ヌーシーング》することないよ」とエディは周囲の丘のあちこちに立っている武装警官を身振りで示していった。「飲んでくれ！ なんでも好きなものを。テキーラでも、メスカルでも、モタでも。楽しんでる？ 心配なし。眠くなっても大丈夫。どこででも寝てくれ。地面の上で、鶏に混じって。好きな場所で。安全は保証する。警官《ポリシア》がすぐそばにいるからね。誰もじゃましないよ」

「いやはや、エディ」と私はいった。「たいしたもんだ……こんなことをやってのけるなんて、信じられないよ。準備万端ととのえてさ」

山羊の頭のスープはすばらしかった――世界中どこで食べた料理とくらべても遜色ない。ローストした山羊肉の塊をのせた皿が運ばれてきた。驚くほどやわらかく、じつに旨い。詰め物をした胃袋には感心した――血とタマネギの風味がほどよく混じったスパイシーなジャンボ・ソーセージ。私は、エンサラーダ・デ・ノパリトスやサルサを含め、すべてを味わおうとがんばった。ナプキンに包んだバスケットがあちこちに置いてあり、そこからまだ温かいトルティージャを自由にとり、好きなものをはさんで食べるのだ。米料理、さまざまなサラダ、エンチラーダス、タマレス、ズッキーニの花とケソ・フレスコで作ったとてもおいしいケサディヤ。そして、この地球上で、メキシコのマリアッチほどセンチメンタルで、ロマンチックで、その土地と分かちがたく結びついた音楽がほかにあるだろ

うか？（そう、たしかにサンバも負けていないだろうが）。この日の夕方、エディの牧場をとりかこむ丘に日が沈みかけたとき、そこに流れていた音楽とメキシコ訛のスペイン語ほど美しいサウンドを私は聞いたことがない。

カウボーイは投げ縄の技を披露した。もう一人の男は馬に乗ったままで歌をうたい、それに合わせて馬はダンスをした。男が軽く合図するだけで、馬は後退し、地面に横たわり、膝をついてみせた。太陽はずっと前に沈んで、いまやレンタルのフラッドライトとクリスマスの豆電球のもと、男は馬からおりると重々しい態度でマイクをつかみ、スポーツイベントをとりしきるアナウンサーのように気取った調子で声をはりあげた。身振りで私のことを示すと「R」を巻き舌で発音しながら、「セニョーラス・イ・セニョーレス……本日の主賓、北アメリカ《ノルタメリカーノ》はヌエバヨルクのひじょおに有名な《ムイファモーソ》シェフ！アンソニー……ボーオーデーイン！」

なんともはや。

人びとは拍手喝采した。音楽はやみ、マリアッチ・バンドは期待をこめて私のほうを見つめていた。何を期待されているかはわかっていたので、ゆっくりと進みでて、ライトの真ん中で待ちかまえている馬のところへ行った。エディと、カメラ・クルー、それに何人かの意気盛んな観衆のあいだから、からかい半分の歓声や「ヒーヤー」という叫びが聞こえてくる。ブーツをはいた片足をあぶみに乗せ、ひらりと鞍にまたがった（数週間のサマーキャンプと、クレアモント厩舎の二回の乗馬レッスンだけにしては、かなりうまくやった）。私は酔ってふらふらしていたが、馬のほうが立派に心得ていた。さすがにダンスまでできる馬だ。ほんの軽くタッチするだけで私の意図を理解し、ブーツを少し動かしただけでゆるい駆け足《キャンター》に移ったかと思うと、すいすい命令どおりに動いてくれた。中庭をぐるりと一周しながら、集まった人たちに帽子をあげて挨拶し、正しい場所で停止すると、ロデオの選手のよ

うに颯爽と鞍から飛びおりた。ばかみたいだという気持と、わくわくする喜びが同時に湧きあがった。

エディの友人――地元マフィアのボスだと紹介された――はカメラ・クルーと私に向かって、「クカラチャ」には絶対に参加しなくちゃいけないといいはった。飲みくらべによって、アメリカとメキシコ両国の友好関係を深めるというのだ。二人のカメラマンと私、相手はマフィアのボスと二人の部下の三対三で、カルーアとテキーラを半々で割ったものを飲む――酒には火をつけ、炎があがっている。説明によると、燃えている酒のグラスにストローをつっこみ、その火が消えないうちに一気に飲み干すという。これを、どちらかのチームが降参するか、意識を失うまで続ける。

アメリカチームは善戦した。あっぱれなことに、私たちは祖国の名誉を立派に守り、強烈な酒の混合物を各自五杯ずつ飲みきった――しかも、髪の毛を焦がさず、むせもせずに。メキシコ人たちは大喜びだった。ついに、国際親善を感謝するスピーチのあとで六杯目が出てきたときには、両チームの選手全員がそろってストローをつっこみ、酒を飲み干して打ち切りにするという暗黙の了解ができあがった。そのころには、みんな膝をがくがくさせていたせいだろう。

マシューはエディの牧場の門を出るまでは、ほかのみんなと同じく、なんとか二本の足で歩いていった。だが、車が未舗装の私道から出るころには窓から頭を突きだして、どうか道端に車を寄せてくれとせがむようになっていた。さて、大陸をうろうろしたこの数か月というもの、マシューは胃の不調で苦しむ私にちっとも同情してくれなかった。彼は番組をおもしろくするため、映像的にイケるとなれば、どんなに嫌らしいものでも――しかも、私の体調がどんなに悪いときでも――ためらうことなく私に食べさせた。病気で寝込んでいるところ、安堵の涙を流したところ、冷たいタイルの床で這いつくばっているところだって、平然とカメラに収めてきた。そんなわけで、哀れなマシューがヘッドライトの前にふらふらと倒れこみ、道端の溝に向かってうつ伏せに這っていくとき、彼のカメラは

私の手にあった。いまこそ、チャンスだ。仕返しができる。これぞ、ビデオ部門の金賞だ。ただ、カメラをかまえ、ボタンを押せばいい。そうすれば、ニューヨークのオフィスにいる全員——エディターやプロデューサーなどすべて——の目の前で、ずっと私を苦しめてきた報いを何度もくりかえして映しだすことができる。ライティングは申し分なし。こんなにドラマチックなシーンはない。荒れはてた田舎道、あたりは真っ暗で、ただヘッドライトの細い光が、背景の暗いサトウキビ畑を切り裂いている。私はカメラをもちあげ、狙いを定めた……

が、できなかった。その気にならなかった。

哀れな酔っ払いを抱きあげて車に戻し、ホテルに着くと部屋まで運んだ。靴を脱がせて寝かせた。

私はカメラとテープをすぐそばに置いた。

目が覚めたとき、彼が最初に探すのはそれだろうから。

結局のところ、彼もプロなのだ。

第十二章　チャーリーはサーフィンができるか?　*Can Charlie Surf?*

ヴェトナム最後の皇帝バオダイの夏の王宮だったバオダイ・ヴィラの一室で目覚めた。窓の外では、近所の学校から聞こえてくる整列の号令、続いて愛国的な音楽、それから学童たちが列を作ろうとする物音がしている。葉っぱに当たる雨音。雄鶏のときの声。誰かが薪を割る音、わら箒でタイルをはくシュッシュッという聞きなれた音。すぐそばの海上では、早朝の霧の中で貨物船がのんびりとエンジン音を響かせている。

服はどれも湿気でしっとりし、蚊が群がっている。蚊帳の中に横たわったまま、防虫スプレーをどこに置いたか思いだそうとした。ドアにノックの音。リディアだ。下痢止め《ロモティル》をもっていないかという。昨日、私は一人でニャチャン・ビーチへ出かけ、椰子の木の下で丸ごとの鯛を手でむしって食べた。ホテルで蟹のスープを食べたクリスはひどい食あたりを起こしたという。もちろん、私はロモティルをもっている。旅するシェフの必需品《ベストフレンド》だ。リディアに薬をやり、お大事にといった。人ごとではない。ひょっとしたら、明日はわが身かもしれないのだから。

防虫スプレーを見つけると服にスプレーし、なるべく湿っていないものを選びだして身につけた。フロントデスクの隣にスクーターとオートバイのレンタルがあったので、いちばん馬力のありそうなやつを選んで飛び乗り、朝食をとるため町へと出かけた。本来、外国人は原付以上の乗り物には乗れないはずだが、レンタルの係員は何もいわなかった。だから、数分後にはニャチャンのビーチ沿いの道路を埋め尽くした二輪車の加速競走のただ中に突っこんでいた。気分は最高。前後左右は円錐形の帽子をかぶった男女に囲まれ、椰子の葉が風にそよぎ、右手には白い砂と穏やかな波が広がり、ビーチにはほとんど人影がない。ヴェトナムには海水浴に出かける人《ビーチゴーワー》はほとんどいない。色白の肌は——カンボジアをはじめ、東洋の国々ではたいていそうだが——地位の高さや名門のしるしと見なされるのだ。肌色を薄くするための処方やピーリングに大金が費やされる。なかには、かえって肌に悪そうなインチキくさい美白術さえまかり通っている。サイゴンでは、日差しを避けるために頭のてっぺんから爪先まで覆っている女性の姿もよく見かける。だから、どうやらクラッシュがいうとおり、チャーリーはサーフィンをしない《チャーリー・ドント・サーフ》らしい。とにかく、ニャチャンではしない。

幹線道路から外れて海から遠ざかると、道路はますます混雑してくる。乗用車、トラック、さらに数を増した二輪車——オートバイ、自転車、シクロ、スクーター——が猛スピードで押し合いへし合いしている。交差点を突破するときは、ぎょっとする危険とスリルの背中合わせで、心臓に悪いったらない。みんなエンジンを思いっきりふかしながら、いっせいに交差点の中に進入し、両側を走る車との距離はほんの四、五十センチしかない。海峡にかかった橋の上ではトラックの列のあいだを縫うようにして走った。水の上で赤白青の派手なペンキを塗った漁船が岸辺に向かっているのが見える。

地元で囁かれる噂によれば、アメリカ軍の基地がこのニャチャンにあったとき、CIAと特殊部隊はこの海峡の上でヘリから捕虜を蹴り落とすことにしていたという。捕虜の首にタイヤリムをしばり

つけ、ドアの外に放りだしたのだ。現在のこの地には、かつて強大なアメリカが支配していたことを示す証拠はほとんど見られない。ヴェトナムのほかの地域と同様、インフラストラクチャーの多くは残っていて、ヴェトナム人はそれらを民生用に転じて使っているが、目につく標識や看板はすっかり排除された。缶詰を叩いて平らにした金属板やスクラップになった軍の廃棄物で作られたバラックは、娼婦や掃除婦や洗濯女の住まいになっている。かまぼこ形の兵舎、将校クラブ、倉庫、閲兵場などは取り壊されたか、またはもっと実用的な用途に転用されている。高級将官の住まいだった大型ホテルやヴィラは、政府高官の持ち物になったり、ツーリスト用に貸し出されたりしている。ニャチャンのビーチで日光浴をするのは、わずかばかりのフランス人、ドイツ人、オーストラリア人くらいのもので、そのほとんどは湾の片側に密集する西洋資本のリゾート・ホテルに滞在している。昨日ビーチにいると、英語の古本の入った箱をもった少年が近づいてきた。ヴェトナムでは珍しくもないコレクションだ。どれも海賊版で、ティム・ペイジ、マイケル・ハー、デヴィッド・ハルバースタム、フィリップ・カプート、ニール・シーハン、グレアム・グリーン——わが家の書棚にあるコレクションとほとんど同じだ。ゼロックスでぞんざいにコピーされたカバーとよれよれになったページの本はみなドラッグストアの売れ残りらしかった。だが少年はその中から、ヴェトナム人の作家が書いた小説をひっぱりだした。バオ・ニンの『愛は戦いの彼方へ／戦争の悲しみ』である。

「発禁本だよ」と少年はいって、わざとらしく左右をうかがった。

ちょうどビーチで読む本がほしかった私はその本を買った。著者は北ヴェトナム軍《NVA》の独立第二七大隊に属した兵士だった。彼とともに戦場に向かった五百人の将兵のうち、生き残ったのはわずか十人。これはすばらしい本だった。登場人物の名前を変えれば、そのままオリヴァー・ストーンの映画になる。これまで見てきたアメリカの戦争映画と同じように、小隊のメンバーはみんなニックネームで呼

ばれる。この本に描かれている戦争の情景は血なまぐさく、不条理で、恐ろしい。兵隊たちは怯えており迷信深い。彼らはマリファナでハイになり、どんな状況でも手当たりしだいにドラッグに頼らざるをえない。新米の兵隊たちは残酷に、そして無意味に死んでゆく。「善良な男たち」が非道なレイプや殺戮行為に手をそめる。シニカルで怒りっぽくなり、戦争による後遺症のノイローゼを患ってハノイに戻ってきた主人公は、恋人が娼婦になっているのを知る。彼はほとんどの時間を、同じようにノイローゼになった復員兵たちと過ごす——酒に溺れて喧嘩をくりかえすばかりの男たちは、かつて信じていたものが何も信じられなくなっている。驚くべき本だ。とくに、アメリカ人の書いたものと不気味なほど似通っているのがすごい。これは、別の側から見た——ヴェトナムの本の多くがそうだが——ヴェトナムの本である。

丘の上のチャム寺院のそばで右に曲がり、ぬかるみの水をはね散らかしながら、細い泥の道を行くとやがて魚市場に出た。どこでも誰かが何かを食べている。魚を積んだ荷台や高速で移動するカート、市場の物売りのあいだで、大勢の人びと——老人、若者、赤ん坊、子供たち——がプラスチック製の低い椅子に腰かけ、しゃがみこみ、壁にもたれて、鉢に入った麺をすすり、お茶を飲み、ちまきをかじり、パテをはさんだバゲット・サンドにかぶりつく。あちこちで料理をしている。火をたき、鍋を置くスペースさえあれば、必ず誰かが料理をはじめる。小さな屋台ではフォーなどの麺類と「手巻きのビーフロール」を売っている。路上の物売りは、春巻、海老すり身を棒に塗りつけたもの、いかがわしげなパテ・サンドイッチ、バゲット、魚のフライ、フルーツ、甘味、蒸した蟹などを商っている。仲間や家族でそこらに腰を据え、温めたスープや麺をがつがつとかっこんでいる人たちもいる。周囲三キロにいる人たちより、私は少なくとも頭一つ以上——およそ三十センチ——は背が高い。魚市場を歩いて水辺に近づいていくあいだ、注目の的だ。一人の女性がほほえみかけ、赤ん坊を抱きあげて

私のほうに差しだした。派手な毛糸の帽子と新品の服を着た健康そうな子供だ。母親のほうはボロ同然の服だったが。「ヘロー！」と彼女はいい、子供の手をつかんで「バイバイ！」と手を振る動作をやってみせた。身振り手まねで私のカメラを指し、息子と私を並ばせて写真に撮りたいという。いいとも。お安いご用だ。そばの魚屋にいた女たちとあわただしい相談がはじまった。スツールが用意され、子供はその上に立った。私がカメラのどこを覗いてどこを押すかを女性に教えているあいだ、群がってきた大勢の女たちは先を争ってファインダーを覗こうとした。前途洋々《ベスト・アンド・ブライテスト》たる小さな男の子が、奇怪なほど背の高い見知らぬアメリカ人と並んで写真を撮ることをみんな心から喜び、誇らしく思っているようだ。

ここで働いているのは女だけだ。水際に据えた細長い台の上で鱗とわたを取っている鮮魚商は全員が女性だ。魚網をつくろうのも、色鮮やかに飾りたてた船（アーミッシュの納屋に似ている）から魚を水揚げするのも、屋台で料理を作っているのも、すべて女性である。籃胎《らんたい》——竹を組んで成形し、その上にコールタール（本来は漆）を塗ったもの——でできた円形のたらい舟に乗った女たちは、ぐらぐらする舟のバランスをうまく保って波止場に近づいてくる（このむずかしさはあとで身にしみて知ることになった）。男たちはどこにいるんだ？

女漁師とその子供たちに混じって、私はテーブルについた。笑みを浮かべた女料理人は、魚のフォー——魚のすり身、唐辛子、もやし、ピーマン、香草が入っている——の丼をそっと私の前に置き、それから箸を手渡した。続いて、黒胡椒の皿、櫛形ライム、各種唐辛子、ヌックマム、チリソースなども並んだ。石炭の火の上にはコーヒー・ポットもあり、そこからカップにコーヒーを注いでくれた。ヴェトナムで食べたすべてのものと同じく、ここの料理も新鮮で生気にあふれ、旨かった。女たちはかわるがわる子供たちを見せにきた。何を期待してか、私にはわからない。赤ん坊や小さな子供に私

の腕を触らせ、握手をさせ、手を振らせるだけで、それ以上は何も求めなかった。目を丸くして驚いている子供たちのようすを見て、女たちは大笑いしながら声をあげ、とてもうれしそうだった。みんな夜明け前から起きだし、何時間も海の上にいて、魚の網をたぐり、小さな籠のような丸い舟に引きあげ、波止場で収獲を水揚げしてきたばかりの女も大勢いる。だが、くたびれた顔は一つもなかった。重労働にめげて、うちひしがれたような姿はまるでない。漁から戻ってくる女たちは危なっかしく揺れる舟の上にすっくと立ち、満面に笑みを浮かべながら、魚を水滴とともに市場の床にぶちまける。女料理人がコーヒーのお代わりはどうかといい、新しいカップに注いでくれながら、コンデンスミルクの缶が空になっていないかどうかを確かめる。濡れたコンクリートの床に魚の血が流れる。一、二メートル先では籠一杯のイカがどすんと置かれ、魚の籠がそのあとに続く。海峡は帰ってくる漁船や危なっかしく揺れるたらい舟で混みあっている。ニャチャンをめぐる山の端にたなびく雲は、白髪の房のようだ。ここの風景は気に入った。

沖合いには、トレ島、タム島、ミエウ島などの島々がある。その先、もっと沖合いへ出ると背の高い岩がいくつかそびえ、周囲には荒い波が砕け、つねに武装した哨戒艇がパトロールをしている。その岩の危険な断崖絶壁――しかも、蛇がうようよいる――に海燕が巣を作っているのだ。燕の唾液の分泌物が固まってできた巣は、中国漢方薬局にはキロあたり四千ドルで売れ、燕の巣のスープといえば東洋では大変な珍味とされている。クリスとリディアは前から、この岩山に登ってみたらどうかと提案していた。荒々しい波を越え、毒蛇のいる垂直の岩壁をよじ登るところを撮って、燕の巣のスープのシーンにつなげるというわけだ。私は、燕の巣のスープは料理というより漢方薬の一種だといいはり、そんなスープには関心がない、スティーブン・セガールの次回作のエコスリラーほどにも食指をそそられないといった。結局、彼らは哨戒艇の存在に邪魔されて、私を断崖に登らせようという考

えをあきらめた。だが、完全に立ち消えになったわけではないので、安心はできない。とはいえ、島には行ってみたかった。リンとその友達のドン――ニャチャンでのドライバーとして雇った――によれば、ミエウ島のバ・ミエウという小さな漁村はすばらしいシーフードを食べさせることで有名だという。私は料理に関するかぎり、ドンの意見に重きをおいていた。彼は大した食通なのだ。初対面のときから、彼は私に向かって、この国で最も食べ物のうまいこの町を訪れるとは、なんてラッキーな人だといったものである。最初の晩にディナーをいっしょに食べたときは、テーブルに並んだご馳走をいちいち指さしながら、ガザミの甲羅からはちきれそうになっている卵や、地元で獲れたロブスターの新鮮さと風味のよさ、魚の澄んだ目と高貴な姿について情熱的に語った。彼の案内で、私はビーチに並んだ屋台の旨い魚料理をたくさん食べることができた。ホテルの魚料理はどうかとクリスに訊かれると、ドンは視線をどこかあらぬ彼方に向け、奥歯にものがはさまったような返事をした。

そんなドンの態度からして、クリスは十分注意すべきだったのだ。一方、私はリンがこんなところにまで私たちを案内することに驚いた。この現実を外国人に見せ――しかも、撮影までさせるとは。

私たちの雇った船が波の荒いロン島沖合いに近づくと、ドンはビーチにいるぼろ服の二人の男に呼びかけた。岸から漕ぎだされた細長いボートは荒波を乗りこえ、やっとのことで船に横付けされた。隙間だらけで水びたしのボートは一度に二人の乗客しか運べない。まずリディアと私がボートに移り、岸まで数メートルの距離を、波にもまれて運んでもらうことになった。クリスはまだバオダイ・ヴィラに足止めを食っており、たぶんトイレに通いつめていることだろう。これは私にとって未知のヴェトナムだった。

そこは、細かな白い砂のビーチが小さな湾をぐるっと取りかこんで、あたりには漂流物や捨て荷が散らばり、荒涼たる情景だった。どぶのような水路の土手の上、木々のあいだに小さな集落が見えた。

考えられないほど貧しくみすぼらしい草葺の小屋やあばら家が、不潔そうな茶色い水にいまにも崩れ落ちそうに建ち並んでいた。電気、電話、テレビなど、文明の利器らしきものはいっさい見当たらず、人びとの暮らしぶりは十七世紀半ばからほとんど変わっていないようだった。砂の上には数本の木切れの束と、逆さにしたたらい舟があるだけで、生き物の姿はなかった。

リディアと私は二人だけでビーチに残された。波は高く、きれいなカーブを描いていた。はるか沖合いで崩れ落ちる波は、ボディサーフィンにはぴったりだろう。そんなことを考えていたとき、ふいに襲撃された。安物の貝細工のアクセサリー（世界中のビーチで目にするマカオ製のものとそっくり同じ）を入れた籠を手にして、女たちが小屋から走りでてきたのだ。必死の形相でわめきたて、赤ん坊を抱きあげてみせ、金切り声で「見て《ルック》！　見て《ルック》！　赤ちゃん《ベイビー》！　赤ちゃん《ベイビー》！」と叫ぶ。私たちを取りかこんで強引に迫り、目の前にネックレスやブレスレットを握った手を突きだして荒々しく振りまわす。そのしつこさといったら！　首を振り、何度も「ノー、ノー……サンキュー……ノー……」とくりかえすが、誰も聞いていない。詰めよって、服をつかんで離さない。その場を去ろうとしたが、女たちはどこまでもついてくる。リディアはいらいらと船のほうを眺めたが、リンとドンはまだボートが近づいてくるのを待っていた。私は、それで気がすむかと思って二つばかり買ったが、これが大間違いで、女たちはますます意欲をかきたてられ、熱心になった。やがて、仲間同士の喧嘩になって、拳を振りながら、わめいたり、叫んだりしはじめた。一人の女は、片耳に小さなベルのついた金のイヤリング——たぶん、集落全体を合わせたより高価だろう——をつけたかわいい赤ん坊を差しだして見せ、貝でできたちゃちなネックレスを買ってくれと迫った。私は降参した。その結果、売りこみはいっそう激しくなった。

「いい考えがある」。私はリディアにそういうと、水際まで駆けていって服を脱ぎすて、ざぶんと水

に飛びこみ、できるだけ沖まで泳いでいった。リディアは岸にとどまった。

すばらしいウェーブだった。これでサーフィンをしないとはもったいない。誰か一人くらいはしているはずだ――どこかで。アメリカ軍の兵隊の中には、中古のサーフボードを置いていった者がいたはずだ。この次は、ニャチャンとダナンを調べてみよう。水の中に長いあいだいて、やっと岸に戻ったときには、パンツ一丁になったリンがはりきってビーチをジョギングし、うれしそうに美容体操に励んでいるところだった。彼は私にほほえみかけると、波に向かって突進した。女たちはもうあきらめており、いまは坐りこんで、たいした興味もなさそうにぼんやりと眺めていた。

進歩はこの村を素通りしていったようだ。雨季にはどうなるのだろうと、私は心配になった。何週間も休みなく雨が降りつづいたら、あのどぶは急流に変わるだろう。いまでさえ壊れかけた支柱の上に危うくひっかかり、水中に没しそうに見える小屋は、たちまち奔流に飲みこまれてしまうにちがいない。あの屋根や壁で雨が防げるだろうか？　動物の姿もなく、作物や菜園も見かけない。たった一艘のたらい舟のほか、船もない。あとでリンに訊ねた。「彼らは何者だい？　どうやって暮らしているんだ？」

「とても貧しい人たちです。漁師の家族ですよ」という返事だった。

帰り支度をして、また水の洩れるボートに乗りこんだ。船へ戻るまでは危険がいっぱいだった。砕ける波に頭から突っこみ、水は脛の高さまであふれ、へさきは海水で激しく洗われた。船板は隙間だらけで、なぜ浮いていられるのか不思議なほどだった。船尾に坐った一人の男が一本きりのオールを狂ったように前後に動かしてボートを進ませ、なんとか波を乗り切っていった。

わずか数キロの距離にあるミエウ島はまるで違う。岸辺には同じようなみすぼらしい集落が見えた。

だが、船着場にはツーリストのボートや水上タクシー、漁船やたらい舟――女たちが客を沖合いの船から島まで運ぶためのもの――がずらりと並んでいる。船着場に船を寄せて、大きな水上タクシーの隣に停めるころには、ウォーターフロントに建ちならぶ何軒ものレストランが目に入ってきた。海の上にはりだしたテラスの長いテーブルは、ヴェトナム人観光客でいっぱいだった。

「こっちです」とドンが促した。リン、リディア、私はそのあとについてボートからボートへと乗り移って湾を横断し、広い浮き桟橋まで行った。板を組んだ筏が海の上に浮かんでおり、中央に開いた四角い部分は生簀《いけす》になっている。こうした浮き桟橋が海上にいくつも連なっているのだ。船がもやってあり、鮮魚商が値段の交渉をし、客たちは何種類もの魚介類が入れられた生簀の周囲に群がっていた。私も裸足でその上に立ち、ゆらゆら揺れる浮き桟橋の上でバランスを保ちながら見ると、巨大なイカが目に入った。ほかにも水しぶきを立てて跳ねる鮪や鯛、それに見たこともない魚がたくさんいた。大きな車海老、青と黄色の棘だらけの巨大なロブスター、水面のすぐ下でうごめく蟹など、よりどりみどりだ。私はしゃがみこんで水中に手を伸ばし、重さが一キロか二キロもありそうなロブスターを引きあげる。リンがイカと鮪を選んでいるあいだ、ドンは岸まで私たちを運ぶボートの手配をしていた。リディアと私は浮き桟橋の端まで歩き、恐る恐るたらい舟に乗りこんだ。漕ぎ手の二人の女性が、坐るべき場所を指示し、細い船べりでどうやって重量を分散させ、バランスをとるか教えてくれた。リンとドンは別のたらい舟に乗った。

これは、考えうるかぎり、最も非効率的にデザインされた乗り物ではないだろうか。完全な半球状の舟は、ピンポンの玉を半分に切って水の上へ投げだしたようなもので、いつなんどき転覆してもおかしくない。片方の船べりに坐った女性がオールを使い、その向かい側、円周のちょうど反対側に坐ったもう一人が逆の方向にオールをあやつる。進んでは戻り、進んでは戻り、ジグザグのコースを辿

って舟は岸辺に近づいてゆく。お定まりの円錐形の帽子――顎の下で紐できちんと結んである――をかぶった血色のいい二人の漕ぎ手を、私は一目で気に入った。漕いでいるあいだずっと二人は陽気におしゃべりしていた。いざ上陸のときは、一人がそろそろと立ちあがり、滑りやすい桟橋に一歩踏みだすあいだ、舟に残った全員は重量のバランスを保つため、すばやく場所を移動しなければいけない。

魔法が働いて、世界中を抱きしめたくなるすてきな一瞬というものがある。ドン（海には不慣れな都会っ子）とリン（上等なワイシャツを着たハノイのシティ・ボーイ）が丸いたらい舟から降りようとしたとき、足を滑らせたドンがつんのめって桟橋に這いつくばり――頭からひっくり返ることはなんとか免れた――その拍子に舟はもう少しで転覆しそうになった。それを見て女たちがどっと笑った。近くの船からも、野次やからかいの声があがり、ドンのあわてぶりにみんな大喜びする。おかしくてたまらず、げらげら笑いがいつまでもとまらない。誰かと目が合うと、ぷっと噴きだして、また大笑いになるのだ。文化の違いを超越できた、めったにない瞬間、人間は同じだとわかる貴重な一瞬だ。

桟橋に接した滑りやすい木の階段を登ったところで、〈ハイダオ・レストラン〉のコックが私たちのもちこんだ食材を真剣な面持ちでチェックし、はかりに載せて重さをはかった。ここの食事代は重さによって支払うのだ。ドンとリンと私はクロスのかかっていない大きなテーブルにつくと、私たちを運んできた水上タクシーの操縦士も席に加わった。リンの強力なお勧めにより、ハノイ産のネポモイ――餅米ウォトカ――のボトルをオーダーした。ウェイターが私のロブスターをもってきた。まだ生きていて、もぞもぞ動いているそいつをグラスの上に掲げると、その生殖器のあたりに小さなナイフを突き刺す。やや乳白色の透明な液体が流れでる――それに、すばやくウォトカを混ぜる。

「ルオウ・ティエット・トム・フム……ロブスターの血は精力抜群です」とリンが説明してくれた。

〈ハイダオ・レストラン〉は混んでいて、どのテーブルにもヴェトナム人の家族連れが坐り、夢中で

食べている。アメリカから来た人たち、ハノイやサイゴンから休暇を過ごしにきた家族など、さまざまだ。あちこちで、おしぼりのビニール袋をパンと割る音が聞こえ、床にはロブスターの殻や蟹の爪、魚の骨、煙草の吸殻が散乱し、ビールの空き壜が転がっている。

私たちのテーブルに料理が運ばれてきた。薪の火で焼いたロブスター（トム・フム・ヌオン）、ショウガとネギとともに蒸したイカ（ムック・ハップ）、トマトと香草で蒸し煮にした鮪（カ・トゥー・ソット・カー・チュア）、テーブルの中央にセットした小型バーナーの上のリング形の鍋で食べるゴマ入りちまき（バイン・ダ・ブン）、魚と麺をトマト、オニオン、香草、パイナップル、ネギなどと煮込んだ甘酸っぱいスープ（ミー・カイン・カー）、それに卵がいっぱい詰まった巨大なガザミが数匹。ほぼ完璧に近い場所での、完璧に近い料理だ。私はいまや、ヴェトナムの気取らない食事マナーにすっかり洗脳されてしまった。付け合せを自由に選び、勝手に味つけするというやり方は気に入った。挽きたての黒胡椒とライムの果汁を自分で混ぜてペースト状にして食べ物をつけて食べる。それから、チリペーストを加えたディップソースやヌックマム、グリーンや赤の小さな唐辛子を盛った小皿、壜入りの醤油、香草やネギの小皿。

ドンはニャチャンの海の幸のほんの小さなかけらまで、私に味わい尽くさせることが自分の使命だと信じているようだった。ロブスターも蟹も、私には手を触れさせず、爪や細い足の隅々まで自分でていねいにほじくって身を出し、山盛りにしてから食べさせるのだ。巨大なガザミの殻を割ったときは、脂の乗った甲羅の中にぎっしりと色鮮やかな卵が詰まっているのを見せて、満面の笑みを浮かべる。

私たちは箸で食べ、ときには手も使った。料理の合間に煙草を吸い、食べながら吸うことさえあった。ウォトカとビールを飲み、食べたものの残骸をテーブル中に撒き散らす。ここでは誰もがそうす

るのだ。料理はすばらしい。見渡すかぎり満足そうな顔ばかりで、小さな子供からじいさんまで、蟹の足やロブスターを夢中になってせせり、魚の骨のあいだのいちばんおいしいところをしゃぶりつくす。

私は幸せのあまり夢見心地だった。ここはじつにいいところだ。この国は大好きだ。故国を捨ててここに住みつこうかと考えたのは、少なくとも五回か六回目だ。

ほかに何を望むというのだ？　旨い食べ物。南シナ海の美しいビーチ。エキゾチックな情景。冒険の味わい。人びとは誇り高く、善良で、どこまでも寛大で、私が特急でヴェトナム料理の記事をまとめなければならないといったら、タクシーの運転手や商店主が喜んで自宅のディナーに招待してくれるだろう（たとえ、それで破産しようとも）。ここは食べ物と料理のワンダーランドだ。誰もが料理については一家言もっている。リンにいわせれば——当然ながら——ヴェトナムで最高の料理が食べられるのはハノイだという。ドンはその意見をあっさり退け、ニャチャンが一番だと弁ずる。カントー支持の人もいる。サイゴン派も当然黙っていない。サイゴン人にいわせれば、北ヴェトナムなど冗談でしかない——非友好的で、面白みがなく、食べ物の旬も知らない頭の固いイデオロギー主義者しかいないのだから。人が自分たちのコミュニティとそこの料理文化、そして料理人たちに強い共感を寄せている場所では、たいてい旨い料理が食べられるものだ。ここでなら、私は生きていける。匂いも最高だ。ドリアンや発酵した魚醤の匂いも、好きになりつつある。それは、いうにいわれぬ歓びを約束し、つねに思い出させてくれる。そうだ、俺はいまヴェトナムにいる！　本当にヴェトナムにいるんだ！

だが、テレビにはテレビのやり方がある。満腹を抱え、よろめきながらバオダイ・ヴィラへ戻ると、キッチンに食事の用意がしてあるという。クリスはまだ当分、仕事に復帰できない（それからの何週

間か、彼はどんどん痩せて、顔色が悪くなり、食欲がなく、ずっと体調が悪かった）。だが、リディアが私のために燕の巣のスープを用意していた。

「燕の巣のスープは、あなたの前からの夢だったから」とリディアは話しはじめた。

「いや、そんなことはない」と私はさえぎった。「燕の巣のスープなんかに興味はない。もうその話は片がついたと思っていた……いまは満腹なんだ。それに帰りの船で少し船酔い気味だ。どうか、このうえ燕の巣のスープを食べろなんていわないでくれよ。人生で最高の部類に入るとびきりの料理を食べてきたばかりなのに、この余韻を壊さないでほしいな。お願いだから」

だが、リディアはいったんこうと決めると、骨をくわえた犬のようになる。これまで彼女が撮りためてきた奇妙なシーンの断片――クロースアップや「プログレッシブ・スキャン」の万華鏡のような絵柄――に、ゆっくり回る天井の扇風機の下で私がベッドに横になっている『地獄の黙示録』風のシーンを足したら、すばらしいものになると信じているのだ。

「燕の巣のスープは、あなたの前からの夢だったから」と、リディアはまた最初からいいなおした。

「これは夢の中という設定なのよ」

芸術作品を作ろうという情熱に、この私が水をさせるものだろうか。私はリディアが好きだ。結局、一日の終わりには、彼女のいうなりになるしかないのだ。私は燕の巣のスープを食べることになりそうだ。しかも、ただのスープではない。クリスをこの二十四時間寝こませることになった、あのキッチンで作ったスープなのだ。

燕の巣のスープとはいったい何か？　もちろん、燕の巣で作る。調理すると風味が出て、ねっとりし、見た目は煮すぎたエンジェルヘア・パスタかセロファン・ヌードル（春雨やビーフン）とそっくりの半透明な繊維質になり、まったく無害な印象である。問題はその他の具だ。燕の巣のスープには、

具として、ぶつ切りにした丸ごとのカワラバト（鳩の一種）を加える。肉や骨などすべてを、果肉をそいだココナッツの実の容器に入れ、ふやかしておいた燕の巣と、中国漢方の薬草類、それにデーツ、ネギ、ショウガ、燕の卵を加える。その上からココナッツミルクを注ぎ、これを四時間かけて蒸しあげる。

ひどいものだった。燕の巣はまあいい。スープも甘酸っぱい風味で、それほど悪くない。だが、スープの中の具にはまいった。昼食に島で最高のシーフードを満喫してきたあとにこれはない。まったくひどい。箸を使って、固くなった卵をかきわけ、燕の巣をすすり、いやいやとはいわないまでも、義務的に鳩の腿肉や胸肉をなんとか呑みこんだ。しかし、卵やデーツや骨や、殻から剥がれたゴムのようなココナッツの断片のあいだに、くちばしと目玉のついた鳩の頭が飛びだしてきたときには、もう限界だった。リンとドンは、モンスター並みの大量のシーフードを食べてきたばかりとは思えない熱心さで、自分たちの分をがつがつと食べている。私はなんとか可能なかぎり腹に収めたあと、部屋に戻って蚊帳の下に倒れこみ、呻きながら吐いた。このまま死ぬかと思いつつ。

二時間前には、月の上でダンスをしている心地だった、それがいまは？　ホラーだ。まさにホラー。

第十三章　ウェストコースト　*West Coast*

サンフランシスコは、そこの住人がよく強調したがるように、ロサンゼルスとはまったく違う。私のような、いやみで知ったかぶりのニューヨーカーがカリフォルニアの悪口をいいだすたびに、誰かが「でも、サンフランシスコは別だ」という。あそこはきれいな町だ。坂道もある。ＬＡとはちがって、ときには通りで手をあげてタクシーをつかまえることもできる。ニューヨーク以外のアメリカの都市で、サンフランシスコほど才能あるシェフが集まり、レストラン業界に活気があふれている場所はほかにないだろう。アメリカのレストラン・ビジネスにおけるルネサンスはサンフランシスコ郊外で――〈シェ・パニーズ〉のアリス・ウォーターズと〈スターズ〉のジェレマイア・タワーによって――始まったという説もあるくらいだ。ここには、うらぶれたボヘミアン風の魅力と、不作法を尊ぶ長い歴史、そしてすばらしい地元産の食材がある。「きっと気に入るよ」と友人たちは前からいっていた。

それなのに、なぜここでは煙草が吸えないのか？　サンフランシスコ北部のどこかで、私は道路沿

いの侘びしいバーに坐っていた。そこは見るからに私好みの店だった。たしかラッキーとか、そんな名前の女性バーテンダーは五十代だった。声は低くしゃがれていて、歯は二本欠け、しわのよった左胸の上のほうに翼のついた男根のタトゥーを入れている。ジュークボックスからはチャーリー・ダニエルズのカントリーが流れ、常連の何人かが朝の十時から、ビールをチェイサーにしてバーボンやライ・ウィスキーを飲んでいる。店の前に止めてある改造ハーレーは、たぶん私の左隣にいるカットダウンのデニムジャケットを着た男のものだろう。こいつはついさっき不潔なトイレですれちがったとき、クラックを買わないかと声をかけてきた——店を見まわしたところ、左右の席にすりよって飲み仲間の市民たちに何杯か酒をおごれば、非合法の拳銃の一挺や二挺はたちまち手に入りそうだ。こんな店なら、ジュークボックスに歩みよって、ジョニー・キャッシュの二曲をリクエストしても誰も文句はいわないだろう。むしろ、歓迎されるかもしれない。ジョニーが「フォルサム・プリズン・ブルース」の一節、「ただ死ぬの見たさにリノである男を撃った」とうたっても、みんないっしょになって口ずさむか、自分の若いころを思いだしてしんみりするだけだ。

パイント・グラスをお代わりするころには、その場の雰囲気にすっかりなじんでいた。匂いさえも懐かしい——何年も前からしみついたこぼれたビール、かすかに漂う消臭剤《ライゾール》、チキン手羽先のフライの匂い。向こうのほうで、酔っ払った男がしきりに愚痴っている。「あの女にちょっと触っただけじゃないか！　ほんのアクシデントだ！　それなのに、なんであんなに大騒ぎして禁止命令まで出すんだ！」——そして涙にくれる。私はビールを一口すすり、無意識にシャツのポケットに手を伸ばすと、煙草に火をつけた。すかさずバーテンダーのラッキーがこっちを見たが、その目つきときたら、まるで私がペニスを出してガソリンで洗いはじめたとでもいうようだった。

ラッキーは店内にさっと視線を走らせ、神経質な低い声でささやいた。「お客さん！　ここではダ

メなんですよ！　外でやってください！」

カリフォルニアは全面的に禁煙だ。ロブ・ライナーはそういっている。壁をめぐらした豪邸に住み、ワーキングクラスという言葉を好んで使うお気楽な有名人——昼過ぎからバーにしけこんで落ちこぼれの同類たちといっしょにウィスキーやビールを飲んだことなど一度もない連中——がそういうのだ。連中にとって、バーとはわれわれのような宿無しの愚か者にして抑圧されたブルーカラーのプロレタリアが、邪悪な煙草会社——巧みな宣伝で大衆をだまして、本人とその周囲の人びとを死に追いやろうとする——の食い物にされる場所なのだ。私にとって、バーは最後の防衛ラインである。「被雇用者の安全と健康のためなんです」とラッキーは説明した。州は、バーのフライ係（キッチンにいるそいつが注射のしすぎでかさぶただらけになった腕をひっ掻いているのが見えた）を受動喫煙の害から守ろうというのだ。もちろん、レストランのテーブルで煙草を吸ってほしくないという主張はよくわかる。さっと炙ったフォアグラに洋ナシのチャツネというデリケートな一品をいざ味わおうというとき、隣のテーブルからジャスミン味の煙草の煙が流れてきたりしたら迷惑な話だ。よくわかる。高級レストランのダイニングルームが禁煙なのは納得できる。最近コーヒーといっしょに煙草を楽しめない店が増えたのは残念だが、ようやくそれにも慣れてきた。しかし、バーはどうか？　バーでさえ！　度しがたいわからんちんどもは、朝の九時からバーボンやテキーラを飲む——ほとんど自殺行為だ——のは勝手だという。ただ、楽しみながら死ぬのはいかんという。善意の健康ナチが寝室になだれこんできて、セックス後の煙草の一服を健康に悪いといって奪い去るのも時間の問題だろう。

アメリカの都市の中でも、サンフランシスコはとりわけ「リベラル」で「寛容」だといわれる。それはよいことだ。私は「オルタナティブなライフスタイル」を熱烈に支持する。私は「寛容」だ。だが、ここでは何かがおかしい。生活費は——私が滞在した治安の悪い歓楽街《テンダーロイン》でさえ——ものすごく高

く、たいていの人にはまかないきれない。それでもサンフランシスコは社会からの逸脱や売春やドラッグ中毒を「オルタナティブなライフスタイル」として受け入れ、結果として、町にはヒモやジャンキー、ならず者や頭のイカれた連中があふれかえる。古き悪しき時代のアルファベット・シティ〔NYイーストヴィレッジの一番街より東側にあった超危険地帯〕以来、これほど大勢の――しかも最悪の――ジャンキーを見たことがない。彼らはそこらじゅうにいる――不潔きわまりなく、糖尿病を患い、手足は腫れて、粉をふいたような皮膚はドラッグ注射の針の痕や感染症による湿疹だらけ。ウェストコーストのホームレスにくらべれば、メタドン・クリニック〔ドラッグ中毒者のための更生施設〕から出てきた昔の仲間などオズモンド・ファミリーのように無害に見える。ざっと見渡したところ、サンフランシスコの主要雇用部門は、無数の売春宿、マッサージ・パーラー、ぼったくりバー、ライブのセックスショー、それに繁華街に建ち並ぶうらぶれたストリップ小屋であるようだ。サンフランシスコに住む女性の多くはセックス産業に従事しているらしく、これも「オルタナティブなライフスタイル」であれば、私としてはまったくオーケーなのだが、それにしても数が多すぎ、しかも不釣合いなほどアジア系の女性が多いので、アメリカの都市というより、むしろカンボジアにいるような気がしてくる。家賃があまりにも高いので、どこにも住めない――そのうえ、ネット業界にもかつての活気はなく、失業者があふれている。

絵葉書のようにきれいな丘の上の家に住んでいるサンフランシスコの人びとは寛大な心と善意にもかかわらず、こんなメッセージを送っているようだ。「ここへ来るのはかまわない。ここでわれわれのためにストリップを踊り……そのあと路上で寝る覚悟があるならば」

ただし、煙草は吸うな。喫煙は健康に悪い。

だからといって、サンフランシスコを嫌っていると思われては困る。私はここが好きだ。ロサンゼルスから来るとほっとする。大好きな映画もサンフランシスコが舞台だ――『アスファルト・ジャン

「グル」「ブリット」「ダーティハリー」。子供のころ、フランスのビーチで「ライフ」をぱらぱらめくっていたとき、私にとって人生のただ一つの望みは、家出してハイト・アシュベリーに住みつき、ジェファーソン・エアプレインと同じ家に住んでLSDをやり、アングラ・コミック作家になることだった。サンフランシスコを描いたロバート・クラムのすばらしいスケッチとともに育ち、女ヒッピーたちとの奔放なフリーラヴに熱烈な憧れをもっていた——あのとき、せめて十三歳になっていたら。コミューン暮らしや他人の家での共同生活とは最後に残ったヨーグルトが誰のものかで争うことだとわかったとき、そしてついに、頭でっかちの友達がなんといおうと、やっぱり私が正しくて、グレイトフル・デッドがじつに最低の連中だとわかったとき、さらにまた、「革命」など絶対に、断固として、まったく、ありえない——しかも、結局はそのほうがよかった——とわかったとき、一つの夢が消えた。あの革命の旗振りをしていたのと同じ連中が、いま私に煙草を吸うなといっているのだろう。そして、一九七五年に初めてラモーンズを見てからは、ニューヨーク以外の都市に住むなどという気持は完全に消えうせた。

サンフランシスコで過ごした最初の数日は快調だった。〈スワン・オイスター・デポ〉で牡蠣と小さな蟹を食べた。この店はまさに私の好みにぴったりだった。ビーチのそばの〈ポリー・アン〉ではドリアン・アイスクリームを食べた。〈ゲーリー・ダンコ〉——雰囲気はやや気取っているが、料理はとびきり——の食事は文句なしで、しかもキッチンにはじつに好ましい無頼漢《フーリガン》がそろっていた。ニューヨークからこの町に移ってきたシェフの店も何軒か訪ねた。サンフランシスコにはうまい料理があるという評判と、新機軸をとりいれるレストランの数々、それに新鮮な食材が手に入ることが移転のおもな理由のようだ。中華街へも行ってみた。時代遅れの広東料理——やたらとコーンスターチをきかせ、ねばっこく濃厚——の店〈サム・ウォー〉では、どきどきしながらアッパーブロードウェイ

やモット・ストリートへ足を踏みいれた子供時代のニューヨークへさかのぼったような気がした。ここでは、愛想の悪いウェイトレスが手動の配膳用エスカレーターで一品ずつ料理を運びあげるのだ。私はわざと、一九六三年以来ほとんど耳にすることさえなくなったチャプスイ、ワンタンスープ、チャーメンをオーダーし——味のほうも大いに楽しんだ——昔を思いだしてちょっぴりノスタルジアにふけった。コックたちと会うチャンスも多かった。なにしろ、サンフランシスコにはコックが多い。コックといえば一つだけ確かなことがある。ニューヨーク、フィラデルフィア、グラスゴー、メルボルン、ロンドン、サンフランシスコ——世界中どこでも、コック気質は変わらない（ただし、ジンジャーエールをチェイサーにして飲むイタリア産の香草リキュール、フェルネッタ・ブランカだけは理解しがたい）。

滞在した宿は、オファレル・シアターの角を曲がったところにあるロックンロール・モーテルだ。プールサイドにはバー兼ナイトクラブがあり、ひと晩中、音楽を流している。髭を生やしたヘビメタ・バンドのメンバーがデッキチェアに陣取り、ツアー・スタッフが彼らに酒を運んでいた。私は何本か煙草を吸ったあと、酒を注文しようとバーに向かった。戸口にいたガードマンが「あんた、アンソニー・ボーデインかい？」と声をかけてきた。西海岸では令状も出ていないし、恨みを買う相手もいないとわかっていたので、私はそうだと答えた。

「ねえ、俺の友達はシェフなんだが、あんたの本をいたく気に入っててね。そいつのレストランにちょっと寄ってくれたらきっと大喜びするはずだ。この通りのすぐ先だよ」。私は店の場所を訊いた。それ——仮に〈レストランX〉としておこう——は数ブロック先にあり、オープンしたばかりのおしゃれな店だった。シェフやコックたちとの付き合いは気楽で大好きだ。それに、ひょっとして軽食くらいはご馳走になれるかなという期待もある。

夜遅く、その店へ行くと、シェフは私とテレビのカメラマン二人——撮影はオフだった——をテーブルに案内し、自分も同席した。シェフはいそいそと数種のアミューズと酒を運んでこさせた。まだ若く、シェフを務めるのは二度か三度目らしい。愛想のよさのかげに、新規開店のプレッシャーでまいっているのが明らかにわかる。オープン直後の忙しさに疲れはて、大勢のクルーを監督する責任が重くのしかかっているらしい。よくあること——程度の差はあれ、シェフとはみんなそんなものだ。キッチンを案内するというので、私は喜んでついていった。レストランのキッチンを見るのは大好きだ(自分の店のキッチンには長いあいだご無沙汰しており——懐かしかった)。ずらっと並んだ新品の黒光りするレンジ、ぴかぴかのカウンター、アイスクリームマシン、パスタマシンを見せたあと、シェフはウォークイン冷蔵庫の中を案内した。肉、魚、乳製品、野菜などが、きちんと分類されて並んでいる。部下のコックたちにも紹介された。例によってピアスをいくつもつけ、タトゥーで飾りたてたならず者どもだったが、みんなオープン直後のてんてこ舞いで神経が切れそうになっていた。

シェフはオフィスのドアを開けると、そこも見せるつもりらしく、どうぞとうながした。いずこも同じ、散らかったデスクの上には、注文書やスケジュール表、手垢のついた『フード・アーツ』や『レストラン・ホスピタリティ』といった本、ファクスで送られてきた履歴書、装備のマニュアル、貴重なサフランやトリュフオイルの小袋などが積み重なっていた。シェフはサインしてくれといって、脂じみや食べ物のしみがついた私の本を差し出した。喜んでサインさせてもらおう。しみが盛大についているほどうれしい。サインを求めてきた本に調理場の汚れがこびりついていた? それこそ、本拠地で愛されている証拠じゃないか。だが、サインをすませて顔をあげると、オフィスのドアはぴったり閉ざされていた。シェフはデスクに向かって坐り、頭を抱えこんで目に涙をためているではないか。「どうしたら……いったいどうしたらいいんでしょう……」

私は坐ったまま、唖然としていた。見知らぬ他人が（彼のラストネームさえ知らないのに）目の前で泣いている。

「ええと……なにが問題なんだい？」

「スーシェフです」。そういうと、シェフは目をしばたたかせて涙を散らした。「彼は……親友なんです。でも……彼はどうも……陰で私の悪口をいっているらしい。しかも、コックをひどくいびるんです。昨日もコックが二人辞めてしまったんですが、それもやつのせいだ！　だから、今日は私がラインに入らなくちゃならなかった。ほんとは休みだったのに……でも、あの二人が辞めたから、くそいまいましいグリルをやらされるはめになった。連中ときたら、予告も何もなしに出ていっちまった」

聞いているうちに、私の血はふつふつと沸きたち、沸騰しそうになった。「コックをいびるなと、そいつにいったのか？」

「もちろん！　そういいました」。シェフはほとほと困りはてているようだった。「彼とは長い付き合いで、親友なんです。ずっといっしょにやってきた。彼にはいいました……ちゃんといいました……でも、無視されました。彼のほうがよく知っていて……コックたちにもそういってるんです！……私が何かいうじゃないですか？　すると、やつはまったく反対のことをいうんです。コックたちはやってられないといいます。なんとかしないと、コックたちはみんな出ていってしまう」

「そいつをクビにするんだな」と私はいった。考えるまでもない。

「ああ……もちろん。そうすべきだ……でも……それはできない」。シェフはそういって顔をこすった。

「いいか？　ちょっと整理してみよう。そうすれば、何が問題なのか、はっきりするからな……シェフはあんただ。そうだな？」

「ええ」

「それで、右腕たるべきスーシェフが陰でシェフの悪口をいう……シェフの命令を守らず、不平不満と荒廃のもとになっている……それどころか、部下のあいだに謀反さえ起こりかねない」

「ええ……まあ……そういうことになるかな。しかし、悪気はないのかもしれないし。ただ、彼としては――」

「そいつは一匹狼だ！　危険人物だよ！　そいつを追いだせ！」と、私はかっとなっていった。初対面のシェフの悩みに思わず熱くなってしまった自分に驚いていた。「親友だろうが、赤ん坊のときからいっしょに育った愛すべき友だろうが、知ったことか。そのバカ野郎はたったいま追放だ。スーシェフが最も優先すべき役目はなんだ？　シェフの引きたて役だ。どんなときでもな。スーシェフがそれを心得ていないと、シェフが一日休んで職場へ戻ってきたとき、必ずなんらかのトラブルが待っている。そいつはシェフの引きたて役になっているか？」

「いいえ、ぜんぜん。なにもかもめちゃくちゃです」

「それだけで十分だ……しかも、シェフのいないところで悪口をいってるって？　とんでもない野郎だ！　手遅れにならないうちにその癌細胞を切り取るんだな」

「わかってます」。シェフは洟をすすった。「わかってます」

「いいか」。私は少し態度を和らげた。「あんたの立場はよくわかる。俺だって親友のスーシェフを少なくとも……そう……三回はクビにした。だが、いまでも友達だ。彼はいまも親友で、もう俺のスーシェフではないというだけの話だ。わかるかい？　あんたに放りだされたら、そいつは独り立ちして、シェフの座につくだろう。そうなったら、きっと電話してきて、自分の過去の所業について謝ってくるはずだ。いずれは身をもって知るはずさ。シェフにとって必要なスーシェフとはどんなものか、思い知るだろう。たかがビジネス。たしかにそうだ。しかし、これは真剣にとりくむべきビジネスだ。

そいつにそのことをいい忘れたんだな。その男の唇にキスして、こういうんだ。『友よ、心が張りさけそうだ』。それから、そいつを放りだせ。先伸ばしにしちゃいけない」

「そのとおり……そのとおりだ……」

「こんどスーシェフを雇うときは、俺のやり方をまねしろ。まず、彼を居心地のいいバーにつれていく。契約を交わす前に酒をおごってやる。それから、ちょっとした演説をぶつ。はっきりわからせておくんだ。たとえば、こんなふうに。『俺はこの世でいちばん気立てのいい、やさしい男だ。きみが午前四時に電話してきて、保釈金を用立ててくれといったら？ そうしてやる。ほかのシェフのように、部下をこきつかったりしない。クルーやほかの連中の前で、きみを辱めたりもしない。つねに『シェフ』と呼んでくれなくてもかまわない。俺はユーモアのセンスもある――それに、オフのときは堕落した、だらしない獣同然だ――きみと同じようにね。働きやすい相手だと思うよ。いっしょに楽しくやれるだろう……ただし、きみが俺を裏切って、陰でこきおろしたり、へまをやったり、遅刻したり、いかなる形であれ不従順な態度を見せたら、きみがどんな親友だろうが、命の恩人だろうが、洟をかむのと同じくらい、あっさりクビにするからな。その点ははっきりさせておく。わかったかい？ なんなら、一筆入れておこうか？』これこそ『正当な通知《フェア・ウォーニング》』というものだ。一線を引いておかなければいけない。その線を越えたら、バイバイだ。いざとなったら、あんたがいかに悪辣で、冷血で、いやな奴になれるかをはっきり知らせておけ。そうすればショックはない」

このちょっとした講義で、シェフはかなり元気が出たようだった。「ありがとう。こんなことに巻きこんですまなかった。私はただ……ちょっと……誰かにはっきりそういってもらいたかったんだろうな」。彼はシェフコートのポケットに手を突っこむと、一服どうぞといって、白い粉の入った大きな袋をさしだした。

彼の抱えているトラブルはスーシェフだけではなさそうだ。

テレビなんかクソ食らえ――その五

「なあ、トニー！　カンボジアまで行ってきたんじゃないか！　それにくらべりゃ、なんてことないさ」と、テレビ局のプロデューサーがいった。「一軒のレストランだけで番組を構成するわけにはいかないんだ！　あの人たちはきみのために腕をふるうのを楽しみにしているんだよ！」彼がもくろんだのは、私を真の闇の奥へと送りこむ計画だった。敵の領域のただなか、バークレーへ行って絶対菜食主義者の持ち寄りディナーに参加しろというのだ。

ベジタリアンについては、これまでさんざんこきおろしてきた。それにもかかわらず、彼らはこの一年、私に対してとても親切だった。折にふれて、「ヒズボラ〔イスラム原理主義の過激派〕」だとか「人間の精神における善良かつ上品なすべてに敵対するもの」だとか悪口を並べ立てたというのに、彼らは私の朗読会に来てくれたり、感じのいい手紙を送ってくれたりした。イギリスで私の本の宣伝を担当してくれた女性――とてもすてきな人――もベジタリアンだったし（とはいえ、彼女には何度かむりやり魚を食べさせた）、いっしょに旅をしたカメラマンのうち二人もそうだった。彼らは、私がベジタリアンに対してどう思っているかを十分承知したうえで、すばらしいユーモアのセンスを発揮した。酔っ払うか気弱になるかして隙ができたとき、私がすかさずベーコン・チーズバーガーをその口に突っこもうと狙っていることを知りながら、この数か月間、大勢のベジタリアンがとても親切かつ寛大につきあってくれた。だからといって、丘の上に建つとんがり屋根の家で、ラルフ・ネーダーの消費者運動や母なる大地の女神を信奉するグループ――足の脱毛をせず、だぶだぶのカフタンを愛用する人びと――と同席して、一つ鍋からレンズマメをすくって食べたいとは思わない。「彼ら」の本拠地に乗り

こむのはまっぴらごめんだ。少なくとも喫煙が問題になることは、火を見るより明らかだった。礼儀正しくするために――相当な――努力が必要だろう。

だが、プロデューサーの企てにも一理あると思った。たしかにフェアといえばフェアだ。反対意見をもつ人びとにも、その主張が正しいこと――少なくとも、その主張に利点があること――を証明するチャンスを与えなければいけない。ディナーに参加する人びと、私のために料理をしてくれる人たちは、すべて絶対的なベジタリアンだった。料理本を書いている人。ベジタリアン料理を教える先生。セミナーや教室へ熱心に通い、オンラインのチャットルームや大会や内輪の集まりなどで仲間たちと悩みについて話しあう人たちである。たぶん――もしかしたら――私を驚かせるようなものがあるかもしれない。肉やスープストック、それにバターやチーズなど、乳製品をいっさい使わずに、おいしい料理ができるのかもしれない。ばかにしていた相手の、いったい何を知っているというのだ？ この世界が広く、風変わりで、驚くべき場所だということを、つい最近知ったばかりではないか。木につく虫や芋虫や羊の睾丸を食べた私だ。ベジタリアン料理がどうしてまずいなどといえようか？

まずかった。

私が訪ねたベジタリアンたちは、丘の上のコミューンの廃墟などには住んでいなかった。裸足や、あるいは健康サンダル《ビルケンシュトック》姿で野菜を栽培したりもしていなかった。レインボウやサンフラワーなどという名前の人はいなかった。サリーを着ている人が一人いただけだった。ホストが住んでいる近代的な設備のととのったこぎれいな家は郊外の高級住宅地にあり、緑の芝生に囲まれて、ぴかぴか光った新車のBMWやSUVが停まっていた。彼らはみな専門職や会社の重役で、いかにも裕福そうだった。年齢は三十代後半から五十代初めで、きちんとした服を着て、見るからに善良そうで、議論の一方を代弁する者として意欲満々だった。

そして、その料理はといえば――野菜がかわいそうになるくらいお粗末な代物だった。血と内臓料理の巨匠ファーガス・ヘンダーソンが料理の皿に添えるベビー・スピナッチのシンプルな付け合せのほうが、インチキ・ベジタリアンの手のこんだ十品のコースよりも、ずっと野菜のもち味が生かされていた。何時間も前からドレッシングをかけてあったグリーン・サラダはしなびて、栄養価ゼロの屑のようになっていた。包丁さばきは――料理教室の先生というふれこみにもかかわらず――不器用でまずく、『フリント・ストーン』の原始人どもが遊び半分でやったようなものにしか思えない。野菜はどの料理でも決まって火が通りすぎ、味つけは薄すぎ、ほとんど色がなく、痛めつけられ、香りも歯ざわりも、わずかに残ったビタミンもまったく消えうせていた。ひどく苦労して再現したという、怪しげな大豆製品から作った「チーズ」や「ヨーグルト」や「クリーム」はどれもパッキンのゴムみたいだった。彼らは敵意をもった見知らぬ他人を快く迎えいれてくれる善良な人たちではあったが、どうやら過去の何らかの出来事に対して、大きな恐れ――ないし怒りさえも――を抱いているらしかった。ベジタリアンのそれぞれに、なにがきっかけで動物性の食品を絶つことにしたのかと訊いてみたところ、個人的な悲劇や失望がずらずらとあげられたのだ。

「離婚したので」という人がいた。「失業して」という人もいた。「心臓発作」「……と別れて」「ロサンゼルスから引っ越そうと決心したとき、いろいろ思うところがあって……」

どの例でも、私の目には（いずれにせよ、私の色眼鏡を通して見たかぎり）彼らがかつて慣れ親しんだ世界でひどく傷ついた経験があるように思えた――そして、いまの彼らは頼りにすべき新しいルールを探し、別の権威、信じるに足る別の信仰を求めているように見えた。「ストライプト・バスにはPCBがいっぱいだという記事を読んだ？」せかせかとした耳打ちは、それがまるで朗報でもあるかのようだ。「インターネットで読んだんだけど、牛にステロイドを注入しているらしいじゃない

か」と、別の一人が声をひそめていう。健康をめぐる戦線からもたらされる悪いニュースはどんな断片であれ、ベジタリアンの勝利につながるとでも思っているのだろうか。彼らは、ひまさえあればインターネットのサイトを見てまわり、外の世界への恐怖と疑惑をかきたてる噂や作り話を収集することにエネルギーを費しているようだ。たとえば、乳製品の放射能汚染、遺伝子組み換えのビーツ、汚染された魚、発癌性のあるソーセージ、狂牛病を引き起こす肉、恐怖劇で有名なパリのグランギニョール座もまっ青の食肉処理場。

一方で、彼らは、現在この世界の多くの人びとが空腹のまま寝ているという事実については奇妙なほど関心がないらしい。また、人類の基本的な構造は、もともと進化の第一段階から、自分たちより足が遅く愚かな動物を狩りたて、それを殺して食べることで成り立ってきたという事実にも目を向けようとしない。「夜中に目が覚めて、ベーコンが食べたいと思うことはない?」と私は訊いてみた。「まさか」。全員がそう答えた。「そんなに元気だったことは、もの心ついて以来、一度もない」

礼儀正しくしようと努力したが、むずかしかった(数の上では、明らかに劣勢だったが)。私はカンボジアから戻ってきたばかりだった。そこでは、一羽の鶏が生死を左右する。快適な郊外住宅で暮らすベジタリアンたちは動物を食べるのは残虐だといって咎め、世界中の人はすべて、郊外族のヤッピーからカンボジアの飢えたシクロ・ドライバーまでひとしなみに、有機栽培の野菜と大豆から作った高価な代用食品を買うべきだと主張する。魚と稲作がすべての活動の基盤になっている一つの社会を見下すのは、なんと傲慢な態度だろう(聞くところによると、犬の餌にベジタリアン・フードを与える人さえいるらしいが、これこそ動物虐待だ)。さらに、その偽善性が私には我慢できない。この問題をほどほどの文法にかなった言葉で論じられるという、そのこと自体が一種の特権的な立場であり、恩恵をひとり占めにしている証拠なのだ。ここには陰陽の法則がある。誰かが恩恵を受ければ、

世界のどこかで、誰かが打撃を受けている。あなたがどんなに愚かで、下品で、頑固者であろうが、この文章を読めるというだけで特権人種なのだ。文字を読む能力は一定の教育レベルの産物だが、世界の大半の地域ではそのレベルがいまだ達成できていない。私たちの生活のすべて——住んでいる家、履いている靴、運転する自動車、食べるもの——は山と積まれた頭蓋骨の上に築かれている。ＰＥＴＡの活動家は、肉は「殺人的行為《マーダー》」だという。たしかに、肉食の習慣はときとして残酷さのパノラマのように見える。だが、肉食が殺人的行為だって？　ばかをいっちゃいけない。

クメール人の友達に聞けば、殺人とは七〇年代に彼の隣人が彼の家族に対してしたようなことだと答えるだろう。殺人とは、いまカンボジアとアフリカと中央アメリカと南アメリカの一部で起こっていることであり、そして元ソ連の警察署長の息子があなたの娘を売春婦にしようとして、あなたがそれを阻止したときに起こったようなことをいう。殺人とは、フツ族がツチ族に、セルビア人がクロアチア人に、ロシア人がウズベク人に対してやったことである。ロサンゼルスのギャング団同士の抗争でクリップスがブラッズにしたこと。または、その逆。黒いシェビー・サバーバン（どうやら、アメリカ国民の税金で買われた公用車とおぼしい）が午前三時にあなたの家の外に停まり、非愛国的な言動と自説を固持したために有害人物とされた息子を連れ去ろうとすること。殺人とは、プノンペンで目の前に坐った男が生計を立てるためにしていることだ——その結果、彼は自宅の屋根の上に衛星放送のアンテナをつけることができ、それで『エアーウルフ』の再放送や、ＭＴＶアジア、南カリフォルニアのビーチをスローモーションで走っていくパム・アンダーソンが見られる。

快適な家に隠れて野菜だけを食べていればいいさ、と私は心の中でつぶやいた。ＢＭＷにグリーンピースやＮＡＡＣＰ（全米黒人地位向上協会）のステッカーを貼って、それで気分がいいなら、どうぞ勝手にやってくれ（その車で子供たちを白人しかいない小学校へ送っていくわけだ）。熱帯雨林を

――なんとしても――守ってくれ。そうすれば、あなたはいつかエコツアーでそこへ行けるかもしれない。十二歳の子供の強制労働によって作られた、履き心地のいい靴をはいて。鯨を守ろう――何百万という人びとがいまだに奴隷労働に駆りたてられ、飢えに苦しみ、理由なく死に追いやられ、射殺され、拷問を受け、忘れ去られているのはおいといて。慈善活動家のサリー・ストラザースを囲んでいたいけな幼児たちが瓦礫の中で泣いているのを見たら、あなたはきっと何ドルかの寄付を送るはずだ。

クソ食らえだ！　私はできるかぎり我慢して自分を抑えた。

しかし、そもそもサンフランシスコに来たのは、こんなことを我慢するためではなかった。この地を席巻するノンカロリー文化および料理について調査・研究・解説するとか、あるいは複雑かつ興味深いテーマについて啓示・悟り・新境地を獲得するのが目的ではない。私がウェストコーストへ来た理由――そのたった一つの目的――は、〈フレンチ・ランドリー〉の料理を味わうことだった。

この計画については不安があった。何か月も前から予約がいっぱいの〈フレンチ・ランドリー〉だけに、オーナーシェフのトーマス・ケラーが直前の予約で、「月曜日に魚を食べるなと触れまわる生意気なシェフもどき」の私に――しかも営業時間内にキッチンとダイニングルームの撮影をしたいというカメラ・クルーこみで――レストランの席を用意してくれるかどうかは確信がもてなかった。アメリカが生んだ最高のシェフという評判のケラーにとっては、私が彼宛のeメールではっきり書いたように、毒舌で知られる私を店に迎え入れることでなんのメリットもない。私のような職人気質の頑固者は、多少のことでは驚かないし、すなおに感激することもないからだ。そこで、身を低くして彼の情けにすがり、考えうるかぎりの心の琴線に訴えることにした。プロとしての矜持？　好奇心？

哀れみ？　それがなんであれ、ありがたく受け取ると私は彼に伝えた。

その一方で、抜け目のない策謀家であり、病的なほど深読みする私としては、別の作戦も考えた。ケラーがこの予約を受けるかどうか考えているあいだに、ディナーをともにするゲストの顔ぶれをできるだけ豪華なものにしようというのだ。顧客名簿を繰り、つてを頼って、重要人物や共通の友人など、印象的な顔ぶれをそろえる。たとえケラーが私のことをご都合主義の売りこみ屋の下司野郎だと思っていても、いっしょに食事をする人たちの名前で彼の興味を引けばいい。

私はこの〈フレンチ・ランドリー〉での会食への誘いを銀行の勧誘なみにやった。脅し半分、甘い約束半分で誘い、旅の費用はすべてもつと保証し、記憶に残る食事になることまちがいなしと断言した結果、一人また一人と参加表明してくれた。彼らはトーマス・ケラーが何者かをよく承知していた。もちろん、ケラーのほうもゲストをよく知っていた。

マイアミからは、家族とのイースター・ディナーを中断して、マイケル・ルールマンが来てくれた。ケラーの『フレンチ・ランドリー・クックブック』の共著者である。私が彼と知りあったのはつい最近、ニューヨークの〈サイベリア・バー〉で飲んで食べてのどんちゃん騒ぎの夜だった。彼はほかにも二冊――『料理人誕生』と『シェフの魂』――本を書いており、そのどちらも大いに楽しめた。その文章を読むと、私の知るかぎり、本職のシェフ以外で、牛骨から作ったスープストックの栄光、キッチンの脂をめぐるうんざりする現実、人をプロのコックへとかりたてるものは何か――そして、なぜか――という点について、彼ほど本質をとらえたライターはいないと思う。彼は私の大胆かつ突飛な冒険に喜んで参加するといってくれた。

スコット・ブライアンはニューヨークから飛んできた。彼はいまや旧友だ。知りあったのは、彼の料理を通してだった。私が彼の三ツ星レストラン、〈ヴェリタス〉の常連として長年通っていたあい

だに親しくなった。ミッドタウンの深夜のバーで私と鈍器とベジタリアンを巻きこんだ嘆かわしい事件が起こったという記事が新聞に出るようなことがあったら、たぶん犯人に手錠がかけられた現場にスコットが居合わせる確率はかなり高い。私の前著では、スコットについてべた褒めした（本心からだ）。今回の旅については、テレビ・カメラが空気伝染するペスト菌のごとくあたりにただよっているかもしれないが、シナリオもプランもなしだから、彼がなすべきことは、ただサンフランシスコに来て、車に乗り、満足することうけあいの料理を食べるだけでいいと伝えておいた。

マンハッタンの四ツ星レストラン、〈ル・ベルナルダン〉のシェフ、エリック・リパートはロサンゼルスからやってきた。私のもっていないすべてをもっている男だ――『ニューヨーク・タイムズ』の四ツ星、世界的な高級レストランばかりで修業してきた経歴、まごうかたなき天賦の才、最上級のスキル、それに映画スターのようなハンサムな顔。彼はアメリカ人でさえない。ピレネー山中の小さな国アンドラの出身なのだ。私の本を読んだあとで付き合いが始まったことからして、修業時代の彼は、たぶんあの本に書かれていたような絶望感、放蕩三昧の遊び人、はったり、職人気質などと無縁ではなかったにちがいないと、内心ひそかに推測している（とはいえ、私が何年もやってきたようにエリックがエッグ・ベネディクト（半熟卵を載せたマフィン）を次から次へと作っている姿など想像できない）。ちなみに、彼はニューヨークで最大の――ということは、世界最大の――個人情報網をもっている。彼にとってはNSAなど目じゃない。どこかのキッチンで何かが起これば、十分後にはエリックの耳に入っている。さらにまた彼は、私の知るかぎり、最も大言壮語しないフレンチのシェフでもある。

彼らは一人また一人と、私のモーテルへやってきた――偶然にも、全員同じような黒のスーツに黒っぽいタイ、真っ黒なサングラスという格好だった。そろってクールに決めていたのに、テレビ局が用意したレンタカーを見たとたん、ご機嫌な気分はたちまちしぼんだ。通りの半分ほどもありそうな、

真っ白に輝くばかでかいストレッチ・リムジンが鎮座していたのだ。田舎者が喜びそうなダサいこの車に似合うのは、淡いブルーのフリルつきのシャツにパステルオレンジのタキシードといったところだ。なんという屈辱。ただでさえ、どう迎えられるかと緊張し、食事への期待で胸がいっぱいなのに、ひなびたナパ・ヴァレーの小さな村ヨウントヴィルへ、この車で——宝くじに当たった田舎者が賞を取った豚を売りにカントリー・フェアへ出かけていくのにふさわしいような車で——行けというのか。

真に才能あるスターシェフと話をするとき、たいてい「私は《アイ》」「私に《ミー》」「私の《マイ》」という言葉が頻出するものだ。それはちっとも悪くない——シェフの仕事にエゴはつきものだし、理不尽なトラブル、予想外の事件、暑いキッチンでの長時間の労働を乗りきるには必要なものだ。

「私の調理法は……」「私の料理は……」「私のキッチンでは……」「私の部下たちは……」「食材に対する私のアプローチは……」

聞いたことがあるだろう。私もしょっちゅういっている。だから、トーマス・ケラーと話したときは意外だった。もの静かで、驚くほど控えめなこの男は自分のレストランのことを一つの組織だという——一個人の企てではなく、自分の才能だけで成しとげたわけでもない、と。究極のフード・ポルノと評される大人気のクックブックの著者がそういうのだ。このシェフの名前が出たとたん、ほかのシェフは——どれほど有名なシェフでも——奇妙に黙りこみ、居心地悪そうな表情になり、ときには怯えさえも見せる。いつだって相手かまわずクソみそにけなすのが当たり前のコックの世界で、ケラーを悪くいう人は——フランス人でさえ——一人もいない（「世界最高のフレンチ・シェフ」と評したフランス人さえいたとか）。

ケラーとその料理、レストランとクックブックを賞賛する声はそこらじゅうにあふれているが、一つ見逃されているのは、彼がいかに他人と違っているかである。トーマス・ケラーについて話すとき、

ベストとかベター、あるいはパーフェクトといった言葉をそのまま使うことはできない。なぜなら、彼は誰とも競っていないからだ。彼は自分だけがルールを知っているゲームでプレイしている。ほとんどのシェフがやろうとも思わないこと――さらにいえば、考えもつかなかったこと――をやってのける。〈フレンチ・ランドリー〉での体験は、世間一般の上等な食事という概念から外れている。そして、ケラー自身もユニークな存在である。彼は、大方のシェフとはまったくかけ離れた野心をもって、大きな獲物を狙っているのだ。

レストラン用の野菜が栽培されている小さな農園を案内し、その晩のディナーの食材にするリーキの若芽とガーリックを摘んでいるシェフ・ド・キュイジーヌを監督する――その夜、ディナーのあとで、〈フレンチ・ランドリー〉の敷地を案内し、暗い庭で私たちといっしょに坐って一日の労働の後のワインをすする――そんな彼と話をしていてわかるのは、彼にとっての最優先事項がどれほど人と違うか、そして、それを得るためなら喜んでどこまでも行くという彼の覚悟のほどである。レストランそのものは飾り気のない田舎家といった感じで、荒削りの木と石で作られ、周囲はナパ・ヴァレーの小さな村ヨウントヴィルの緑の野原や農地や葡萄畑が広がっている。二階建で、上の階には質素な木製の手すりをめぐらしたテラスがあり、小さな庭も見える。サービスと同様、装飾も控えめで、カジュアルさがかえって快く、すべて――室内の雰囲気、給仕スタッフ、窓とフレンチドアの向こうに見える丘の景色――が食事を楽にするよう配慮してあった。サービスは、つねに目配りがきき、効率的とはいえ、堅苦しかったり、威圧的だったりするところは少しもない。ウェイターも慣れなれしくはなく、かといってよそよそしくもない。

「まるでフランスみたいだ」と、エリックは窓の外を見ていった。ケラーにとって、〈フレンチ・ランドリー〉は一つの信念である。ともに働く人びとと心を一つにし、共有する哲学を形にしたものが

これなのだ。どんなに小さな部分も——テラスに出るための一歩であれ、メニューに載せる新しい一皿であれ——全体と切り離すことはできない。彼は自分が死ぬまでになしとげたいものの例として、有名なパリの〈タイユヴァン〉をあげた。「〈タイユヴァン〉のシェフの名前を知ってるかい？　知らないよね。記憶に残るのはレストランそのもの。つまり伝統だけなんだ」。彼は完璧主義者として名をはせ、キッチンのすぐ隣に住み、どんな小さなディテールにもみずから手をくだすが、その一方で、彼がヨウントヴィルで作るものはコミュニティや食材供給者と切っても切れない関係にある。レストランに関係する誰もが、最高級の食材をこれ以上はないという敬意をもって扱っているのだ。

誇張しすぎだと思われるだろうか？　変な下心があるのではないか、と？　無料のディナーを期待して、あるいは次の本に推薦の言葉をもらおうとして、心にもない褒め言葉を並べているとか？　それは違う。彼がどんなふうに魚を扱うか見てほしい。まな板の上にそっと横たえ、やさしくなで、慎重に、敬意をもって、まるで古い友達と話をするかのようだ。

こんな話を聞いたことがないだろうか？　彼は毎日、部下のコックをレンジフードに登らせ、自分の手で油脂の掃除をさせる。魚を保存するときは、泳いでいるときと同じになるよう、腹を下にしておく。彼のキッチンで使う空豆は生のまま（水に浸しもせずに）皮をむく。彼の持ち場に置かれた調味料《ミザンプラス》や食材はつねに最低限必要な量しかなく、作りおきで古くなったものなど一つもない。信じがたいほど美しく繊細な、十五品のテイスティング・メニューのことを聞いたことがないだろうか？　あるいは、危ういまでに微妙なバランスを保った料理の盛り付けを写真などで見たことがないだろうか？　あまりにも完璧に均整がとれているので、どうやってテーブルまで運んだのだろうと不思議に思えるほどだ。〈フレンチ・ランドリー〉ではひと晩に八十五人まで客を迎えられる。従業員はといえば同じく約八十五人である。スタッフと同様、献身的な食材納入業者の一団は、夜のパシフィッ

ク・ノースウェストの荒涼たる山地を、ときには懐中電灯だけを頼りに、燐光を放つ特別な野生キノコを探して歩きまわる。彼のためだけに食材を栽培する人たちもいる。〈フレンチ・ランドリー〉の料理に使われるガーリック・チップは一見シンプルそのものだが、それを作るには顕微鏡手術をする外科医のような手先の器用さが必要とされる。

コースの途中で小休止——野球でいえば、七回裏の休憩みたいなもの——があった。そこで、四人の大の男——三人はシェフで、一人はライター——は、ケラーのキッチンが見える外の暗闇に立ち、窓の網戸に鼻先を押しつけて、噂のシェフのようすをこっそりうかがった。

「しーっ！……聞こえちまうぞ！」と誰かがいった。

「見ろ」とマイケル。「なんて幸せそうなんだ！」

「なんとまあ！　ミザンプラスはほとんど空っぽじゃないか！」と別の誰かがいった。〈フレンチ・ランドリー〉の庭の暗がりに立っていると、まるでハロウィーンの夜の子供みたいな気分になった。

「ほんとに幸せな男だ」とエリックもうなずいた。

「こんなことができるシェフは何人いる？」それより先、ケラー自身がそういっていた。「私たちはとてもラッキーだった。それを忘れないようにしないと」

どんなシェフにとっても二十品のテイスティング・メニューは——たとえ相手がお得意様だったとしても——チャレンジだろう。しかし、二十品（アミューズを含む）のテイスティング・メニューを出す相手が同業者のグループだったら、どんなシェフにとってもノイローゼになる理由としては十分なものである。だが、想像してみてほしい。シェフたちのテーブルに、同じ料理は二つか三つだけで、四人それぞれに内容の違う二十皿を用意すること、つまり四人のテーブルに合計六十種以上の料理を出すこと——しかも、それと同時に、ダイニングルームいっぱいの常連、それも同じく品数の多い凝

ったテイスティング・メニューを注文している大勢の客をきちんとこなすこと。それだけで、トーマス・ケラーが人とは違うという私の言葉に納得がゆくだろう。

食事は六時間半かかり、料理を待つ時間は、たとえあったにせよ、ごく短かった。料理法の異なる四種類の小さな牡蠣の皿が出てくると、まず自分の皿を眺め、それから物欲しげに人の皿を見やるのだった。しばらくのあいだ、ほんの少し、たとえば牡蠣の隅っこを一口かじっただけで、反時計まわりに皿を回し、ほかの皿の味見をしていた。だが、やがてワインのボトルが空き、コースが進むにつれて、皿を回そうとしない者が出てきた。一個の牡蠣を四つに分けることができるだろうか？　厄介だ。誰かの皿のほうがこっちより多いということもある。何もかもすべてを味わいたいという欲求が募って、みんなぴりぴりしてきた。へたをしたら喧嘩になりかねない――ひょっとすると暴力沙汰だ。肉とチキンの皿が運ばれてきたとき、私は自分の皿に覆いかぶさり、こういった。「これは分けないぞ。きみたちはまた今度来たときに食べてくれ」

ひたすら味わい、頭を振っては溜息をつくばかり。世の中にあまたいるシェフのうち、こんなことができる者はほかにいるだろうか？　これまで経験した中でも、群を抜いてすばらしいレストランだった。もっとくわしくは以下に述べる。その夜のメニューを記しておくが、これは私が食べたものだ。スコットとエリックとマイケルには、同じように繊細でありながら、またそれぞれ異なる料理が出たことを忘れないでほしい。

最初は〈フレンチ・ランドリー〉の定番ともいうべきアミューズで始まった。サーモンのタルタル入りの小さなコーンが、サーティワン・アイスクリーム（このタルタルのアイデア源）のようにコーンラックに載って出てきた。これが出てくることは知っていた。クックブックで見ていたし、私以外のみんなは前にも来たことがあったのだ。美味というだけでなく、これにはじつに巧みな心理的効果

があり、魅了されずにはいられない。小さな紙ナプキンでくるんだ、ちっぽけなかわいいコーンは、脳の記憶中枢のどこかにあるずっと使われていなかったボタンを押す。子供のころの気持を思いだして、とたんに食欲が増し、次は何が出てくるかという期待に胸がふくらむのだ。興味津々——どうしても知りたくなる。次はなんだ？　次に出てきたのはこれだった。ロビンソン・ランチ・エシャロットのピュレ・スープにグレーズしたエシャロット添え、イングリッシュ・キューカンバーのソルベにキュウリのピクルスとディル・ウィードのテュイル添え、シイタケとチャイブ・バターを添えたユーコン・ゴールド・ポテトのブリニ、マルペク・オイスター・グレーズとオショートル・キャヴィアを載せたカリフラワー・パンナコッタ、コート・ド・ソーモン——ラセットポテトのニョッキとペリゴール産トリュフを添えたアトランティックサーモン・チョップ。サーモン・チョップだって？　そう思う人もいるだろう。サーモンのチョップなんて聞いたことがないぞ！　いや、それがあるのだ。頭の上部にふだん見過ごされている三角形の旨い部位がある。目にとまらないほど小さく、お決まりの手順で切り身をとっていくシェフの場合、小骨の多い奇妙な形のこの部位はほとんど捨てられてしまう。しかし、この〈フレンチ・ランドリー〉では欠点を美点に変えようとする。そんなわけで、私の皿には文句なしの小さなコート・ド・サーモンが、まるでベビー・ラム・チョップのように鎮座し、小さなメダイヨン形のサーモンから骨が突きでているのだ。わざとらしい？　たしかに、ケラーの料理には奇抜なアイデアが盛りこまれている。

昨今の料理には、奇抜さに似ているがもっと意地の悪い「皮肉」のようなものをよく見かけるが、たいていは失敗している。言葉を「こじゃれて」いいかえたメニューもよく見かける——たとえば、「アンコウのトゥルヌド」とは、たんにシェフがメダイヨンという表現に飽き飽きしたか、あるいは創作物が「アンコウのちっぽけな切り身」だと見抜かれることを恐れているにすぎない。出てきたも

のが言葉の本来の意味に少しでも似ていることはめったにない。さて、ベーコンを挟んだ筒切りのアンコウの切り身にフォアグラを載せ、トリュフ風味のデミグラスソースをかけたものを出すとき、「アンコウのトゥルヌド、ロッシーニ風」――古典的なビーフ料理の原典にしたがって――と呼ぶこともできるだろう。だが、なぜそんな必要がある？　自分の料理をそんなふうにもてあそぶのは危険なことだ。「気がきいた」と「鼻につく」（さらに悪くなると「うぬぼれ」）の違いは紙一重だ。だがここでは――いかにもケラーらしく――気取りなど皆無だ。料理を実物以上にもったいぶって見せたりはせず、人気のある古典料理の権威を借りようともしない。洗練された料理に、ごく普通の――陳腐とさえいえそうな――名前をつけるのだ（その最高の例が有名なデザートの「コーヒーとドーナツ」であり、「シーザーサラダ」や「グリルド・チーズサンドイッチ」である）。ケラーはこう語る。「私にとって何よりうれしいのは、『――を思いだすよ』というお客さんの言葉だ。そして、その人たちが、どこかで経験したすばらしい思い出を語ってくれること。彼らがどこかほかの店へ行ったとき、『〈フレンチ・ランドリー〉を思いだすな』といってくれたらうれしい」。記憶――これは、あらゆるシェフにとって最も助けになる道具である。うまく使えば、ものすごい効果を発揮する。記憶という道具をこれほど巧みにあやつるシェフをほかに知らない。四ツ星の最高級レストランでとびきりの料理を食べているとき、ほんの些細な、ほとんど無意識ともいえるきっかけで、雨の日にママが作ってくれたグリルド・チーズサンドイッチや、初めてサーティワン・アイスクリームの店へ行ったときのこと、フランスで初めて経験したブラッスリーでの食事をありありと思いだしたら、どんなにシニカルな男でさえ魂を奪われるだろう。その魅力に嬉々として降参するしかない。料理が過去の楽しかった瞬間やうっとりした味を思いださせるだけでも十分だ。そのうえ、目の前の料理がそんな期待や予断をつねに上まわっていたら、うれしい驚きに目を見張るだろう。ケラーは私を驚かせた。

彼はこの日のために予習していたらしい。私の本から、私が手に負えない煙草中毒だという情報を集めたのだ。フレンチ・ランドリーの店内は禁煙である——私にとって、煙草を我慢してもいいと思える唯一の場所かもしれない。だが、正直いって、五品目くらいになると、煙草が吸いたくなって少々むずむずしてきた。ばつが悪く、また喜ばしいことに、キッチンではこれを予期していた。次の一品が運ばれてきて、私の前に置かれた皿を見ると、なんと「コーヒーと煙草」——マールボロの風味を加えたコーヒーカスタード（フォアグラ添え）——だった。仲間たちは大喜びではやしたてた。私はソックスの中まで真っ赤になり、これは私をだしにした辛辣で傑作なジョークだなと思った。こんなものが旨いはずはない。ところがどっこい、これがおいしいのだ（あとで聞いたところによると、最高級の葉巻を使って煙草の風味をつけたという）。何よりいいのは、皿を舐めるように食べ終えたとき、ニコチンが補給されてほっと一安心できたことだ。

次は？

セロリの枝と根セロリのヴィネグレットで食べる、黒トリュフ添えのフレッシュ・サラダ。ペリゴール産のトリュフとおろしたパルミジャーノ・レッジャーノ・チーズを載せたハンドカットのタリアテッレ（トリュフは拳大のすばらしいものをテーブルサイドで切りとる）。チャタム湾産の鱈のすね肉のハーブ焼きに、付け合せは新ジャガのフリカッセとリンゴの木でスモークしたベーコンのエマルジョン（ここでも欠点が美点に変えられている。ふつうは食材にならない鱈の尻尾の部分を筒切りにし、ラムのすね肉のようにして供する）。ロブスター・ナヴァランは、バターでさっと煮たメイン産のロブスターにグレーズしたパール・オニオン、各種春野菜を添え、ナヴァランソースで食べるものだ（ここでも、異文化の融合がある——ナヴァランはふつう、旧式のフランス田舎料理の古典、たとえばラム肩肉のブレーズのような重い料理に使われる）。北アメリカ産合鴨のフォアグラとブリオッ

シュのパン粉で作るコンフィには、蒸し煮にしたフェンネル、フェンネル・サラダ、インドのテリチエリー産黒胡椒。ヒルズ・ファーム産の若鶏をガストリック〈砂糖と酢を煮つめてキャラメル状にしたソースミルク〉で煮てから四層に盛り付けたプーラルド・オ・レには、生クリーム《クレマ・フレーシュ》のダンプリングと春野菜のブーケティエが添えられている。ベルウェザー・ファーム産のスプリングラムのローストには、インゲン豆のカスレとタイム風味のバージン・オリーブオイル（これは、いままで食べた中で最高に旨くて柔らかい子羊のチョップだった）。ロックフォール産リコッタ・チーズのニョッキには、ダージリンティーと胡桃オイルのエマルジョン、削った胡桃、おろしたロックフォール・チーズが散らしてある。フロリダ産ヘイドン・マンゴーのスープはエ・ソン・ブリュノワーズと名づけられている（この「さいの目に刻む《エ・ソン・ブリュノワーズ》」というのは気に入った――ファニーだ）。ハース・アボカド・サラダにペルシャ・ライムのソルベ（この夜、私たちのテーブルに運ばれた皿の中で、音を立てて置かれたのはこれだけだった。スコットいわく「これはちょっと思いつかなかった。もともとそんな頭はないけどな」）。「コーヒーとドーナツ」――シナモンシュガーをまぶしたドーナツに、セミフレド・カプチーノ〈アイスクリーム〉（見た目はまさに、コーヒーショップのドーナツが〈チョックフル・オ・ナッツ〉〈ニューヨークの古い歴史をもつコーヒーショップ〉のカップに入ったカプチーノの隣に置いてあるのと同じだが、味はすばらしい）。プチフールはバニラクリームのミルフィユにパイナップルのコンフィ添え《ミルフィーユ・ア・ラ・クレム・ド・バニーユ・エ・ソン・コンフィ・ダナナス》。

まさに畏怖の念さえ起こさせる料理であり、それに加えて、センセーショナルなワインが次々と出されたこともいっておかなければいけない。残念ながら、私はワインについて語る資格がない。私にいえるのは、ワイン通のスコットが何度も「おお」と声をあげていたということだけだ。金魚鉢のようなビッグサイズのグラスに濃厚な赤ワインが注がれたのは覚えている。あまりのおいしさに泣きたくなったほどだ。料理が魔法の域に達していた。

ケラー自身はもの静かな徹底した現実主義者で、やや冷笑的なユーモアのセンスをもち、すごい集中力で油断なく監督の目を光らせるシェフであり、自分が何をやりたいのかよく心得ていて、日々それを実行している。

完璧さへの欲求がどこから来るのかと訊かれると、彼はむっとしたような顔を見せた。「完璧とは、けっして手に入らないものだ」と彼はいう。「いつまでも追い求めるなにか。手が届いたら、それは完璧ではない。もはや手の中にはない。逃げてしまったんだ」

「創造性」について褒めすぎると、こんな返事がかえってくる。「真に創造的なものなんてめったにない——どの世界でも」

だが、「私が」「私に」「私の」というかわりに、彼の口からは「リスペクト」「希望」「組織」「未来」といった言葉が飛びだす。私たちの大半が目先のことしか見ようとせず、次の星の数や、次の出版契約や、次の出資者や、次の忙しい土曜の夜のことにかまけているというのに、なんと壮大なビジョンだろうか。

私はとめどなく言葉をつらねた。レストランと環境が完全に融合していることを褒め称えた。一人のシェフが何年も放浪を続け、店を潰したあとで、ようやく居場所を発見したことのすばらしさを、これから何度も思いめぐらそうと決心した。ケラーのユニークな才能と野心がワイン・カントリーの小さな村で実を結び、ジャングルのような殺伐たる大都会から遠く離れた、のんびりした田舎の村で周囲の人びとと食材業者とスタッフと彼自身のビジョンがしっかり結びついたことがうれしかった。そんな考えそのものが私を魅了した。一つの夢が、少なくとも誰かの手で——私の手ではないにせよ——達成された。私は満足し、えらいと思った。

しばらくして『ニューヨーク・タイムズ』を開くと、ケラーがニューヨークに〈フレンチ・ランド

リー〉を出す計画があるというではないか。通りをはさんで〈ジャン・ジョルジュ〉の向かい、〈デュカス〉のちょっと先に来るというのだ。またしても、私はなにもわかっていなかった。

「ニューヨークのビジネスは荒っぽい」。ローワー・イーストサイドの店でテーブルを囲んだシェフ仲間の一人はそういった。

「〈ラケル〉はうまくいかなかったしな」と、もう一人がいった。何年も前にケラーがマンハッタンで失敗した店のことをいっているのだ。「あの店はよかった——でも、世間がついていけなかった」

「なんてこった」。私は唾を飛ばして熱弁をふるった。「ケラーがニューヨークに来るとはね……こいつは一種の侵犯行為じゃないか！　ワイアット・アープが町に来るようなもんだ。みんなが銃を向けて待ちかまえている。なんでそんなプレッシャーを引き受けるんだ？　それでなくてもプレッシャーだらけだろうに。ニューヨーカーに袋叩きにされるぞ！　なんだってわざわざここへ来て、そんな目にあわなくちゃいけないんだ？」

いうまでもなく、この店がオープンしたら、ニューヨーク中のシェフ、評論家、フードライター、真剣な美食家、気楽なグルメなどは何週間も大騒ぎするだろう。どんなことになるか、想像もつかない。私は心配している——彼が失敗することを（たとえそうなったとしても、絶対に料理のせいではないはずだ）。だが、もっと心配なのは、成功することだ。私は、〈フレンチ・ランドリー〉の料理を食べるためにはるばる旅行するというアイデアが気に入っている。その旅は経験の一部なのだ——少なくとも私にとってはそうだった。〈フレンチ・ランドリー〉で食事をしたいという真剣さの表明、ケラーがすべてにおいて人とは違っているということの証拠。窓の外に広がる丘陵と田園の風景が好きだった。電話をとって予約を入れ、その日になればタクシーを拾ってコロンバス・アベニューまでひとっ走りすればいいとなるのが、はたしてうれしいかどうか。地下鉄でメッカへ行く人はいない。

それ――〈フレンチ・ランドリー〉での食事――は巡礼のようなものであるべきだ。とはいうものの、新しい店がオープンしたら私は真っ先に駆けつけるつもりだ。そこで会おう。

第十四章 ハギスは君臨する *Haggis Rules*

「われわれは二位だ――トンガに負けた」。サイモンがいうのは、世界中の心臓疾患の発症率におけるスコットランドの順位である。「はっきりさせとかなきゃ。ところで、トンガってどこだ？　そこへ行ってみるべきだ！」

サイモンがいうには、スコットランド人はあらゆるものをフライにするという。それを証明するため、彼は私をチップ・ショップにつれてゆき、軽い夜食《サパー》をとることになった。私たちはわざとエディンバラを避けた。「あまりにもヨーロッパ的……あまりにも……イングランドっぽい」と、ばかにしたようにサイモンはいう。あそこではフィッシュ・アンド・チップスにブラウンソースをかけるんだぜ、というサイモンは、キッチン・ブーケやグレーヴィ・マスターの瓶詰めソースを思いだすだけでも腹に据えかねるという顔つきだった。

「フィッシュ・アンド・チップスにブラウンソース？　とーんでもない」とサイモンはいう。スコットランド特有の皮肉なユーモアのセンスをもった誇り高きグラスゴー人のサイモンにとって、フィッ

シュ・アンド・チップスにはつねに麦芽酢《モルトビネガー》とたっぷりの塩でなければならないのだ。彼は朝から晩まで私にギネスを飲ませ、グラスゴーのあちこちを案内してくれた。そして、いまから本物の「チッピー」へつれていくといった。まず伝統的なフィッシュ・アンド・チップスを食べた。鱈——最近では鱈の漁獲量が減っているので、コダラを使うことが多くなっている——の切り身に衣をつけてたっぷりの油で揚げ、紙の袋かプラスチックの持ち帰り容器に入れてくれるのが普通だ。「まず塩をたっぷりかける」とサイモンはいい、さらにモルトビネガーをいやというほどたっぷりふりかけた。「ぶくぶくのエルヴィスだって食ってやるぜ——ビネガーをたっぷりかけていいならね……こいつはマジックだ」。魚は旨かった。チップスのほうは、イギリスではどこでもそうだが、しなびてべたっとしている。ほとんどの店ではフライにする前に低温で火を通しておく手間をかけないので、どうしてもカラッと揚がらないのだ。この種の、グラスゴーならではのB級料理にぴったりの飲み物はアイアン・ブルーだ、とサイモンは重々しい口調でいう。鉄分を加えたオレンジ風味のソフトドリンクである。

　この店へ来たのは、じつはフィッシュ・アンド・チップスのためではない。本物の驚異、スコットランドのチップ・ショップの秘められた魅力はもっと深いところにある。ハギスのフライ、カレーソース添えである。羊の内臓とオートミールでできた（くわしいことは後述する）葉巻のような形のチューブをカリッと揚げたものはおいしかった。レッドブル〔栄養ドリンク〕割りのウォトカ、パイント・グラスの苦味ビール《ヘヴィ》、それにスコットランドのリップル〔安ワインの代名詞として知られる〕が、すでに製造中止ともいうべきスクリュートップボトルのバックファストを何杯も重ねたあとの深夜の食事には最高だ。「王様のあばら骨《キング・リブ》」とも呼ばれる——それが何を意味するにせよ——この料理はとても旨いが、じっさいにあばら骨となんらかの関連があるようには思えない。フライにする前のハギス、ミートパイ、ソーセージ、魚の切り身がぎっしりと重なりあうようにして、電球のついたガラスケースの中に並ん

でおり、腹をすかせた酔っ払いの注文を待っている。

なんでも――このチップ・ショップにあるものはすべて――煮えたぎった油が入った一つの鍋に放りこまれる。カウンター係のカルロはチョコバーのマーズの包みを剥がすと、これも同じ容器に入った衣につけてから、油の中に落とした。表面が狐色になって浮きあがってきたところをすくいあげ、粉砂糖をまぶして渡してくれた。

「気をつけろ」とサイモンがいった。「中身は、すさまじいナパーム弾だぜ」

うーむ。私は脂っこいものが好物だし、チョコレートも砂糖も好きだ。上下の顎と口腔に警告を発し、顔面火傷を避けるためにしばらく冷ましたあと、サイモンはそれをナイフで切って半分くれた。まだ舌が火傷しそうなほど熱い――なんとか食える。サイモンはにやっと笑い、次は何かを教えてくれた。「ピザのフライだ！」私は口ごもった。「うーん……そいつはどうかな……それはちょっと……よくわからないが、なんとなく……不自然じゃないか」。そんな突拍子もないことを考えつくというのが、まず信じがたい。ところが、じっさいにカルロは冷凍のピザの一切れを取ると、チーズの側を下にして衣をつけ、万能の揚げ油の中に落とすではないか。

「悪くないね」と私はいった。

「ちょっと待て」。私が店を出ようとすると、サイモンはそういって引きとめた。「もう一つ試してみなくちゃいけない」。彼は疑わしい顔つきのカルロをせっついて、酢漬けの茹で卵を揚げさせた。こうして、私たちは新しい料理法を開拓しつつあった。

「どうかな」と私は首をかしげた。「こんなのは……聞いたこともない」

「うちのばあちゃんにいわせりゃ、これこそ『聖母マリア、神様のおっ母《か》さん』だ」。サイモンはひと口かじり、残りを私に手渡した。食えなくはない。思うに、チップ・ショップの深遠な味わいをど

れだけ楽しめるかは、それ以前に摂取したアルコールの量によるのではないだろうか。熱くて、塩気たっぷりで、パリッとしていて、手づかみで食べられる脂っこいフライのたぐいは、しらふではちょっと手が出ないが、感覚が麻痺した酔っ払いにとっては渇望の的であり、エデンの園の――血管を詰まらせる恐れのある――禁断の果実なのだ。泥酔した舌には、これほど美味に感じられるものはない。

グラスゴーには労働者の町という雰囲気があり、ブルックリンやブロンクスに似たところがある。多くの点で、この町には世界に蔓延しているさまざまな毒素を薄める作用がある。この町の住人は、美辞麗句とは無縁の無骨者ぞろいで、ときとして卓抜したユーモアを発揮し、しゃべる言葉はわかりにくく、だが耳に快いアクセントがある。この町に向かう汽車の中で、グラスゴーのサッカーファンの一団と乗りあわせたが、そのうち私は眠りこんだ。目が覚めたばかりのぼんやりした頭でいると、周囲の人がしゃべったりわめいたりしているのが耳に入ってきて、一瞬、乗りすごしたかと思ってぎょっとした。海を渡って、リトアニアかラトヴィアかフィンランドまで来てしまったのだろうか？だが、大声の「フック《ファック》！」と「シャイト《シット》！」が何度もくりかえされるので、やっと自分のいる場所に気がついたしだいだ（旅行者への注意。グラスゴーでは、サッカーチームの選択はゆるがせにできない大事である。おおまかにいって、それはカトリック対プロテスタントの問題にも匹敵すると思われる。あるチームに肩入れすることは「いったん入ったら、けっして出られない」生涯にわたる関係を意味する。この地域の人びとにとって、サッカーは軽んずべからざるものなのだ。人とつきあうときには、相手を怒らせるようなことをいわないように、周囲の友達にその点をたしかめておくほうがいいかもしれない）。

エディンバラは――私にいわせれば――世界でも有数の景観美を誇る都市である。町の中心には大きな岩山がそびえ、その上に城が建っている。ここには古い歴史があり、石畳の細道と古びた建物と

美しいモニュメントがひしめきあっているが、町はそんな重みに潰されてはいない。居心地のいいパブがたくさんあり、住民は利口で抜け目がなく、とても洗練されていて、すばらしい教養人も大勢いる。この町のそんなところが好きだ（私の性格になじむのはグラスゴーのほうだが）。

これは意地悪だとわかっているが、店の名前はここには書かない。もちろん場所もぜったいに教えない。さもないと次に私が行くときには、「手におえないヤンキーども」でいっぱいになっているにちがいない。ちょっと前、エディンバラに住む友人が細い石畳の道の奥にあるなじみのバーへつれていってくれた。友人は、この町を舞台にした上質の小説を書いている。主人公はややアル中気味の警官だが、殺人事件の捜査の合間にこの実在のパブに入り浸っている。この世でビールを飲むのに完璧な場所があるとしたらここがそれだ。通りの角に建つ目立たないパブで、小さな看板にスモークガラスの窓。通りから中は見えない。ドアを開けるとそこは時代物の小さなバーで、すりきれた木の床、ビールとエールの手動式のサーバーがあり、数人の中年男がパイント・グラスを手にバーテンダーとおしゃべりしている。奥のほうには、いくつかのテーブルが置かれ、暖炉には電気の火が明るく輝き、壁にはサッカーの色あせたポスターが見える。完璧な静けさと落ち着きに満ちあふれ、エールをひと口すったとたん、天にも昇るような安らぎに包まれる。まさにこれこそ、あらゆる気苦労を忘れて現代社会から逃げだせる理想の避難所だ。がたがたするフックにコートをかけ、椅子に坐って何分もしないうちに、私は友人に向かって「ずっとここにいたいよ」といった。この店の情報を明かさないのは不公平だと思われるかもしれない。だが、心配無用。スコットランドにはすてきなパブがたくさんある——もちろん、ロマンチックに書きすぎているのはわかっている。私はロマンチックな人間なんだ。

サイモンはエディンバラに対して愛憎入り混じった気持をもっている。私に初めての本格的なハギ

スを食べさせるのがここでは不本意という顔つきだった。それでも、彼はエディンバラの城の足元にあるハイストリートの一流店を手配してくれた。サイモンによれば、ここは（彼にとっては）ベストの都市とはいえないが、この店のシェフの腕は信用できるという。

ところで、ハギスとは何か？　まず、アメリカではジョークのたねである。どんな状況になっても絶対に食べちゃいけない……グラウンドキーパーのウィリーが食べているもの……初心者には聞くだに恐ろしい。羊の内臓《タック》（食道、肺、肝臓、心臓などをぐいっと引っぱりだし、こまかく刻んだもの）に、オートミールとタマネギと黒胡椒を混ぜて粘りが出るまでこねる。これを羊の胃袋（これは食べない）に詰め、長時間かけて、ゆっくりとオーブンで蒸し焼きにする。供するときは「ニープス・アンド・タティーズ」――ターニップとポテトのマッシュ――を添える。ほかの多くの料理と同様、これも裕福な領主の残り物から生まれた。食べるもののない貧しい小作農が、残り物をなんとかおいしく食べようと創意工夫をこらした結果なのだ。

まずキルトをはいたバグパイプ吹きが登場し、料理ができあがったことを知らせる（口の両端に垂れさがった灰色の髭がヴィレッジ・ピープルの初代バイク乗り《レザーガイ》に似ている）。キーキーいうバグパイプの音があと少しでも続いたら、私はポケットに手を突っこんで百ドル札を探ったはずだ――それと引き換えに退場してくれと頼むために。スコットランドは大好きだが、バグパイプの音だけは、神経をえぐる歯医者のドリル並みの魅力しか感じられない。幸いにも、すぐハギスが運ばれてきた。まん丸く膨らんだ鮮やかな色の大きな風船は、両端が縛られ、真ん中にわずかな裂け目があり、挽肉とオート麦のミックスがゆっくりと噴出する熔岩のように洩れだしている。この荒々しい姿をどう表現すべきかと頭の中で呻吟しているあいだに、伝統衣装に身を固めたパイプ吹きがかわりにやってくれた。鋭い切っ先の短剣を鞘から引きぬくと、いまにも破裂しそうな薄い膜に近づき、ロバート・バーンズ

の「ハギスに捧げる詩」を朗唱しはじめたのだ。全部はわからなかったが、「ほとばしるはらわた」と「驚くべき、すばらしき袋」という言葉は聞きとれた。それから、パイプ吹きは短剣を振るって胃袋を大きく切り裂き、あとは味わうだけとなった。

ひと口ほおばると、たちまちスコットランドの国民的詩人に共感を覚えた。すばらしい。ハギスは君臨する！　胡椒がきいて、熱く、もっちりしている――胃袋の中で料理されたとはとても思えない味だ。内臓の臭みとは無縁で、レバーの苦味も、得体の知れない固いゴムのようなかけらも、濡れた犬に似たトリップの味もない。ときたまブーダン・ノワールの豊かな風味がかすかにただようとはいえ、平均的な味覚をもつアメリカ人にもまったく問題ない。ブーダン・ノワールやブラック・プディング（血入りソーセージ）や子牛のレバーのソテーが好きな人なら、ハギスは気に入るにちがいない。添えられたターニップとポテトのマッシュも、胡椒とタマネギを効かせたオート麦の味を引きたてている。大昔に高校のカフェテリアで食べたシェパードパイのほうが、ずっとショックだった。オーブンから出したてのハギスの外見がもっと穏当だったら、アメリカでもみんな喜んで食べるだろう。ニューヨークの街路の屋台でも、フライにしてカレーソースをかけたハギスが売られているはずだ。高級レストランでは「ハギスソース」や、「パクチョイの若芽、ユーコン・ゴールド・ポテト、ハギスのウィスキーソース」といったメニューが登場し、金属リングに詰めて高く盛りつけ、スクイーズボトルから搾りだしたソースで凝った模様が描かれるだろう。

スコットランドは飢えた移民をアメリカへ大量に送りだしたが、脂肪分たっぷりの内臓料理のほうは――いかに美味とはいえ――輸出しなかった。イギリスやアイルランド（とオーストラリア）の例をまたず、スコットランドもグルメブームのただ中にある――そして、ほかの場所と同じように、その土地の伝統料理が再評価されている。海産物はすばらしい。エディンバラの北、河口に位置する古

い港町のリースには、みすぼらしいシーフード・レストランが建ちならび、とびきり新鮮な帆立貝、鮭、ムール貝、鱒、牡蠣、それに北海と大西洋、スコットランドの川や湖や入江で獲れた魚の料理が食べられる。いかにも観光客向けという感じの安っぽい店なので、せいぜい魚のフライか焼き魚くらいしかないだろうと思っていると、なんと土地産の瑞々しい野菜の上にほどよく味つけされた新鮮な魚がこんもりと盛られて出てくる――調理の腕前はニューヨークやロンドンのどこにも劣らず、生鮮食品の質にかぎっていえば、もっと上等かもしれない。

スコットランドの牛肉は――当然ながら――高く評価されている。そして、スコットランドのゲームミート――鹿肉、雷鳥、雉、野兎、兎――は、たぶん世界最高だ。私はスコットランドの放浪の締めくくりに、ハイランド地方のインヴァネス郊外に二万五千エーカーの領地をもつコーダー一族のもとで過ごすことになった。私のような人間にとって、リッチな上流階級がじっさいにどんな暮らしをしているかは、想像もつかない――それがイギリスとなればなおさらだ。アメリカ人にとって、上流社会といえば、四台以上の車をもち、ハンプトンズの水辺に大邸宅を所有する、才能に恵まれた実業家が連想される。しかし、ここスコットランドではまったく違う。リッチな人びとは話し方からして違う。貴族社会では全員が顔見知りらしい。このコーダー家と第七代コーダー伯爵コリンの場合、それが何世代もさかのぼる。彼の一族は、ロードアイランドと同じくらいの広さのあるこの領地に代々住んできた。ここには、十三世紀末から続く雷鳥の猟場、鮭の棲む川、農地、森があるのだ。その真ん中には城がそびえたち、その建物は「コーダーの領主マクベス」の住まいだったと重々しく――事実ではないが――語りつがれている。コーダー家の親切なはからいにより、私は彼らの所有するドライナチャン・ロッジに滞在して、領地内の猟場と射撃場と釣り場で貴族の楽しみを経験できることになった。計画では、野生の鮭を釣って食べ、それから――気はすすまないが――罪のないかわいい子

兎を一羽か二羽殺すはずだった。

ここでは、じつに何もかもが違っていた。アメリカの大金持で、専用のコックや給仕人やハウスキーパーだけでなく、猟場管理人や森番を雇っている人など聞いたことがない。アメリカでは、どんなに裕福な一族でも、大きな木が茂るすばらしい森と深い峡谷と急流を指さして「曾祖父の三代前の祖先があの森を植えたんです」とはいえない。それは息を呑むほど美しかった。大きな真鍮製のベッドから、何キロにもわたって広がる、格子柄に区切られた雷鳥の猟場を一望できた。綿密な計画にしたがって低木とヒースの茂みを燃やし、四角い区画に分けて、貴重な猟鳥である雷鳥のために最も生息しやすい環境を作っているのだ。戸口のすぐ外では雉がのんびりと歩きまわっている。ノロジカは生い茂った森の下生えを食べて風通しをよくするために飼われている。澄みきった川の水面では、野生の鮭が勢いよくジャンプする。複雑な生態系が完全にコントロールされている――そして、それは何百年も前から続いてきた――広大な領地は果てしなく続くように見え、その先は海にまでつながっている。

猟場管理人のロディは鮭の釣り場に私を案内し、懇切丁寧に釣り糸の投げ方を教えてくれた。私は、どうかフライ針に鮭がだまされてくれますようにと祈りながら、水深五十センチほどの急流を横切って釣りざおをふるった。

そいつは誘いに引っかかってたまるかという顔だった。ほんの一メートルくらいの場所で鮭がジャンプし、私と目が合ったが、魚よりアホな自分を――何度も――思い知らされた。だが、そんなことは気にならない。ハイランド地方の急流の水辺に立ち、水面に向かって釣り針を投げ、たぐりよせ、それから晩春の朝のぴりっとした空気の中でゆっくりと下流に向かって歩いていくのは、まさに催眠的な効果があった。釣果があろうがなかろうが、どうでもいい。幸いにも、ロッジのシェフのルースには野生の鮭を手に入れるつてがあるというので、食べそこねる心配はない。

さらに私は――またしてもテレビの見せ場を作るために――ロディと兎狩りに出かけることになっ

た。数羽の兎をしとめてロッジのルースのところへもち帰り、伝統的な密猟者のシチュー——兎と鹿とキャベツを赤ワインとスープストックで煮込んだもの——を作ってもらおうという算段だ。カンボジアでの冒険を終えた私は、いまやオートマチックやセミオートマチックのライフル、拳銃、手投げ弾などにはかなり慣れていたが、これまで散弾銃を撃ったことは一度もなかった。それに、生きて呼吸しているだけでなく、すばやく動きまわるターゲットに向かって銃を撃ったこともなかった。腕自慢や楽しみのための狩猟には、断固反対だ——自分でする気もないし、他人がするのも快く思わない。だが、自分で殺して、それを食べるというなら別だ。それでも、その無用の狩りを引き受けたのは、私のまずい射撃の腕では兎など撃てっこないから、手ぶらで帰ることになるだろうと信じていたためだった。翌日のランチ用の兎をしとめるのは、熟練したプロであるロディにおまかせだ。

何が起こったのかわからない。安全装置をかけたショットガンを二つ折りにして——でこぼこ道につまずいた拍子にテレビ・クルーや猟場管理人を撃たないように——腕に抱えて歩いていたとき、目の前二十メートルくらいのところを駆けていく一羽の兎を視野の隅でとらえた。すばやく銃を元に戻してかまえ、安全装置を外し、狙いを定めて引き金をひいた——この間にも、ほとんど見えるか見えないかの小さな動物は、勝手知ったる猟場を駆け抜けていった。バン！　反動はごくわずかだった。ショックなことに——それ以上に驚きも大きかったが——私はバッグスバニーそっくりのそいつの背骨を撃ちくだいていた。

「お見事です」。猟場管理人の助手がそういいながら、ぐったりしたまだ温かい死体を拾いあげた。獲物を手にした私は、あまりにもいたいけな愛らしい姿に思わず毛並みをなでてしまった。カメラに向かってしゃべる私の声はじっさい、少しばかり震えていた。

一発撃つたびに煙の出ている銃を休ませ、助手が弾を詰め替える。左側に動きを感じて、とっさに

銃口をそちらへ向け――その間、クリスのカメラも同じように動き――遠くの壁沿いに走っていたもう一羽の兎をしとめた。畜生！　俺は殺人マシンになっちまった！　いまや、私は二羽のかわいいウサちゃんを殺したことで良心が咎めている……こんなことはしちゃいけない。だが、なんたることか、私は楽しんでいた。二、三時間後には、雷鳥のシーズンの予約をしている始末だ。

ロッジに戻ると、ルースは兎と鹿肉のシチュー、イラクサのスープ、乾燥ビーフのスライス、スコットランド産チーズ、自家製パンというすばらしいピクニック・ランチの用意をしていた。やがて、一行――シェフのルース、グラスゴー生まれの変わり者だが有能なハウスキーパーのグロリア、猟場管理人の助手、テレビ・クルー――はハイキングに出発し、荒野を越えて川辺の釣り小屋まで行った。ルースがピクニック・テーブルにビュッフェをしつらえると、みんなそれぞれ好きなものを皿にとり、ポーチに坐って二流どころの白人狩猟家《ノット・ソー・グレート・ホワイト・ハンター》の猟の成果をむさぼり食った。

心の浮きたつひとときだった。川向こうの丘で草をはむ牛を眺めながら、グロリアのグラスゴー訛のジョークを聞き、赤ワインを飲んで、目の前では生い茂った草やヒースが風にそよいでいる。午後の食事にこれほどうってつけのセッティングは考えられない。だが、やがて自分の身の安全が心配になってきた。この番組が放映されて、ＰＥＴＡの連中に目をつけられたら、とんでもないトラブルに巻きこまれるかもしれない。ベジタリアンのテロリストに血入りのビニール袋を投げつけられるのはまっぴらだ――とくに、高価なジャケットを着ているときにはやめてほしい。希望的観測によれば、敵は私の健康や洋服に被害を与えるほど大量の動物の血を集められないだろう。しかし、どうなるかわかったものではない。ひょっとして、自衛のためにテーザー銃〔スタンガンの一種〕を買っておくべきだろうか。

第十五章　精力絶倫　*Very, Very Strong*

サイゴンでのお決まりの生活。毎朝、市場で５５５の煙草と３３３ビール。宿はコンチネンタル（最初からここに泊まるべきだった）で、通りをはさんだ向かい側には〈ジブラル・カフェ〉と市民劇場がある。中庭の〈オーキッド・バー〉をめぐる壁には、昔のホテルの色あせた写真が飾ってある。一八八〇年代の古い写真には、麦藁帽子をかぶったフランス軍の将軍たちや白いスーツ姿の植民者、地方総督、人力車などが写っている。もっと後年の写真はサイズも大判になり、一九七五年の写真では、北ヴェトナム軍《NVA》の兵隊たちがホテルの前で休んでいるのが見える。広場を渡った先のカラヴェル・ホテルは、かつてジャーナリストやスパイや南ヴェトナム援助軍司令部《MACV》の高級将校が最上階のバーにたむろして、サイゴンからはるか離れた田園地帯を襲うＢ‐52の爆撃や空挺部隊のガトリング砲の閃光を眺めた場所だった。グレアム・グリーンもこのコンチネンタルに滞在した。彼の小説の登場人物ファウラーはよく階下のカフェ、〈コンチネンタル・シェルフ〉で酒を飲む。このカフェには「全」サイゴンが毎晩集まって、酒をくみかわし、ゴシップの交換をしたのだった。

この土地に長く滞在しすぎたイギリスの軍事顧問についてよくいわれる言葉だが、私はすっかり「いかれて《バンブー》」しまったらしい。ヴェトナムに夢中になり、この国にどうしようもないほど恋い焦がれている。いまや毎朝、丼一杯のスパイシーなフォーを食べ、〈チュングエン〉（ヴェトナム版のスターバックスだが――もっとずっといい）で砕いた氷とコンデンスミルクの上に注がれた濃いエスプレッソを飲み、ランチはコムと呼ばれる安食堂で魚、鶏肉、肉などをおかずにご飯を食べる。市場のジャスミンやインドソケイ、ドリアン、ヌックマムの匂いなしではいられず、オートバイの低い唸りやクラクションにすっかり慣れてしまった。通りかかる物売り――天秤棒をかついだ女性がスープや麺類をその場で作って売り歩く――を片っ端から引き止めたくなる。どれも見た目がきれいで、素材も上等、味は最高だ。

私にマダム・ニョックを紹介したあと、リンは変わった。二、三週間前まで、彼は不安と疑惑の塊だった。ニャチャンへ発つ前、彼にフィリップが合流してカントーへの旅に加わるかもしれないと話したとき、リンは予定にない人間が急に参加するのはまずいといって態度を硬くした。人民委員会に報告しなければならないというのだ。私たちは監視されていて、行動は逐一報告されているらしい。一行に新しいメンバーが加わるのは予定外であり、トラブルのもとになりかねない。そもそも、このフィリップとは何者だ？　旅行の目的は？　彼もジャーナリストなのか？　フランス人か、アメリカ人か？　派手なレックス・ホテルの屋上のバーで飲んでいたとき、私がトイレに立つと、リンはあとを追ってきて、手を洗うふりをしながら、私がこっそり情報の受け渡しをするのではないか、あるいは衛星通信のマイクに小声で囁くのではないかと見張っていた。

だが、ニャチャンへの遠出から戻ってくるとリンはすっかりリラックスし、マダム・ニョックを私に紹介したあとでは子猫のように従順になった。

マダム・ニョックは自然の力――いうなれば嵐か台風のようなものだ。翡翠とジュエリーを首からジャラジャラとさげ、フランスの香水をただよわせて、つねに上等な西欧スタイルのビジネススーツでびしっと決めている。そんな世慣れた中年女性のレストラン・オーナーと、共産党の職員である若い通訳リンとの関係は不可解なものだった。初めてマダム・ニョックのレストラン、〈コム・ニウ・サイゴン〉へ案内されたとき、リンがなぜそんなにびくびくしているのか、私にはわけがわからなかった。一見したところ、この二人にはまったく共通点がない。有能でクールなハノイっ子と、人当たりはいいが、その実、正体のつかめないサイゴン女性。だが、リンは自分の煙草に火をつける前に必ずマダムの煙草に火をつけ、坐ろうとすると急いで椅子を引いてやる。マダムの言葉に耳を傾け、望みをすばやく読みとろうとする。彼女が横目で部屋を見まわし、何かを探していると、リンも神経をぴりぴりさせる。レストランの従業員もみんなそうだった。見かけはヴェトナムの気のいい小柄なおばさんだが、呆れるほど世話焼きな外見の下には鋼鉄のような強さが隠れている。マダムは飽きもせずにリンをからかった。叱りつけ、いじめるかと思うと、猫かわいがりして「ぼくちゃん《リトル・ブラザー》」と呼ぶのだった。何度か店を訪ねたあとでやっと私は、これも一つの愛なのだろうと結論した。

「次はね！　クッキーをもってきてね。チョコレートよ！」とマダム・ニョックはいった。私がもっていった花束のプレゼントを喜びはしたが、別のもののほうがよかったのだ。「クリス！　リディア！　元気にしてる？　大好きよ……」といいながら、二人を大げさに抱きしめ、キスする。「痩せっぽちね！」ニャチャンで蟹にあたってまだ回復していないクリスに向かっていう。「痩せすぎよ！　どこか悪いのね」。マダムが指をパチンと鳴らすと、部屋の隅にいたアシスタントマネジャーとウェイターがあわてて走りよる。ヴェトナム語で何か命じると、しばらくしてから、マネジャーがビタミン剤、胃腸薬《マーロックス》、ハーブティーなどの包みをもって戻ってきた。「トニー、クリス、リディア、気をつ

けなくちゃだめよ」と、マダムは心配そうな顔でいう。私たちは同じような包みを一つずつもらい、サイゴン以外の場所で食事をするときはもっと注意しなくちゃいけないと厳重に申し渡される。数日前には、ヴェトナム・コーヒーの包みをもらった（ここのコーヒーがとても旨いという私の言葉を聞いていたのだ）。お抱え運転手付きの車のダッシュボードにあった、頭を上下に揺らす犬の玩具をリディアがかわいいというと、マダムはその夜さっそく私たち銘々にその玩具をワンセットずつプレゼントしてくれた。みんなマダム・ニョックが大好きで、彼女も私たちが好きだった。

「私は心だってあげるわ。人を幸せにするためならね」。マダムはやさしくそういうと、頭をちょっと右に傾け、咎めるような視線を送ってウェイターの一人を縮みあがらせた。テーブルにビールが運ばれ、灰皿がきれいにされた。マダム・ニョックの店では、お客はみんな満足する。白一色の清潔な店はヴェトナム人の家族連れで満員だ。まわりのテーブルでは、八人、十人、十二人、十五人のグループが食事をしており、一分ごとに新しい客がやってくる。三人か四人が相乗りしたオートバイはダイニングルームを突っきって裏庭のパーキングエリアまで入りこむ。おしぼりのビニール袋を破く音がそこらじゅうで響く。数分おきに、素焼きの壺がガチャンと床に叩きつけて割られ、熱々のおこげご飯が空中を飛んでゆく。どのテーブルの皿も色合いはサイケデリックな蛍光トーンで、鮮やかな赤、緑、黄色、茶色がぴかぴかしている。匂いもいい。レモングラス、ロブスター、ヌックマム、フレッシュ・バジルとミント。

〈コム・ニウ・サイゴン〉は久々にお目にかかった、とびきりハイカラでスマートでシャープなレストランだった。離婚し、たった一人で生きてきた——と好んでいいたがる——小柄な中年女性のマダム・ニョックは、この店を訓練の行き届いた戦艦のように指揮していた。どのテーブルも、どの片隅も、オープンテラスの格子の一つ一つさえも、塵一つないように掃除し、きちんと整理整頓してある。

割れた壺のかけらが散乱する床でさえ、しみ一つない。コック、ウェイター、マネジャーたちはやる気にあふれた——少々びくついているとはいえ——ダンスの一座だった。どうやら、マダム・ニョックを失望させるなどというのは、あってはならないことのようだった。

マダムはコミュニストの国でレストランを成功させる工夫を考えだした。〈コム・ニウ〉は騒然とした気取らない家族向けの店で、独特のパフォーマンスが売り物になっている。ヴェトナム料理の歴史をひもといたマダムは、素焼きの壺で米を炊くという伝統的な調理法を発見した。〈コム・ニウ〉では、おこげを注文すると、ウェイターがキッチンからもってきた素焼きの壺を木槌で割り、かけらを床に散乱させたまま、炊きたての熱いおこげを客の頭ごしに放りなげ、別のウェイターがそれを皿ではっしと受け止めて、ジャグラーのように二、三度、空中に放りあげたあと、テーブルサイドで切りわけ、ヌックマム、唐辛子、ゴマ、ネギなどで味付けするのだった。店内には壺が割れる音や踏みしだかれる破片の音が響きわたっている。数分おきに、火傷しそうに熱い円盤形のおこげが私の耳をかすめて飛んでいく。これは整然とコントロールされた——食べ物と人びとと遊びが渾然一体となった——暴動であり、子供たちは椅子の上に立って、母親はその子たちに食べ物を与え、祖父と孫がロブスターや蟹や車海老を裂き、祖母と父親は料理の合間に煙草を吸い、だれもがおしゃべりに熱中し、猛烈に食べ、大騒ぎして、見るからに楽しそうだった。

マダム・ニョックとは何者か？　本人によれば、仕事熱心で男運の悪い一人の女にすぎず、好きなものはクッキーとチョコレートとぬいぐるみの動物（コレクションしている）と、西洋式大型ホテルのコンチネンタル・ビュッフェだという（大きな新築ホテルのビュッフェに、彼女のゲストとして私たちをつれていってくれたことがある——保温容器に入ったフランス料理とイタリア料理がずらりと並び、オーストリアのペストリーとフランスのプチフールを満載したケーキスタンドは、まさに壮観

だった)。マダムはどこへ行くにもぴかぴかの新車のセダンで行く。雨が降っていると、傘をもった誰かが車道の端まで迎えに出る。夜の十時半に私たちと記念写真を撮ることを思いつくと、パチンと指を鳴らして二言か三言の命令を下す。すると、数分後には古いニコンとフラッシュを首から提げたカメラマンが汗だくになって駆けつける。〈コム・ニウ〉は毎晩混みあっている――通りの先にあるマダムのもう一軒の店、中華レストランも同様だ。マダムはそのどちらか、あるいは両方に顔を出し、起きている時間のほとんどを献身的なスタッフと彼女の大ファンである客たちを支配することに費やしている。

「とても疲れるわ。大変な仕事ですものね。そりゃ疲れるわよ。たまには来たくないこともある。ベッドから出たくない、このまま寝ていたいってね。でも、それはできないのよ。いつも見張っていなくちゃ……」。そして、忙しく走りまわるスタッフを疑わしげな目つきで眺めるふりをする。「予告なしで魚市場にも行かなくちゃ。誰かがごまかしているかもしれないから。油断できないわ。『今日は蟹はいくら?』『昨日はいくらだった? 昨日は何キロ売った?』って。見張っていなければね。しっかりと」。マダムは片目を指さし、不断の監視を暗示した。店の前に団体客のグループが到着すると、マダムは椅子から跳びあがり、満面の笑みを浮かべて迎えに出る。

「みんなを愛してるのよ」とマダムはいう。「みんなに愛を分け与えなければね。自分を捧げなくちゃ成功はできないわ。人を愛すること。そうすれば、愛は返ってくる」。きれいに拭き清められ、磨きあげられた私たちのテーブルに料理がやってきた。豆腐とネギのスープ(カイン・ゲウ)、金色のカボチャの花に挽き肉と調味料を詰めて衣をつけて揚げたもの(ボン・ビー・ゾン・ティット)。揚げ春巻(チャー・ゴイ・ゾー)。空芯菜のニンニク炒め(ザウ・ムォン・サオ・トイ)はこの世のものとは思えないほど鮮やかな緑色だった。豚肉と卵のココナッツスープ煮(ティット・コー・タウ)

の茹で卵は白身のへりがピンクに染められていた。ロブスターをココナッツと唐辛子で煮たもの（トム・コー・タウ）は赤い上にも赤く、身の詰まった太い尻尾は燐光を放つようなサフランの黄色だった。魚のフライをチリソースで食べる一皿（カー・ボン・チュン・コー・トー）。パクチョイの若芽の炒め物（ドゥア・ギア・ムイ・チャウ）。そして、もちろん、このレストランの名前の由来にもなった、素焼きの壺で炊いたかりっとした円盤形のおこげ（コム・ニウ）が山ほど。世界中のどこで食べたものにも負けず劣らず新鮮で、それ以上かもしれなかった。その風味は、まさに舌の上で爆発し、色彩は震えた。食事の最後には、氷の上に載せた熟れたチェリモヤと、マンゴー、パパイヤ、ドラゴンフルーツ、パイナップルのスライスが出てきた。三度か四度、マダムの店で食事をしたが、私の心の中ではまちがいなく、この国で最高の料理を食べたと断言できる（それでなくても、この国ではすべてがすばらしい）。

本当に上質なレストランではどこでもそうだが、マダム・ニョックも神経を鋭く研ぎすまし、キッチンとダイニングルームのあらゆる動きに気を配っている。視線の片隅で、部屋の向こう側にある灰皿がいっぱいになっているのをすばやく見てとる能力がある。リディアに甘い言葉をささやき、この前ハノイへ行ったときに迎えにくるのが遅かったといってリンをいじめていたかと思うと、私に向かって蟹を食べてみろと勧め、クリスの胃の調子を心配する。その一瞬後には、マダムの気に入らないことをしたウェイターに何事か命令し、震えあがった——だが、とても有能な——部下を恐ろしく高飛車な調子で叱りつけている。

それからまた「愛してるわ、クリス、リディア……トニー、楽しんでる？」が始まる。マダムは自分の手を私の手に重ねて軽く叩く。その微笑は、惜しげのない満面の笑みだ。私は大好きなおばさんにするように、彼女を抱きしめた。マダムはユダヤの大家族をまとめあげる母親とジェノヴァのマフ

ィアのドンを混ぜたような存在だ――熱意にあふれ、せわしなく、人を窒息させるほど愛情深く、危険で、暖かく、複雑で、抜け目がない。金――や品物――にこだわる一方で、私たちにはめったに――たまに例外もあったが――金を払わせなかった。

彼女は強い。厳しくもなれるし、ときには非情にさえなる。だが、食事のあとで私たちが店を出て、サイゴンでできたこの新しい親友に、いざ最後の別れを告げるときになると、マダムは顔を歪ませ、目から涙があふれでた。私たちの車が走りだそうとするとき、彼女はすすり泣きながら、手を振ろうか抱きしめようかと迷うように、窓ガラスをなでさすっていた。

サイゴンの大晦日は、ソン・テュ・ドウ――サイゴン繁華街のレロイ通りとグエンフエ通りの交差点にある噴水のまわりを自動車やオートバイでぐるぐる回る週末の儀式――を大規模にしたようなものである。これはサンセット大通りのロウ・ライディング〔低車体走行〕やクルージングのヴェトナム版といっていい。何千人――大晦日には何万人――もの若いヴェトナム人が、いちばん上等なボタンダウンのシャツ、洗濯したてのスラックス、ドレス、アオザイなどで着飾って、メインストリートを低速でぐるぐる回りつづけるのだ。とくにどこへ行くというあてもないようだ。彼らは止まらない。どっちにしても、停めるスペースなどないのだ。サイゴンの通りは、タイヤとタイヤをこすりあわせるようにして走るオートバイやスクーターで埋めつくされている。そんなわけで道路を横断するのに二十分もかかった。

私は新年を〈アポカリプス・ナウ〉で祝おうと思っていた。コンチネンタルから数ブロックの、亡命者の溜まり場だったうらぶれたバーである。カウントダウンとともにタイムズスクエアの大きなボールが落ちるとき、サイゴンの亡命者が集まる陰気なバーで過ごすほどクールなことはない。阿片中

毒の元傭兵、銀色のミニスカートをはいた押しの強い売春婦、ずっと前に無断離隊したままの「白いヴェトコン」、闇市の顔役、オーストラリアから来たバックパッカー、退廃とマラリアの後遺症で顔を歪ませた生気のないフランス人のゴム農園王。私が期待していたのは、武器商人、裏切り者、殺し屋といった、国籍もさまざまな寄せ集めの人びとだった。あまりにも大きすぎる期待。だが、店の中に一歩足を踏み入れたとたん、その期待はみごとにしぼんだ。〈アポカリプス・ナウ〉がなんと、当世風のおしゃれなバーになっている！　料理まで出す！　こざっぱりした服装のアメリカ人、カナダ人、台湾人のツーリストが鉢植えのシダやクリスマス・ツリーのある奥のダイニングルームを占領し、ビュッフェテーブルには温かい肉料理やサラダ、おまけにブラックフォレスト・ケーキのようなものさえ見える。映画のロゴ入りTシャツまで売っている。小さなステージの横にある頭上のスクリーンではサッカーをやっている。中西部のアクセントと、TVタレントのタミー・フェイのように髪をふくらませた日焼けしたブロンドたちが、フォーマイカ製の清潔なバーでカラフルなカクテルを飲んでいる。

一目でうんざりした私は通りへ引きかえし、市民劇場の裏手に築かれた大きなステージの横に立ちどまった。数日前から顔見知りになっているバイクタクシーのドライバーを見かけた――ヤンキースの帽子でわかった――ので、ハローと声をかけ、手を振りあった。ステージの上では子供たちのグループがダンスやお芝居、愛国的な歌、物語の朗読などを披露していたが、群衆は誰も見ていない。みんな別のことに気をとられている。オートバイやスクーターの立てる騒音がすべてをかき消してしまう。伝統衣装をつけたパフォーマーがステージを降りているあいだだけ、ラウドスピーカーから大音量のテクノミュージックが流される。誰もが何かを待っているようだし、どこかへ行こうとしているように見えるが、なにも起こらない。その瞬間が近づいて、腕時計をちらっと眺める人もいる。午前

零時の一分前になっても、車の流れは少しもスピードを落とさない。大きなボールも見当たらない。花火もない。真夜中が過ぎた——五分前も五分後も変わりはない。歓声も聞こえない。キスする人もいない。拳をふりあげることもなく、「ハッピー・ニューイヤー」という声もない。それどころか、西欧社会で新しい年が始まったことを認める言葉は何一つ聞こえない。たしかにヴェトナムではテト(旧暦の正月)を祝う。だが、この何週間か、町のいたるところに「ハッピー・ニューイヤー」の文字が躍り、アメリカ人や西欧人らしき姿を見かけると、みんながそう呼びかけていた。誰もがパーティへ行くような格好だし、ぐるぐる回る群衆は膨れあがり、交通量はどんどん増えている。だが、人びとはドライブするか、ただ立っているしか、することはないようだ。道路や広場は見渡すかぎり、このイベントのためにやってきた若者たちで埋まっている。ナイトクラブの外のレーザー光線で描かれたディスプレイのそばに群がる若者たちは、途方にくれたように立ちつくしている。店の中からダンス・ミュージックが洩れてくるが、誰も踊らず、体を揺らす者もいない。それどころか、爪先でリズムをとったり、指をはじいたりすることさえない。

それを見ていると、高校に入って最初のダンスパーティを思いだした。一方の側に男子、反対側に女子が固まって、両方とも動くのを怖がっていた。それとも、私は考えちがいをしているのだろうか? ドレスアップしてきた無数の若者たちは、行くところがないのでしかたなくぐるぐる回っているのか——それとも、心底からリズムとビートの快楽に興味がないのだろうか? ヴェトナムは、西洋文化の最悪の部分にちらりと目をやるだけで、完全に無視しているようだ。「自由に生きる《ソン・テュ・ドゥ》」とは、ただドライブすることなのか? あるいは待つことか? いったい何を?

いよいよ蛇《ザン》だ。今度は、私を精力絶倫にするもの——なかでも最高に強烈なやつ——を食べさせる

という。〈フォンルン（森の香り）レストラン〉は明るいビアガーデンのような店で、周りを格子《トレリス》がかこみ、ロビーには魚の水槽がたくさん置いてあった。私はテーブルにつくと、すぐにビールを注文した。これから、わが生涯で最も珍奇な食事をとることになるのだから、そのための景気づけだ。

ウェイターがにやりと笑いながら、もぞもぞ動く麻の袋をもって近づいてきた。彼は袋の口をあけると、おずおずと中に手を伸ばし、獰猛な顔つきでシューッと威嚇音をたてている長さ一メートル以上もあるコブラを取り出した。前もってこの店の名物料理を注文したとき、店の従業員はみなその情景に慣れているにちがいないと予測していた。ところが、床に放されたコブラがときどき鉤付きの棒で突かれて三角形の鎌首をもたげると、ウェイター、バスボーイ、マネジャーなど――コブラ遣いを除く――スタッフ全員が後ずさりして、神経質に引きつった笑い声をあげるではないか。コブラ遣いはウェイターと同じ黒いズボンに白いボタンダウンのシャツを着た感じのいい若者だったが、右手の甲に大きな包帯を巻いており、それを見ると彼の手腕になんとなく不安が湧きあがった。彼が棒をあやつってコブラをテーブルの上に置くと、コブラはビーズのような目で私をひたと見つめ、いまにも襲いかかろうと身構えた。私はビールの残りを飲み干し、動揺を見せまいと努力した。コブラはまたしばらく床の上を這いまわり、ときどき棒に向かって飛びかかった。コブラ遣いのもとに、助手が金属のトレイと小さな白いカップ、ライスワインを入れたピッチャー、それに園芸用の鋏をもってきた。二人はコブラをもちあげて、その全身をまっすぐに伸ばした。コブラ遣いは顎のすぐ後ろをつかみ、助手のほうは尻尾をもって曲がらないように押さえていた。コブラ遣いは自由なほうの手で鋏をもち、コブラの胸に刃を押しあてて、ぱちんと切れ目を入れ、心臓をえぐりだした。黒っぽい赤色をした血が金属のトレイに散った。みんなが喝采した。ウェイターとバスボーイはほっとしたようだ。血はグラスに入れて、少量のライスワインと混ぜあわされた。そして、まだ鼓動している心臓――

粒状チューインガム《チクレット》くらいの大きさで、見た目は牡蠣に似ている――はそっと小さな白いカップに入れて、私の前に差しだされた。

まだぴくぴくと脈打つ小っぽけなピンクと白の塊は、カップの底のわずかな血の海の中で、上へ下へと一定のリズムで動いていた。カップを唇に近づけ、頭を後ろに傾け、口に入れた。小さなオリンピア・オイスターのような感じ――ただし、ものすごく活発なやつだ。軽く噛んでみたが、心臓はまだ動いている……ぴくぴく……ぴくぴく。そのまま飲みこむ。味？　味はあまりない。胸がどきどきして、ゆっくり味わうどころではなかった。血とワインのミックス（ズォウ・ティエット・ザン）は時間をかけて喉に流しこんだが、これはかなりいける味――レアのローストビーフの肉汁という感じ――で、芳醇だが、かすかに爬虫類臭さが残る。いまのところ上出来だ。私は生きたままのコブラの心臓を食べた。リンは私の快挙を誉めたたえ、たくさん息子ができますよといった。フロアスタッフはにやっと笑い、女性たちは恥ずかしそうにくすくす笑った。コブラ遣いと助手はせっせとコブラを解体していた。雪のように真っ白な大きな内臓を腹腔から引っぱりだして皿に載せると、そのあとから濃いグリーンの胆汁が滴り落ちた。

ウェイターが胆汁とワインを混ぜたグラス（ズォウ・マット・ザン）を私の前に置くあいだに、リンが「とても体にいいんです」と説明した。いまやものすごいグリーンになった飲み物は、おまるの中身と同じくらい食欲をそそらなかった。「これを飲めば精力絶倫です。ここだけのすごい特別料理です」

その言葉にはもうずっと前からうんざりだ。私は緑色の飲み物をゆっくりと飲みほした。苦くて、酸っぱくて、ひどい味……胆汁はこんな味だろうと思う、まさにその味。

続く一時間ほどで、コブラのあらゆる部位を食べつくした。まず、身を細切れにしたサラダ（ザ

ン・ボップ・ゴイ）はシトラスとレモングラスでたっぷり味つけし、ホットポットに入れて出された。コウスイガヤを加えて蒸し煮にしたコブラ（ハム・サ）は、やや硬かったが、かなり旨い。だが、タマネギと炒めたトリップ（ロン・ザン・サオ）は、食えたものではなかった。何度も噛みきろうとがんばり、奥歯ですりつぶすようにしてみたが、まったく歯が立たなかった。犬用のゴムのおもちゃ――ただし、もっと硬い――を噛んでいるみたいだ。味は悪くないのだが、ついに噛みきることができなかった。しかたがないので、息をとめて、まるごとごくりと飲みこんだ。骨のフライ（ザン・チエン・ゾン）は、なかなかいける――スパイシーなポテトチップという感じだ――が、尖っているのが難点だ。ヤンキースのゲームを見ながら食べるのもいいだろうが、十分に用心しなければいけない。変なふうに飲みこんだら、食道に骨が突き刺さって、とても九回まで見ていられない。肉をミンチにしてミントの葉で巻いたもの（ザン・クオン・カ・ロップ）もおいしかった――どんなに盛大なパーティにも出せるだろう。

マネジャーは大きな甲虫の幼虫を載せた皿を運んできた。白い体の端には何かのマークのような黒い斑点がついている。親指より大きなその芋虫は生きていて、もぞもぞ動いている。まさか、勘弁してくれよ……皿の上で這いまわり、のたうちまわっている。これはだめだ。いくらなんでもお断わりだ。そうではなく……幸いにも、その芋虫はバターでカリッとするまでソテーしてから出された。青菜の上にちょこんと載せられて、再度テーブルに運ばれてきたので、大きなやつを恐る恐る口に入れた。食感はフライにしたチョコレートバーに似ている――外側はカリッとしていて、中はねばねばしている。味はまあまあ。しかし、生きているところを見ないほうがずっと幸せでいられたのに。

とはいえ全体的に見て、悪い食事ではなかった。なにしろ、生きているコブラのまだ動いている心臓を食べたのだから！（この話題でしばらくディナーの座がもつ）。「精力絶倫」を保証するこの料理

を初めて食べたあとで、たしかに感じるところがあった。たんなる気のせいか、興奮でアドレナリンが噴出したせいかわからないが、通りに出たとたん、私は体内で何かが目覚めるのを感じ、エネルギーのかすかな震えを察知した。そうだ、これが……精力絶倫の感覚だ。

「ムシュー・ファウラー、ムシュー・ファーウーラア……」。誰かの囁きが聞こえる。

グレアム・グリーンの『おとなしいアメリカ人』に出てくる刑事が夢の中でしゃべっているのだ。小説のヒロイン、フーオンが私のために阿片パイプの用意をしてくれている、そして若いCIAエージェントのパイルが椅子に坐って犬をなでている――そんな情景を期待して目をあけた。そこはコンチネンタルの部屋だった。木造部分に彫りこまれたフランス王室の百合紋章、凝った飾りのついた椅子、手のこんだ彫刻細工がえんえんと続く天井。ドアの外の広い大理石の床にあたるコツコツという靴音が廊下に反響して聞こえる。サイゴン。まだサイゴンにいる。バルコニーに通じるフレンチドアは開いており、そんな早朝から、通りはすでにシクロや自転車やオートバイやスクーターであふれている。女たちは戸口にしゃがんで丼を抱え、フォーを食べている。歩道では一人の男がオートバイの修理をしている。通りの向かいの〈ジブラル・カフェ〉では、コーヒーと香りのいい丸いバゲットを買うための行列ができつつある。やがて、「ヌードル・ノッカーズ」がやってくるだろう。木槌を叩きながら、湯気を立てたできたての麺を売りあるく天秤棒の移動式キッチンの到着を前触れして歩いているのだ。リンは最高級のコーヒー豆で作るフォックス・コーヒー（カフェチョン）なるもののことを教えてくれた。狐に（イタチという説もある）コーヒー豆を食べさせたあとで、排泄された糞の中から豆を拾いだし、洗って（たぶん）、ローストし、挽いたものでコーヒーを淹れるのだという。なかなか旨そうではないか。

もうすぐヴェトナムとはお別れだ。しかし、私はこの国にぞっこん惚れこんでしまった。ナイトテ

ーブルに置いてあった湿ったドン紙幣をつかむと、服を着替えて市場へ向かう。まだ食べていないものがたくさんある。

まだここにいる。私は心の中でつぶやく。

私はまだここにいる。

第十六章　パーフェクト　*Perfect*

「究極の食事《パーフェクト・ミール》」という考えそのものがばかげている。

「パーフェクト」とは、「ハッピー」と同じように、いつのまにかそこにあるものだ。見つけたとたんに――トーマス・ケラーがいうように――逃げてしまう。「パーフェクト」とは、はかないものであり、あなたが私と同じような感性の持ち主なら、思いだして初めてわかることのほうが多い。モロッコのホテルの部屋で毛布を四枚重ねて震えているとき、エキゾチックさなどどうでもよくなり、思いえがく理想の食事はニューヨークの〈バーニー・グリーングラス〉の朝食――四か月前に食べた――である。遠くで思いだすとき、最後に食べた〈パパイヤ・キング〉のホットドッグは金色に輝き、ほとんど神秘的なまでに魅力的だ。

私はフランス領西インド諸島の、とある場所のビーチチェアに坐って、この文章を書いている。私の手がいままさに、ごく普通のノートの上にまだ乾ききらない黒インクのしみを残してゆく。ここへは食べるために来たのではない。本を書くため、そして電話、靴、ソックス、客、eメールなど、面

倒くさいすべてのものとあらゆる義務から逃れて、リラックスするために来た。一年以上も旅を続けたあとだけに、どこか一か所に落ち着き、ゆっくりして、できれば妻と二人きりで過ごしたかった。

このビーチには何年も前から通っている。初めて訪れたのは八〇年代で、まだドラッグを断とうと努力している最中だった。そのときは、生暖かい海の水が私の肌にはひんやりと感じられたものだった。ハネムーンもこの島だった。結婚祝いにもらった金を全部はたいて、たった二週間のカミカゼ休暇をここで過ごしたのだが、それでもこんがり日焼けした私たちは幸せいっぱいで、それ以来この島に惚れこんでしまった――帰ってきたときは、完全に一文なしになっていたが。ここにいると、自分が野蛮で、異常に神経質で、やたらと口うるさいコントロール・フリークのシェフのトニーではないと思える。あるいは、貪欲で、わがままで、あくまで快楽を追求し、放送用のきれいごとをしゃべる作家のトニーでもなくなる。どちらかといえばもの静かで、十分満足し、熱射病にかかりやすい、愛すべき夫のトニーになる。ナンシーが年に四十日だけ付き合う私――最良の面が表に出た私である。

ジンのように澄みきった暖かいトルコブルーの海で何時間かのんびり水とたわむれ、ビーチでうとうとしたあと、ナンシーが地元の新聞の三面記事を読みあげる。

セント・ピーターズ生まれのGなる男がポンドフィル・ロードで逮捕された。〈ディンギー・ドック・バー〉で、ドミノ・ゲームをめぐる口論の末、爪切りをもったGに脅されたと称するドミニカ出身のある紳士の訴えによるもの。現場にはオランダ領の警官が急行し、厳重な警告を与えたのちにGは釈放された。バックストリートに住む二人の若者PおよびDは、オールドストリートのクン・シ宝石店から金のチェーンを盗んだために逮捕。若者たちは宝石店で金のチェーンを見せてくれと頼んだのち、代金を払わずに逃走した。バスに乗って逃げようとした二人はブッシュロードのバス停で逮捕

された。

「やれやれ、犯罪化の波がここまで押し寄せてくるとはね」とナンシーがぼやく。

しばらくして、私はノートから顔をあげると、目の汗をぬぐって腕時計を眺め、ナンシーを見て「おなかがすかない？」と訊ねた。彼女はすいたという——予想どおりの返事だ。ここにいるかぎり、私たちは毎日同じことのくりかえしに満足している。お決まりの手順があるのだ。つまり、暑い砂を踏んで、すぐそばの草葺屋根の小屋まで歩く。そこでは、バーベキューのグリルが煙をあげ、原始的なバーには五、六種類の酒、二つのクーラーボックスには氷といっしょにカリブ、レッドストライプ、ハイネケンの小壜などが入れてある。経営者のガスとは一九八四年以来のなじみで、彼は私たちの好みを知りつくしている。私たちが椰子の葉陰に坐ると、彼はもう二本のカリブの栓を抜いている。

私はリブのバーベキュー、ナンシーはチーズバーガーを注文した。ガスの店のサービスはけっして急がない。注文したものが来るまでおよそ三十分はかかるだろう——この島ではごく当たり前のことだ。だが、ふだんとちがって、ぜんぜん腹が立たない。いらいらすることもない。あたりを神経質に見回すこともない。ナンシーの注文したバーガーをグリルからもちあげるへらの音やオーダーがあったというベルの音に耳を澄ますこともない。女性のグリル係キーシャとは顔なじみだが、彼女がなんでも自分のペースでやることは十分承知の上なのだ。どれだけ時間がかかろうとかまわない。待つのさえ楽しい。ガスの店に腰を据え、椰子の葉でお手軽に葺いた屋根の下の日陰でビールを飲み、足の爪先に砂を感じ、髪はまだ海水で濡れていて、目の前では少し酔っ払ったナンシーが日に焼けて、幸せそうにしている。

リブはやわらかく、外側がかりっと焼けていて、ガスが手当たりしだいなんにでもかけるトマト味

のソース――アドボ・スペシャル――がかかっている。焼く前に何かの漬け汁につけてあったのかもしれないが、なんだか知らない。知りたいとも思わない。あら捜ししようなどという気持はずっと前にどこかへ消えてしまっている。ナンシーのちっぽけなチーズバーガーは芯まで完全に火が通り、クラフト・チーズを一枚のっけて、パンは大きすぎるようだが、これにも万能のアドボがかけてある。彼女はいつも食べ物を全部食べきることがないので、きっと一口はご相伴にあずかれるはずだ。どちらもプラスチック製の白い皿に盛られ、付け合せはしょぼくれたフレンチフライ――まさに予想どおりの展開。ガスが新しく手に入れたシャギーのCDは、プレイヤーからその日少なくとも四回目の音を流していた。もちろん、この島ではこれから先ずっと同じ曲を聞かされつづけることになる。今後、このCDを聞くたびに、私はこの場所とこの時間、かりっとしたポークとアドボソースの味、ガスのビーチバー、ナンシーの顔を思いうかべるだろう。ナンシーは心ここにあらずといった感じで溜息をつくと、大あくびをし、のびをしてから、テーブルのそばをうろついていた野良犬に、私の皿の骨を投げあたえる。この犬もお決まりの手順を承知しているのだ。

　私は旅の途中で多くを学んだ。この旅は無駄ではなかった。ここでも私は――キッチンにいるときと同じく――材料のすべてを使いきる。

二〇〇一年八月

謝辞

以下のかたがたに感謝する。カレン・リナルディ、ジョエル・ローズ、ローズマリー・モース、キム・ウィザースプーン、パニオ・ギャノプーロス、リディア・テナーリア、クリス・コリンズ、マット・バルバトー、アルベルト・オルソ、グローバル・アラン・ドイッチュ、ブリー・フィッツジェラルド、ミチコ・ゼントー、シンジ・ノハラ、ディン・リン、マダム・ニョック、コウム・マン・クライ、超人ザミール・ゴッタ、スコット・リードベター、サイモン・マクミラン、ルー・バロン、エディベルト・ペレスとその家族、マルティン・バレホ、アブドゥ・ボウタビ、ルイス・イリサールと娘のビルヒーニャ、クリス・ボーディン、ジョゼ・メレジェスとその一族、フィリップ・ラジョニ、コリン・コーダーとイサベラ・コーダー、マーク・スタントン、アブデルフェターとナオミ、ジェイミー・ビング、ファーガス・ヘンダーソン、ゴードン・ラムゼイ、トーマス・ケラー、ファン・マリ・アルサック、ダン・コーエン、キム・マーティン、リアーン・トンプソン、クリスチャン・グウィン、ダン・ハルパーン、アーニャ・ローゼンベルク、サラ・バーンズ、スコット・ブライアン、エリック・リパート、マイケル・ルールマン、マーク・ピール、トレーシー・ウェストモアランド、そして、旅の途中で私を助けてくれたすべての人びとに。

訳者あとがき

究極の食事《パーフェクト・ミール》を求めて。

どこかで聞いたようなフレーズだが、そこはラモーンズとクラッシュとエルヴィス・コステロを聴き、グレアム・グリーンの『おとなしいアメリカ人』を愛読し、『地獄の黙示録』のテーマとともに高く炎をあげ（キッチンのレンジで）、ときにはヴォルテールの『カンディード』の一節をフランス語で引用したりもする、一筋縄ではいかないタフなニューヨーカーのシェフのことだから、ありきたりの世界グルメ漫遊記になるはずはない。

マンハッタンのフレンチ・レストラン〈レアール〉の総料理長であるアンソニー・ボーデインは、レストラン業界の内幕を暴露した『キッチン・コンフィデンシャル』を著して、いちやく料理界（と出版界）のスターになった。人気シェフになったら少しは行儀がよくなるかと思いきや、とんでもない。「こうなったら、好きなことをやってやる」とばかり、子供のころから憧れて（妄想して？）いたエキゾチックな世界へ冒険の旅に出ることにした。

ロシアでは裸になって凍った湖に飛び込み（これこそ、本当の裸《ネイキッド》のシェフである）、ラクダの背に揺られてモロッコの砂漠を行き（「どうしても羊の丸焼きが食いたいんだ！」とダダをこね）、スコットランドの猟場でみごと兎を撃ち殺し（かわいそうにと涙ぐみながら）、カンボジア奥地のクメールルージュの巣窟に乗り込み（さっさと引き返したが）、酔っ払って自動小銃をぶっぱなし（ランボー気分で）、ヴェトナムのジャングルの奥地では戦争の英雄たちと酒を酌み交わし、サイゴン（ホーチミン市）の街角で戦争の傷跡を目にして言葉を失う。

かと思うと、子供時代に夏休みを過ごしたノルマンディー海岸を再訪して、失ったものへの郷愁にふけり（これはちょっと胸のじんとするいい話だ）、部下のスーシェフの故郷であるメキシコの小さな村を訪ねて、料理人の世界は一つの大家族だと再認識する。カリフォルニアのベジタリアン料理のまずさに辟易し、イギリスで燃えさかっている「肉をめぐるバトル」に参戦する（もちろん、肉や内臓料理の断固たる支持者として）。

食べ物を扱うシェフの責任から、ポルトガルの農場で、生きていた豚が食材に変わるまでを（後ろめたい思いで）しっかり見届け、メキシコでは自ら大鉈をふるって七面鳥の息の根を止めた（どちらも、そのあとでおいしく食べた）。とはいえ、つぶらな目をしたマ

レーグマを食べることはとてもできない。

また、世界最高級のレストランを訪れて、その星の重責を支える勤勉さと勇気、発想の新しさに目を開かれる機会も多かった。彼が訪れたレストラン界の最高峰は、バスク地方の〈アルサック〉、ロンドンの〈セント・ジョン〉、アメリカ西海岸の〈フレンチ・ランドリー〉である。

再訪した日本では、湯河原の高級旅館で懐石料理にチャレンジし（ついでに露天風呂と芸者遊びも初経験）、江戸前寿司やフグやちゃんこ鍋、ガード下の焼き鳥屋でサラリーマンとの無礼講まで楽しんだ。

冒険にはトラブルがつきものだが、この旅行でも、下痢、嘔吐、頭痛、全席禁煙の飛行機にはさんざん苦しめられた。しかも、これまでひどくこきおろしてきたフードチャンネルの呪いか、究極の悪食まで経験させせられた――生きたままのコブラの心臓（話のたねに）、羊の睾丸（味は抜群）、芋虫のフライ、孵化寸前のアヒルの茹で卵、燕の巣のスープ（具が問題）、生焼けのイグアナ（しかもペットだ!）、そして恐怖の納豆。

四十数年の生涯のうち、三十年近くをレストランの厨房で過ごしてきたベテラン・シェフのトニーは、初めて広い世界に飛び出した。そして、世界には想像も及ばないほど多様な暮らしがあること、そ

の一方で、そこに生きる人びとすべてに共通するもの——食べることへの情熱——があることを知った。「たかが料理、されど料理」である。冗談をともに笑う楽しさ、自らのルーツと生き方にプライドをもつこと、家族と故郷への愛、そして旨いものを食べるときの歓び——これらは世界に共通する価値であり、人類全体を一つに結ぶ絆になるはずだ。

この本を読んだら、きっとここに登場するさまざまな料理が食べたくなるはず。さて、あなたはどれを食べたいですか？

二〇〇三年十月

野中邦子

著者略歴

Anthony Bourdain〈アンソニー・ボーデイン〉シェフ、作家。1956年、ニューヨーク市に生まれる。コックを志し、米ヴァッサー大学を中退。78年に米国料理学院（CIA）を卒業。サパークラブ、ワン・フィフス・アヴェニュー、サリヴァンズなどニューヨーク市内の有名レストランで働き、98年にブラッスリー・レアール総料理長就任。その間、95年に犯罪小説『シェフの災難』、97年に『容赦なき銃火』を発表し、執筆活動を開始。99年、ニューヨーク外食業界の内実をえぐる記事「読む前に食べるな」をニューヨーカー誌上に発表し話題を呼ぶ。反響冷めやらぬ2001年の自伝的実録『キッチン・コンフィデンシャル』は、28ヶ国語以上に翻訳され、各国でベストセラーとなる。翌02年、米フードネットワークの番組「*A Cook's Tour*」に出演し、完璧な一皿を求めて世界を旅する。この体験を綴った『クックズ・ツアー』が再びベストセラーに。料理人が各国を旅し食するという企画は人気を博し、その後「ノー・リザヴェーション *No Reservasions*」「レイオーバー *The Layover*」とテレビ出演が続く。現在は、米CNNの旅行番組「パーツ・アンノウン *Parts Unknown*」に出演するほか、米ABCの料理対決番組「ザ・テイスト *The Taste*」審査員も務める。妻オッタヴィア、娘アリアーネとともにニューヨーク市在住。

訳者略歴

野中 邦子〈のなか・くにこ〉翻訳家。1950年、東京に生まれる。多摩美術大学絵画科卒業。出版社勤務を経て翻訳家に。主な訳書に、A・ボーデイン『キッチン・コンフィデンシャル』、R・ヘンライ『アート・スピリット』、A・ウォーホル『ウォーホル日記』（中原佑介共訳）、J・サックス『貧困の終焉』（鈴木主税共訳）、G・ソロスほか『世界は考える』、A・マングェル『読書礼賛』がある。

※本書は、新潮社版（2003年）の新装版です

クックズ・ツアー

アンソニー・ボーデイン 著

野中邦子 訳
豊田卓 装釘

2015年 9 月17日　初版第 1 刷印刷
2015年 9 月30日　初版第 1 刷発行
2021年 9 月30日　初版第 2 刷発行

発行　土曜社
150-0033
東京都渋谷区猿楽町11-20-301
www.doyosha.com

製造　王子製紙　三菱製紙　光邦　加藤製本

A Cook's Tour
by Anthony Bourdain

This edition published in Japan
by DOYOSHA in 2015

11-20-301 Sarugaku Shibuya
Tokyo 150-0033 JAPAN

ISBN978-4-907511-08-1　C0098
落丁・乱丁本は交換いたします

A Cook's Tour
ANTHONY BOURDAIN

たくましい文体と確かな見識をそなえ，茶目っ気ばかりでなく著者の好みもよく伝わってくる

ニューヨーク・タイムズ

まるで「地獄の黙示録」の上映を見るかのようだ……。解体された豚の開口部を人の手がまさぐる様は，お茶の間に届く本紙では描写するだに忍びない。食べ物が読者を圧倒する

ロサンゼルス・タイムズ

一個の胃袋とお茶目な知性を抱えた一人ぼっちの地上部隊が世界各地をゆく

ピープル

食をめぐる見事な冒険譚……。卓抜した洞察で本物の食べ物に迫る

サンフランシスコ・クロニクル

女々しい繊細さ，口をつぐむ慎み深さ，気取った品の良さ――いずれもこの男とは無縁

エル

マーサ・スチュワートの対極をなす，クールな料理の世界を見せてくれる

タイム

小気味よく，快速に乗ったボーデインの語り口は，皮肉を含むときも，激しさを帯びるときも，また物事の描写においても，読み手を楽しませずにおかない

カーカスレヴュー

2001年12月米国初版
The New York Times bestselling non-fiction book

ISBN978-4-907511-08-1　定価:本体1850円（税別）　土曜社